海上丝绸之路研究书系（史料篇）

王元林　主编

广东海上丝绸之路史料汇编

秦汉至五代卷

①

广东省人民政府参事室　编
广东省人民政府文史研究馆

周永卫　冯小莉　张立鹏　编

SPM
南方出版传媒
广东经济出版社
·广州·

图书在版编目（CIP）数据

广东海上丝绸之路史料汇编．秦汉至五代卷／广东省人民政府参事室，广东省人民政府文史研究馆编，周永卫，冯小莉，张立鹏编．—广州：广东经济出版社，2017.12
（海上丝绸之路研究书系．史料篇）
ISBN 978－7－5454－5803－9

Ⅰ．①广… Ⅱ．①广…②广…③周…④冯…⑤张… Ⅲ．①海上运输－丝绸之路－史料－广东－秦汉时代－五代（907－960） Ⅳ．①K296.5

中国版本图书馆 CIP 数据核字（2017）第 236502 号

出 版 人：姚丹林
责任编辑：刘　倩
责任技编：许伟斌
装帧设计：友间文化

Guangdong Haishang Sichouzhilu Shiliao Huibian（Qinhan Zhi Wudai Juan）

出版发行	广东经济出版社（广州市环市东路水荫路 11 号 11~12 楼）
经销	全国新华书店
印刷	佛山市浩文彩色印刷有限公司 （南海狮山科技工业园 A 区兴旺路）
开本	730 毫米×1020 毫米　1/16
印张	21.75　2 插页
字数	300 000 字
版次	2017 年 12 月第 1 版
印次	2017 年 12 月第 1 次
书号	ISBN 978－7－5454－5803－9
定价	64.00 元

如发现印装质量问题，影响阅读，请与承印厂联系调换。
发行部地址：广州市环市东路水荫路 11 号 11 楼
电话：（020）38306055　37601950　邮政编码：510075
邮购地址：广州市环市东路水荫路 11 号 11 楼
电话：（020）37601980　营销网址：http://www.gebook.com
广东经济出版社新浪官方微博：http://e.weibo.com/gebook
广东经济出版社常年法律顾问：何剑桥律师
·版权所有　翻印必究·

《海上丝绸之路研究书系》
编撰组织成员名单

组委会
主　任：徐少华
副主任：张爱军　张小兰　周　義

编委会
主　任：张小兰　周　義
副主任：陈小敏　麦淑萍　黄　尤　彭　赟　庄福伍
编　委：（按姓氏笔画排序）
　　　　王培楠　古伟中　白　玲　刘胜利　苏泽群　胡浩民
　　　　洪三泰　索健元　黄淼章　蔡高声　蔡玉明

学术委员会
主　任：黄伟宗
副主任：司徒尚纪　王元林
委　员：（按姓氏笔画排序）
　　　　叶春生　田　丰　朱　竑　刘正刚　李庆新　杨兴锋
　　　　吴松营　冷　东　张　磊　陈永正　陈海烈　郑楚宣
　　　　侯月祥　顾涧清　徐远通　衷海燕　黄启臣　章文钦
　　　　韩　强　曾　骐　谭元亨

史料篇编辑部
主　编：王元林
编　委：刘正刚　衷海燕　周永卫

广东省人民政府参事室
广东省人民政府文史研究馆
广东省海上丝绸之路研究开发项目组
广东省珠江文化研究会
组　编

凡例

1. 本丛书为"海上丝绸之路研究书系"之"史料篇",分"秦汉至五代卷""宋元卷""明代卷""清代卷"四个分册。每册大致由以下几部分内容组成：政治关系（贡使往来、涉外关系）、商贸往来（市舶朝贡贸易、海禁与民间贸易、贸易商品、关税征收等）、海防体系（海防布局、倭夷海寇）、港口航线、船舶与航海技术、军器与火炮技术、文化交流。

2. 举凡正史、政书、类书、丛书、文集、笔记、方志、谱牒、碑刻等均在本书搜集辑录范围。凡与广东海上丝绸之路相关的史料按类辑录。

3. 本书编纂以类项为经，以时间为纬。每章分若干节，节下分目，属类比事，以顺排列。凡属综述某一时期史事的史料，以年代最迟者系时，无法确切系时的史料，则置于时间相近者之末尾，个别放置相同史事记载之后。标题由编者按史料内容拟定。

4. 凡大段史料，能够拆分辑录，则尽量拆分辑录，以避免冗长繁复。如若拆分辑录会影响原意者则原样照录。

5. 保留史料原貌，一般不加评论性按语，必要时则加简要说明文字，以"编者按"标明。

6. 本书收所辑录的史料吸收了前人标点校勘整理成果。为简洁起见，不出校勘记，凡属不同版本间的一般差异，悉照收录；凡可确认原文错讹者，则在原文后加【　】，写入正确的文字。为避免产生歧意或误解，会在文中某些字、词后加（　）。

7. 本书每段辑录史料后都注明出处、卷次、页码，多次出现且冗长的文献名则用简称。为避免重复，正文中一般略去作者姓名、出版社等信息，详可参照书后所附"参考文献"，以便核对。

8. 为方便大多数读者，本书文字一律采用国家通行的标准简体汉字。

总序

"丝绸之路"也称"瓷器之路""香药之路"。最早正式提出"丝绸之路"（Silk Route）这一学术名称的，是德国地理学家李希霍芬（Ferdinand von Richthofen，1833—1925），在其1877年出版的《中国旅行日记》第一卷中，首次使用"丝绸之路"（Seidentrassen）。法国著名汉学家沙畹（Edouard Chavannes，1865—1918）在其《西突厥史料》中言："丝路有陆、海二道，北道出康居，南道为通印度诸港之海道"，提出陆、海"丝绸之路"。①1936年，瑞典人斯文·赫定编著《丝绸之路》一书出版，除陆上丝绸之路外，他指出"在楼兰废弃之前，大部分丝绸贸易已开始从海路运往印度、阿拉伯、埃及和地中海沿岸城镇"②。此后致力于"丝绸之路"研究的学者和著述不断增多。

1955年，季羡林先生在《中国蚕丝输入印度问题的初步研究》一文中，指出中国蚕丝输入印度有"南海道、西域道、西藏道、缅甸道、安南道"五条道路，并论证自西汉时中国蚕丝即从南海道的雷州半岛发船输入印度，历魏晋南北朝、隋、唐、宋、元、明等朝代而不衰。③1963年，法国学者布尔努瓦夫人（Llice Roulnois）出版专著《丝绸之路》，指出海上丝绸之路"从中国广州湾的南海岸出发，绕过印度支那半岛，穿过马六甲海峡，再逆流而上，直至恒河河口……商品一直运输到西海岸的海港、波斯和阿拉伯地区，后来也运销于欧洲"④。1967年日本学者三杉隆敏出版专论"海上丝绸之路"的专著《探索海上的丝绸之路》。1974年，著名学者饶宗颐发表长篇论文《蜀布与

---

① 沙畹编著，冯承钧译：《西突厥史料》，北京：中华书局，2004年，第167页。
② 斯文·赫定著，江红、李佩娟译：《丝绸之路》，乌鲁木齐：新疆人民出版社，1996年，第214页。
③ 季羡林：《中国蚕丝输入印度问题的初步研究》，《历史研究》1955年第4期。
④ 布尔努瓦著，耿昇译：《丝绸之路》，济南：山东画报出版社，2001年，第45页。

Cinapatta——论早期中、印、缅之交通》，其中《海道之丝路与昆仑舶》一节指出"海道的丝路是以广州为转口中心。近可至交州，远则及印度。南路的合浦，亦是一重要据点……广州自来为众舶所凑"①。

改革开放之后，有关陆、海丝绸之路的研究出现热潮，相关研究成果不断涌现。1985年北京大学陈炎教授出版《陆上和海上丝绸之路》《海上丝绸之路与中外文化交流》两本专著。1990年联合国教科文组织发起"海上丝绸之路"综合考察，1991年2月联合国教科文组织海上丝绸之路考察团到达广州考察有关海上丝绸之路文化遗址，并在广州举行"广州与海上丝绸之路"学术座谈会，出版《广州与海上丝绸之路》论文集和《南海丝绸之路文物图集》。同年，陈高华、吴泰等编写的《海上丝绸之路》由海洋出版社出版。1998年，汕头大学出版社出版了《海上丝绸之路与潮汕文化》。2003年，黄启臣教授主编的《广东海上丝绸之路史》由广东经济出版社出版。近年来，有关海上丝绸之路的学术研究更加蓬勃发展。

作为海上丝绸之路的最早发祥地，广东在海上丝绸之路中独特的作用和地位，尤其值得重视。广东背南岭，面南海，海岸线漫长，港口众多，自然条件、地理区位得天独厚，自古成为海外珍宝汇聚、四方民众杂错之地。近代以来，广东又是海外华侨华人"下南洋"的出发地，成为我国最大的侨乡。五岭以南、南海以北的这块神奇的"岭海"土地，"开风气之先"，至今仍是我国经济发展的排头兵，也是我国"一带一路"倡议实施的核心地。因此，加强历史时期广东海上丝绸之路的研究，发掘、弘扬广东海上丝绸之路"敢为天下先"的探索精神，不仅是有助于这一领域的学术研究，也将对国家"一带一路"倡议具有一定的助益。

2013年10月3日，习近平主席在印尼国会大厦演讲中指出，中国愿与东盟国家加强海上合作，共同建设21世纪"海上丝绸之路"。2015年3月28日，经国务院授权，国家发展改革委、外交部、商务部联合发布了《推动共建丝绸之路经济带和21世纪海上丝绸之路的愿景与行动》。其中，在"框架思路"部分提出，"21世纪海上丝绸之路重点方向是从中国沿海港口过南海到印度洋，延伸至欧洲；从中国沿海港口过南海到南太平洋"；在"中国各地方开放态势"部分，针对"沿海和港澳台地区。利用长三角、珠三角、海峡西岸、环渤海等经济区开放程度高、经济实力强、辐射带动作用大的优势。充分发挥深圳前

---

① 饶宗颐：《选堂集林·史林》上册，香港：中华书局，1982年，第390页。

海、广州南沙、珠海横琴、福建平潭等开放合作区作用，深化与港澳台合作，打造粤港澳大湾区……加强上海、天津、宁波—舟山、广州、深圳、湛江、汕头、青岛、烟台、大连、福州、厦门、泉州、海口、三亚等沿海城市港口建设，强化上海、广州等国际枢纽机场功能。以扩大开放倒逼深层次改革，创新开放型经济体制机制，加大科技创新力度，形成参与和引领国际合作竞争新优势，成为'一带一路'特别是21世纪海上丝绸之路建设的排头兵和主力军。"广东在国家"一带一路"的重要作用日益凸显。

中央提出"一带一路"倡议以来，广东省积极行动，精心策划。2015年6月，广东在全国率先发布《广东省参与建设"一带一路"的实施方案》，明确了将广东省打造成为"一带一路"的战略枢纽、经贸合作中心和重要引擎的定位。《实施方案》包括六个章节、九个方面的合作设想（即九项重点任务），以及三大"广东特色"：第一，建世界级港口群。广东将优化沿海的港口布局，以广州港、深圳港为龙头，包括珠海港、湛江港、汕头港、潮州港，联合香港，构建互利共赢的格局，将这几个港口建设成为海上丝绸之路的重要支点。广东还将推进滨海旅游，以广州、深圳、珠海为核心，汕头、湛江为支撑，来发展滨海旅游的黄金海岸带，培育广州、深圳邮轮母港旅游。第二，突出与港澳合作。重点是建设粤港澳大湾区。打造世界一流粤港澳大湾区，建设国际金融贸易中心、科技创新中心、交通航运中心、文化交流中心，建设粤港澳大湾区物流枢纽。第三，突出经贸合作。利用广交会、高交会等平台，扩大沿线国家的贸易往来，在境外要建一些产业园区，推进农业制造业和服务领域的投资合作。

2016年8月17日，习近平总书记在推进"一带一路"建设工作座谈会上发表重要讲话强调，总结经验、坚定信心、扎实推进，聚焦政策沟通、设施联通、贸易畅通、资金融通、民心相通，聚焦构建互利合作网络、新型合作模式、多元合作平台，聚焦携手打造绿色丝绸之路、健康丝绸之路、智力丝绸之路、和平丝绸之路，以钉钉子精神抓下去，一步一步把"一带一路"建设推向前进，让"一带一路"建设造福沿线各国人民。[①]2016年8月23日，时任广东省委书记胡春华强调，要切实把思想和行动统一到习近平总书记在推进"一带一路"建设工作座谈会上的重要讲话精神上来，深刻认识"一带一路"倡议的重大意义，主动服务国家战略，努力在参与"一带一路"建设上争取更多早期收

---

① 《人民日报》，2016年8月18日。

获,在推进"一带一路"倡议中更好发挥广东作用。①

在"一带一路"倡议大背景下,以翔实的历史资料,论证、还原广东是"海上丝绸之路"发源地之一,彰显历史时期广东在海上丝绸之路中的独特作用和地位,为当下"一带一路"倡议中凸显广东地位,显得尤为必要,也是文史工作者应当承担的责任。有鉴于此,我们在广东省人民政府参事室、广东省人民政府文史研究馆的指导下,由广东省珠江文化研究会承担并策划推出了"海上丝绸之路研究书系",本套"史料篇"即是"海上丝绸之路研究书系"的组成部分。

早在秦汉时期,广东已成为海上丝绸之路重要的节点,在中外交通、贸易中发挥作用。"番禺,亦其一都会也。珠玑、犀、玳瑁、果、布之凑"②,"中国往商贾者多取富焉"③。据《汉书·地理志》详细地记载了从广东沿海港口出发的海上航线:

> 自日南障塞、徐闻、合浦船行可五月,有都元国;又船行可四月,有邑卢没国;又船行可二十余日,有谌离国;步行可十余日,有夫甘都卢国。自夫甘都卢国船行可二月余,有黄支国,民俗略与珠崖相类。其州广大,户口多,多异物,自武帝以来皆献见。有译长,属黄门,与应募者俱入海市明珠、璧流离、奇石异物,赍黄金杂缯而往。所至国皆禀食为耦,蛮夷贾船,转送致之。亦利交易,剽杀人。又苦逢风波溺死,不者数年来还。大珠至围二寸以下。平帝元始中,王莽辅政,欲耀威德,厚遗黄支王,令遣使献生犀牛。自黄支船行可八月,到皮宗;船行可二月,到日南、象林界云。黄支之南,有已程不国,汉之译使自此还矣。④

都元国(今越南南部)、邑卢没国(今泰国湾沿岸)、谌离国(今泰国湾沿岸)、夫甘都卢国(为缅甸的蒲甘阳城遗址)、黄支国(今印度半岛东岸马德拉斯附近的康契普拉姆)、已程不国(今斯里兰卡)等,都是海上丝绸之路经过的古国。汉代沿南海西岸航行到达泰国湾、马来半岛,直到印度洋沿岸的印度、斯

---

① 《南方日报》,2016年8月24日。
② 《史记》卷一二九《货殖列传》。
③ 《汉书》卷二八下《地理志》。
④ 《汉书》卷二八下《地理志》。

里兰卡等国。①而考古发现的广州南越王墓出土中山四路附近的南越国宫署遗址证明，来自西亚的乳香、非洲的象牙、银盒、焊金花泡饰和玻璃珠玑等与海上交通贸易相关珍贵文物，是目前岭南发现最早的一批海外珍品，充分说明番禺是当时重要的中外贸易海港。

魏晋南北朝时期，广东海上丝绸之路初步发展。建安二十二年（217年），孙吴政权迁交州州治于番禺城。黄武五年（226年），分"交州置广州"，广州作为岭南政治中心的地位得到强化，对广州成为海上丝绸之路的起点及整个广州的海外贸易产生重要影响。西晋太康二年（281年），大秦国使臣经广东前来朝贡，"众宝既丽，火布尤奇"。伴随海上丝绸之路的畅通，除商贸繁荣外，中外僧人往来期间，促进了佛教等中外文化交流。西晋时，天竺僧耆域、迦摩罗先后至广州，建有三归寺、王仁寺。东晋时，罽宾僧人昙摩耶舍至广州建造王园寺（即今光孝寺）。梁普通七年（526年），高僧菩提达摩在广州登陆。中国高僧法显游历天竺，循海经广州回国。

隋唐五代时期，广东海上丝绸之路呈现繁盛的局面。隋唐王朝保持开放心态，奉行积极发展海外贸易的政策，其主旨在于：一是通过海外贸易活动加强中外政治经济联系，维护隋唐王朝的国际威望；二是通过海外贸易进口各种海外奇珍异物以满足上层社会的奢侈性需求；三是通过发展海外贸易增加政府的财政收入。据《新唐书·地理志》附贾耽"广州入四夷路程"所载"广州通海夷道"：自广州出发沿着传统南海海路，穿越南海、马六甲海峡，进入印度洋、波斯湾，至乌剌国，沿波斯湾西海岸航行，出霍尔木兹海峡后，进入阿曼湾、亚丁湾和东非海岸。②这是当时世界最长的远洋航线，也是唐朝重要的海上交通线。文献记载："海外诸国，日以通商。齿革羽毛之殷，鱼盐蜃蛤之利，上足以备府库之用，下足以赡江淮之求"。黄巢起义后，人称"南海市舶利不赀，贼得益富，而国用屈"。南海贸易利润十分可观。唐朝在广州首设专门管理南海邦交贸易的专职使职"市舶使"，成立"市舶使院"，这是中国现代海关的雏形，在唐代对外关系史中占有重要的地位。唐代广州港成为"海上丝绸之路"东方首港，其重要的地位一直延续。南汉高度重视海上贸易，采取一系列促进海上贸易政策，如废除"市舶制"，实行自由贸易；大力"招徕海中蛮夷商贾"，"经营海上通商事业，增辟良港"。

---

① 陈伟明、王元林：《古代中外交通史略》，北京：中国华侨出版社，2002年6月。
② 《新唐书》卷四十三下《地理志》。

宋元时期，广东海上丝绸之路持续繁荣。造船技术和航海技术均有显著进步。广船一般用铁栗木制造，闽船则用松木或杉木。海船一般分割成十多个船舱，各船舱之间互相密隔，即便个别船舱漏水也不至于全船沉没。船员水手熟练掌握海洋季风，借以出海或返航。熟练的舟师能通过观测天象辨别方向，而指南针等被普遍用于航海。造船技术和航海技术的发展，直接推动海上丝绸之路航线的扩大。广东沿海贸易港口，除广州是第一大港外，潮州、雷州也是重要的贸易港口。元朝统治者认识到，汲取先进文化，发展经济才能巩固统治基础。而通过发展海外贸易"以损中国无用之货，易远方难致之物"，从而达到"天子不自有，凡诸蕃辅之"的目的。元人陈大震在《大德南海志》中进一步指出："山海为天地之宝藏，珍货从出，有中国之所无。风化既通，梯航交集；以此之有，易彼之无。古人贸易之良法也。"可见这一时期发展海外贸易的目的已颇为明确，即互通有无，实现使用价值的转换。广州海外贸易发展的繁盛图景，在元人笔下多有记载。"岭南诸郡近南海，海外真腊、占城、流求诸国蕃舶岁至，象犀、珠玑、金贝、名香、宝布，诸凡瑰奇珍异之物宝于中州者，咸萃于是"[①]。

明清时期，从广州以及其他港口起航的"海上丝绸之路"，发展到商品贸易全球化阶段，标志着"海上丝绸之路"到了极盛时代。从明初洪武时期到郑和七次下西洋，海上丝绸之路的新旧航线，使得广东与东南亚、非洲、欧洲和拉丁美洲的许多国家和地区进行广泛的贸易活动。到隆庆时期（1567—1572年），广州"几垄断西南海之航线，西洋海舶常泊广州"[②]。清代鸦片战争之前，清代海外贸易政策大体经历了禁海（1656—1682年）—开放（1683—1756年）—关闭（1757—1842年）的过程。在康熙二十四年（1685年）确定以广州、漳州、宁波、云台山为对外贸易港口，设置海关，各海关直属户部，不受地方行政管辖、监督，直接向皇帝和户部负责。四个海关中，粤海关最为重要，是清政府管理对外贸易的重要机构。自乾隆二十二年（1757年），停止厦门、宁波、定海等港口的贸易，限制外国来华商船在广州一口贸易，并规定外商不准和官府直接交往，由公行办理一切有关外商的交涉事宜。一口通商政策持续了八十多年，直到1842年签订《南京条约》，被迫开放五口通商。清王朝海外贸易的政策，不论是开海时期，还是一口通商时期，广州在对外贸易中的

---

① 杨翮：《佩玉斋类稿》卷四《送玉庭训赴惠州照磨序》。
② 谢清高撰，冯承钧校释：《海录》卷上。

地位都是举足轻重的。

　　本丛书为"海上丝绸之路研究书系"之"史料篇",分秦汉至五代、宋元、明代、清代四卷,是在广东省人民政府参事室、广东省人民政府文史研究馆的指导下,由广东省珠江文化研究会承担的"海上丝绸之路研究书系"组成部分。在编写过程中,我们始终得到广东省人民政府参事室、广东省人民政府文史研究馆各位领导和参事、馆员的大力支持和指导。在本书付梓之际,谨向他们表示衷心的感谢。最后,感谢陈鸿钧先生对本书的审阅。

　　由于我和编撰者的才识、精力所限,本书不足乃至纰缪之处,在所难免,恳请读者批评指正。

王元林

丁酉年夏

目录

秦汉时期

第一章　政治关系　/ 002

第二章　商贸往来与文化交流　/ 018

第三章　港口航线　/ 028

魏晋南北朝时期

第一章　政治关系　/ 034

第二章　商贸往来　/ 071

第三章　文化交流　/ 096

第四章　港口航线　/ 163

第五章　船舶制造和航海技术　/ 176

隋唐五代时期

第一章 政治关系 / 190

第二章 商贸往来 / 218

第三章 文化交流 / 250

第四章 港口航线 / 310

第五章 造船与航海技术 / 316

参考文献 / 326

秦汉时期

第一章
政治关系

一、先秦两汉广东海上丝绸之路总论

《礼记》称："南方曰蛮，雕题交阯。"其俗男女同川而浴，故曰交阯。其西有噉人国，生首子辄解而食之，谓之宜弟。味旨，则以遗其君，君喜而赏其父。取妻美，则让其兄。今乌浒人是也。

交阯之南有越裳国。周公居摄六年，制礼作乐，天下和平，越裳以三象重译而献白雉，曰："道路悠远，山川岨深，音使不通，故重译而朝。"成王以归周公。公曰："德不加焉，则君子不飨其质；政不施焉，则君子不臣其人。吾何以获此赐也！"其使请曰："吾受命吾国之黄耇曰：'久矣，天之无烈风雷雨，意者中国有圣人乎？有则盍往朝之。'"周公乃归之于王，称先王之神致，以荐于宗庙。周德既衰，于是稍绝。

及楚子称霸，朝贡百越。秦并天下，威服蛮夷，始开领（岭）外，置南海、桂林、象郡。汉兴，尉佗自立为南越王，传国五世。至武帝元鼎五年，遂灭之，分置九郡，交阯刺史领焉。其珠崖、儋耳二郡在海洲上，东西千里，南北五百里。其渠帅贵长耳，皆穿而缒之，垂肩三寸。武帝末，珠崖太守会稽孙幸调广幅布献之，蛮不堪役，遂攻郡杀幸。幸子豹合率善人还复破之，自领郡事，讨击余党，连年乃平。豹遣使封还印绶，上书言状，制诏即以豹为珠崖太守，威政大行，献命岁至。中国贪其珍赂，渐相侵侮，故率数岁一反。元帝初元三年，遂罢之。凡立郡六十五岁。

逮王莽辅政，元始二年，日南之南黄支国来献犀牛。凡交阯所统，虽置郡县，而言语各异，重译乃通。人如禽兽，长幼无别。项髻徒跣，以布贯头而著之。后颇徙中国罪人，使杂居其间，乃稍知言语，渐见礼化。

光武中兴，锡光为交阯，任延守九真，于是教其耕稼，制为冠履，初设媒娉，始知姻娶，建立学校，导之礼义。

建武十二年，九真徼外蛮里张游，率种人慕化内属，封为归汉里君。明年，南越徼外蛮夷献白雉、白菟。至十六年，交阯女子徵侧及其妹徵贰反，攻郡。徵侧者，麓泠县雒将之女也。嫁为朱䳒人诗索妻，甚雄勇。交阯太守苏定以法绳之，侧忿，故反。于是九真、日南、合浦蛮里皆应之，凡略六十五城，自立为王。交阯刺史及诸太守仅得自守。光武乃诏长沙、合浦、交阯具车船，修道桥，通障谿，储粮谷。十八年，遣伏波将军马援、楼船将军段志，发长沙、桂阳、零陵、苍梧兵万余人讨之。明年夏四月，援破交阯，斩徵侧、徵贰等，余皆降散。进击九真贼都阳等，破降之。徙其渠帅三百余口于零陵。于是领表悉平。

肃宗元和元年，日南徼外蛮夷究不事人邑豪献生犀、白雉。和帝永元十二年夏四月，日南、象林蛮夷二千余人寇掠百姓，燔烧官寺，郡县发兵讨击，斩其渠帅，余众乃降。于是置象林将兵长史，以防其患。安帝永初元年，九真徼外夜郎蛮夷举土内属，开境千八百四十里。元初二年，苍梧蛮夷反叛。明年，遂招诱郁林、合浦蛮汉数千人攻苍梧郡。邓太后遣侍御史任逴奉诏赦之，贼皆降散。延光元年，九真徼外蛮贡献内属。三年，日南徼外蛮复来内属。顺帝永建六年，日南徼外叶调王便遣使贡献，帝赐调便金印紫绶。

永和二年，日南、象林徼外蛮夷区怜等数千人攻象林县，烧城寺，杀长吏。交阯刺史樊演发交阯、九真二郡兵万余人救之。兵士惮远役，遂反，攻其府。二郡虽击破反者，而贼势转盛。会侍御史贾昌使在日南，即与州郡并力讨之，不利，遂为所攻。围岁余而兵谷不继，帝以为忧。明年，召公卿百官及四府掾属，问其方略，皆议遣大将，发荆、杨、兖、豫四万人赴之。大将军从事中郎李固驳曰："若荆、杨（扬）无事，发之可也。今二州盗贼槃（盘）结不散，武陵、南郡蛮夷未辑（戢），长沙、桂阳数被征发，如复扰动，必更生患。其不可一也。又兖、豫之人卒被征发，远赴万里，无有还期，诏书迫促，必致叛亡。其不可二也。南州水土温暑，加有瘴气，致死亡者十必四五。其不可三也。远涉万里，士卒疲劳，比至领（岭）南，不复堪斗。其不可四也。军行三十里为程，而去日南九千余里，三百日乃到，计人禀五升，用米六十万斛，不计将吏驴马之食，但负甲自致，费便若此。其不可五也。设军到所在，死亡必众，既不足御敌，当复更发，此为刻割心腹以补四支。其不可六也。九真、日南相去千里，发其吏民，犹尚不堪，何况乃苦四州之卒，以赴万里之艰哉！其不可七也。前中郎将尹就讨益州叛羌，益州谚曰：'虏来尚可，尹来杀我。'后就征还，以兵付刺史张乔。乔因其将吏，旬月之间，破殄寇虏。此发将无益之效，州郡可任之验也。宜更选有勇略仁惠任将帅者，以为刺史、太守，悉使共住交阯。今日南兵单无谷，守既不足，战又不能。可一切徙其吏民，北依交阯，事静之后，又命归本。还募蛮夷，使自相攻，转输金帛，以为其资。有能反间致头首者，许以封侯列士之赏。故并州刺史长沙祝良，性多勇决，又南阳张乔，前在益州有破虏之功，皆可任用。昔太宗就加魏尚为云中守，哀帝即拜龚舍为太山太守。宜即拜良等，便道之官。"四府悉从固议，即拜祝良为九真太守，张乔为交阯刺史。乔至，开示慰诱，并皆降散。良到九真，单车入贼中，设方略，招以威信，降者数万人，皆为良筑起府寺。由是岭外复平。

建康元年，日南蛮夷千余人复攻烧县邑，遂扇动九真，与相连结。交阯刺史九江夏方开恩招诱，贼皆降服。时梁太后临朝，美方之功，迁为桂阳太守。桓帝永寿三年，居风令贪暴无度，县人朱达等及蛮夷相聚，攻杀县令，众至四五千人，进攻九真，九真太守儿式战死。诏赐钱六十万，拜子二人为郎。遣九真都尉魏朗讨破之，斩首二千级，渠帅犹屯据日南，众转强盛。延熹三年，诏复拜夏方为交阯刺史。方威惠素著，日南宿贼闻之，二万余人相率诣方降。灵帝建宁三年，郁林太守谷永以恩信招降乌浒人十余万内属，皆受冠带，开置七县。熹平二年冬十二月，日南徼外国重译贡献。光和元年，交阯、合浦乌浒蛮反叛，招诱九真、日南，合数万人，攻没郡县。四年，刺史朱俊击破之。六年，日南徼外国复来贡献。

（《后汉书》卷八十六《南蛮传》，第2834~2839页。）

二、东南亚诸国

周公治致太平，越裳氏重译来贡白雉一、黑雉二、象牙一，使者迷其归路，周公锡以文锦二疋，軿车五乘，皆为司南之制，使越裳氏载之以南。缘扶南、林邑海际，期年而至其国，使大夫宴将送至国而还，亦乘司南而背其所指，亦期年而还至。

（《古今注》校笺卷上《舆服第一》，第3页。）

海南诸国，大抵在交州南及西南大海洲上，相去近者三五千里，远者二三万里，其西与西域诸国接。汉元鼎中，遣伏波将军路博德开百越，置日南郡。其徼外诸国，自武帝以来皆朝贡。后汉桓帝世，大秦、天竺皆由此道遣使贡献。

（《梁书》卷五十四《诸夷传》，第783页。）

林邑

南夷林邑国，在交州南，海行三千里，北连九德，秦时故林邑县也。汉末称王。

（《南齐书》卷五十八《东南夷传》，第1012页。）

林邑国者，本汉日南郡象林县，古越裳之界也。伏波将军马援开汉南境，置此县。其地纵广可六百里，城去海百二十里，去日南界四百余里，北接九德郡。其南界，水步道二百余里，有西国夷亦称王，马援植两铜柱表汉界处也。其国有金山，石皆赤色，其中生金。金夜则出飞，状如萤火。又出瑇瑁、贝齿、吉贝、沉木香。吉贝者，树名也，其华成时如鹅毳，抽其绪纺之以作布，洁白与纻布不殊，亦染成五色，织为斑布也。沉木者，土人斫断之，积以岁年，朽烂而心节独在，置水中则沉，故名曰沉香。次不沉不浮者，曰筏香也。

汉末大乱，功曹区达，杀县令自立为王。传数世，其后王无嗣，立外甥范熊。熊死，子逸嗣。

（《梁书》卷五十四《诸夷传》，第784页。）

林邑国，本汉时象林县，则马援铸柱之处也，去南海三千里。后汉末，县功曹姓区，有子曰连，杀令自立为王，子孙相承。其后王无嗣，外孙范熊代立。熊死，子逸立。其俗皆开北户以向日，至于居止，或东西无定。人性凶悍，果于战斗，便山习水，不闲平地。四时暄暖，无霜无雪，人皆倮露徒跣，以黑色为美。贵女贱男，同姓为婚，妇先娉婿（婿）。女嫁之时，著迦盘衣，横幅合缝如井栏，首戴宝花。居丧翦鬓谓之孝，燔尸中野谓之葬。其王服天冠，被缨络（璎珞），每听政，子弟侍臣皆不得近之。

（《晋书》卷九十七《四夷传》，第2545页。）

林邑之先，因汉末交阯女子徵侧之乱，内县功曹子区连杀县令，自号为王。无子，其甥范熊代立，死，子逸立。日南人范文因乱为逸仆隶，遂教之筑宫室，造器械。逸甚信任，使文将兵，极得众心。文因间其子弟，或奔或徙。及逸死，国无嗣，文自立为王。

（《隋书》卷八十二《南蛮传》，第1831页。）

扶南

扶南国，在日南之南大海西（蛮）【湾】中，广袤三千余里，有大江水西流入海。其先有女人为王，名柳叶。又有激（徼）国人混填，梦神赐弓一张，教乘舶入海。混填晨起于神庙树下得弓，即乘舶向扶南。柳叶见舶，率众欲御之。混填举弓遥射，贯船一面通中人。柳叶怖，遂降。混填娶以为妻。恶其裸露形体，乃叠布贯其首。遂治其国。子孙相传。至王槃况死，国人立其大将范师蔓。蔓病，姊子旃（慕）【篡】立，杀蔓子金生。十余年，蔓少子长袭杀旃，以刃镵旃腹曰："汝昔杀我兄，今为父兄报汝。"旃大将范寻又杀长，国人立以为王，是吴、晋时也。

（《南齐书》卷五十八《东南夷传》，第1014页。）

扶南国，在日南郡之南，海西大湾中，去日南可七千里，在林邑西南三千余里。城去海五百里。有大江广十里，西北流，东入于海。其国轮广三千余里，土地洿下而平博，气候风俗大较与林邑同。出金、银、铜、锡、沉木香、象牙、孔翠、五色鹦鹉。

其南界三千余里有顿逊国，在海崎上，地方千里，城去海十里。有五王，并羁属扶南。顿逊之东界通交州，其西界接天竺、安息徼外诸国，往还交市。所以然者，顿逊回入海中千余里，涨海无崖岸，船舶未曾得迳过也。其市，东西交会，日有万余人。珍物宝货，无所不有。又有酒树，似安石榴，采其花汁停瓮中，数日成酒。

顿逊之外，大海洲中，又有毗骞国，去扶南八千里。传其王身长丈二，颈长三尺，自古来不死，莫知其年。王神圣，国中人善恶及将来事，王皆知之，是以无敢欺者。南方号曰长颈王。国俗，有室屋、衣服，噉粳米。其人言语，小异扶南。有山出金，金露生石上，无所限也。国法刑罪人，并于王前噉其肉。国内不受估客，有往者亦杀而噉之，是以商旅不敢至。王常楼居，不血食，不事鬼神。其子孙生死如常人，唯王不死。扶南王数遣使与书相报答，常遗扶南王纯金五十人食器，形如圆盘，又如瓦塸，名为多罗，受五升，又如椀者，受一升。王亦能作天竺书，书可三千言，说其宿命所由，与佛经相似，并论善事。

又传扶南东界即大涨海，海中有大洲，洲上有诸薄国，国东有马五洲。复东行涨海千余里，至自然大洲。其上有树生火中，洲左近人剥取其皮，纺绩作布，极得数尺以为手巾，与焦麻无异而色微青黑；若小垢洿，则投火中，复更精洁。或作灯炷，用之不知尽。

扶南国俗本体裸，文身被发，不制衣裳。以女人为王，号曰柳叶。年少壮健，有似男子。其南有徼国，有事鬼神者字混填，梦神赐之弓，乘贾人舶入海。混填晨起即诣庙，于神树下得弓，便依梦乘船入海，遂入扶南外邑。柳叶人众见舶至，欲取之，混填即张弓射其舶，穿度一面，矢及侍者，柳叶大惧，举众降混填。混填乃教柳叶穿布贯头，形不复露，遂治其国，纳柳叶为妻，生子分王七邑。其后王混盘况以诈力间诸邑，令相疑阻，因举兵攻并之，乃遣子孙中分治诸邑，号曰小王。

（《梁书》卷五十四《诸夷传》，第787~789页。）

扶南西去林邑三千余里，在海大湾中，其境广袤三千里，有城邑宫室。人皆丑黑拳发，倮身跣行。性质直，不为寇盗，以耕种为务，一岁种，三岁获。又好雕文刻镂，食器多以银为之，贡赋以金银珠香。亦有书记府库，文字有类于胡。丧葬婚姻略同林邑。

其王本是女子，字叶柳。时有外国人混溃（编者按："混溃"，与前文之"混填"为同一人）者，先事神，梦神赐之弓，又教载舶入海。混溃旦诣神祠，得弓，遂随贾人泛海至扶南外邑。叶柳率众御之，混溃举弓，叶柳惧，遂降之。于是混溃纳以为妻，而据其国。后胤衰微，子孙不绍，其将范寻复世王扶南矣。

（《晋书》卷九十七《四夷传》，第2547页。）

扶南国俗本裸，文身被发，不制衣裳。以女人为王，号曰柳叶。年少壮建，有似男子。其南有激（徼）国，有事鬼神者字混填。梦神赐之弓，乘贾人舶入海。混填晨起即诣庙，于神树下得弓，便依梦乘舶入海，遂至扶南外邑。柳叶人众见舶至，欲劫取之。混填即张弓射其舶，穿度一面，矢及侍者。柳叶大惧，举众降混填，填乃教柳叶穿布贯头，形不复露，遂君其国，纳柳叶为妻，生子分王七邑。其后王混盘况以诈力间诸邑，令相疑阻，因举兵攻并之。乃选子孙中分居诸邑，号曰小王。盘况年九十余乃死，立中子盘盘，以国事委其大将范蔓。盘盘立三年死，国人共举蔓为王。蔓勇健有权略，复以兵威攻伐旁国，咸服属之，自号扶南大王。乃作大船穷涨海，开国十余，辟地五六千里。次当伐金邻国，蔓遇疾，遣太子金生代行。蔓姊子旃因篡蔓自立，遣人诈金生而杀之。蔓死时有乳下儿名长在人间，至年二十，乃结国中壮士，袭杀旃。旃大将范寻又攻杀长而代立。更缮国内，起观阁游戏之，朝旦中晡三四见客。百姓以蕉蔗龟鸟为礼。

国法，无牢狱。有讼者，先斋三日，乃烧斧极赤，令讼者捧行七步。又以金镯、鸡卵投沸汤中，令探取之，若无实者手即烂，有理者则不。又于城沟中养鳄鱼，门外圈猛兽，有罪者辄以餧（喂）猛兽及鳄鱼，鱼兽不食为无罪，三日乃放之。鳄大者长三丈余，状似鼍，有四足，喙长六七尺，两边有齿利如刀剑，常食鱼，遇得獐鹿及人亦噉之，苍梧以南及外国皆有之。

（《南史》卷七十八《夷貊传上》，第1952~1953页。）

掸国

永元六年，[永昌]郡徼外敦忍乙王莫延慕义，遣使译献犀牛、大象。九年，徼外蛮及掸国王雍由调遣重译奉国珍宝，和帝赐金印紫绶，小君长皆加印绶、钱帛。

永初元年，徼外僬侥种夷陆类等三千余口举种内附，献象牙、水牛、封（犎）牛。永宁元年，掸国王雍由调复遣使者诣阙朝贺，献乐及幻人，能变化吐火，自支解，易牛马头。又善跳丸，数乃至千。自言我海西人。海西即大秦也，掸国西南通大秦。明年元会，安帝作乐于庭，封雍由调为汉大都尉，赐印绶、金银、彩缯各有差也。

（《后汉书》卷八十六《西南夷传》，第2851页。）

永宁元年，西南夷掸国王献乐及幻人，能吐火，自支解，易牛马头。明年元会，作之于庭，安帝与群臣共观，大奇之。[陈]禅独离席举手大言曰："昔齐鲁为夹谷之会，齐作侏儒之乐，仲尼诛之。又曰：'放郑声，远佞人。'帝王之庭，不宜设夷狄之技。"尚书陈忠劾奏禅曰："古者合欢之乐舞于堂，四夷之乐陈于门，故《诗》云'以《雅》以《南》，《韎》、《任》、《朱离》'。今掸国越流沙，踰（逾）县度，万里贡献，非郑卫之声，佞人之比，而禅廷讪朝政，请劾禅下狱。"有诏勿收，左转为玄菟候城障尉，诏"敢不之官，上妻子从者名"。禅既行，朝廷多讼之。

（《后汉书》卷五十一《陈禅传》，第1685页。）

三、天竺

大月（城）【氏】去洛阳万六千三百七十里，其东南数千里通天竺，天竺一名身毒，俗与月氏同，临大水，西通大秦。从月氏南至西海，东至盘越国，皆身毒地。又有别城数十置王，而皆总名身毒。其俗修浮图道，不杀伐弱而畏战。本传曰：西域国俗造浮图，本佛道，故大国之内众数万，小国数千，而终不相兼并。及内属之后，汉之奸猾与无行好利者据守其中，至东京时，诈谋滋生，转相吞灭，习俗不可不慎，所以动之哉。

（《后汉纪》卷十五，第300~301页。）

天竺国，一名身毒，在月氏之东南数千里。俗与月氏同，而卑湿暑热。其国临大水。乘象而战。其人弱于月氏，修浮图道，不杀伐，遂以成俗。从月氏、高附国以西，南至西海，东至磐起国，皆身毒之地。身毒有别城数百，城置长。别国数十，国置王。虽各小异，而俱以身毒为名，其时皆属月氏。月氏杀其王而置将，令统其人。土出象、犀、瑇瑁、金、银、铜、铁、铅、锡，西与大秦通，有大秦珍物。又有细布、好毾㲪、诸香、石蜜、胡椒、姜、黑盐。

和帝时，数遣使贡献，后西域反畔，乃绝。至桓帝延熹二年、四年，频从日南徼外来献。

世传明帝梦见金人，长大，顶有光明，以问群臣。或曰："西方有神，名曰佛，其形长丈六尺而黄金色。"帝于是遣使天竺，问佛道法，遂于中国图画形象焉。楚王英始信其术，中国因此颇有奉其道者。后桓帝好神，数祀浮图、老子，百姓稍有奉者，后遂转盛。

东离国居沙奇城，在天竺东南三千余里，大国也。其土气、物类与天竺同。列城数十，皆称王。大月氏伐之，遂臣服焉。男女皆长八尺，而怯弱。乘象、骆驼，往来邻国。有寇，乘象以战。

（《后汉书》卷八十八《西域传》，第2921~2922页。）

天竺，后汉通焉，即前汉时身毒国。从月氏、高附国以西，南至西海，东至盘起，皆身毒之地。身毒有别城数百，城置长。有别国数十，国置王。虽各小异，而俱名身毒。都临恒河，一名迦毗黎河。灵鹫山，胡语曰耆阇崛山，山有青石，头似鹫鸟。其时皆属月氏。月氏杀其王而置将，令统其人。俗修浮图道，不杀生、饮酒。桓帝延熹二年、四年，频从日南徼外来献。时帝好神，数祀浮图、老子，百姓稍有奉者，后遂转盛。其国人土著与月氏同，而卑湿暑热，人弱于月氏。

（《通典》卷一百九十三《边防九》，第5260~5261页。）

四、安息和条支

安息，在大月氏西可数千里。其俗土著，耕田，田稻麦，蒲陶（葡萄）酒。城邑如大宛。其属小大数百城，地方数千里，最为大国。临妫水，有市，民商贾用车及船，行旁国或数千里。以银为钱，钱如其王面，王死辄更钱，效王面焉。画革旁行以为书记。其西则条枝（支），北有奄蔡、黎轩。

（《史记》卷一百二十三《大宛列传》，第3162页。）

安息国，王治番兜城，去长安万一千六百里。不属都护。北与康居、东与乌弋山离、西与条支接。土地风气，物类所有，民俗与乌弋、罽宾同。亦以银为钱，文独为王面，幕为夫人面。王死辄更铸钱。有大马爵。其属小大数百城，地方数千里，最大国也。临妫水，商贾车船行旁国。书革，旁行为书记。

武帝始遣使至安息，王令将将二万骑迎于东界。东界去王都数千里，行比至，过数十城，人民相属。因发使随汉使者来观汉地，以大鸟卵及犁靬眩人献于汉，天子大说（悦）。安息东则大月氏。

（《汉书》卷九十六上《西域传》，第3889~3890页。）

西域之远者，安息国也，去洛阳二万五千里。北与康居，南与乌弋山离相接，其地方数千里。西至条支，马行六十日，临海，暑热卑湿，出师（狮）子、犀牛、犎牛、孔雀、大雀，大雀卵大如瓮，地与西海接。自安息西关西至阿蛮国三千四百里。自阿蛮西至斯宾国，渡河西南至于罗国有九百六十里，安南西界极矣。其南乘海乃通大秦，或数岁月云。

（《后汉纪》卷十五，第301页。）

甘英出使大秦，至安息望海而返

安息国居和棱城，去洛阳二万五千里。北与康居接，南与乌弋山离接。地方数千里，小城数百，户口胜兵最为殷盛。其东界木鹿城，号为小安息，去洛阳二万里。

章帝章和元年，遣使献师（狮）子、符拔。符拔形似麟而无角。和帝永元九年，都护班超遣甘英使大秦，抵条支。临大海欲度，而安息西界船人谓英曰："海水广大，往来者逢善风三月乃得度，若遇迟风，亦有二岁者，故入海人皆赍三岁粮。海中善使人思土恋慕，数有死亡者。"英闻之乃止。十三年，安息王满屈复献师子及条支大鸟，时谓之安息雀。

自安息西行三千四百里至阿蛮国。从阿蛮西行三千六百里至斯宾国。从斯宾南行度河，又西南至于罗国九百六十里，安息西界极矣。自此南乘海，乃通大秦。其土多海西珍奇异物焉。

(《后汉书》卷八十八《西域传》，第2918页。)

条支

条枝（支），在安息西数千里，临西海。暑湿。耕田，田稻。有大鸟，卵如瓮。（正义：《汉书》云："条支出师（狮）子、犀牛、孔雀、大雀，其卵如瓮。和帝永元十三年，安息王满屈献师子、大鸟，世谓之'安息雀'。"《广志》云："鸟，鹙鹰身，蹄骆，色苍，举头八九尺，张翅丈余，食大麦，卵大如瓮。"）人众甚多，往往有小君长，而安息役属之，以为外国。国善眩。（集解应劭曰："眩，相诈惑。"《正义》颜云："今吞刀、吐火、殖瓜、种树、屠人、截马之术皆是也。"）安息长老传闻条支有弱水、西王母，而未尝见。（索隐：《魏略》云："弱水在大秦西。"《玄中记》云："天下之弱者，有昆仑之弱水，鸿毛不能载也。"《山海经》云："玉山，西王母所居。"《穆天子传》云："天子觞西王母瑶池之上。"《括地图》云："昆仑弱水乘龙不至。有三足神乌，为王母取食。"《正义》：此弱水、西王母既是安息长老传闻而未曾见，《后汉书》云桓帝时大秦国王安敦遣使自日南徼外来献，或云其国西有弱水、流沙，近西王母处，几于日所入也。然先儒多引《大荒西经》云弱水云有二源，俱出女国北阿耨达山，南流会于女国东，去国一里，深丈余，阔六十步，非毛舟不可济，南流入海。阿耨达山即昆仑山也，与《大荒西经》合矣。然大秦国在西海中岛上，从安息西界过海，好风用三月乃到，弱水又在其国之西。昆仑山弱水流在女国北，出昆仑山南。女国在于寘国南二千七百里。于寘去京凡九千六百七十里。计大秦与大昆仑山相去几四五万里，非所论及，而前贤误矣。此皆据汉《括地》论之，犹恐未审，然弱水二所说皆有也。）

(《史记》卷一百二十三《大宛列传》，第3163~3164页。)

条支国城在山上，周回四十余里。临西海，海水曲环其南及东北，三面路绝，唯西北隅通陆道。土地暑湿，出师（狮）子、犀牛、封（犛）牛、孔雀、大雀。大雀其卵如瓮。

转北而东，复马行六十余日至安息。后役属条支，为置大将，临领诸小城焉。

(《后汉书》卷八十八《西域传》，第2918页。)

条支，汉时通焉。去阳关二万二千一百里，在葱岭之西。城在山之上，周回四十余里。临西海，海水曲环其南及东、北，三面路绝，唯西北隅通陆道。土地暑热下湿，田宜稻。出犎牛、孔雀，有大鸟，卵如瓮。人众甚多。往往有小君长，安息役属之，以为外国。

　　其草木、畜产、五谷、果菜、食饮、宫室、市列、钱货、兵器、金珠之属皆与罽宾同，而有符拔、狮子、犀牛。其钱独文（纹）为人，幕为骑马。绝远，汉使希至。自玉门、阳关出南道，历鄯善而南行，至乌弋山离，南道极矣。转北而东，复马行六十余日至安息。

　　后和帝永元中，班超遣掾甘英使大秦，抵条支，临大海欲渡，而安息西界船人谓英曰："海水广大，往来者逢善风，三月乃得渡，若遇恶风雨，亦有三岁者。"英闻而止。

　　　　　　　　　　（《通典》卷一百九十二《边防八》，第5238页。）

五、大秦

　　大秦国，一名黎轩，在海西，汉使皆自乌弋还，莫能通条支者。甘英踰（逾）悬度、乌弋山离抵条支，临大海，欲渡，人谓英曰："海水广大，咸苦不可食。往来者逢善风，时三月而渡，如风迟，则三岁，故入海者皆赍三岁粮。海中善使人思土恋慕，数有死亡者。"英闻之乃止，具问其土风俗。大秦地方数千里，四百余城。小国役属者数十。石为城郭，列置邮亭，皆垩墍之。有松柏诸木百草。民俗力田作，种植树蚕桑。国王凭头而衣文绣，乘辎辂白盖小车，出入击鼓，有旌旗幡帜。起宫室，以水精为柱，食器亦然。王所治城周环百余里，王有五宫，各相去十里。平旦至一宫听事，止宿；明旦复至一宫；五日一遍而复还。常使一人持囊随王车，民欲有言事者即以书投囊中。王至宫，发省分理其枉直，各有官曹。又置三十六相，皆会乃议事。王无常人，国中有灾异，风雨不时，辄放去之，而更求贤人以为王者，受放者终无怨。多金、银、真珠、珊瑚、琥魄（珀）、琉璃、金缕罽绣、杂色绫、涂布。又有细布、或言水羊毛、野蚕茧所作。会诸香煎以为苏合。凡外国诸珍异皆出焉。以金银为钱，银钱十当金钱一。与天竺、安息交市于海中，其利十倍。其民质直，市无二价。谷食常贱，国内富饶。邻国使到其界首者，乘驿诣王都，至则廪以金钱。及安帝元初中，日南塞外檀国献幻人，能变化吐火，自支解，又善跳丸，能跳十丸。其人曰："我海西人。"则是大秦也。自交州外塞檀国，诸蛮夷相通也；又有一道与益州塞外通。大秦人皆粗长大平正，若中国人，故云外国之大秦，而其国人常自言与中国无别。其王常欲通使于汉奉贡献，而安息欲以汉缯彩与之交市，故遮不得令通。及桓帝延熹中，王安都遣使者奉献象牙、犀角、瑇瑁，始一通焉。其长老或传言："其国西有弱水，近日入所矣。"又云："从安息陆道绕海北行出海西至大秦，人相连属，十里一亭，三十里一置，终无盗贼惊，而有猛虎、狮子遮食行者，不有百余人，赍其器，辄害之，不得过。"又言："渡海飞桥数百里至旁国。"所出奇异玉石诸物，多谲怪不经，故不述云，西南极矣。山离还自条支东北通乌弋山离，可百余日行。而乌弋山离、罽宾、莎车、于寘、拘弥诸国相接，远者去洛阳二万一千里，近者万余里焉。

（《后汉纪》卷十五，第301~303页。）

大秦国，一号犁靬，在安息、条支西大海之西，从安息界安谷城乘船，直截海西，遇风利二月到，风迟或一岁，无风或三岁。其国在海西，故俗谓之海西。有河出其国，西又有大海。海西有迟散城，从国下直北至乌丹城，西南又渡一河，乘船一日乃过。西南又渡一河，一日乃过。凡有大都三，却从安谷城陆道直北行之海北，复直西行之海西，复直南行经之乌迟散城，渡一河，乘船一日乃过。周回绕海，凡当渡大海六日乃到其国。国有小城邑合四百余，东西南北数千里。其王治滨侧河海，以石为城郭。其土地有松、柏、槐、梓、竹、苇、杨柳、梧桐、百草。民俗，田种五谷，畜乘有马、骡、驴、骆驼。桑蚕。俗多奇幻，口中出火，自缚自解，跳十二丸巧妙。其国无常主，国中有灾异，辄更立贤人以为王，而生放其故王，王亦不敢怨。其俗人长大平正，似中国人而胡服。自云本中国一别也，常欲通使于中国，而安息图其利，不能得过。其俗能胡书。其制度，公私宫室为重屋，旌旗击鼓，白盖小车，邮驿亭置如中国。从安息绕海北到其国，人民相属，十里一亭，三十里一置，终无盗贼。但有猛虎、狮子为害，行道不群则不得过。其国置小王数十，其王所治城周回百余里，有官曹文书。王有五宫，一宫间相去十里，其王平旦之一宫听事，至日暮一宿，明日复至一宫，五日一周。置三十六将，每议事，一将不至则不议也。王出行，常使从人持一韦囊自随，有白言者，受其辞投囊中，还宫乃省为决理。以水晶作宫柱及器物。作弓矢。其别枝封小国，曰泽散王，曰驴分王，曰且兰王，曰贤督王，曰汜复王，曰于罗王，其余小王国甚多，不能一一详之也。国出细绨。作金银钱，金钱一当银钱十。有织成细布，言用水羊毳，名曰海西布。此国六畜皆出水，或云非独用羊毛也，亦用木皮或野茧丝作，织成氍毹、毾㲪、罽帐之属皆好，其色又鲜于海东诸国所作也。又常利得中国丝，解以为胡绫，故数与安息诸国交市于海中。海水苦不可食，故往来者希到其国中。山出九色次玉石，一曰青，二曰赤，三曰黄，四曰白，五曰黑，六曰绿，七曰紫，八曰红，九曰绀。今伊吾山中有九色石，即其类。阳嘉三年时，疏勒王臣槃献海西青石、金带各一。又今《西域旧图》云罽宾、条支诸国出琦石，即次玉石也。大秦多金、银、铜、铁、铅、锡、神龟、白马、朱髦、骇鸡犀、瑇瑁、玄熊、赤螭、辟毒鼠、大贝、车渠、玛瑙、南金、翠爵、羽翮、象牙、符采玉、明月珠、夜光珠、真白珠、虎珀、珊瑚、赤白黑绿黄青绀缥红紫十种流离、璆琳、琅玕、水精、玫瑰、雄黄、雌黄、碧、五色玉、黄白黑绿紫红绛绀金黄缥留黄十种氍㲪、五色毾㲪、五色九色首下毾㲪、金缕绣、杂色绫、金涂布、绯持布、发陆布、绯持渠布、火浣布、阿罗得布、巴则布、度代布、温宿布、五色桃布、绛地金织帐、五色斗帐、一微木、二苏合、狄提、迷迷、兜纳、白附子、薰陆、郁金、芸胶、薰草木十二种香。大秦道既从海北陆通，又循海而南，与交阯七郡外夷比，又有水道通益州、永昌、故永昌出异物。前世但论有水道，不知有陆道，今其略如此，其民人户数不能备详也。自葱领西，此国最大，置诸小王甚多，故录其属大者矣。

泽散王属大秦，其治在海中央，北至驴分，水行半岁，风疾时一月到，最与安息安谷城相近，西南诣大秦都不知里数。驴分王属大秦，其治去大秦都二千里。从驴分城西之大秦渡海，飞桥长二百三十里，渡海道西南行，绕海直西行。且兰王属大秦。从思陶国直南渡河，乃直西行之且兰三千里。道出河南，乃西行，从且兰复直西行之汜复国六百里。南道会汜复，乃西南之贤督国。且兰、汜复直南，乃有积石，积石南乃有大海，出珊瑚，真珠。且兰、汜复、斯宾阿蛮北有一山，东西行。大秦、海西东各有一山，皆南北行。贤督王属大秦，其治东北去汜复六百里。汜复王属大秦，其治东北去于罗三百四十里渡海也。于罗属大秦，其治在汜复东北，渡河，从于罗东北又渡河，斯罗东北又渡河。斯罗国属安息，与大秦接也。大秦西有海水，海水西有河水，河水西南北行有大山，西有赤水，赤水西有白玉山，白玉山有西王母，西王母西有修流沙，流沙西有大夏国、坚沙国、属繇国、月氏国、四国西有黑水，所传闻西之极矣……鱼豢议曰：俗以为营廷之鱼不知江海之大，浮游之物不知四时之气，是何也？以其所在者小与其生之短也。余今泛览外夷大秦诸国，犹尚旷若发蒙矣，况夫邹衍之所推出，《大易》《太玄》之所测度乎！徒限处牛蹄之涔，又无彭祖之年，无缘托景风以迅游，载骡裹以遐观，但劳眺乎三辰，而飞思乎八荒耳。

（《三国志》卷三十《乌丸鲜卑东夷传》注引《魏略·西戎传》，第860~863页。）

东汉桓帝时大秦王安敦遣使沿南海海路贡献

大秦国，一名犁鞬（编者按："犁鞬"与前文"犁靬"同），以在海西，亦云海西国。地方数千里，有四百余城。小国役属者数十。以石为城郭。列置邮亭，皆垩塈之。有松柏诸木百草。人俗力田作，多种树蚕桑。皆髡头而衣文绣，乘辎軿白盖小车，出入击鼓，建旌旗幡帜。

所居城邑，周圜百余里。城中有五宫，相去各十里。宫室皆以水精为柱，食器亦然。其王日游一宫，听事五日而后遍。常使一人持囊随王车，人有言事者，即以书投囊中，王至宫发省，理其枉直。各有官曹文书。置三十六将，皆会议国事。其王无有常人。皆简立贤者。国中灾异及风雨不时，辄废而更立，受放者甘黜不怨。其人民皆长大平正，有类中国，故谓之大秦。

土多金银奇宝，有夜光璧、明月珠、骇鸡犀、珊瑚、虎魄（珀）、琉璃、琅玕、朱丹、青碧。刺金缕绣，织成金缕罽、杂色绫。作黄金涂、火浣布。又有细布，或言水羊毳，野蚕茧所作也。合会诸香，煎其汁以为苏合。凡外国诸珍异皆出焉。

以金银为钱，银钱十当金钱一。与安息、天竺交市于海中，利有十倍。其人质直，市无二价。谷食常贱，国用富饶。邻国使到其界首者，乘驿诣王都，至则给以金钱。其王常欲通使于汉，而安息欲以汉缯彩与之交市，故遮阂不得自达。至桓帝延熹九年，大秦王安敦遣使自日南徼外献象牙、犀角、瑇瑁，始乃一通焉。其所表贡，并无珍异，疑传者过焉。

或云其国西有弱水、流沙，近西王母所居处，几于日所入也。《汉书》云"从条支西行二百余日，近日所入"，则与今书异矣。前世汉使皆自乌弋以还，莫有至条支者也。又云"从安息陆道绕海北行出海西至大秦，人庶连属，十里一亭，三十里一置，终无盗贼寇警。而道多猛虎、师（狮）子，遮害行旅，不百余人赍兵器，辄为所食"。又言"有飞桥数百里可度海北诸国"。所生奇异玉石诸物，谲怪多不经，故不记云。

（《后汉书》卷八十八《西域传》，第2919~2920页。）

大秦国，一名犁鞬，在西海之西，其地东西南北各数千里。有城邑，其城周回百余里。屋宇皆以珊瑚为棁栭，琉璃为墙壁，水精为柱础。其王有五宫，其宫相去各十里，每旦于一宫听事，终而复始。若国有灾异，辄更立贤人，放其旧王，被放者亦不敢怨。有官曹簿领，而文字习胡，亦有白盖小车、旌旗之属，及邮驿制置，一如中州。其人长大，貌类中国人而胡服。其土多出金玉宝物、明珠、大贝，有夜光璧、骇鸡犀及火浣布，又能刺金缕绣及织锦缕罽。以金银为钱，银钱十当金钱之一。安息、天竺人与之交市于海中，其利百倍。邻国使到者，辄禀以金钱。途经大海，海水咸苦不可食，商客往来皆赍三岁粮，是以至者稀少。

汉时都护班超遣掾甘英使其国，入海，船人曰："海中有思慕之物，往者莫不悲怀。若汉使不恋父母妻子者，可入。"英不能渡。

（《晋书》卷九十七《四夷传》，第2544~2545页。）

黎轩。《正义》：……《后汉书》云："大秦一名犁鞬，在西海之西，东西南北各数千里。有城四百余所。土多金银奇宝，有夜光璧、明月珠、骇鸡犀、火浣布、珊瑚、琥珀、琉璃、琅玕、砗磲、青碧，珍怪之物，率出大秦。"康氏《外国传》云："其国城郭皆青水精为【础】，及五色水精为壁。人民多巧，能化银为金。国土市买皆金银钱。"万震《南州志》云："大家屋舍，以珊瑚为柱，琉璃为墙壁，水精为礩舄。海中斯调（州）[洲]上有木，冬月往剥取其皮，绩以为布，极细，手巾齐数匹，与麻焦布无异，色小青黑，若垢污欲浣之，则入火中，便更精洁，世谓之火浣布。秦云定重参问门树皮也。"《括地志》云："火山国在扶风南东大湖海中。其国中山皆火，然火中有白鼠皮及树皮，绩为火浣布。《魏略》云大秦在安息、条支西大海之西，故俗谓之海西。从安息界乘船直载海西，遇风利时三月到，风迟或一二岁。其公私宫室为重屋，邮驿亭置如中国。从安息绕海北陆到其国，人民相属，十里一亭，三十里一置。无盗贼。其俗人长大平正，似中国人而胡服。宋膺《异物志》云秦之北附庸小邑，有羊羔自然生于土中，候其欲萌，筑墙绕之，恐兽所食。其脐与地连，割绝则死。击物惊之，乃惊鸣，脐遂绝，则逐水草为群。又大秦金二枚，皆大如瓜，植之滋息无极，观之如用则真金也。"《括地志》云："小人国在大秦南，人才三尺。其耕稼之时，惧鹤所食，大秦卫助之。即焦侥国，其人穴居也。"

（《史记》卷一二三《大宛列传》张守节正义，第3163页。）

大秦，一名犁鞬，后汉时始通焉。其国在西海之西，亦云海西国。其王理安都城，宫室皆以水精为柱。从条支西度海曲万里，去长安盖四万里。其地平正，人居星布。其地东西南北各数千里，有四百余城。小国役属者数十。西有大海。海西有迟散城。王城有官曹簿领，而文字习胡。人皆髡头，而衣文绣，亦有白盖小车、旌旗之属。及十里一亭，三十里一堠，一如中州。地多师（狮）子，遮害行旅，不百余人持兵器，辄为所食。其王无常人，皆简立贤者，有灾异及风雨不时，辄废而更立，受放者无怨。其人长大平正，有类中国，故谓之大秦，或云本中国人也。

土有骇鸡犀，合会诸香，煎其汁以为苏合。土多金、银、奇宝、夜光璧、明月珠、琥珀、琉璃、神龟、白马朱髦、瑇瑁、玄熊、赤螭、辟毒鼠、大贝、车渠（砗磲）、玛瑙。寶出西海，有养者，似狗，多力犷恶。北附庸小邑有羊羔，自然生于土中；候其欲萌，筑墙院之，恐为兽所食也；其脐与地连，割之绝则死，击物惊之，乃惊鸣，遂绝；逐水草，无群。又有木难，金翅鸟，口中结沫，所成碧色珠也，土人珍之。有幻人，能额上为炎烬，手中作江湖，举足而珠玉自堕，开口则幡眊乱出。有织成细布，言用水羊毛，名曰海西布。出细布，作氍毹、罽帐之属，其色又鲜于海东诸国所作也。又常利得中国缣素，解以为胡绫绀纹，数与安息诸胡交市于海中。西南涨海中可七八百里，行到珊瑚洲，水底有盘石，珊瑚生其上。大秦人常乘大舶，载铁网，令水工没，先入视之，可下网乃下。初生白，而渐渐似苗坼甲。历一岁许，出网目间，变作黄色，支格交错，高极三四尺者，围尺余。三年色乃赤好。后没视之，知可采，便以铁钞发其根，乃以索系网，使人于舶上绞车举出。还国理截，恣意所作。若失时不举，便蠹败。

其王常欲通使于汉，涂经大海，商客往来皆赍三岁粮，是以至者稀。桓帝延熹初，大秦王安敦遣使自日南徼外献象牙、犀角、瑇瑁，始乃一通焉。其所表贡，并无珍异，疑传者隐之。至晋武帝太康中，其王遣使贡献。

或云其国西有弱水、流沙，近西王母所居处，几于日所入也。

（《通典》卷一百九十三《边防九》，第5265~5266页。）

第二章
商贸往来与文化交流

一、商贸往来

西汉前期通贾南越的蜀商

建元六年,大行王恢击东越,东越杀王郢以报。恢因兵威使番阳令唐蒙风指晓南越。南越食蒙蜀枸酱,蒙问所从来,曰"道西北牂柯,牂柯江广数里,出番禺城下"。蒙归至长安,问蜀贾人,贾人曰:"独蜀出枸酱,多持窃出市夜郎。夜郎者,临牂柯江,江广百余步,足以行船。南越以财物役属夜郎,西至同师,然亦不能臣使也。"

(《史记》卷一百一十六《西南夷列传》,第2993~2994页。)

蜀卓氏之先,赵人也,用铁冶富。秦破赵,迁卓氏……致之临邛,大喜,即铁山鼓铸,运筹策,倾滇蜀之民,富至僮千人。田池射猎之乐,拟于人君。

程郑,山东迁虏也,亦冶铸,贾椎髻之民,(《索隐》:魋结之人。上音椎髻,谓通贾南越也。)富埒卓氏,俱居临邛。

(《史记》卷一百二十九《货殖列传》,第3277~3278页。)

九真太守益昌走私犀牛、奴婢

(湘成)侯益昌嗣,五凤四年,坐为九真太守盗,使人出买犀、奴婢,臧(赃)百万以上,不道,诛。

(《汉书》卷十七《景武昭宣元成功臣表》,第656页。)

王章家属合浦采珠致富

（王）章仕宦历位，及为京兆，欲上封事……果下廷尉狱，妻子皆收系……章果死。妻子皆徙合浦。

大将军凤薨后，弟成都侯商复为大将军辅政，白上还章妻子故郡。其家属皆完具，采珠致产数百万，时萧育为泰山太守，皆令赎还故田宅。

（《汉书》卷七十六《王章传》，第3239页。）

去珠复还

（孟尝）迁合浦太守。郡不产谷实，而海出珠宝，与交阯比境，常通商贩，贸籴粮食。先时宰守并多贪秽，诡人采求，不知纪极，珠遂渐徙于交阯郡界。于是行旅不至，人物无资，贫者饿死于道。尝到官，革易前敝，求民病利。曾未踰岁，去珠复还，百姓皆反其业，商货流通，称为神明。

以病自上，被征当还，吏民攀车请之。尝既不得进，乃载乡民船夜遁去。

（《后汉书》卷七十六《循吏传》，第2473页。）

欲拔贫，诣徐闻

雷州徐闻县，本汉旧县……汉置左右侯官，在徐闻县南七里，积货物于此，备其所求，与交易有利。故谚曰："欲拔贫，诣徐闻。"

（《元和郡县志·阙卷佚文》卷三，第1087页。）

紫贝

贝凡有八，紫贝最其美者，出交州。大贝出巨延州，与行贾（质）【贸】易。

（《艺文类聚》卷八四，转引自刘纬毅《汉唐方志辑佚》第361页。）

二、安世高岭南弘法

安清，字世高，安息国王正后之太子也。幼怀淳孝，敬养竭诚，恻隐之仁，爱及蠢类，其动言立行，若践规矩焉。加以志业聪敏，刻意好学，外国典籍，莫不该贯。七曜五行之象、风角云物之占，推步盈缩，悉穷其变。兼洞晓医术，妙善针脉，睹色知病，投药必济。乃至鸟兽鸣呼，闻声知心。于是俊异之名，被于西域，远近邻国，咸敬而伟之。世高虽在居家，而奉戒精峻，讲集法施，与时相续。后王薨，将嗣国位，乃深惟苦空，厌离名器。行服既毕，遂让国与叔，出家修道。博综经藏，尤精《阿毗昙》学，讽持禅经，略尽其妙。既而游方弘化，遍历诸国，以汉桓帝之初，始到中夏。世高才悟机敏，一闻能达，至止未久，即通习华语。于是宣译众经，改胡为汉，出《安般守意》《阴持入经》《大小十二门》及《百六十品》等。初外国三藏众护撰述经要为二十七章，世高乃剖析护所集七章，译为汉文，即《道地经》也。其先后所出经凡三十五部，义理明析，文字允正，辩而不华，质而不野，凡在读者，皆亹亹而不惓焉。

世高穷理尽性，自识宿缘，多有神迹，世莫能量。初，世高自称："先身已经为安息王子，与其国中长者子俱共出家。分卫之时，施主不称，同学辄怒，世高屡加诃责，同学悔谢，而犹不悛改。如此二十余年，乃与同学辞诀云：'我当往广州毕宿世之对。卿明经精进，不在吾后，而性多恚怒，命过当受恶形。我若得道，必当相度。'既而遂适广州，值寇贼大乱，行路逢一少年，唾手拔刀曰：'真得汝矣！'世高笑曰：'我宿命负卿，故远来相偿，卿之忿怒，故是前世时意也。'遂伸颈受刃，容无惧色。贼遂杀之。观者填路，莫不骇其奇异。既而神识还为安息王太子，即今时世高身也。"

世高游化中国，宣经事毕，值灵帝之末，关洛扰乱，乃杖锡江南。云："我当过庐山度昔同学。"行达䢼亭湖庙。此庙旧有灵验，商旅祈祷，乃分风上下，各无留滞。尝有乞神竹者，未许辄取，舫即覆没，竹还本处。自是舟人敬惮，莫不慑影。世高同旅三十余船，奉牲请福。神乃降祝曰："舫有沙门，可便呼上。"客咸共惊愕，请世高入庙。神告世高曰："吾昔在外国，与子俱出家学道，好行布施。而性多瞋怒，今为䢼亭湖神，周回千里，并吾所统。以布施故，珍玩无数；以瞋恚故，堕此神中。今见同学，悲欣可言！寿尽旦夕，而丑形长大，若于此舍命，秽污江湖，当度山西空泽中也。此身灭，恐堕地狱，吾有绢千匹，并杂宝物，可为我立塔营法，使生善处也。"世高曰："故来相度，何不现形？"神曰："形甚丑异，众人必惧。"世高曰："但出，众不怪也。"神从床后出头，乃是大蟒蛇，至世高膝边，泪落如雨，不知尾之长短。世高向之胡语，傍人莫解，蟒便还隐。世高即取绢物，辞别而去。舟侣扬帆，神复出蟒身，登山顶而望。众人举手，然后乃灭。倏忽之顷，便达豫章，即以庙物造立东寺。世高去后，神即命过。暮有一少年上船，长跪世高前，受其咒愿，忽然不见。世高谓船人曰："向之少年，即䢼亭庙神，得离恶形矣。"于是庙神歇没，无复灵验。后人于西山泽中见一死蟒，头尾相去数里，今寻阳郡蛇村是其处也。

世高后复到广州，寻其前世害己少年。时少年尚在，年已六十余。世高径投其家，共说昔日偿对时事，并叙宿缘，欢喜相向。云："吾犹有余报，今当往会稽毕对。"广州客深悟世高非凡，豁然意解，追悔前愆，厚相资供。乃随世高东行，遂达会稽。至便入市，正值市有斗者，乱相殴击，误中世高，应时命终。广州客频验二报，遂精勤佛法，具说事缘。远近闻知，莫不悲叹，明三世之有征也。

世高本既王种，名高外国，所以西方宾旅犹呼安侯，至今为号焉。天竺国自称书为天书，语为天语，音训诡蹇，与汉殊异，先后传译，多致谬滥。唯世高出经，为群译之首。安公以为"若及面禀，不异见圣"。列代明德，咸赞而思焉。

（《出三藏记集》卷十三《安世高传》，第508~510页。）

安清，字世高。安息国王正后之太子也。幼以孝行见称，加又志业聪敏，克意好学，外国典籍及七曜五行医方异术，乃至鸟兽之声，无不综达。尝行见群燕，忽谓伴曰："燕云应有送食者。"顷之果有致焉。众咸奇之，故俊异之声，早被西域。高虽在居家。而奉戒精峻，王薨，便嗣大位。乃深惟苦空，厌离形器，行服既毕，遂让国与叔，出家修道。博晓经藏，尤精阿毗昙学，讽持《禅经》，略尽其妙。既而游方弘化，遍历诸国，以汉桓之初，始到中夏。才悟机敏，一闻能达，至止未久，即通习华言。于是宣译众经，改胡为汉，出《安般守意》《阴持入》《大小十二门》及《百六十品》。初外国三藏众护撰述经要为二十七章，高乃剖析护所集七章，译为汉文，即《道地经》是也。其先后所出经论。凡三十九部。义理明析，文字允正，辩而不华，质而不野，凡在读者，皆亹亹而不倦焉。高穷理尽性，自识缘业，多有神迹，世莫能量。初高自称先身已经出家，有一同学多瞋，分卫值施主不称，每辄恚恨。高屡加诃谏，终不悛改。如此二十余年，乃与同学辞诀云："我当往广州，毕宿世之对。卿明经精勤，不在吾后，而性多瞋怒，命过当受恶形。我若得道，必当相度。"既而遂适广州。值寇贼大乱，行路逢一少年，唾手拔刃曰："真得汝矣。"高笑曰："我宿命负卿，故远来相偿，卿之忿怒，故是前世时意也。"遂申颈受刃，容无惧色，贼遂杀之。观者填陌，莫不骇其奇异。既而神识，还为安息王太子。即今时世高身是也。

高游化中国，宣经事毕，值灵帝之末，关洛扰乱，乃振锡江南。云："我当过庐山，度昔同学。"行达䢼亭湖庙。此庙旧有灵威，商旅祈祷，乃分风上下，各无留滞。尝有乞神竹者，未许辄取，舫即覆没，竹还本处。自是舟人敬惮，莫不慑影。高同旅三十余船，奉牲请福，神乃降祝曰："船有沙门，可便呼上。"客咸惊愕，请高入庙。神告高曰："吾昔外国与子俱出家学道，好行布施，而性多瞋怒，今为䢼亭庙神，周回千里，并吾所治，以布施故，珍玩甚丰，以瞋恚故，堕此神报。今见同学，悲欣可言。寿尽旦夕，而丑形长大，若于此舍命，秽污江湖，当度山西泽中。此身灭后，恐堕地狱，吾有绢千疋，并杂宝物，可为立法营塔，使生善处也。"高曰："故来相度，何不出形？"神曰："形甚丑异，众人必惧。"高曰："但出，众人不怪也。"神从床后出头，乃是大蟒，不知尾之长短，至高膝边，高向之梵语数番，赞呗数契，蟒悲泪如雨，须臾还隐，高即取绢物，辞别而去。舟侣扬帆，蟒复出身，登山而望，众人举手，然后乃灭。倏忽之顷，便达豫章，即以庙物造东寺。高去后，神即命过。暮有一少年上船，长跪高前，受其咒愿，忽然不见。高谓船人曰："向之少年即䢼亭庙神，得离恶形矣。"于是庙神歇末，无复灵验。后人于山西泽中，见一死蟒，头尾数里，今浔阳郡蛇村是也。

高后复到广州，寻其前世害己少年，时少年尚在，高径至其家，说昔日偿对之事，并叙宿缘，欢喜相向，云："吾犹有余报，今当往会稽毕对。"广州客悟高非凡，豁然意解，追悔前愆，厚相资供，随高东游，遂达会稽。至便入市，正值市中有乱相打者，误着高头，应时陨命。广州客频验二报，遂精勤佛法，具说事缘，远近闻知，莫不悲恸，明三世之有征也。高既王种，西域宾旅皆呼为安侯，至今犹为号焉。

天竺国自称书为天书，语为天语，音训诡蹇，与汉殊异，先后传译，多致谬滥，唯高所出，为群译之首。

安公以为若及面禀，不异见圣，列代明德，咸赞而思焉。余访寻众录，记载高公，互有出没。将以权迹隐显，应废多端，或由传者纰缪，致成乖角，辄备列众异，庶或可论。

案：释道安《经录》云："安世高以汉桓帝建和二年（公元一四八年）至灵帝建宁中二十余年，译出三十余部经。"又《别传》云："晋太康（公元二八〇至二八九年）末，有安侯道人来至桑垣，出经竟，封一函于寺云：'后四年可开之。'吴末行至杨（扬）州，使人货一箱物，以买一奴，名福善，云'是我善知识'，仍将奴适豫章，度䢼亭庙神为立寺竟。福善以刀刺安侯胁，于是而终。桑垣人回发其所封函，财理自成字云：'尊吾道者，居士陈慧；传禅经者，比丘僧会。'是日正四年也。"又庾仲雍《荆州记》云："晋初有沙门安世高，度䢼亭庙神，得财物立白马寺于荆城东南隅。"宋临川康王《宣验记》云:"蟒死于吴末。"昙宗《塔寺记》云:"丹阳瓦官寺,晋哀帝时沙门慧力所立。后有沙门安世高,以郗亭庙余物治之。"然道安法师既校阅群经,诠录传译,必不应谬。从汉桓建和二年至晋太康末,凡经一百四十余年,若高公长寿,或能如此。而事不应然。何者?案:如康僧会注《安般守意经序》云:"此经世高所出,久之沈翳。会有南阳韩林、颍川文业、会稽陈慧,此三贤者,信道笃密,会共请受,乃陈慧义,余助斟酌。"寻僧会以晋太康元年(公元二八〇年)乃死,而已云:"此经出后,久之沈翳。"又世高封函之字云:"尊吾道者,居士陈慧;传禅经者,比丘僧会。"然《安般》所明,盛说禅业,是知封函之记,信非虚作。既云二人方传吾道,岂容与共同世?且《别传》自云:"传禅经者,比丘僧会。"会已太康初死,何容太康之末,方有安侯道人?首尾之言,自为矛盾。正当随有一书谬指晋初,于是后诸作者,或道太康,或言吴末,雷同奔竞,无以校焉。既晋初之说,尚已难安,而昙宗记云:"晋哀帝时,世高方复治寺。"其为谬说,过乃悬矣。

(《高僧传》卷一,第4~8页。)

安息国王太子,名清,字世高,次当嗣王,让位与叔,既而舍国,剃落出家,怀道游方,弘化为务。孝桓帝世建和二年,振锡来仪,至乎洛邑。少时习语,大通华言,慨法化微,广事宣译。到灵帝世二十余年,其释道安录,僧祐《出三藏集记》、慧皎《高僧传》等止云世高翻三十九部,义理明析,文字允正,辩而不华,质而不野。凡在读者皆亹亹然而不倦焉。房广询求究,检众录纪述,世高互有出没,将知权迹隐显多途,或由传者颇致乖舛。量传所载三十九部,或但路出自燉煌,来届止京邑。灵帝之末,关中扰攘。便渡江南,达人见机,在所便译。得知他处,阙而未传,又其传末果云,而古旧录所载之者,此并世高删正前译,不必全翻。今总群篇,备搜杂记,有题注者,多是河西江南道路随逐因缘,从大部出。录目分散,未足致疑,彼见故存,此宁不缵,敢依集编,缉而维之。冀广法流,知本源注,欲识其迹,具诸传详。

(《历代三宝记》卷四,第59页。)

秦汉时期

三、南海子碧襄助支谶翻译佛经

《道行经后记》第二　未详作者

光和二年十月八日，河南洛阳孟元士。口授天竺菩萨竺朔佛，时传言译者月支菩萨支谶，时侍者南阳张少安、南海子碧，劝助者孙和、周提立。正光二年九月十五日，洛阳城西菩萨寺中沙门佛大写之。

（《出三藏记集》卷七，第264页。）

《般舟三昧经记》第八　未详作者

《般舟三昧经》，光和二年十月八日，天竺菩萨竺朔佛于洛阳出。菩萨法护。时传言者月支菩萨支谶，授与河南洛阳孟福字元士，随侍菩萨张莲字少安笔受，令后普著。在建安十三年于佛寺中校定，悉具足。后有写者，皆得南无佛。又言，建安三年岁在戊子八月八日于许昌寺校定。

（《出三藏记集》卷七，第268页。）

支谶，本月支国人也。操行淳深，性度开敏，禀持法戒，以精勤著称。讽诵群经，志存宣法，汉桓帝末，游于洛阳。以灵帝光和、中平之间，传译胡文，出《般若道行品》《首楞严》《般舟三昧》等三经。又有《阿阇世王》《宝积》等十部经，以岁久无录，安公校练古今，精寻文体，云"似谶所出"。凡此诸经，皆审得本旨，了不加饰，可谓善宣法要，弘道之士也。后不知所终。

沙门竺朔佛者，天竺人也。汉桓帝时，亦赍《道行经》来适洛阳，即转胡为汉。译人时滞，虽有失旨，然弃文存质，深得经意。朔又以灵帝光和二年于洛阳译出《般舟三昧经》，时谶为传言，河南洛阳孟福、张莲笔受。时又有支曜译出《成具光明经》云。

（《出三藏记集》卷十三，第511页。）

四、士燮统治岭南与牟子理惑论

士燮统治下的岭南对外交往频繁

士燮字威彦，苍梧广信人也。其先本鲁国汶阳人，至王莽之乱，避地交州。六世至燮父赐，桓帝时为日南太守。燮少游学京师，事颍川刘子奇，治《左氏春秋》。察孝廉，补尚书郎，公事免官。父赐丧阕后，举茂才，除巫令，迁交阯太守。

弟壹，初为郡督邮。刺史丁宫徵还京都，壹侍送勤恪，宫感之，临别谓曰："刺史若待罪三事，当相辟也。"后宫为司徒，辟壹。比至，宫已免，黄琬代为司徒，甚礼遇壹。董卓作乱，壹亡归乡里。交州刺史朱符为夷贼所杀，州郡扰乱。燮乃表壹领合浦太守，次弟徐闻令䵋领九真太守，䵋弟武，领南海太守。

燮体器宽厚，谦虚下士，中国士人往依避难者以百数。耽玩《春秋》，为之注解。陈国袁徽与尚书令荀彧书曰："交阯士府君既学问优博，又达于从政，处大乱之中，保全一郡，二十余年疆场无事，民不失业，羁旅之徒，皆蒙其庆，虽窦融保河西，曷以加之？官事小阕，辄玩习书传，《春秋左氏传》尤简练精微，吾数以咨问传中诸疑，皆有师说，意思甚密。又《尚书》兼通古今，大义详备。闻京师古今之学，是非忿争，今欲条《左氏》、《尚书》长义上之。"其见称如此。

燮兄弟并为列郡，雄长一州，偏在万里，威尊无上。出入鸣钟磬，备具威仪，笳箫鼓吹，车骑满道，胡人夹毂焚烧香者常有数十。妻妾乘辎軿，子弟从兵骑，当时贵重，震服百蛮，尉他（佗）不足踰也。武先病没。

朱符死后，汉遣张津为交州刺史，津后又为其将区景所杀，而荆州牧刘表遣零陵赖恭代津。是时苍梧太守史璜死，表又遣吴巨代之，与恭俱至。汉闻张津死，赐燮玺书曰："交州绝域，南带江海，上恩不宣，下义壅隔，知逆贼刘表又遣赖恭闚看南土，今以燮为绥南中郎将，董督七郡，领交阯太守如故。"后燮遣吏张旻奉贡诣京都，是时天下丧乱，道路断绝，而燮不废贡职，特复下诏拜安远将军，封龙度亭侯。

后巨与恭相失，举兵逐恭，恭走还零陵。建安十五年，孙权遣步骘为交州刺史。骘到，燮率兄弟奉承节度。而吴巨怀异心，骘斩之。权加燮为左将军。建安末年，燮遣子廞入质，权以为武昌太守，燮、壹诸子在南者，皆拜中郎将。燮又诱导益州豪姓雍闿等，率郡人民使遥东附，权益嘉之，迁卫将军，封龙编侯，弟壹偏将军，都乡侯。燮每遣使诣权，致杂香细葛，辄以千数，明珠、大贝、流离（琉璃）、翡翠、瑇瑁、犀、象之珍，奇物异果，蕉、邪、龙眼之属，无岁不至。壹时贡马凡数百匹。权辄为书，厚加宠赐，以答慰之。燮在郡四十余岁，黄武五年，年九十卒。

权以交阯县远，乃分合浦以北为广州，吕岱为刺史；交阯以南为交州，戴良为刺史。又遣陈时代燮为交阯太守。岱留南海，良与时俱前行到合浦，而燮子徽自署交阯太守，发宗兵拒良。良留合浦。交阯桓邻，燮举吏也，叩头谏徽使迎良，徽怒，笞杀邻。邻兄治子发又合宗兵击徽，徽闭门城守，治等攻之数月不能下，乃约和亲，各罢兵还。而吕岱被诏诛徽，自广州将兵昼夜驰入，过合浦，与良俱前。壹子中郎将匡与岱有旧，岱署匡师友从事，先移书交阯，告喻祸福，又遣匡见徽，说令服罪，虽失郡守，保无他忧。岱寻匡后至，徽兄祗，弟幹、颂等六人肉袒奉迎。岱谢令复服，前至郡下。明旦早施帐幔，请徽兄弟以次入，宾客满坐。岱起，拥节读诏书，数徽罪过，左右因反缚以出，即皆伏诛，传首诣武昌。壹、䵋、匡后出，权原其罪，及燮质子廞，皆免为庶人。数岁，壹、䵋坐法诛。廞病卒，无子，妻寡居，诏在所月给俸米，赐钱四十万。

（《三国志》卷四十九《吴志·士燮传》，第1191~1193页。）

《牟子理惑论》

牟子既修经传诸子，书无大小，靡不好之；虽不乐兵法，然犹读焉；虽读神仙不死之书，抑而不信，以为虚诞。是时灵帝崩后，天下扰乱，独交州差安，北方异人咸来在焉，多为神仙辟谷长生之术，时人多有学者。牟子常以《五经》难之，道家术士莫敢对焉。比之于孟轲距杨朱、墨翟。

先是时，牟子将母避世交阯。年二十六，归苍梧娶妻。太守闻其守学，谒请署吏。时年方盛，志精于学，又见世乱，无仕宦意，竟遂不就。是时诸州郡相疑，隔塞不通。太守以其博学多识，使致敬荆州。牟子以为荣爵易让，使命难辞，遂严当行。会被州牧优文处士辟之，复称疾不起。牧弟为豫章太守，为中郎将笮融所杀。时牧遣骑都尉刘彦将兵赴之。恐外界相疑，兵不得进，牧乃请牟子，曰："弟为逆贼所害，骨肉之痛，愤发肝心。当遣刘都尉行，恐外界疑难，行人不通。君文武兼备，有专对才。今欲相屈之零陵桂阳，假涂（途）于通路，何如？"牟子曰："被秣服枥，见遇日久，烈士忘身，期必骋效。"遂严当发。会其母卒亡，遂不果行。久之，退念以辩达之故，辄见使命。方世扰攘，非显己之秋也，乃叹曰："老子绝圣弃智，修身保真，万物不干其志，天下不易其乐，天子不得臣，诸侯不得友，故可贵也。"于是锐志于佛道，兼研《老子》五千文，含玄妙为酒浆，玩《五经》为琴簧。世俗之徒，多非之者，以为背《五经》而向异道。欲争则非道，欲默则不能，遂以笔墨之间，略引圣贤之言证解之，名曰《牟子理惑》云。

（《牟子残丛新编》，第1~2页。）

编者按：学术界一般认为《牟子理惑论》是中国最早的佛教著作。

第三章
港口航线

一、港口

交趾

交州。案《禹贡》扬州之域，是为南越之土。秦始皇即略定扬越，以谪戍卒五十万人守五岭。自北徂南，入越之道，必由岭峤，时有五处，故曰五岭。后使任嚣、赵他（佗）攻越，略取陆梁地，遂定南越，以为桂林、南海、象等三郡，非三十六郡之限，乃置南海尉以典之，所谓东南一尉也。汉初，以岭南三郡及长沙、豫章封吴芮为长沙王。十一年，以南武侯织为南海王。陆贾使还，拜赵他（佗）为南越王，割长沙之南三郡以封之。武帝元鼎六年，讨平吕嘉，以其地为南海、苍梧、郁林、合浦、日南、九真、交阯七郡，盖秦时三郡之地。元封中，又置儋耳、珠崖二郡，置交阯刺史以督之。昭帝始元五年，罢儋耳并珠崖。元帝初元三年，又罢珠崖郡。后汉马援平定交部，始调立城郭置井邑。顺帝永和九年，交阯太守周敞求立为州，朝议不许，即拜敞为交阯刺史。桓帝分立高兴郡，灵帝改曰高凉。建安八年，张津为刺史，土燮交阯太守，共表立为州，乃拜津为交州牧。十五年，移居番禺，诏以边州使持节，郡给鼓吹，以重城镇，加以九锡六佾之舞。

（《晋书》卷十五《地理志下》，第464~465页。）

番禺

九疑（嶷）、（《集解》徐广曰："山在营道县南。"）苍梧以南至儋耳者，（《正义》：今儋州在海中。广州南去京七千余里。言岭南至儋耳之地，与江南大同俗,而扬州之南,越民多焉。)与江南大同俗,而扬越多焉。番禺(《正义》:潘虞二音。今广州。)亦其一都会也,珠玑、犀、瑇瑁、果布之凑。(《集解》韦昭曰:"果谓龙眼、离支之属。布,葛布。")

(《史记》卷一二九《货殖列传》,第3268页。)

粤地,牵牛、婺女之分野也。今之苍梧、郁林、合浦、交阯、九真、南海、日南,皆粤分也。

其君禹后,帝少康之庶子云,封于会稽,文身断发,以避蛟龙之害。后二十世,至句(勾)践称王,与吴王阖庐(闾)战,败之隽李。夫差立,句(勾)践乘胜复伐吴。吴大破之,栖会稽,臣服请平。后用范蠡、大夫种计,遂伐灭吴,兼并其地。度淮与齐、晋诸侯会,致贡于周。周元王使使赐命为伯,诸侯毕贺。后五世为楚所灭,子孙分散,君服于楚。后十世,至闽君摇,佐诸侯平秦。汉兴,复立摇为越王。是时,秦南海尉赵佗亦自王,传国至武帝时,尽灭以为郡云。

处近海,多犀、象、毒冒、珠玑、银、铜、果布之凑,中国往商贾者多取富焉。番禺,其一都会也。

(《汉书》卷二十八《地理志下》,第1669~1670页。)

徐闻

汉武帝派兵从合浦、徐闻出发进攻海南岛建立儋耳、珠崖两郡

自合浦徐闻南入海,得大州,东西南北方千里,武帝元封元年略以为儋耳、珠厓(崖)郡。民皆服布如单被,穿中央为贯头。男子耕农,种禾稻纻麻,女子桑蚕织绩。亡马与虎,民有五畜,山多麈麖。兵则矛、盾、刀,木弓弩、竹矢,或骨为镞。自初为郡县,吏卒中国人多侵陵之,故率数岁一反。元帝时,遂罢弃之。

(《汉书》卷二十八《地理志下》,第1670页。)

王氏《交广春秋》曰:朱崖、儋耳二郡,与交州俱开,皆汉武帝所置。大海中,南极之外,对合浦、徐闻县。晴朗无风之日,迳望朱崖州如囷廪大。从徐闻对渡,北风举帆,一日一夜而至。

(《水经注》卷三十六,第840页。)

揭阳

至元鼎五年,南越反,东越王余善上书,请以卒八千人从楼船将军击吕嘉等。兵至揭扬(阳),以海风波为解,不行,持两端,阴使南越。及汉破番禺,不至。是时楼船将军杨仆使使上书,原便引兵击东越。上曰士卒劳倦,不许,罢兵,令诸校屯豫章梅领(岭)待命。

(《史记》卷一一四《东越列传》,第2982页。)

二、南海航线

汉武帝遣汉使从徐闻、合浦航行至黄支国

自日南障塞、徐闻、合浦船行可五月,有都元国,又船行可四月,有邑卢没国;又船行可二十余日,有谌离国;步行可十余日,有夫甘都卢国。自夫甘都卢国船行可二月余,有黄支国,民俗略与珠厓相类。其州广大,户口多,多异物,自武帝以来皆献见。有译长,属黄门,与应募者俱入海市明珠、璧流离(琉璃)、奇石异物,赍黄金、杂缯而往。所至国皆禀食为耦,蛮夷贾船,转送致之。亦利交易,剽杀人。又苦逢风波溺死,不者数年来还。大珠至围二寸以下。平帝元始中,王莽辅政,欲耀威德,厚遗黄支王,令遣使献生犀牛。自黄支船行可八月,到皮宗;船行可二月,到日南、象林界云。黄支之南,有已程不国,汉之译使自此还矣。

(《汉书》卷二十八《地理志下》,第1671页。)

汉使张骞渡西海,至大秦。西海之滨,有小昆仑,高万仞,方八百里。东海广漫,未闻有渡者。

南海短狭,未及西南夷以穷断。今渡南海至交趾者,不绝也。

(《博物志》卷一,第9页。)

编者按:学术界一般认为黄支国在今印度南部地区。

三、造船与航海技术

越人以舟为车

句（勾）践喟然叹曰："夫越性脆而愚，水行而山处，以船为车，以楫为马，往若飘风，去则难从，锐兵任死，越之常性也。"

（《越绝书》卷八《记地传》，第58页。）

越人铸铜为船，在江潮退时见。
（《后汉书志》卷二十三《郡国志五》刘昭注引《交州记》，第3532页。）

安定县有越王铜船，潮退时有见者。合浦四十里有潮，又阴雨日，百姓采樵见铜船出水上。
（《太平御览》卷七六九《舟部二》引刘欣期《交州记》，第3412页。）

外域人名舡（船）曰舡，大者长二十余丈，高去水三二丈，望之如阁道，载六七百人，物出万斛。
（《太平御览》卷七六九《舟部二》引《南州异物志》，第3412页。）

外徼人随舟大小，或作四帆，前后沓载之。有卢头木，叶如牖形，长丈余，织以为帆。其四帆不正，前向皆使邪移相聚，以取风吹，风后者激而相射，亦并得风力。若急，则随宜城灭之邪，张相取风气，而无高危之虑，故行不避迅风，激波所以能疾。
（《太平御览》卷七七一《舟部四》引《南州异物志》，第3419页。）

魏晋南北朝时期

第一章
政治关系

一、贡使往来

海南诸国航海通中国

海南诸国,大抵在交州南及西南大海洲上,相去近者三五千里,远者二三万里,其西与西域诸国接……及吴孙权时,遣宣化从事朱应、中郎康泰通焉。其所经及传闻,则有百数十国,因立记传。晋代通中国者盖鲜,故不载史官。及宋、齐,至者有十余国,始为之传。自梁革运,其奉正朔,修贡职,航海岁至,踰(逾)于前代矣。今采其风俗粗著者,缀为《海南传》云。

(《梁书》卷五十四《海南诸国》,第783页。)

大秦贾人秦论来到交趾

孙权黄武五年,有大秦贾人字秦论来到交趾,交趾太守吴邈遣送诣权,权问方土谣俗,论具以事对。时诸葛恪讨丹阳,获黝、歙短人,论见之曰:"大秦希见此人。"权以男女各十人,差吏会稽刘咸送论,咸于道物故,论乃径还本国。

(《梁书》卷五十四《中天竺传》,第798页。)

扶南诸外国来献

黄龙,扶南诸外国来献琉璃。

(《太平御览》卷八百零八《珍宝部七》引《吴历》,第3591页下。)

扶南王范旃遣使来献

（赤乌六年）十二月，扶南王范旃遣使献乐人及方物。

（《三国志》卷四十七《吴主传》，第1145页。）

吴遣朱应、康泰使扶南

及吴孙权时，遣宣化从事朱应、中郎康泰通焉。其所经及传闻，则有百数十国，因立记传。

（《梁书》卷五十四《中天竺传》，第783页。）

其时吴遣中郎康泰使扶南，及见陈、宋等，具问天竺土俗，云："佛道所兴国也。人民敦庞，土地饶沃。其王号茂论。所都城郭，水泉分流，绕于渠堑，下注大江。其宫殿皆雕文镂刻，街曲市里，屋舍楼观，钟鼓音乐，服饰香华，水陆通流，百贾交会，奇玩珍玮，恣心所欲。左右嘉维、舍卫、叶波等十六大国，去天竺或二三千里，共尊奉之，以为在天地之中也。"

（《梁书》卷五十四《中天竺传》，第798~799页。）

扶南、林邑、堂明诸王，各遣使奉贡

（吕）岱既定交州，复进讨九真，斩获以万数。又遣从事南宣国化，既徼外扶南、林邑、堂明诸王，各遣使奉贡。权嘉其功，进拜镇南将军。

（《三国志》卷六十《吴志·吕岱传》，第1385页。）

卢循泛海到番禺，遣使献贡

刘裕讨循至晋安，循窘急，泛海到番禺，寇广州，逐刺史吴隐之，自摄州事，号平南将军，遣使献贡。时朝廷新诛桓氏，中外多虞，乃权假循征虏将军、广州刺史、平越中郎将。

（《晋书》卷一百《卢循传》，第2634页。）

晋武帝时四夷二十三国入贡

武帝受终衰魏,廓境全吴,威略既申,招携斯广,迷乱华之议,矜来远之名,抚旧怀新,岁时无怠,凡四夷入贡者,有二十三国。既而惠皇失德,中宗迁播,凶徒分据,天邑倾沦,朝化所覃,江外而已,睬贡之礼,于兹殆绝,殊风异俗,所未能详。故采其可知者,为之传云。北狄窃号中壤,备于载记;在其诸部种类,今略书之。

(《晋书》卷九十七《四夷传》,第2531~2532页。)

西晋、东晋时林邑国遣使贡献

太康四年,临邑王范熊献紫水晶唾壶一口,青、白水精唾壶各二口。
(《太平御览》卷七百零三《服用部·唾壶》引《交州杂记事》,第3138页下。)

太康四年,刺史陶璜、表送林邑王范熊所献缥绀水精盘各一枚。
(《太平御览》卷七百五十八《器物部·盘》引《交州杂事》,第3366页下。)

太康四年,刺史陶璜,表送临邑王花然(《太平御览》七百五十九作范熊,此讹。)所献银钵一口、水精钵一口。
(《艺文类聚》卷七十三《杂器物部·钵》引《交州杂事》,第1307页。
《太平御览》卷七百五十九《器物部·钵》引《交州杂事》,第3369页上。)

自孙权以来,不朝中国。至武帝太康中,始来贡献。咸康二年,范逸死,奴文篡位。

文,日南西卷县夷帅范椎奴也。尝牧牛涧中,获二鲤鱼,化成铁,用以为刀。刀成,乃对大石嶂而咒之曰:"鲤鱼变化,冶成双刀,石嶂破者,是有神灵。"进斫之,石即瓦解。文知其神,乃怀之。随商贾往来,见上国制度,至林邑,遂教逸作宫室、城邑及器械。逸甚爱信之,使为将。文乃潜逸诸子,或徙或奔。

及逸死,无嗣,文遂自立为王。以逸妻妾悉置之高楼,从己者纳之,不从者绝其食。于是乃攻大岐界、小岐界、式仆、徐狼、屈都、乾鲁、扶单等诸国,并之,有众四五万人。遣使通表入贡于帝,其书皆胡字。

(《晋书》卷九十七《林邑国传》,第2545~2546页。)

佛死，子胡达立，上疏贡金盘椀及金钲等物。

（《晋书》卷九十七《林邑国传》，第2547页。）

南夷林邑国，在交州南，海行三千里，北连九德，秦时故林邑县也。汉末称王。晋太康五年始贡献。

（《南齐书》卷五十八《林邑国传》，第1012～1013页。）

海枣树，身无闲枝，耸三四十丈。树顶四面共生十余枝，叶如栟榈。五年一实，实甚大，如杯碗；核两头不尖，双卷而圆。其味极甘美，安邑御枣无以加也。泰康五年，林邑献百枚。昔李少君谓汉武帝曰："臣尝游海上，见安期生，食臣枣大如瓜。"非诞说也。

（嵇含：《南方草木状》载《南越五主传及其它七种》，第68页。）

（咸安）二年春正月辛丑，百济、林邑王各遣使贡方物。

（《晋书》卷九《简文帝纪》，第221页。）

（太元）七年春三月，林邑范熊遣使献方物。

（《晋书》卷九《孝武帝纪》，第231页。）

（义熙十年九月）林邑遣使来献方物。

（《晋书》卷十《安帝纪》，第264页。）

林邑王（阙）明达献金钢指环。

（《说郭三种》卷六十一引《林邑记》，第2840页上。）

东晋年间扶南献方物

（升平元年）扶南竺旃檀献驯象，诏曰："昔先帝以殊方异兽或为人患，禁之。今及其未至，可令还本土。"

（《晋书》卷八《穆帝纪》，第202页。）

（太元十四年）二月，扶南献方物。

（《晋书》卷九《孝武帝纪》，第237页。）

太康六年扶南来献

泰（太）康六年，扶南国贡诸蔗，一丈三节。

（嵇含：《南方草木状》载《南越五主传及其它七种》，第59页。）

抱香履，抱木生于水松之旁，若寄生然。极柔弱，不胜刀锯。乘湿时刳而为履，易如削瓜；既干则韧不可理也。履虽猥大，而轻者若通脱木，风至则随飘而动。夏月纳之，可御蒸湿之气。出扶南、大秦诸国。泰（太）康六年，扶南贡百双。帝深叹异，然哂其制作之陋，但置诸外府，以备方物而已。按东方朔《琐语》曰：木履起于晋文公时。介之推逃禄自隐，抱树而死。公抚木哀叹，遂以为履。每怀从亡之功，辄俯视其履曰："悲乎！足下。""足下"之称，亦自此始也。

（嵇含：《南方草木状》，载《南越五主传及其它七种》，第66页。）

西晋太熙元年牟奴等国上献方物

太熙元年正月，牟奴等国大小口十七万九千余人，各遣正、副使诣护东夷校尉何龛，上献方物。

（《太平御览》卷七百八十七《四夷部·牟奴国》引《晋起居注》，第3486页下。）

义熙年间师子国遣使献玉像

又有师（狮）子国四尺二寸玉像，并皆在焉。昔师（狮）子国闻晋孝武精于奉法，故遣沙门昙摩抑远献此佛。在道十余年，至义熙中，乃达晋。

（《高僧传》卷十三《慧力传》，第481页。）

东晋兴宁元年遣到蒲林国慰谕

兴宁元年闰月，蒲林王国新开通，前所奉表诣先帝，今遣到其国慰谕。

（《太平御览》卷七百八十七《四夷部·蒲林国》引《晋起居注》，第3485页下。）

西晋年间扶南、林邑、大秦遣使贡献

武帝泰始初,遣使贡献。太康中,又频来。穆帝升平初,复有竺旃檀称王,遣使贡驯象。帝以殊方异兽,恐为人患,诏还之。

(《晋书》卷九十七《扶南国传》,第2547页。)

(泰始四年十二月)扶南、林邑各遣使来献。

(《晋书》卷三《武帝纪》,第58页。)

(太康五年)十二月庚午,大赦。林邑、大秦国各遣使来献。

(晋书》卷三《武帝纪》,第75页。)

蜜香纸,以蜜香树皮叶作之。微褐色,有纹如鱼子,极香而坚韧,水渍之,不溃烂。太康五年,大秦献三万幅。帝以万幅赐镇南大将军当阳侯杜预,令撰《春秋释例》及《经传集解》以进,未至而预卒,诏赐其家,令藏之。

(稽含:《南方草木状》,载《南越五主传及其它七种》,第66页。)

惟太康二年,安南将军广州牧滕侯,作阵南方,余时承乏,忝备下僚。俄而大秦国奉献琛,来经广州,众宝既丽,火布尤奇。

(《艺文类聚》卷八五《布部》引晋殷巨《奇布赋及序》,第1463页。)

钩缘子,形如瓜,皮似橙而金色。胡人重之。极芬香,肉甚厚,白如芦菔。女工竞雕镂花鸟,渍以蜂蜜,点燕檀,巧丽妙绝,无与为比。泰(太)康五年,大秦贡十缶,帝以三缶赐王恺,助其珍味,夸示于石崇。

(稽含:《南方草木状》,载《南越五主传及其它七种》,第69页。)

南朝宋年间林邑国频遣使贡献

南夷林邑国,高祖永初二年,林邑王范阳迈遣使贡献,即加除授。太祖元嘉初,侵暴日南、九德诸郡,交州刺史杜弘文建牙聚众欲讨之,闻有代,乃止。七年,阳迈遣使自陈与交州不睦,求蒙恕宥。八年,又遣楼船百余寇九德,入四会浦口,交州刺史阮弥之遣队主相道生三千人赴讨,攻区粟城不克,引还。林邑欲伐交州,借兵于扶南王,扶南不从。十年,阳迈遣使上表献方物,求领交州,诏答以道远,不许。十二、十五、十六、十八年,频遣贡献,而寇盗不已，所贡亦陋薄。

（《宋书》卷九十七《林邑国传》，第2377～2378页。）

世祖孝建二年，林邑又遣长史范龙跋奉使贡献，除龙跋扬武将军。大明二年，林邑王范神成又遣长史范流奉表献金银器及香布诸物。太宗泰豫元年，又遣使献方物。

（《宋书》卷九十七《林邑国传》，第2379页。）

林邑王范明达献金钢指环。
（《太平御览》卷八百一十三《珍宝部·金钢》引《林邑记》，第3614页下。）

元嘉五年师子国遣使贡献

师（狮）子国。元嘉五年，国王刹利摩诃南奉表曰：

谨白大宋明主，虽山海殊隔，而音信时通。伏承皇帝道德高远，覆载同于天地，明照齐乎日月，四海之外，无往不伏，方国诸王，莫不遣信奉献，以表归德之诚。或泛海三年，陆行千日，畏威怀德，无远不至。我先王以来，唯以修德为正，不严而治，奉事三宝，道济天下，欣人为善，庆若在己，欲与天子共弘正法，以度难化。故托四道人遣二白衣送牙台像以为信誓，信还，愿垂音告。

至十二年，又复遣使奉献。

（《宋书》卷九十七《师子国传》，第2384页。）

师（狮）子国王遣使奉献，诏曰："此《小乘经》甚少，彼国所有，皆可悉为写送之。闻彼邻多有师（狮）子，此所未睹，可悉致之。"

（《太平御览》卷七八七《四夷部·师子国》引《宋元嘉起居注》，第3486页上。）

阿罗单国王，毗沙跋摩遣使云："诸佛世尊，常乐安隐，处雪山阴，雪水流注，百川洋溢，以味清静，周回屈曲，从趣大海，一切众生，咸得受用。"又曰："师子王国，遣使奉献，诏答云，此小乘经甚少，彼国所有，皆可写送。"

（《艺文类聚》卷七六《内典部》引《宋元嘉起居注》，第1294页。）

南朝宋年间天竺迦毗黎国遣使奉献

天竺迦毗黎国。元嘉五年，国王月爱遣使奉表曰：

伏闻彼国，据江傍海，山川周固，众妙悉备，庄严清净，犹如化城，宫殿庄严，街巷平坦，人民充满，欢娱安乐。圣王出游，四海随从，圣明仁爱，不害众生，万邦归仰，国富如海。国中众生，奉顺正法，大王仁圣，化之以道，慈施群生，无所遗惜。帝修净戒，轨道不及，无上法船，济诸沈溺，群僚百官，受乐无怨，诸天拥护，万神侍卫，天魔降伏，莫不归化。王身庄严，如日初出，仁泽普润，犹如大云，圣贤承业，如日月天，于彼真丹，最为殊胜。

臣之所住，名迦毗河，东际于海，其城四边，悉紫绀石，首罗天护，令国安隐。国王相承，未尝断绝，国中人民，率皆修善，诸国来集，共遵道法，诸寺舍子，皆七宝形像，众妙供具，如先王法。臣自修检，不犯道禁，臣名月爱，弃世王种。

惟愿大王圣体和善，群臣百官，悉自安隐。今以此国群臣吏民，山川珍宝，一切归属，五体归诚大王足下。山海遐隔，无由朝觐，宗仰之至，遣使下承。使主父名天魔悉达，使主名尼陀达，此人由来良善忠信，是故今遣奉使表诚。大王若有所须，珍奇异物，悉当奉送，此之境土，便是王国，王之法令，治国善道，悉当承用。愿二国信使往来不绝，此反使还，愿赐一使，具宣圣命，备敕所宜。款至之诚，望不空反，所白如是，愿加哀愍。

奉献金刚指环、摩勒金环诸宝物、赤白鹦鹉各一头。太宗泰始二年，又遣使贡献，以其使主竺扶大、竺阿弥并为建威将军。

（《宋书》卷九十七《迦毗黎国传》，第2384～2386页。）

（元嘉）五年，天竺毗加梨国王月（爱）遣使上表，并奉金刚指环一枚、刚印摩勒金环一枚、鈚钰一具、白旃檀六段、白赤鹦鹉各一头、细叠两张。

（《太平御览》卷七百八十七《四夷部·毗加梨国》引《宋元嘉起居注》，第3486页上。）

宋元嘉七年诃罗陁国经广州遣使奉表

西南夷诃罗陁国。元嘉七年，遣使奉表曰：

伏承圣主，信重三宝，兴立塔寺，周满国界。城郭庄严，清净无秽，四衢交通，广博平坦。台殿罗列，状若众山，庄严微妙，犹如天宫。圣王出时，四兵具足，导从无数，以为守卫。都人士女，丽服光饰，市廛丰富，珍贿无量，王法清整，无相侵夺。学徒游集，三乘竞进，敷演正法，云布雨润。四海流通，万国交会，长江眇漫，清净深广，有生咸资，莫能销秽，阴阳调和，灾厉不行。谁有斯美，大宋扬都，圣王无伦，临覆上国。有大慈悲，子育万物，平等忍辱，怨亲无二，济乏周穷，无所藏积，靡不照达，如日之明，无不受乐，犹如净月。宰辅贤良，群臣贞洁，尽忠奉主，心无异想。

伏惟皇帝，是我真主。臣是诃罗驼国王，名曰坚铠，今敬稽首圣王足下，惟愿大王知我此心久矣，非适今也。山海阻远，无缘自达，今故遣使，表此丹诚。所遣二人，一名毗纫，一名婆田，今到天子足下。坚铠微蔑，谁能知者，是故今遣二人，表此微心，此情既果，虽死犹生。仰惟大国，藩守旷远，我即边方藩守之一。上国臣民，普蒙慈泽，愿垂恩逮，等彼仆臣。臣国先时人众殷盛，不为诸国所见陵迫，今转衰弱，邻国竞侵。伏愿圣王，远垂覆护，并市易往反，不为禁闭。若见哀念，愿时遣还，令此诸国，不见轻侮，亦令大王名声普闻，扶危救弱，正是今日。今遣二人，是臣同心，有所宣启，诚实可信。愿敕广州时遣舶还，不令所在有所陵夺。愿自今以后，赐年年奉使。今奉微物，愿垂哀纳。

(《宋书》卷九十七《诃罗陀国》，第2380～2381页。)

扶南国遣使贡献

扶南国。太祖元嘉十一、十二、十五年，国王持黎跋摩遣使奉献。

(《宋书》卷九十七《扶南国传》，第2379页。)

宋元嘉年间呵罗单国遣使贡献

呵罗单国治阇婆洲。元嘉七年，遣使献金刚指镮（环）、赤鹦鹉鸟、天竺国白叠古贝、叶波国古贝等物。十年，呵罗单国王毗沙跋摩奉表曰：

常胜天子陛下：诸佛世尊，常乐安隐，三达六通，为世间道，是名如来，应供正觉，遗形舍利，造诸塔像，庄严国土，如须弥山，村邑聚落，次第罗匝，城郭馆宇，如忉利天宫，宫殿高广，楼阁庄严，四兵具足，能伏怨敌，国土丰乐，无诸患难。奉承先王，正法治化，人民良善，庆无不利，处雪山阴，雪水流注，百川洋溢，八味清净，周匝屈曲，顺趣大海，一切众生，咸得受用。于诸国土，殊胜第一，是名震旦，大宋扬都，承嗣常胜大王之业，德合天心，仁廕四海，圣智周备，化无不顺，虽人是天，护世降生，功德宝藏，大悲救世，为我尊主常胜天子。是故至诚五体敬礼。呵罗单国王毗沙跋摩稽首问讯。其后为子所篡夺。十三年，又上表曰：

大吉天子足下：离淫怒痴，哀愍群生，想好具足，天龙神等，恭敬供养，世尊威德，身光明照，如水中月，如日初出，眉间白豪，普照十方，其白如雪，亦如月光，清净如华，颜色照耀，威仪殊胜，诸天龙神之所恭敬，以正法宝，梵行众僧，庄严国土，人民炽盛，安隐快乐。城阁高峻，如乾他山，众多勇士，守护此城，楼阁庄严，道巷平正，著种种衣，犹如天服，于一切国，为最殊胜吉。扬州城无忧天主，愍念群生，安乐民人，律仪清净，慈心深广，正法治化，共养三宝，名称远至，一切并闻。民人乐见，如月初生，譬如梵王，世界之主，一切人天，恭敬作礼。呵罗单跋摩以顶礼足，犹如现前，以体布地，如殿陛道，供养恭敬，如奉世尊，以顶著地，曲躬问讯。

忝承先业，嘉庆无量，忽为恶子所见争夺，遂失本国。今唯一心归诚天子，以自存命。今遣毗纫问讯大家，意欲自往，归诚宣诉，复畏大海，风波不达。今命得存，亦由毗纫此人忠志，其恩难报。此是大家国，今为恶子所夺，而见驱摈，意颇忿惋，规欲雪复。伏愿大家听毗纫买诸铠仗袍袄及马，愿为料理毗纫使得时还。前遣阇邪仙婆罗诃，蒙大家厚赐，悉恶子夺去，启大家使知。今奉薄献，愿垂纳受。

此后又遣使。二十六年，太祖诏曰："呵罗单、媻皇、媻达三国，频越遐海，款化纳贡，远诚宜甄，可并加除授。"乃遣使策命之曰："惟汝慕义款化，效诚荒遐，恩之所洽，殊远必甄，用敷典章，显兹策授。尔其钦奉凝命，永固厥职，可不慎欤。"二十九年，又遣长史媻和沙弥献方物。

（《宋书》卷九十七《呵罗单国传》，第2381～2382页。）

呵罗单国奉孔雀盖一具。

（《北堂书钞》卷一百三十四《服饰部》引《宋元嘉起居注》，第537页。）

去年六月，阇婆洲呵罗单国王毗沙跋摩遣使献奉。又曰：十一年，呵罗单国王尸梨毗遮耶献银漆盘等。

（《太平御览》卷七百八十七《四夷部·呵罗单国》引《宋元嘉起居注》，第3487页上。）

宋元嘉十二年阇婆婆达国遣使奉表

阇婆婆达国。元嘉十二年，国王师黎婆达驼阿罗跋摩遣使奉表曰：

宋国大主大吉天子足下：敬礼一切种智安隐，天人师降伏四魔，成等正觉，转尊法轮，度脱众生，教化已周，入于涅槃，舍利流布，起无量塔，众宝庄严，如须弥山，经法流布，如日照明，无量净僧，犹如列宿。国界广大，民人众多，宫殿城郭，如忉利天宫。名大宋扬州大国大吉天子，安处其中，绍继先圣，王有四海，阎浮提内，莫不来服。悉以兹水，普饮一切，我虽在远，亦沾灵润，是以虽隔巨海，常遥臣属，愿照至诚，垂哀纳受。若蒙听许，当年遣信，若有所须，惟命是献，伏愿信受，不生异想。今遣使主佛大陁婆、副使葛抵奉宣微诚，稽首敬礼大吉天子足下，陁婆所启，愿见信受，诸有所请，唯愿赐听。今奉微物，以表微心。

（《宋书》卷九十七《阇婆婆达国传》，第2383～2384页。）

南朝宋年间婆皇国遣使来献

婆皇国。元嘉二十六年，国王舍利婆罗跋摩遣使献方物四十一种，太祖策命之为婆皇国王曰："惟尔仰政边城，率贡来庭，皇泽凯被，无幽不洽。宜班典策，授兹嘉命。尔其祗顺礼度，式保厥终，可不慎欤。"二十八年，复贡献。世祖孝建三年，又遣长史竺那婆智奉表献方物。以那婆智为振威将军。大明三年，献赤白鹦鹉。大明八年、太宗泰始二年，又遣使贡献。太宗以其长史竺须罗达、前长史振威将军竺那婆智并为龙骧将军。

（《宋书》卷九十七《婆皇国传》，第2383页。）

宋元嘉年间婆达国遣使来献

婆达国。元嘉二十六年，国王舍利不陵伽跋摩遣使献方物。太祖策命之为婆婆达国王曰："惟尔仰化怀诚，驰慕声教，皇风遐暨，荒服来款，是用加兹显策，式甄义顺。尔其祗顺宪典，永终休福，可不慎欤。"二十六年、二十八年，复遣使献方物。

（《宋书》卷九十七《婆达国传》，第2383页。）

元嘉二十六年蒲黄国来献

二十六年，蒲黄国献牛黄等物，又献郁金香等物。

（《太平御览》卷七百八十七《四夷部·蒲黄国》引《宋元嘉起居注》，第3487页上。）

南朝宋年间苏摩黎国、婆黎（利）国遣使奉献

元嘉十八年，苏摩黎国王那邻那罗跋摩遣使献方物。世祖孝建二年，斤驼利国王释婆罗那邻驼遣长史竺留驼及多献金银宝器。后废帝元徽元年，婆黎（利）国遣使贡献。凡此诸国，皆事佛道。

（《宋书》卷九十七《夷蛮》，第2386页。）

（元徽元年）三月丙申，以抚军长史何恢为广州刺史。婆利国遣使献方物。戊戌，以前淮南太守灵遗为南豫州刺史。

（《宋书》卷九《后废帝本纪》，第179页。）

孝建二年斤陀利国遣使贡献

孝建二年八月二日，斤陀利国王释陀罗降陀遣长史竹留陀及多奉表献方物。
（《太平御览》卷七八七《四夷部·斤陀利》引《宋起居注》，第3488页上。）

晋、宋世与扶南国通职贡

旃大将范寻又杀长，国人立以为王，是吴、晋时也。晋、宋世通职贡。

（《南齐书》卷五十八《扶南国传》，第1014页。）

齐梁年间林邑国累遣使贡献

孝武建元、大明中，林邑王范神成累遣长史奉表贡献。明帝泰豫元年，又遣使献方物。齐永明中，范文赞累遣使贡献。天监九年，文赞子天凯奉献白猴，诏曰："林邑王范天凯介在海表，乃心款至，远修职贡，良有可嘉。宜班爵号，被以荣泽。可持节、督缘海诸军事、威南将军、林邑王。"十年、十三年，天凯累遣使献方物。俄而病死，子弼毳跋摩立，奉表贡献。普通七年，王高式胜铠遣使献方物，诏以为持节、督缘海诸军事、绥南将军、林邑王。大通元年，又遣使贡献。中大通二年，行林邑王高式律陀罗跋摩遣使贡献，诏以为持节、督缘海诸军事、绥南将军、林邑王。六年，又遣使献方物。

（《梁书》卷五十四《林邑国传》，第787页。）

晋齐扶南国遣使贡献

晋武帝太康中，寻始遣使贡献。穆帝升平元年，王竺旃檀奉表献驯象。诏曰："此物劳费不少，驻令勿送。"其后王憍陈如，本天竺婆罗门也。有神语曰"应王扶南"，憍陈如心悦，南至盘盘，扶南人闻之，举国欣戴，迎而立焉。复改制度，用天竺法。憍陈如死，后王持梨陀跋摩，宋文帝世奉表献方物。齐永明中，王阇邪跋摩遣使贡献。

（《梁书》卷五十四《扶南国传》，第789页。）

梁武帝时扶南国累遣使贡献

天监二年，跋摩复遣使送珊瑚佛像，并献方物。诏曰："扶南王憍陈如阇邪跋摩，介居海表，世纂南服，厥诚远著，重译献琛。宜蒙酬纳，班以荣号。可安南将军、扶南王。"

（《梁书》卷五十四《扶南国传》，第789～790页。）

十年、十三年，跋摩累遣使贡献。其年死，庶子留陀跋摩杀其嫡弟自立。十六年，遣使竺当抱老奉表贡献。十八年，复遣使送天竺旃檀瑞像、婆罗树叶，并献火齐珠、郁金、苏合等香。普通元年、中大通二年、大同元年，累遣使瑞献方物。五年，复遣使献生犀。又言其国有佛发，长一丈二尺，诏遣沙门释云宝随使往迎之。

（《梁书》卷五十四《扶南国传》，第790页。）

梁武帝天监十四年狼牙修国遣使奉献

狼牙修国在南海中，其界东西三十日行，南北二十日行，去广州二万四千里。土气物产与扶南略同，偏多篾沉婆律香等。其俗，男女皆袒而被发，以吉贝为干缦。其王及贵臣乃加云霞布覆胛，以金绳为络带，金镮贯耳。女子则被布，以璎珞绕身。其国累砖为城，重门楼阁。王出乘象，有幡毦旗鼓，罩白盖，兵卫甚设。国人说，立国以来四百余年，后嗣衰弱，王族有贤者，国人归之。王闻知，乃加囚执，其镣无故自断，王以为神，因不敢害，乃斥逐出境，遂奔天竺，天竺妻以长女。俄而狼牙王死，大臣迎还为王。二十余年死，子婆伽达多立。天监十四年，遣使阿撒多奉表曰："大吉天子足下：离淫怒痴，哀愍众生，慈心无量。端严相好，身光明朗，如水中月，普照十方。眉间白毫，其白如雪，其色照曜，亦如月光。诸天善神之所供养，以垂正法宝，梵行众增，庄严都邑。城阁高峻，如乾陁山。楼观罗列，道途平正。人民炽盛，快乐安稳。著种种衣，犹如天服。于一切国，为极尊胜。天王愍念群生，民人安乐，慈心深广，律仪清净，正法化治，供养三宝，名称宣扬，布满世界，百姓乐见，如月初生。譬如梵王，世界之主，人天一切，莫不归依。敬礼大吉天子足下，犹如现前，忝承先业，庆嘉无量。今遣使问讯大意。欲自往，复畏大海风波不达。今奉薄献，愿大家曲垂领纳。"

（《梁书》卷五十四《狼牙修国传》，第795～796页。）

狼牙修国，在南海中，其界东西三十日行，南北二十日行。北去广州二万四千里。土气物产与扶南略同，偏多栈、沉、婆律香等。其俗，男女皆袒而被发，以古贝为干漫（缦）。其王及贵臣乃加云霞布覆胛，以金绳为络带，金环贯耳。女子则布以璎珞绕身。其国累砖为城，重门楼阁。王出乘象，有幡毦旗鼓，罩白盖，兵卫甚严。国人说，立国以来四百余年，后嗣衰弱，王族有贤者，国人归向之。王闻乃加囚执，其锁无故自断。王以为神，因不敢害，乃逐出境，遂奔天竺。天竺妻以长女。俄而狼牙王死，大臣迎还为王。二十余年死，子婆伽达多立。天监十四年，遣使阿撒多奉表。

（《南史》卷七十八《狼牙修国传》，第1959～1960页。）

狼牙修国，梁时通焉，在南海中。其界东西三十日行，南北二十日行，北去广州二万四千里。其土气、物产与扶南略同，偏多栈、沈（沉）、婆律香等。其俗，男女皆袒而披发，以古贝布为干漫（缦）。其王及贵臣乃加云霞布覆髀，以金绳为络带，金镮贯耳。女子则披布，以璎珞绕身。其国累砖为城，重门楼阁。王出乘象，有幡毦旗鼓，罩白盖，兵卫甚设。武帝天监中，遣使献方物。其使云，立国以来四百余年。

（《通典》卷一百八十八《边防四·狼牙修》，第1009页上。）

盘盘国遣使贡献

盘盘国，宋文帝元嘉，孝武孝建、大明中，并遣使贡献。大通元年，其王使使奉表曰："扬州阎浮提震旦天子：万善庄严，一切恭敬，犹如天净无云，明耀满目；天子身心清净，亦复如是。道俗济济，并蒙圣王光化，济度一切，永作舟航，臣闻之庆善。我等至诚敬礼常胜天子足下，稽首问讯。今奉薄献，愿垂哀受。"中大通元年五月，累遣使贡牙像及塔，并献沉檀等香数十种。六年八月,复使送菩提国真舍利及画塔,并献菩提树叶、詹糖等香。

(《梁书》卷五十四《盘盘国传》,第793页。)

孝建二年七月二十日,盘盘国王遣长史竺伽蓝婆奉献金银琉璃诸香药等物。

(《太平御览》卷七百八十七《四夷部·盘盘国》引《宋起居注》,第3487页下。)

梁武帝时丹丹国遣使奉表

丹丹国,中大通三年,其王遣使奉表,送牙像及画塔二躯,并献火齐珠、古贝、杂香药。大同元年,复遣使献金银、琉璃、杂宝、香药等物。

(《南史》卷七十八《丹丹国》,第1959页。)

梁武帝时干陀利国遣使贡献

干陁(陀)利国在南海洲上,其俗与林邑、扶南略同。出班布、吉贝、槟榔。槟榔特精好,为诸国之极。宋孝武世,王释婆罗那怜陁遣长史竺留陁献金银宝器。

天监元年,其王瞿昙修跋陁罗以四月八日梦见一僧,谓之曰:"中国今有圣主,十年之后,佛法大兴。汝若遣使贡奉敬礼,则土地丰乐,商旅百倍;若不信我,则境土不得自安。"修跋陁罗初未能信,既而又梦此僧曰:"汝若不信我,当与汝往观之。"乃于梦中来至中国,拜觐天子。既觉,心异之。陁罗本工画,乃写梦中所见高祖容质,饰以丹青,仍遣使并画工奉表献玉盘等物。使人既至,模写高祖形以还其国,比本画则符同焉。因盛以宝函,日加礼敬。后跋陁死,子毗邪跋摩立。十七年,遣长史毗员跋摩奉表曰:"常胜天子陛下;诸佛世尊,常乐安乐,六通三达,为世间尊,是名如来。应供正觉,遗形舍利,造诸塔像,庄严国土,如须弥山。邑居聚落,次第罗满,城郭馆宇,如忉利天宫。具足四兵,能伏怨敌。国土安乐,无诸患难,人民和善,受化正法,庆无不通。犹处雪山,流注雪水,八味清净,百川洋溢,周回屈曲,顺趋大海,一切众生,咸得受用。于诸国土,殊胜第一,是名震旦。大梁扬都天子,仁廕四海,德合天心,虽人是天,降生护世,功德宝藏,救世大悲,为我尊生,威仪具足。是故至诚敬礼天子足下,稽首问讯。奉献金芙蓉、杂香药等，愿垂纳受。"普通元年，复遣使献方物。

（《梁书》卷五十四《干陁（陀）利国》，第794～795页。）

孝建二年八月二日，斤陀利国（按："斤陀利国"，与上文"干陁利国"同）王释陀罗降陀遣长史竹留陀及多奉表献方物。

（《太平御览》卷七百八十七《四夷部·斤陀利》引《宋起居注》，第3488页上。）

干陀利国，梁时通焉，在南海洲上。其俗与林邑、扶南略同。出斑布、古贝、槟榔。槟榔特精好，为诸国之极。武帝天监中，遣使贡方物。

（《通典》卷一百八十八《边防四·干陀利国》，第1009页上。）

梁武帝时中天竺、北天竺国遣使奉献

天监初，其王屈多遣长史竺罗达奉表曰："伏闻彼国据江傍海，山川周固，众妙悉备，庄严国土，犹如化城。宫殿庄饰，街巷平坦，人民充满，欢娱安乐。大王出游，四兵随从，圣明仁爱，不害众生。国中臣民，循行正法，大王仁圣，化之以道，慈悲群生，无所遗弃。常修净戒，式导不及，无上法船，沉溺以济。百官氓庶，受乐无恐。诸天护持，万神侍从，天魔降服，莫不归仰。王身端严，如日初出，仁泽普润，犹如大云，于彼震旦，最为殊胜。臣之所住国土，首罗天守护，令国安乐。王王相承，未曾断绝。国中皆七宝形像，众妙庄严，臣自修检，如化王法。臣名屈多，奕世王种。惟愿大王圣体和平。今以此国群臣民庶，山川珍重，一切归属，五体投地，归诚大王。使人竺达多由来忠信，是故今遣。大王若有所须珍奇异物，悉当奉送。此之境土，便是大王之国，王之法令善道，悉当承用。愿二国信使往来不绝。此信返还，愿赐一使，具宣圣命，备敕所宜。款至之诚，望不空返，所白如允，愿加采纳。今奉献琉璃唾壶、杂香、吉贝等物。"

（《梁书》卷五十四《中天竺国传》，第799页。）

（天监三年九月壬子）北天竺国遣使献方物。

（《梁书》卷二《武帝本纪中》，第41页。）

师（狮）子国泛海遣使奉献

师（狮）子国，天竺旁国也。其地和适，无冬夏之异。五谷随人所种，不须时节。其国旧无人民，止有鬼神及龙居之。诸国商估（贾）来共市易，鬼神不见其形，但出珍宝，显其所堪价，商人依价取之。诸国人间其土乐，因此竞至，或有停住者，遂成大国。

晋义熙初，始遣献玉像，经十载乃至。像高四尺二寸，玉色洁润，形制殊特，殆非人工。此像历晋、宋世在瓦官寺，寺先有征士戴安道手制佛像五躯，及顾长康维摩画图，世人谓为三绝。至齐东昏，遂毁玉像，前截臂，次取身，为嬖妾潘贵妃作钗钏。宋元嘉六年、十二年，其王刹利摩诃遣使贡献。

大通元年，后王伽叶伽罗诃梨邪使奉表曰："谨白大梁明主：虽山海殊隔，而音信时通。伏承皇帝道德高远，覆载同于天地，明照齐乎日月，四海之表，无有不从，方国诸王，莫不奉献，以表慕义之诚。或泛海三年，陆行千日，畏威怀德，无远不至。我先王以来，唯以修德为本，不严而治。奉事正法道天下，欣人为善，庆若己身，欲与大梁共弘三宝，以度难化。信还，伏听告敕。今奉薄献，愿垂纳受。"

（《梁书》卷五十四《师子国传》，第800页。）

梁武帝时婆利国泛海遣使奉表

婆利国，在广州东南海中洲上。去广州二月日行。国界东西五十日行，南北二十日行。有一百三十六聚。土气暑热，如中国之盛夏。谷一岁再熟，草木常荣。海出文螺、紫贝。有石名蚶贝罗，初采之柔软，及刻削为物干之，遂大坚强。其国人披吉贝如帊，及为都缦。王乃用班丝布，以璎珞绕身，头著金冠高尺余，形如弁，缀以七宝之饰。带金装剑，偏坐金高坐，以银蹬支足。侍女皆为金花杂宝之饰，或持白氎拂及孔雀扇。王出，以象驾舆，舆以杂香为之，上施羽盖珠帘，其导从吹螺击鼓。王姓憍陈如，自古未通中国。问其先及年数，不能记焉，而言白净王夫人即其国女也。

天监十六年，遣使奉表曰："伏承圣王信重三宝，兴立塔寺，校饰庄严，周遍国土。四衢平坦，清净无秽；台殿罗列，状若天宫，壮丽微妙，世无与等。圣主出时，四兵具足，羽仪导从，布满左右。都人士女，丽服光饰。市廛丰富，充积珍宝。王法清整，无相侵夺。学徒皆至，三乘竞集。敷说正法，云布雨润。四海流通，交会万国。长江眇漫，清泠深广，有生咸资，莫能消秽。阴阳和畅，灾厉（疠）不作。大梁扬都圣王无等，临覆上国，有大慈悲，子育万民。平等忍辱，怨亲无二。加以周穷，无所藏积。靡不照烛，如日之明；无不受乐，犹如净月。宰辅贤良，群臣贞信，尽忠奉上，心无异想。伏惟皇帝是我真佛，臣是婆利国主，今敬稽首礼圣王足下，惟愿大王知我此心。此心久矣，非适今也。山海阻远，无缘自达，今故遣使献金席等，表此丹诚。"普通三年，其王频伽复遣使珠贝智贡白鹦鹉、青虫、兜鍪、琉璃器、吉贝、螺杯、杂香、药等数十种。

（《梁书》卷五十四《婆利国传》，第796～797页。）

天监十六年，遣使奉表献金席等。普通三年，其王频伽复遣使珠智献白鹦鹉、青虫、兜鍪、琉璃器、古贝、螺杯、杂香药等数十种。

（《南史》卷七十八《婆利国传》，第1960页。）

齐武帝永明年间扶南国遣使贡献

永明二年，阇耶跋摩遣天竺道人释那伽仙上表称扶南国王臣侨（憍）陈如阇耶跋摩叩头启曰："天化抚育，感动灵祇，四气调适。伏愿圣主尊体起居康（御）【豫】，皇太子万福，六宫清休，诸王妃主内外朝臣普同和睦，邻境士庶万国归心，五谷丰熟，灾害不生，土清民泰，一切安稳。臣及人民，国土丰乐，四气调和，道俗济济，并蒙陛下光化所被，咸荷安泰。"又曰："臣前遣使赍杂物行广州货易，天竺道人释那伽仙于广州因附臣舶欲来扶南，海中风漂到林邑，国王夺臣货易，并那伽仙私财。具陈其从中国来此，仰序陛下圣德仁治，详议风化，佛法兴显，众僧殷集，法事日盛，王威严整，朝望国轨，慈愍苍生，八方六合，莫不归伏。如听其所说，则化邻诸天，非可为喻。臣闻之，下情踊悦，若蹔奉见尊足，仰慕慈恩，泽流小国，天垂所感，率土之民，并得皆蒙恩祐。是以臣今遣此道人释那伽仙为使，上表问讯奉贡，微献呈臣等赤心，并别陈下情。但所献轻陋，愧惧唯深。伏愿天慈曲照，鉴其丹款，赐不垂责。"又曰："臣有奴名鸠酬罗，委臣逸走，别在余处，构结凶逆，遂破林邑，仍自立为王。永不恭从，违恩负义，叛主之愆，天不容载。伏寻林邑昔为檀和之所破，久已归化。天威所被，四海弥伏，而今鸠酬罗守执奴凶，自专很强。且林邑、扶南邻界相接，亲又是臣奴，犹尚逆去，朝廷遥远，岂复遵奉。此国属陛下，故谨具上启。伏闻林邑顷年表献简绝，便欲永隔朝廷，岂有师子坐而安大鼠。伏愿遣军将伐凶逆，臣亦自效微诚，助朝廷剪扑，使边海诸国，一时归伏。陛下若欲别立余人为彼王者，伏听敕旨。脱未欲灼然兴兵伐林邑者，伏愿特赐敕在所，随宜以少军助臣，乘天之威，殄灭小贼，伐恶从善。平荡之日，上表献金五婆罗。今轻此使送臣丹诚，表所陈启，不尽下情。谨附那伽仙并其伴口具启闻。伏愿愍所启。并献金镂龙王坐像一躯，白檀像一躯，牙塔二躯，古贝二双，瑠璃苏鉝二口，瑇瑁槟榔柈一枚。"

那伽仙诣京师，言其国俗事摩醯首罗天神，神常降于摩耽山。土气恒暖，草木不落。其上书曰："吉祥利世间，感摄于群生。所以其然者，天感化缘明。仙山名摩耽，吉树敷嘉荣。摩醯首罗天，依此降尊灵。国土悉蒙祐，人民皆安宁。由斯恩被故，是以臣归情。菩萨行忍慈，本迹起凡基。一发菩提心，二乘非所期，历生积功业，六度行大悲。勇猛超劫数，财命舍无遗。生死不为厌，六道化有缘。具修于十地，遗果度人天。功业既已定，行满登正觉。万善智圆备，惠日照尘俗。众生感缘应，随机授法药。佛化遍十方，无不蒙济擢。皇帝圣弘道，兴隆于三宝。垂心览万机，威恩振八表。国土及城邑，仁风化清皎。亦如释提洹，众天中最超，陛下临万民，四海共归心。圣慈流无疆，被臣小国深。"诏报曰："具摩醯降灵，流施彼土，虽殊俗异化，遥深欣赞。知鸠酬罗于彼背叛，窃据林邑，聚凶肆掠，殊宜剪讨。彼虽介遐陬，旧修蕃贡，自宋季多难，海译致壅，皇化惟新，习迷未革。朕方以文德来远人，未欲便兴干戈。王既款列忠到，远请军威，今诏交部随宜应接。伐叛柔服，实惟国典，勉立殊效，以副所期。那伽仙屡衔边译，颇悉中土阔狭，令其具宣。"上报以绛紫地黄碧绿纹绫各五匹。

（《南齐书》卷五十八《扶南国传》，第1015~1017页。）

齐武帝永明年间林邑国当根纯遣使贡献

杨迈子孙相传为王，未有位号。夷人范当根纯攻夺其国，篡立为王。永明九年，遣使贡献金簟等物。诏曰："林邑虽介在遐外，世服王化。当根纯乃诚恳款到，率其僚职，远绩克宣，良有可嘉。宜沾爵号，以弘休泽。可持节、都督缘海诸军事、安南将军、林邑王。"

（《南齐书》卷五十八《林邑国传》，第1013页。）

东罗马寓言传入中国

梁天监中，有罿闿（上音携，下琛去）、颥杰（上万，下杰）、麸黔（上蜀，下淹）、仇肾（上掌，下睹）四公谒武帝，帝见之甚悦……是日，帝移四公于五明殿西阁，示更亲近，其实因之，唯朔望伏腊，得于义贤堂见诸学士。然有军国疑议，莫不参预焉……杰公尝与诸儒语及方域云："东至扶桑，扶桑之蚕长七尺，围七寸，色如金，四时不死。五月八日呕黄丝，布于条枝，而不为茧。脆如綖，烧扶桑木灰汁煮之，其丝坚韧，四丝为系，足胜一钧。蚕卵大如燕雀卵，产于扶桑下。赍卵至句丽国，蚕变小，如中国蚕耳。其王宫内有水精城，可方一里，天未晓而明如昼，城忽不见，其月便蚀。西至西海，海中有岛，方二百里，岛上有大林，林皆宝树，中有万余家，其人皆巧，能造宝器，所谓拂林国也。岛西北有坑，盘坳深千余尺，以肉投之，鸟衔宝出，大者重五斤，彼云是色界天王之宝藏。四海西北，无虑万里，有女国，以蛇为夫，男则为蛇，不噬人而穴处。女为臣妾官长，而居宫室。俗无书契，而信咒诅，直者无他，曲者立死。神道设教，人莫敢犯。……俄而扶桑国使使贡方物，有黄丝三百斤，即扶桑蚕所吐，扶桑灰汁所煮之丝也。帝有金炉，重五十斤，系六丝以悬炉，丝有余力。又贡观日玉，大如镜，方圆尺余，明彻如琉璃，映日以观、见日中宫殿，皎然分明。帝令杰公与使者论其风俗土地物产，城邑山川，并访往昔存亡。又识使者祖父伯叔兄弟，使者流涕拜首，具言情实。间岁，南海商人赍火浣布三端，帝以杂布积之。令杰公以他事召，至于市所，杰公遥识曰："此火浣布也，二是缉木皮所作，一是续鼠毛所作。"以诘商人，具如杰公所说。因问木鼠之异，公曰："木坚毛柔，是何别也。以阳燧火山阴拓木爇之，木皮改常。"试之果验。明年冬，扶南大舶从西天竺国来，卖碧玻黎镜，面广一尺五寸，重四十斤，内外皎洁，置五色物于其上，向明视之，不见其质。问其价，约钱百万贯文，帝令有司算之，倾府库偿之不足。其商人言，此色界天王有福乐事，天澍大雨，众宝如山，纳之山藏，取之难得，以大兽肉投之藏中，肉烂黏宝，一鸟衔出，而即此宝焉，举国不识，无敢酬其价者。以示杰公，公曰："上界之宝信矣。昔波罗尼斯国王有大福，得获二宝镜，镜光所照，大者三十里，小者十里。至玄孙福尽，天火烧宫，大镜光明，能御灾火，不至焚爇。小镜光微，为火所害，虽光彩昧暗，尚能辟诸毒物。方圆百步，盖此镜也。时王卖得金二千余斤，遂入商人之手，后王福薄，失其大宝，收夺此镜，却入王宫。此王十世孙失道，国人将谋害之，此镜又出，当是大臣所得，其应入于商贾。其价千金，倾竭府库不足也。"因命杰公与之论镜，由是信伏。更问此是瑞宝，王令货卖，即应大秦波罗奈国失罗国诸大国王大臣所取，汝辈胡客，何由得之，必是盗窃至此耳。胡客逡巡未对，俄而其国遣使追访至梁，云其镜为盗所窃，果如其言。后有魏使频至，亦言黑貂白兔鸭马女国，往往入京，梁朝卿士，始信杰公周游六合，出入百代，言不虚说，皆为美谈，故其多闻强识，博物辩惑。

（《太平广记》卷八十一《梁四公》，第517~522页。）

编者按：张星烺先生将此条材料作为东罗马寓言传入中国的依据。

（张星烺编注，朱杰勤校订：《中西交通史料汇编》，第159～162页。）

天嘉四年干陀利国遣使献方物

（天嘉）四年春正月景子，干陁利国遣使献方物。

（《陈书》卷三《世祖本纪》，第55页。）

光大二年林邑国、狼牙修遣使献方物

（光大二年）九月甲辰，林邑国遣使献方物。景午，狼牙修国遣使献方物。

（《陈书》卷四《废帝本纪》，第69页。）

太建三年丹丹、天竺、盘盘国遣使贡献

（太建三年五月）辛亥，辽东、新罗、丹丹、天竺、盘盘等国并遣使献方物。（太建三年冬十月）己亥，丹丹国遣使献方物。

（《陈书》卷五《宣帝本纪》，第80页。）

至德元年头和国遣使贡献方物

（至德元年）十二月景辰，头和国遣使贡献方物。

（《陈书》卷六《后主本纪》，第110页。）

二、册封

舍利婆罗跋摩被册命为婆皇国王

婆皇国。元嘉二十六年，国王舍利婆罗跋摩遣使献方物四十一种，太祖策命之为婆皇国王曰：“惟尔仰政边城，率贡来庭，皇泽凯被，无幽不洽。宜班典策，授兹嘉命。尔其祗顺礼度，式保厥终，可不慎欤。”

（《宋书》卷九十七《婆皇国传》，第2383页。）

封那婆智为振威将军

世祖孝建三年，又遣长史竺那婆智奉表献方物。以那婆智为振威将军。

（《宋书》卷九十七《婆皇国传》，第2383页。）

竺须罗达、竺那婆智并为龙骧将军

大明八年、太宗泰始二年，又遣使贡献。太宗以其长史竺须罗达、前长史振威将军竺那婆智并为龙骧将军。

（《宋书》卷九十七《婆皇国传》，第2383页。）

林邑王得都督缘海军事等号

林邑虽介在遐外，世服王化。当根纯乃诚恳款到，率其僚职，远绩克宣，良有可嘉。宜沾爵号，以弘休泽。可持节、都督缘海诸军事、安南将军、林邑王。

（《南齐书》卷五十八《林邑国传》，第1013页。）

范杨迈子孙范诸农率种人攻当根纯，复得本国。十年，以诸农为持节、都督缘海诸军事、安南将军、林邑王。建武二年，进号镇南将军。

（《南齐书》卷五十八《林邑国传》，第1013页。）

永泰元年，（范）诸农入朝，海中遭风溺死，以其子文款为假节、都督缘海军事、安南将军、林邑王。

（《南齐书》卷五十八《林邑国传》，第1013页。）

林邑王范天凯介在海表，乃心款至，远修职贡，良有可嘉。宜班爵号，被以荣泽。可持节、督缘海诸军事、威南将军、林邑王。

（《梁书》卷五十四《林邑传》，第786页。）

普通七年，王高式胜铠遣使献方物，诏以为持节、督缘海诸军事、绥南将军、林邑王。大通元年，又遣使贡献。

（《梁书》卷五十四《林邑传》，第786~787页。）

中大通二年，行林邑王高式律瑅罗跋摩遣使贡献，诏以为持节、督缘海诸军事、绥南将军、林邑王。六年，又遣使献方物。

（《梁书》卷五十四《林邑传》，第787页。）

憍陈如阇邪跋摩册封为安南将军、扶南王

扶南王憍陈如阇邪跋摩，介居海表，世纂南服，厥诚远著，重译献琛。宜蒙酬纳，班以荣号。可安南将军、扶南王。

（《梁书》卷五十四《扶南国传》，第789~790页。）

檀和之因讨伐林邑有功被册封

林邑介恃遐险，久稽王诛。龙骧将军、交州刺史檀和之忠果到列，思略经济，禀命致讨，万里推锋，法命肃齐，文武毕力，洁己奉公，以身率下，故能立勋海外，震服殊俗。宜加褒饰，参管近侍，可黄门侍郎，领越骑校尉、行建武将军。

（《宋书》卷九十七《林邑传》，第2378页。）

初，檀和之被征至豫章，值豫章民胡诞世等反，因讨平之，并论林邑功，封云杜县子，食邑四百户。

（《宋书》卷九十七《林邑传》，第2397页。）

萧景宪等因讨伐林邑有功被册封

龙骧司马萧景宪协赞军首，勤捷显著，总勒前驱，克殄巢穴，必能威服荒夷，抚怀民庶。可持节、督交州广州之郁林宁浦二郡诸军事、建威将军、交州刺史。

（《宋书》卷九十七《林邑传》，第2378页。）

龙骧司马童林之、九真太守傅蔚祖战死，并赠给事中。

（《宋书》卷九十七《林邑传》，第2378页。）

广州刺史王琨廉洁受封

（王琨）出为持节、都督广交二州军事、建威将军、平越将军、平越中郎[将]、广州刺史。南土沃实，在任者常致巨富，世云"广州刺史但经城门一过，便得三千万"也。琨无所取纳，表献禄俸之半。州镇旧有鼓吹，又启输还。及罢任，孝武知其清，问还资多少？琨曰："臣买宅百三十万，余物称之。"帝悦其对。为廷尉，加给事中，转宁朔将军长史、历阳内史。

（《南齐书》卷三十二《王琨传》，第578页。）

三、战争

孙权派兵泛海讨珠崖、儋耳

（赤乌）五年秋七月，遣将军聂友、校尉陆凯以兵三万讨珠崖、儋耳。

（《三国志》卷四十七《孙权传》，第1145页。）

吕岱泛海伐交州

交阯太守士燮卒，权以燮子徽为安远将军，领九真太守，以校尉陈时代燮。岱表分海南三郡为交州，以将军戴良为刺史，海东四郡为广州，岱自为刺史。遣良与时南入，而徽不承命，举兵戍海口以拒良等。岱于是上疏请讨徽罪，督兵三千人晨夜浮海。或谓岱曰："徽藉累世之恩，为一州所附，未易轻也。"岱曰："今徽虽怀逆计，未虞吾之卒至，若我潜军轻举，掩其无备，破之必也。稽留不速，使得生心，婴城固守，七郡百蛮，云合响应，虽有智者，谁能图之？"遂行，过合浦，与良俱进。徽闻岱至，果大震怖，不知所出，即率兄弟六人肉袒迎岱。岱皆斩送其首。徽大将甘醴、桓治等率吏民攻岱，岱奋击大破之，进封番禺侯。于是除广州，复为交州如故。岱既定交州，复进讨九真，斩获以万数。又遣从事南宣国化，既徼外扶南、林邑、堂明诸王，各遣使奉贡。权嘉其功，进拜镇南将军。

（《三国志》卷六十《吴志·吕岱传》，第1384~1385页。）

卢循泛海破广州

卢循,字于先,小名元龙,司空从事中郎谌之曾孙也。双眸冏彻,瞳子四转,善草隶弈棋之艺。沙门慧远有鉴裁,见而谓之曰:"君虽体涉风素,而志存不轨。"

循娶孙恩妹。及恩作乱,与循通谋。恩性酷忍,循每谏止之,人士多赖以济免。恩亡,余众推循为主。元兴二年正月,寇东阳,八月,攻永嘉。刘裕讨循至晋安,循窘急,泛海到番禺,寇广州,逐刺史吴隐之,自摄州事,号平南将军,遣使献贡。时朝廷新诛桓氏,中外多虞,乃权假循征虏将军、广州刺史、平越中郎将。

义熙中,刘裕伐慕容超,循所署始兴太守徐道覆,循之姊夫也,使人劝循乘虚而出,循不从。道覆乃至番禺,说循曰:"朝廷恒以君为腹心之疾,刘公未有旋日,不乘此机而保一日之安,若平齐之后,刘公自率众至豫章,遣锐师过岭,虽复君之神武,必不能当也。今日之机,万不可失。既克都邑,刘裕虽还,无能为也。君若不同,便当率始兴之众直指寻阳。"循甚不乐此举,无以夺其计,乃从之。

初,道覆密欲装舟舰,乃使人伐船材于南康山,伪云将下都货之。后称力少不能得致,即于郡贱卖之,价减数倍,居人贪贱,卖衣物而市之。赣石水急,出船甚难,皆储之。如是者数四,故船版大积,而百姓弗之疑。及道覆举兵,案卖券而取之,无得隐匿者,乃并力装之,旬日而办。遂举众寇南康、庐陵、豫章诸郡,守相皆委任奔走。镇南将军何无忌率众距之,兵败被害。

循遣道覆寇江陵,未至,为官军所败,驰走告循曰:"请并力攻京都,若克之,江陵非所忧也。"乃连旗而下,戎卒十万,舳舻千计,败卫将军刘毅于桑落洲,迳至江宁。道覆素有胆决,知刘裕已还,欲乾没一战,请于新亭至白石,焚舟而上,数道攻之。循多谋少决,欲以万全之计,固不听。道覆以循无断,乃叹曰:"我终为卢公所误,事必无成。使我得为英雄驱驰,天下不足定也!"裕惧其侵轶,乃栅石头,断栖浦,以距之。循攻栅不利,船舰为暴风所倾,人有死者。列阵南岸,战又败绩。乃进攻京口,寇掠诸县,无所得。循谓道覆曰:"师老矣!弗能复振。可据寻阳,并力取荆州,徐更与都下争衡,犹可以济。"因自蔡洲南走,复据寻阳。裕先遣群率追讨,自统大众继进,又败循于雷池。循欲遁还豫章,乃悉力栅断左里。裕命众攻栅,循众虽死战,犹不能抗。裕乘胜击之,循单舸而走,收散卒得千余人,还保广州。裕先遣孙处从海道据番禺城,循攻之不下。道覆保始兴,因险自固。循乃袭合浦,克之,进攻交州。至龙编,刺史杜慧度谲而败之。

循势屈，知不免，先鸩妻子十余人，又召妓妾问曰："我今将自杀，谁能同者？"多云："雀鼠贪生，就死实人情所难。"有云："官尚当死，某岂愿生！"于是悉鸩诸辞死者，因自投于水。慧度取其尸斩之，及其父嘏；同党尽获，传首京都。

(《晋书》卷一百《卢循传》，第2634~2636页。)

（元兴三年）冬十月，卢循寇广州，刺史吴隐之为循所败。执始兴相阮腆之而还。

(《晋书》卷十《安帝纪》，第257页。)

（元兴七年春）夏四月，卢循走交州，刺史杜慧度斩之。

(《晋书》卷十《安帝纪》，第262页。)

卢循浮海破广州，获刺史吴隐之。即以循为广州刺史，以其同党徐道覆为始兴相。

二年三月，督交、广二州。十月，高祖上言曰："昔天祸皇室，巨狡纵篡，臣等义惟旧隶，豫蒙国恩，仰契信顺之符，俯厉人臣之愤，虽社稷之灵，抑亦事由众济。其翼奖忠勤之佐，文武毕力之士，敷执在己之谦，用亏国体之大。辄申摄众军先上，同谋起义，始平京口、广陵二城。臣及抚军将军毅等二百七十二人，并后赴义出都缘道大战，所余一千五百六十六人。又辅国将军长民、故给事中王元德等十人，各一千八百四十八人，乞正封赏。其西征众军，须论集续上。"于是尚书奏封唱义谋主镇军将军裕豫章郡公，食邑万户，赐绢三万匹。其余封赏各有差。镇军府佐吏，降故太傅谢安府一等。

(《宋书》卷一《武帝本纪上》，第13页。)

卢循破广州，裕仍以循为广州刺史，其党琅邪人徐道覆为始兴相。

裕又都督交广二州。又封裕豫章郡公，邑万户，绢三万匹。加侍中，进号骠骑将军、仪同三司。又进裕扬州刺史，录尚书事，居于东府。裕遣刘敬宣伐蜀，为谯道福所败，乃免敬宣官，裕自降为中军将军，开府如故。

永兴初，慕容超大掠淮北，执德宗阳平太守刘千载、济南太守赵元，驱掠千余家而归。裕乃伐超，遂屠广固，执超，斩其王公以下三千人，纳口万余、马二千匹，夷其城隍。送超于建业，斩之。

裕是行也，徐道覆劝卢循令乘虚而出，循从之，于是南康、庐陵、豫章诸郡守皆奔走。江州刺史何无忌率军至豫章，战殁。于时群议欲令德宗北徙渡江。循遂寇湘中，破刘道规于长沙，败刘毅于桑落洲。席卷而下。裕将孟昶、诸葛长民劝裕拥德宗过江，裕不从。昶谓事必不济，乃自杀。裕发居人治石头城。道覆等至，即欲于新亭白石渚焚舟而上。卢循曰："大军未至，孟昶便逆自杀，以此而推，建业寻应有变，但按甲守之，不忧不济也。"乃屯军于蔡洲。循乃率众数万上南岸，至于丹阳郡，遂遣焚京口、金城、姑熟，寇掠涂中及江宁、芜湖。循以阮赐为豫州刺史，裕中军参军尚靖、宣城内史毛修之破赐于姑熟，犹其辎重，赐乃退。又加裕太尉、中书监、黄钺，裕受黄钺。卢循既不战，乃告道覆曰："师老矣，可还据寻阳，并力取荆州，徐以三分有二之势与下流争衡，犹可以济也"乃自蔡洲南退。裕遣辅国将军王仲德等追之。裕又遣建威将军孙季高率众自海道袭番禺。裕自以舟师南伐。季高乘海兼行，奄至番禺。循不以海道为防，既至而觉，众乃大惊。季高悉力而上，四面攻之，仍屠其城。卢循父馥及长史孙建之并以轻舟奔始兴。

循与道覆率众而下，裕众军击之，循等还寻阳。循欲遁于豫章，乃悉力栅断左里。裕诸军乘胜而击之，循单舸径还广州，道覆还始兴。裕还，为大将军、扬州牧、班剑二十人，本官如故。徐道覆至始兴，犹据山涧，刘蕃等攻之，道覆先鸩妻子，然后自杀。卢循至番禺，收众攻季高，刘蕃遣沈田子讨之，循奔走。余众从岭道袭合浦，克之。进攻交址，交州刺史杜惠度屡战克捷，循投水而死。

（《魏书》卷九十七《岛夷刘裕传》，第2130~2132页。）

孙恩死后，统众入东阳，刘裕讨之，循走，泛海因奔广州，袭破刺史吴隐之，自行州事，号南平将军，遣使贡献。朝廷以新定桓氏，中外多虞，未遑讨伐，因乃假卢循征虏将军、广州刺史。

义熙中，刘裕伐慕容超，循姊夫徐道覆说循举兵度岭，掩袭京邑。既闻刘裕还，众惧，劝循还军，上据荆、湘，以割天下之半。循自新亭上军，循又不听。道覆叹曰："我为卢公所误也，事必无成。使我得遇英雄主，驱驰天下，不足定也！"及刘裕破循，循单舸走还，欲保广州。而孙季高潜以浮海袭陷番禺，收其家，执其父母等。循既度岭，闻广州已平，遂进交址，至龙编。

（[唐]许嵩撰，张忱石点校：《建康实录》卷十《安皇帝》，第334页。）

卢循袭广州，风火夜发，奔逸者数千。而已循除烧骨，数得髑髅三万馀，于江南洲上作大坑葬之，今名为共冢。

（《艺文类聚》卷十七《人部·髑髅》引《广州记》，第321页；《太平御览》卷三百七十四《人事部·髑髅》引裴渊之《广州记》，第1727页下。）

沈田子与孙季高从海道袭破广州

田子字敬光,从武帝克京城,进平建邺,参镇军事,封营道县五等侯。帝北伐广固,田子领偏师与龙骧将军孟龙符为前锋。龙符战没,田子力战破之。及卢循逼都,帝遣田子与建威将军孙季高海道袭破广州,还除太尉参军、淮陵内史,赐爵都乡侯。

(《南史》卷五十七《沈约传》,第1405页。)

象浦之捷,威震冥海

至于南徼东边,界壤所接,洎宋元嘉抚运,爰命干戈,象浦之捷,威震冥海。于是鞮译相系,无绝岁时。以洎齐、梁,职贡有序。

(《南史》卷七十六《夷貊下》,第1987页。)

赤乌十一年林邑来犯

吴赤乌十一年,魏正始九年,交州与林邑于湾大战,初失区粟也。

(《水经注》卷三十六《温水》引《林邑记》,第836页。)

魏正始九年,林邑进侵至寿泠县,以为疆界,即此县也。寿泠县以水凑,故水得其名。

(《水经注》卷三十六《温水》,第833页。)

赤乌十一年,交阯九真夷贼攻没城邑,交部骚动。以胤为交州刺史、安南校尉。胤入南界,喻以恩信,务崇招纳,高凉渠帅黄吴等支党三千余家皆出降。引军而南,重宣至诚,遗以财币。贼帅百余人,民五万余家,深幽不羁,莫不稽颡,交域清泰。就加安南将军。复讨苍梧建陵贼,破之,前后出兵八千余人,以充军用。

(《三国志》卷六十一《吴书·陆胤传》,第1409页。)

范熊自立及交州局势

吴既平,晋减州郡兵,璜上言曰:"交土荒裔,斗绝一方,或重译而言,连带山海。又南郡去州海行千有余里,外距林邑才七百里。夷帅范熊世为逋寇,自称为王,数攻百姓。且连接扶南,种类猥多,朋党相倚,负险不宾。往隶吴时,数作寇逆,攻破郡县,杀害长吏。臣以尪驽,昔为故国所采,偏戍在南,十有余年。虽前后征讨,翦其魁桀,深山僻穴,尚有逋窜。又臣所统之卒本七千余人,南土温湿,多有气毒,加累年征讨,死亡减耗,其见在者二千四百二十人。今四海混同,无思不服,当卷甲消刃,礼乐是务。而此州之人,识义者寡,厌其安乐,好为祸乱。又广州南岸,周旋六千余里,不宾属者乃五万余户,及桂林不羁之辈,复当万户。至于服从官役,才五千余家。二州唇齿,唯兵是镇。又宁州兴古接据上流,去交趾郡千六百里,水陆并通,互相维卫。州兵未宜约损,以示单虚。夫风尘之变,出于非常。臣亡国之余,议不足采,圣恩广厚,猥垂饰擢,蠲其罪衅,改授方任,去辱即宠,拭目更视,誓念投命,以报所受,临履所见,谨冒瞽陈。"

(《晋书》卷五十七《陶璜传》,第1560~1561页。)

林邑王范文来犯

(永和三年)林邑范文攻陷日南,害太守夏侯览,以尸祭天。
(《晋书》卷八《穆帝纪》,第193页。)

(永和三年)秋七月,范文复陷日南,害督护刘雄。傀文立范贲为帝。
(《晋书》卷八《穆帝纪》,第194页。)

(永和)四年夏四月,范文寇九德,多所杀害。
(《晋书》卷八《穆帝纪》,第194页。)

(永和五年)征西大将军桓温遣督军滕畯讨范文,为文所败。
(《晋书》卷八《穆帝纪》,第195页。)

及逸死,无嗣,文遂自立为王。以逸妻妾悉置之高楼,从己者纳之,不从者绝其食。于是乃攻大岐界、小岐界、式仆、徐狼、屈都、乾鲁、扶单等诸国,并之,有众四五万人。遣使通表入贡于帝,其书皆胡字。至永和三年,文率其众攻陷日南,害太守夏侯览,杀五六千人,余奔九真,以览尸祭天,铲平西卷县城,遂据日南。告交州刺史朱蕃,求以日南北鄙横山为界。

初,徼外诸国尝赍宝物自海路来贸货,而交州刺史、日南太守多贪利侵侮，十折二三。至刺史姜壮时，使韩戢领日南太守，戢估较太半，又伐船调枒，声云征伐，由是诸国恚愤。且林邑少田，贪日南之地，戢死绝，继以谢擢，侵刻如初。及览至郡，又耽荒于酒，政教愈乱，故被破灭。

既而文还林邑。是岁，朱蕃使督护刘雄戍于日南，文复攻陷之。四年，文又袭九真，害士庶十八九。明年，征西督护滕畯率交广之兵伐文于卢容，为文所败，退次九真。其年，文死，子佛嗣。

（《晋书》卷九十七《林邑传》，第2545~2546页。）

郡去卢容浦口二百里，故秦象郡象林县治也。永和五年，征西桓温遣督护滕畯率交广兵伐范文于旧日南之卢容县，为文所败，即是处也。退次九真，更治兵，文被创死，子佛代立。

（《水经注》卷三十六《温水》引《晋书·地道记》，第834页。）

浦西，即林邑都也。治典冲，去海岸四十里，处荒流之徼表，国越裳之疆南，秦汉象郡之象林县也。东滨沧海，西际徐狼，南接扶南，北连九德。后去象林，林邑之号，建国起自汉末，初平之乱，人怀异心，象林功曹姓区，有子名连，攻其县杀令，自号为王。值世乱离，林邑遂立。后乃袭代，传位子孙。三国鼎争，未有所附。吴有交土，与之邻接，进侵寿泠，以为疆界。自区连以后，国无文史，失其篡代，世数难详，宗胤灭绝，无复种裔。外孙范熊代立，人情乐推。后熊死，子逸立。有范文，日南西捲县夷帅范稚奴也。文为奴时，山涧牧牛，于涧水中，得两鳢鱼，隐藏挟归，规欲私食。郎知检求，文大惭惧，起托云：将砺石还，非为鱼也。郎至鱼所，见是两石，信之而去，文始异之。石有铁，文入山中，就石冶铁，锻作两刀，举刀向鄣，因祝曰：鳢鱼变化，冶石成刀，斫石鄣破者是有神灵，文当治此，为国君王。斫不入者，是刀无神灵。进斫石鄣，如龙渊、干将之斩芦藁。由是人情渐附。今斫石尚在，鱼刀犹存，传国子孙，如斩蛇之剑也。稚尝使文远行商贾，北到上国，多所闻见。以晋愍帝建兴中，南至林邑，教王范逸，制造城池，缮治戎甲，经始廓略。王爱信之，使为将帅，能得众心，文谮王诸子，或徙或奔，王乃独立。成帝咸和六年死。无胤嗣。文迎王子于外国，海行取水，置毒椰子中。饮而杀之，遂胁国人，自立为王。取前王妻妾，置高楼上，有从己者，取而纳之，不从己者，绝其饮食而死。

（《水经注》卷三十六《温水》引《林邑记》，第837页。）

范文本扬州人，少被掠为奴，卖堕交州，年十五六，遇罪当得杖，畏怖因逃，随林邑贾人渡海远去，没入于王，大被幸爱。经十余年，王死，文害王二子，诈杀侯将，自立为王，威加诸国。或夷椎蛮语，口食鼻饮，或雕面镂身，狼䐗裸种，汉、魏流赭，咸为其用。建元二年，攻日南、九德、九真，百姓奔迸，千里无烟，乃还林邑。

（《水经注》卷三十六《温水》引《江东旧事》，第837～838页。）

汉末大乱，功曹区达，杀县令自立为王。传数世，其后王无嗣，立外甥范熊。熊死，子逸嗣。晋成帝咸康三年，逸死，奴文篡立。文本日南西卷县夷帅范稚家奴，常牧牛于山涧，得鳢鱼二头，化而为铁，因以铸刀。铸成，文向石而咒曰："若斫石破者，文当王此国。"因举刀斫石，如断刍藁，文心独异之。范稚常使之商贾至林邑，因教林邑王作宫室及兵车器械，王宠任之。后乃谗王诸子，各奔余国。及王死无嗣，文伪于邻国迓王子，置毒于浆中而杀之，遂胁国人自立。举兵攻旁小国，皆吞灭之，有众四五万人。时交州刺史姜庄使所亲韩戢、谢稚，前后监日南郡，并贪残，诸国患之。穆帝永和三年，台遣夏侯览为太守，侵刻尤甚。林邑先无田土，贪日南地肥沃，常欲略有之，至是，因民之怨，遂举兵袭日南，杀览，以其尸祭天。留日南三年，乃还林邑。交州刺史硃籓后遣督护刘雄戍日南，文复屠灭之。进寇九德郡，残害吏民。遣使告籓，愿以日南北境横山为界，籓不许，又遣督护陶缓、李衢讨之。文归林邑，寻复屯日南。

（《梁书》卷五十四《林邑传》，第784～785页。《南史》卷七十八《林邑传》，第1948～1949页同。）

成帝咸康二年，范逸死，奴文篡位。奴文昔尝北至洛阳商货，因教王作宫室兵车器械，王爱信之，使为将，乃谮王诸子，或徙或奔。及王死无嗣，遂自立为王。乃攻旁国，并之，有众四五万。至穆帝永和三年，文率其众攻陷日南（今郡地），遂据其地，告交州刺史朱蕃，（交州，今安南府）求以日南北鄙（今郡地）横山为界。初，徼外诸国尝赍宝物自海路来贸货贿，而交州刺史、日南太守多贪利侵侮，十折二三，由是诸国怨愤。且林邑少田，故贪日南之地。文又袭九真（今郡地），害士庶十八九。文死，子佛立，犹屯日南。

（《通典》卷一百八十八《边防四·林邑》，第1008页上。）

林邑王范佛来犯

（永和）七年，畯与交州刺史杨平，复进军寿泠浦，入顿郎湖，讨佛于日南故治佛蚁聚，连垒五十余里，畯平破之，佛逃窜川薮，遣大帅面缚，请罪军门。遣武士陈延劳佛，与盟而还。

（《水经注》卷三十六《温水》引《晋书·地道记》，第834～835页。）

（永和九年）交州刺史阮敷讨林邑范佛于日南，破其五十余垒。

（《晋书》卷八《穆帝纪》，第199页。）

升平二年，交州刺史温放之，杀交趾太守杜宝、别驾阮朗，遂征林邑，水陆累战，佛保城自守，重求请服，听之。

（《水经注》卷三十六《温水》引《江东旧事》，第838页。）

（升平三年）交州刺史温放之帅兵讨林邑参黎、耽潦，并降之。

（《晋书》卷八《穆帝纪》，第204页。）

升平三年，温放之征范佛于湾分界阴扬圻，入新罗湾，至焉下，一名阿贲浦，入彭龙湾，隐避风波，即林邑之海渚。

（《水经注》卷三十六《温水》引《林邑记》，第836页。）

升平末，广州刺史胜含率众伐之，佛惧，请降，含与盟而还。至孝武帝宁康中，遣使贡献。至义熙中，每岁又来寇日南、九真、九德等诸郡，杀伤甚众，交州遂致虚弱，而林邑亦用疲弊。

（《晋书》卷九十七《林邑传》，第2546～2547页。）

五年，文死，子佛立，犹屯日南。征西将军桓温遣督护滕畯、九真太守灌邃帅交、广州兵讨之，佛婴城固守。邃令畯盛兵于前，邃帅劲卒七百人，自后逾垒而入，佛众惊溃奔走，邃追至林邑，佛乃请降。哀帝升平初，复为寇暴，刺史温放之讨破之。

（《梁书》卷五十四《林邑传》，第785页。《南史》卷七十八《林邑传》，第1948～1949页同。）

九真太守灌邃率兵讨佛，走之，邃追至林邑。时五月立表，日在表北，影在表南九寸一分，自北影之南，故开北户以向日，此大较也。佛乃请降。其后频寇日南、九德之郡（今安南日南郡界），杀伤甚多，交州遂至虚弱。

（《通典》卷一百八十八《边防四·林邑》，第1008页上。）

林邑王范须（胡）达来犯

安帝隆安三年，佛孙须达复寇日南，执太守炅源，又进寇九德，执太守曹炳。交趾太守杜瑗遣都护邓逸等击破之，即以瑗为刺史。

（《梁书》卷五十四《林邑传》，第785页。）

安帝隆安三年，佛孙须达，复寇日南、九德诸郡，无岁不至，杀伤甚多，交州遂致虚弱。

（《南史》卷七十八《林邑传》，第1949页。）

义熙三年，须达复寇日南，杀长史，瑗遣海逻督护阮斐讨破之，斩获甚众。九年，须达复寇九真，行郡事杜慧期与战，斩其息交龙王甄知及其将范健等，生俘须达息邮能，及虏获百余人。自瑗卒后，林邑无岁不寇日南、九德诸郡，杀荡甚多，交州遂致虚弱。

（《梁书》卷五十四《林邑传》，第785页。）

（义熙九年春三月）林邑范胡达寇九真，交州刺史杜慧度斩之。

（《晋书》卷十《安帝本纪》，第264页。）

林邑王范阳迈及其子咄立来犯

高祖践阼，进号辅国将军。其年，率文武万人南讨林邑，所杀过半，前后被抄略，悉得还本。林邑乞降，输生口、大象、金银、古贝等，乃释之。

（《宋书》卷九十二《杜慧度传》，第2264页。）

南夷林邑国，高祖永初二年，林邑王范阳迈遣使贡献，即加除授。太祖元嘉初，侵暴日南、九德诸郡，交州刺史杜弘文建牙聚众欲讨之，闻有代，乃止。七年，阳迈遣使自陈与交州不睦，求蒙恕宥。八年，又遣楼船百余寇九德，入四会浦口，交州刺史阮弥之遣队主相道生三千人赴讨，攻区粟城不克，引还。林邑欲伐交州，借兵于扶南王，扶南不从。十年，阳迈遣使上表献方物，求领交州，诏答以道远，不许。十二、十五、十六、十八年，频遣贡献，而寇盗不已，所贡亦陋薄。

太祖忿其违傲，二十三年，使龙骧将军、交州刺史檀和之伐之，遣太尉府振武将军宗悫受和之节度。和之遣府司马萧景宪为前锋，悫仍领景宪军副。阳迈闻将见讨，遣使上表，求还所略日南民户，奉献国珍。太祖诏和之："阳迈果有款诚，许其归顺。"其年二月，军至朱梧戍，遣府户曹参军日南太守姜仲基、前部贼曹参军蛮弘民随传诏毕愿、高精奴等宣扬恩旨，阳迈执仲基、精奴等二十八人，遣弘民反命，外言归款，猜防愈严。景宪等乃进军向区粟城，阳迈遣大帅范扶龙大戍区粟，又遣水步军径至。景宪破其外救，尽锐攻城，五月，克之，斩扶龙大首，获金银杂物不可胜计。乘胜追讨，即克林邑，阳迈父子并挺身奔逃，所获珍异，皆是未名之宝。上嘉将帅之功，诏曰："林邑介恃遐险，久稽王诛。龙骧将军、交州刺史檀和之忠果到列，思略经济，禀命致讨，万里推锋，法命肃齐，文武毕力，洁己奉公，以身率下，故能立勋海外，震服殊俗。宜加褒饰，参管近侍，可黄门侍郎，领越骑校尉、行建武将军。龙骧司马萧景宪协赞军首，勤捷显著，总勒前驱，克珍巢穴，必能威服荒夷，抚怀民庶。可持节、督交州、广州之郁林、宁浦二郡诸军事、建威将军、交州刺史。"龙骧司马童林之、九真太守傅蔚祖战死，并赠给事中。

（《宋书》卷九十七《林邑国传》，第2377～2378页。）

元嘉二十二年，伐林邑，悫自奋请行。义恭举悫有胆勇，乃除振武将军，为安西参军萧景宪军副，随交州刺史檀和之围区粟城。林邑遣将范毗沙达来救区粟，和之遣偏军拒之，为贼所败。又遣悫，悫乃分军为数道，偃旗潜进，讨破之，拔区粟，入象浦。林邑王范阳迈倾国来拒，以具装被象，前后无际，士卒不能当。悫曰："吾闻师子威服百兽。"乃制其形，与象相御，象果惊奔，众因溃散，遂克林邑。收其异宝杂物，不可胜计。悫一无所取，衣栉萧然，文帝甚嘉之。

（《宋书》卷七十六《宗悫传》，第1971～1972页。）

上欲伐林邑，朝臣多不同；唯广州刺史陆徽与演之赞成上意。及林邑平，赐群臣黄金生口铜器等物，演之所得偏多。上谓曰："庙堂之谋，卿参其力，平此远夷，未足多建茅土。俟廓清旧都，鸣鸾东岱，不忧河山之不开也。"

（《南史》卷三十六《沈演之传》，第937页。）

其年，南讨林邑，林邑乞降，输生口大象金银古贝等，乃释之。

（《南史》卷七十《慧度传》第1703页。）

林邑有金山，金汁流出于浦。事尼乾道，铸金银人像，大十围。元嘉二十二年，交州刺史檀和之伐林邑，杨迈欲输金万斤，银十万斤，铜三十万斤，还日南地。大臣昇僧达谏，不听。和之进兵破其北界犬戎区栗城，获金宝无算，毁其金人，得黄金数万斤，余物称是。和之后病死，见胡神为祟。孝建二年，始以林邑长史范龙跋为扬武将军。

（《南齐书》卷五十八《林邑国传》，第1013页。）

伏寻林邑昔为檀和之所破，久已归化。天威所被，四海弥伏，而今鸠酬罗守执奴凶，自专很强。

（《南齐书》卷五十八《扶南传》，第1015页。）

元嘉初，阳迈侵暴日南、九德诸郡，交州刺史杜弘文建牙欲讨之，闻有代，乃止。八年，又寇九德郡，入四会浦口，交州刺史阮弥之遣队主相道生帅兵赴讨，攻区栗城，不克，乃引还。尔后频年遣使贡献，而寇盗不已。二十三年，使交州刺史檀和之、振武将军宗悫伐之。和之遣司马萧景宪为前锋，阳迈闻之惧，欲输金一万斤、银十万斤，还所略日南民户，其大臣蒱僧达谏止之，乃遣大帅范扶龙戍其北界区栗城。景宪攻城，克之，斩扶龙首，获金银杂物，不可胜计。乘胜径进，即克林邑，阳迈父子并挺身逃奔。获其珍异，皆是未名之宝。又销其金人，得黄金数十万斤。和之后病死，见胡神为祟。

（《梁书》卷五十四《林邑传》，第786页。）

元嘉中，檀和之征林邑，其王杨迈举国夜奔窜山薮。据其城邑，收宝巨亿。军还之后，杨迈归国，家国荒殄，时人靡存，踌蹰崩擗，愤绝复苏，即以元嘉二十三年死。初，杨迈母怀身，梦人铺杨迈金席，与其儿落席上，金色光起，昭晰艳曜。华俗谓上金为紫磨金，夷俗谓上金为杨迈金。父胡达死，袭王位，能得人情，自以灵梦，为国祥庆。其太子初名咄，杨迈死，咄年十九，代立，慕先君之德，复改名杨迈。

（《水经注》卷三十六《温水》，第838~839页。）

扶南去林邑四千里，水步道通。檀和之令军入邑浦，据船官口城六里者也。自船官下注大浦之东湖，大水连行，潮上西流，潮水日夜长七八尺，从此以西，朔望并潮，一上七日，水长丈六七。七日之后，日夜分为再潮，水长一二尺。春夏秋冬，厉然一定，高下定度，水无盈缩，是为海运，亦曰象水也，又兼象浦之名。

（《水经注》卷三十六《温水》引竺芝《扶南记》，第840页。）

屈都，夷也。朱吾浦内通地劳湖，无劳究水通寿泠浦。元嘉元年，交州刺史阮弥之征林邑，杨迈出婚不在，奋威将军阮谦之领七千人，先袭区粟，以过四会，未入寿泠，三日三夜无顿上处，凝海直岸，遇风大败。杨迈携婚，都部伍三百许船来相救援。谦之遭风，余数船舰，夜于寿泠浦里相遇，闇中大战，谦之手射杨迈柁工，船败纵横。昆仑单舸，接得杨迈。谦之以风溺之余，制胜理难，自此还渡寿泠，至温公浦。升平三年，温放之征范佛于湾分界阴扬圻，入新罗湾，至焉下，一名阿贲浦，入彭龙湾，隐避风波，即林邑之海渚。元嘉二十三年，交州刺史檀和之破区粟已，飞旌盖海，将指典冲，于彭龙湾上鬼塔，与林邑大战，还渡典冲、林邑入浦，令军不进，持重故也。

（《水经注》卷三十六《温水》引《林邑记》，第836~837页。）

日南张重，举计入洛，正旦大会。明帝问：日南郡北向视日邪？重曰：今郡有云中、金城者，不必皆有其实。日亦俱出于东耳。至于风气暄暖，日影仰当，官民居止随情，面向东西南北，回背无定。人性凶悍，果于战斗，便山习水，不闲平地。古人云：五岭者，天地以隔内外，况绵途于海表，顾九岭而弥邈，非复行路之迳阻，信幽荒之冥域者矣。寿泠水自城南，东与卢容水合，东注郎究，究水所积，下潭为湖，谓之狼湖。浦口有秦时象郡，墟域犹存。自湖南望，外通寿泠，从郎湖入四会浦。元嘉二十年，以林邑顽凶，历代难化，恃远负众，慢威背德。北宝既臻，南金阙贡，乃命偏将与龙骧将军交州刺史檀和之陈兵日南，修文服远。二十三年，扬旌从四会浦口入郎湖。军次区粟，进逼围城，以飞梯云桥，悬楼登垒，钲鼓大作，虎士电怒，风烈火扬，城摧众陷。斩区粟王范扶龙首，十五以上，坑截无赦，楼阁雨血，填尸成观。自四会南入，得卢容浦口。晋太康三年，省日南郡属国都尉，以其所统卢容县置日南郡及象林县之故治。

（《水经注》卷三十六《温水》引范泰《古今善言》，第834页。）

至佛曾孙文敌，后为扶南王子当根纯所杀。大臣范诸农平其乱，而自立为王。死，子阳（杨）迈立。死，其子咄立，复名曰阳（杨）迈。（初其父阳（杨）迈母始产，梦人以金藉之。夷人谓金曰阳（杨）迈，故为名。至咄纂父业，又名焉。）宋文帝元嘉中，侵暴日南、九德诸郡。（宋九德郡今安南日南郡界。）宋使振武将军宗元幹讨之，克林邑。阳迈父子并挺身奔逃。所获珍异皆是未名之宝。又销其金人，得黄金数十万斤。其后累代，自宋、齐、梁、陈皆遣使朝贡。

（《通典》卷一百八十八《边防四·林邑》，第1008页上。）

林邑王派兵援助梁朝攻李贲

（大同九年）夏四月，林邑王破德州，攻李贲，贲将范修又破林邑王于九德，林邑王败走。

（《梁书》卷三《武帝本纪下》，第87页。）

南伐通硃崖道

广州诸山并俚、獠，种类繁炽，前后屡为侵暴，历世患苦之。世祖大明中，合浦大帅陈檀归顺，拜龙骧将军。四年，檀表乞官军征讨，未附，乃以檀为高兴太守，将军如故。遣前硃提太守费沈、龙骧将军武期率众南伐，并通硃崖道，并无功，辄杀檀而反，沈下狱死。

（《宋书》卷九十七《林邑国传》，第2379页。）

交州斗绝海岛，控带外国，故恃险数不宾

交州斗绝海岛，控带外国，故恃险数不宾。宋泰始初，刺史张牧卒，交趾人李长仁杀牧北来部曲，据交州叛。数年病死。从弟叔献嗣事，号令未行，遣使求刺史。宋朝以南海太守沈焕为交州刺史，以叔献为焕宁远司马、武平新昌二郡太守。叔献得朝命，人情服从，遂发兵守险不纳焕，焕停郁林，病卒。太祖建元元年，仍以叔献为交州刺史，就安慰之。叔献受命，既而断割外国，贡献寡少。世祖欲讨之，永明三年，以司农刘楷为交州刺史，发南康、庐陵、始兴郡兵征交州。叔献闻之，遣使愿更申数年，献十二队纯银兜鍪及孔雀毦，世祖不许。叔献惧为楷所袭，间道自湘川还朝。

六年，以始兴太守房法乘代楷。法乘至镇，属疾不理事，专好读书。长史伏登之因此擅权，改易将吏，不令法乘知。录事房季文白之，法乘大怒，系登之于狱。十余日，登之厚赂法乘妹夫崔景叔得出，将部曲袭州执法乘，谓之曰："使君既有疾，不宜劳。"囚之别室。法乘无事，复就登之求书读，登之曰："使君静处犹恐动疾，岂可看书。"遂不与。乃启法乘心疾动，不任视事，世祖仍以登之为交州刺史。法乘还至岭而卒。法乘，清河人。升明中为太祖骠骑中兵，至左中郎将。性方简，身长八尺三寸，行出人上，常自俯屈。青州刺史明庆符亦长与法乘等，朝廷唯此二人。

（《南齐书》卷五十八《南夷》，第1017~1018页。）

第二章
商贸往来

一、贸易往来

大秦多珍宝并与交趾七郡外夷通

大秦道既从海北陆通，又循海西南，与交趾七郡外夷通。又有水道通益州、永昌，故永昌出异物。前世但论有水道，不知有陆道，今其略如此，其民人户数不能备详也。

（《三国志》卷三十《魏书·乌丸鲜卑东夷传》引《魏略·西戎传》，第861~862页。）

其土宜五谷桑麻，人务蚕田，多璆琳、琅玕、神龟、白马朱髦、明珠、夜光璧。东南通交趾，又水道通益州永昌郡，多出异物。

（《魏书》卷一百零二《西域传》，第2276页。）

吴时徼外诸国尝赍宝物自海路来贸货

初，徼外诸国尝赍宝物自海路来贸货，而交州刺史、日南太守多贪利侵侮，十折二三。至刺史姜壮时，使韩戢领日南太守，戢估较太半，又伐船调枹，声云征伐，由是诸国恚愤。且林邑少田，贪日南之地，戢死绝，继以谢擢，侵刻如初。及览至郡，又耽荒于酒，政教愈乱，故被破灭。

（《晋书》卷九十七《林邑传》，第2546页。）

商贩千艘，腐谷万庾

虽造宾不沐嘉旨之俟，饥士不蒙升合之救，而金玉满堂，妓妾溢房，商贩千艘，腐谷万庾，园囿拟上林，馆第僭太极，粱肉余于犬马，积珍陷于帑藏。

（《抱朴子外篇校笺》卷三十四《吴失》，第148页。）

交、广之城，全以金银为货

梁初，唯京师及三吴、荆、郢、江、湘、梁、益用钱，其余州郡，则杂以谷帛。交、广之城，全以金银为货。

（《隋书》卷二十四《食货志》，第689页。）

天竺国人商贩至京

天竺国人商贩至京，自云能铸石为五色琉璃。于是采砺山石，于京师铸之。既成，光泽美于西方来者。乃诏为行殿，容百余人。光色映彻，观者见之，莫不惊骇，以为神明所作。自此国中琉璃遂贱，人不复珍之。

（《太平御览》卷八百零八《珍宝部·琉璃》引《魏略》，第3590页下。）

扶南王遣商货至广州

宋末，扶南王姓侨（憍）陈如，名阇耶跋摩，遣商货至广州，天竺道人那伽仙附载欲归国，遭风至林邑，掠其财物皆尽。那伽仙间道得达扶南，具说中国有圣主受命。

（《南齐书》卷五十八《扶南国传》，第1014页。）

扶南大舶泛海来卖颇黎镜面

扶南大舶从西天竺国来，卖颇黎（玻璃）镜面，广一尺五寸，重四十斤，内外皎洁，置五色物于其上，向明视之，不见其质。

（《太平御览》卷八百零八《珍宝部七·颇黎》引《梁四公记》，第3592页上。）

贡使商旅，方舟万计

其明年（元兴三年）二月庚寅夜，涛水入石头。是时贡使商旅，方舟万计，漂败流断，骸骼相望。

（《宋书》卷三十三《五行志》，第956页。）

度丝锦与崐岭舶营货

世祖在东宫，专断用事，颇不如法。任左右张景真，使领东宫主衣食官谷帛，赏赐什物，皆御所服用。景真于南涧寺舍身斋，有元徽紫皮裤褶，余物称是。于乐游设会，伎人皆著御衣。又度丝锦与崐岭舶营货，辄使传令防送过南州津。

（《南齐书》卷三十一《荀伯玉传》，第573页。）

交州出宝货，山海珍怪

交州，镇交阯，在海涨岛中。杨雄箴曰："交州荒遐，水与天际。"外接南夷，宝货所出，山海珍怪，莫与为比。

（《南齐书》卷十四《州郡志》上，第266页。）

商舶远届，委输南州，故交、广富实，牣积王府

史臣曰：《书》称"蛮夷猾夏"，盖总而为言矣。至于南夷杂种，分屿建国，四方珍怪，莫此为先，藏山隐海，环宝溢目。商舶远届，委输南州，故交、广富实，牣积王府。充斥之事差微，声教之道可被。若夫用德以怀远，其在此乎？

（《南齐书》卷五十八《东南夷》，第1018页。）

外国贾人以通货易于南海

天监初，除临川王后军记室参军，待诏文德省。寻出为南海太守。郡常有高凉生口及海舶每岁数至，外国贾人以通货易，旧时州郡以半价就市，又买而即卖，其利数倍，历政以为常。僧孺乃叹曰："昔人为蜀部长史，终身无蜀物，吾欲遗子孙者，不在越装。"并无所取。视事朞月，有诏征还，郡民道俗

六百人诣阙请留，不许。

(《梁书》卷三十三《王僧孺传》，第470页。)

顿逊国与交州等往还交市

顿逊之东界通交州，其西界接天竺、安息徼外诸国，往还交市。所以然者，顿逊回入海中千余里，涨海无崖岸，船舶未曾得径过也。其市，东西交会，日有万余人。珍物宝货，无所不有。又有酒树，似安石榴，采其花汁停瓮中，数日成酒。

(《梁书》卷五十四《顿逊国传》，第787页。)

大秦、天竺商货所资，或出交部

若夫大秦、天竺，迥出西溟，二汉衔役，特艰斯路，而商货所资，或出交部，泛海陵波，因风远至。又重峻参差，氏众非一，殊名诡号，种别类殊，山琛水宝，由兹自出，通犀翠羽之珍，蛇珠火布之异，千名万品，并世主之所虚心，故舟舶继路，商使交属。

(《宋书》卷九十七《夷蛮传》，第2399页。)

朝廷便是更有广州

广州边海，旧饶，外国舶至，多为刺史所侵，岁不过三数。及劢至，纤毫不犯，岁十余至。俚人不宾，多为海暴，劢征讨所获生口宝物，军赏之外，悉送还台。前后刺史皆营私蓄，方物之贡，少等天府。自劢在州，岁中数献，军国所须，相继不绝。武帝叹曰："朝廷便是更有广州。"

(《南史》卷五十一《吴平侯景附子劢传》，第1262页。)

番禺商业活动频繁

火耕水耨，弥亘原野；盗贼皆偃，工商竞臻，鬻米商盐，盈衢通肆；新垣既筑，外户无扃，脂脯豪家，钟鼎为乐。扬祛洒汗，振雨流风；市有千金之租，田多万箱之咏。

(《广州刺史欧阳頠德政碑》载《广东通志·金石略》，第46页。)

二、贸易管理

交州海盐生产管理

若乃漉沙构白，熬波出素，积雪中春，飞霜暑路。尔其奇名出录，诡物无书。
（《南齐书》卷四十一《张融传》，第723页。）

凡民不得私煮盐，犯者四岁刑，主吏二岁刑。
（《太平御览》卷八六五《饮食部二十三·盐》引《晋令》，第3840页上。）

及苏峻反，允之讨贼有功，封番禺县侯，邑千六百户，除建武将军、钱塘令，领司盐都尉。
（《晋书》卷七十六《王允之传》，第2002页。）

禁止官吏私自到交广商货

奇亦好畜聚，不知纪极，遣三部使到交、广商货，为有司所奏，太康九年，诏贬为三纵亭侯。
（《晋书》卷三十七《义阳成王望传》，第1087页。）

韩戢领日南太守管理贪利侵侮

初，徼外诸国尝赍宝物自海路来贸货，而交州刺史、日南太守多贪利侵侮，十折二三。至刺史姜壮时，使韩戢领日南太守，戢估较太半，又伐船调枹，声云征伐，由是诸国恚愤。
（《晋书》卷九十七《林邑传》，第2546页。）

政府征调

（永安五年）是岁，使察战到交趾调孔爵（孔雀）、大猪。（裴松之按：察战，吴官名号，今扬都有察战巷。）
（《三国志》卷四十八《吴书·孙休传》，第1160～1161页。）

吴时采珠业管理

合浦郡土地硗确，无有田农，百姓唯以采珠为业，商贾去来，以珠贸米。而吴时珠禁甚严，虑百姓私散好珠，禁绝来去，人以饥困。又所调猥多，限每不充。今请上珠三分输二，次者输一，粗者蠲除。自十月讫二月，非采上珠之时，听商旅往来如旧。

（《晋书》卷五十七《陶璜传》，第1561页。）

吴隐之革岭南之弊

广州包带山海，珍异所出，一箧之宝，可资数世，然多瘴疫，人情惮焉。唯贫窭不能自立者，求补长史，故前后刺史皆多黩货。朝廷欲革岭南之弊，隆安中，以隐之为龙骧将军、广州刺史、假节，领平越中郎将。未至州二十里，地名石门，有水曰贪泉，饮者怀无厌之欲。隐之既至，语其亲人曰："不见可欲，使心不乱。越岭丧清，吾知之矣。"乃至泉所，酌而饮之，因赋诗曰："古人云此水，一歃怀千金。试使夷齐饮，终当不易心。"及在州，清操喻厉，常食不过菜及干鱼而已，帷帐器服皆付外库，时人颇谓其矫，然亦终始不易。帐下人进鱼，每剔去骨存肉，隐之觉其用意，罚而黜焉。

（《晋书》卷九十《良吏·吴隐之传》，第2341~2342页。）

旧云往广州饮贪泉，失廉洁之性。吴隐之为刺史，自酌贪泉饮之，题石门为诗曰：石门有贪泉，一饮怀千金；试使夷齐饮，终当不易心。

（《初学记》卷八《岭南道第十一·事对·贪泉、滇水》引《晋中兴书》，第192页。）

禁止私货铜于广州夷人

孝武太元三年，诏曰：钱，国之重宝，小人贪利，销坏无已，监司当以为意。广州夷人宝贵铜鼓，而州境素不出铜，闻官私贾人皆于此下贪比轮钱斤两差重，以入广州，货与夷人，铸败作鼓。其重为禁制，得者科罪。

（《晋书》卷二十六《食货志》，第795页。）

置督护征讨俚獠富兼十世

广州镇南海，滨际海隅，委输交部，虽民户不多，而俚獠猥杂，皆楼居山险，不肯宾服。西、南二江，川源深远，别置督护，专征讨之。播握之资，富兼十世。

（《南齐书》卷十四《州郡志上》，第262页。）

刘悛罢广、司二州，倾资贡献

悛仍代始兴王鉴为持节、监益、宁二州诸军事、益州刺史，将军如故。悛既藉旧恩，尤能悦附人主，承迎权贵。宾客闺房，供费奢广。罢广、司二州，倾资贡献，家无留储。在蜀作金浴盆，余金物称是。罢任，以本号还都，欲献之，而世祖晏驾。郁林新立，悛奉献减少，郁林知之，讽有司收悛付廷尉，将加诛戮。高宗启救之，见原，禁锢终身。虽见废黜，而宾客日至。

（《南齐书》卷三十七《刘悛传》，第635页。）

前广州刺史韦朗作犀皮铠等，被奏免官

宋元嘉《起居注》曰：御史中丞刘桢奏，前广州刺史韦朗，于广州所部，作犀皮铠六领，请免朗官。

（《初学记》卷二十二《甲第六·事对·兕革、犀皮》，第536页。）

十六年，御史中丞刘桢奏：风闻前广州刺史韦朗，于广州所作银涂漆屏风二十三床，又绿沉屏风一床，请以见事追韦朗前所居官。

（《初学记》卷二十五《屏风第三·事对·绿沉、白字》引《元嘉起居注》，第599页。）

风闻前广州刺史韦朗，苞全虐法，暴浊是彰，于州所造镂银铪二枚、朱牙楯二十幡、朱画青绫盾三十五幡、犀皮铠六领、杂白莞席三百二十二领、银涂漆（一作"泥"）屏风二十三床，又绿沈屏风一床、铜镜台一具，请以见事追免朗前所居官。

（《全宋文》卷四十九《奏劾韦朗》，第484页。）

弹广州刺史韦朗，象牙三十九枚。

（《太平御览》卷七百六十六《杂物部一·齿》引《元嘉起居注》，第3400页下。）

广州刺史韦朗镂银铭二枚。

（《太平御览》卷八百一十二《珍宝部十·银》引《宋起居注》，第3607页下。）

船舸衔命旨

今大邦大县，船舸衔命旨，非惟十数；复穷幽之乡、极远之邑，亦皆必至。

（《梁书》卷三十八《贺琛传》，第543页。）

广州刺史褚叔度广营资货，贿财丰积，免官

褚叔度为广州刺史，在任四年，广营资货，贿财丰积，坐免官，禁锢终身。

（《册府元龟》卷七百《牧守部·贪黩》，第2470页下。）

王诩为广州，多纳赇货，被劾奏

时尚书令王晏弟诩为广州，多纳赇货，昂依事劾奏，不惮权家，当时号为正直。

（《南史》卷二十六《袁昂传》，第710页。）

袁昂为御史中丞，时尚书令王晏弟诩为广州，多纳财货，依事劾奏，不惮权豪，当时号为正直。

（《册府元龟》卷五一四《宪官部·刚正》，第1315页上下。）

孔默之为广州刺史，以赃货下廷尉

初，鲁国孔熙先博学有纵横才志，文史星算，无不兼善，为员外散骑侍郎，不为时知，久不得调。初，熙先父默之为广州刺史，以赃货下廷尉，大将军彭城王义康保持之，故免。及义康被黜，熙先密怀报效，以晔意志不满，欲

引之，无因进说。晔甥谢综雅为晔所知，熙先藉岭南遗财，家甚富足，乃倾身事综。始与综诸弟共博，故为拙行，以物输之，情意稍款。综乃引熙先与晔戏，熙先故为不敌，前后输晔物甚多。晔既利其财宝，又爱其文艺，遂与申莫逆之好。

（《南史》卷三十三《范泰传附子晔传》，第849页。）

广州刺史刘道锡坐贪纵过度，自杖

刘道锡为广州刺史，坐贪纵过度，自杖。治中荀齐文垂死，乘舆出城，行与阿尼同载，为有司所纠，值赦徵。又以赦，后余赃收，下廷尉，被宥。

（《册府元龟》卷七百《牡守部·贪黩》，第2470页下。）

领选既不缉众论，又颇通货贿，用少府卿刘道锡为广州刺史，道锡至镇，饷白檀牵车，常自乘焉。或以白文帝，帝见问曰："道锡饷卿小车，装饰甚丽，有之乎？"仲文惧，起谢。

（《南史》卷三十五《庾仲文传》，第913页。）

萧惠休罢任广州刺史，献奉倾资

弟惠休，永明四年，为广州刺史。罢任，献奉倾资。上敕中书舍人茹法亮曰："可问萧惠休。吾先使卿宣敕答其勿以私禄足充献奉。今段殊觉其下情厚于前后人。问之，故当不复私邪？吾欲分受之也。"十一年，自辅国将军、南海太守，为徐州刺史。

（《南齐书》卷四十六《萧惠休传》，第811页。）

王劢行广州府事，以清白著闻

大同末，梁武帝谒园陵，道出朱方，劢随例迎候，敕劢令从辇侧，所经山川，莫不顾问，劢随事应对，咸有故实。又从登北顾楼，赋诗，辞义清典，帝甚嘉之。

时河东王为广州刺史，乃以劢为冠军河东王长史、南海太守。王至岭南，多所侵掠，因惧罪，称疾，委州还朝，劢行广州府事。越中饶沃，前后守宰例多贪纵，劢独以清白著闻。入为给事黄门侍郎。

（《陈书》卷十七《王劢传》，第238页。）

阮卓至交阯，时论咸伏其廉

交阯通日南、象郡，多金翠珠贝珍怪之产，前后使者皆致之，唯卓挺身而还，衣装无他，时论咸伏其廉。

（《陈书》卷三十四《阮卓传》，第472页。）

岭外酋帅多生口翡翠明珠犀象之饶

又岭外酋帅，因生口、翡翠、明珠、犀象之饶，雄于乡曲者，朝廷多因而署之，以收其利。历宋、齐、梁、陈，皆因而不改。

（《隋书》卷二十四《食货志》，第673页。）

魏收令其门客与昆仑舶交易获罪

其年又以诧附陈使封孝琰，牒令其门客与行，遇昆仑舶至，得奇货猓然褥表、美玉盈尺等数十件，罪当流，以赎论。

（《北齐书》卷三十七《魏收传》，第492页。）

三、贸易商品及南海珍宝

魏使求吴珠玑、翡翠、瑇瑁等

（嘉禾四年）魏使以马求易珠玑、翡翠、瑇瑁，权曰："此皆孤所不用，而可得马，何苦而不听其交易？"

（《三国志》卷四十七《孙权传》，第1140页。）

（建安二十五年）江表传曰：是岁魏文帝遣使求雀头香、大贝、明珠、象牙、犀角、瑇瑁、孔雀、翡翠、斗鸭、长鸣鸡。

（《三国志》卷四十七《孙权传》，第1124页。）

大秦多出珍宝展转来达中国

国临大江，名新陶，源出昆仑，分为五江，总名曰恒水。其水甘美，下有真盐，色正白如水精。土俗出犀、象、貂、貙、瑇瑁、火齐、金、银、铁、金缕织成、金皮罽、细摩白叠、好裘、氍氀。火齐状如云母，色如紫金，有光耀，别之则薄如蝉翼，积之则如纱縠之重沓也。其西与大秦、安息交市海中，多大秦珍物，珊瑚、琥珀、金碧珠玑、琅玕、郁金、苏合。苏合是合诸香汁煎之，非自然一物也。又云大秦人采苏合，先笮其汁以为香膏，乃卖其滓与诸国贾人，是以展转来达中国，不大香也。郁金独出罽宾国，华色正黄而细，与芙蓉华裹被莲者相似。国人先取以上佛寺，积日香稿，乃粪去之，贾人从寺中征雇，以转卖与佗（他）国也。

（《梁书》卷五十四《中天竺传》，第797～798页。）

瑇瑁之属

瑇瑁形似龟，出南海巨延州。
（《太平御览》卷八百零七《珍宝部六·瑇瑁》引《广志》，第3587页下。）

瑇瑁形状如龟，唯腹背甲有烘点，其大者悉似盘盖。
（《太平御览》卷九四三《鳞介部一五·瑇瑁》引《领表录异》，第4190页上。）

瑇瑁解毒兼云辟邪，余寄居广南，日见卢亭（海岛夷人）获活瑇瑁龟一枚，以献连帅嗣薛王。王令生取背甲小者二片，带于左臂上以辟毒。
（《太平御览》卷九四三《鳞介部一五·瑇瑁》引《本草经》，第4190页上。）

岭南卢宾县，涨海中，瑇瑁似龟而大。
（《太平御览》卷八百零七《珍宝部·瑇瑁》引《吴录》，第3587页上。）

瑇瑁如龟，生南海。大者如蘧篨，背上有鳞，大如扇。发取鳞，因见其文。欲以作器，则煮之，刀截，任意所为。冷，乃以枭鱼皮籍治之。后以枯木条叶莹之，乃有光辉。
（《太平御览》卷八百零七《珍宝部·瑇瑁》引《南方异物志》，第3587页下。）

琉璃

琉璃出黄支、斯调、大秦、日南诸国。
（《太平御览》卷八百零七《珍宝部·琉璃》引《广志》，第3591页下。）

琉璃本质是石。欲作器，以自然灰治之。自然灰状如黄灰，生南海滨。亦可浣衣，用之不须淋，但投之水中，滑如苔石。不得此灰，则不可释。
（《太平御览》卷八百零七《珍宝部·琉璃》引《南州异物志》，第3591页下。）

珊瑚

珊瑚生大秦国，有洲在涨海中，距其国七八百里，名珊瑚树洲。底有磐石，水深二十余丈，珊瑚生于石上。初生白，软弱似菌。国人乘大船，截铁网，先没在水下，一年便生网目中，其色尚皇，枝柯交错，高三四丈，大者围尺余。三年色赤，便以铁钞发其根，击铁网于船，绞车举网还载鉴凿，恣意所作。若过时不凿，便枯索虫蛊。其大者输之王府，细者卖之。
（《世说新语笺疏》下卷《汰侈》注引《南州异物志》，第883页。）

珊瑚洲，在县南五百里。昔有人于海中捕鱼得珊瑚。
（《太平寰宇记》卷一百五十七《岭南道·广州》，第3019页。）

珠

珠有九品。大五分以上至一寸八分，分为八品。有光彩，一边小平，似覆釜者，名珰珠。珰珠之次为走珠，走珠之次为滑珠，滑珠之次为磥砢珠，磥砢珠之次为官雨珠，官雨珠之次为税珠，税珠之次荟符珠。
（《太平御览》卷八百零三《珍宝部·珠下》引沈怀远《南越志》，第3567页下。）

莫难珠，其色黄，生东夷。又有明珠称光，大径寸，或围二寸以上，出黄支。有至员珠，置平地，终日不得停。今上方名以甲乙为次第。石珠，铸石为珠。
（《太平御览》卷八百零三《珍宝部·珠下》引《广志》，第3568页上。）

僧强叠国在天竺南，佛寺三千余所。其地有神珠，非玉石，昼夜于国中光明于日。珠径一尺五寸，其色正碧。

（《太平御览》卷八百零三《珍宝部·珠下》引阚骃《十三州志》，第3568页下。）

凡采珠，一旁小平，形似覆釜，第一。珠母肉玉白，人民以姜齑食之。

（《太平御览》卷八百零三《珍宝部·珠下》引《南方草木状》，第3568页下。）

凡采珠，常三月。用五牲祈祷。若祠祭有失，则风搅海水，或有大鱼在蚌左右。自蚌珠，长二寸半，在涨海中。其一寸五分，其光色，一旁小平，形似覆釜，为第一。珰珠凡三品，其一寸三分，虽有光色，形不员正，为第二。滑珠，凡三品。

（《太平御览》卷八百零三《珍宝部·珠下》引徐衷《南方草物状》，第3568页下。）

合浦有民善游。采珠儿年十余便教入水求珠。官禁民采珠，巧盗者蹲水底剖蚌，得好珠吞之而出。

（《太平御览》卷八百零三《珍宝部·珠下》引万震《南州异物志》，第3568页下。）

龟

龟甲名神屋，出南海，生池泽中，吴越谓之元仵。神龟大如拳而色如金，上甲两边如锯齿，爪利而能缘大木，捕鸣蝉，至美可食。不中于卜，以其小故也。

（《太平御览》卷九百三十一《鳞介部·龟》引《南越志》，第4140页上。）

鳖

海中有朱鳖，状如肺，有眼，六脚，而常吐珠，见则天下大旱。

（《太平御览》卷九百三十一《鳞介部·鳖》引《南越志》，第4143页上。）

鼍

支僧载《外国事》曰：私诃条国，全道辽山有毗呵罗寺，寺中有石鼍，至有神灵。众僧饮食欲尽，寺奴辄向石鼍作礼，于是食具。

（《太平御览》卷九百三十一《鳞介部·鼍》，第4144页下。）

鲻鱼

鲻鱼，长者六七尺。

（《太平御览》卷九百三十七《鳞介部·鲻鱼》引《异物志》，第4165页下。）

跳鲅，乃海味之小鱼鲅也，以盐藏鲻鱼儿一斤，不啻千个，生擘点醋下酒，甚有美味。余遂问名"跳"之义，则曰："捕鱼者，中春于高处卓望鱼犊却，如阵云，阔二三百步，厚亦相似者。既见报，渔师遂将舡争前而迎之。舡冲鱼阵，不施罟网，但鱼儿自惊跳入舡，逡巡而满。以此为鲅故名之'跳'。又云："舡去之时，不可当鱼阵掷礌，恐鱼多压沉故也。即可以知其多矣。"

（《太平御览》卷九百三十七《鳞介部·鲻鱼》引《岭表录异》，第4165页下。）

鲸鲵鱼

鲸，海鱼也。大者长千里，小者数千丈。一生数万子，常以五月、六月就岸边生子，至七、八月导引其子还入海中，鼓浪成雷，喷沫成雨。水族惊畏之，皆逃匿，莫敢当。其雌曰鲵，大者亦长千里，眼睛为明月珠。

（《太平御览》卷九百三十八《鳞介部·鲸鲵鱼》引崔豹《古今注》，第4167页下。）

南海有珠，即鲸鱼目瞳。夜可以鉴，谓之夜光。

（《太平御览》卷九百三十八《鳞介部·鲸鲵鱼》引任昉《述异记》，第4167页下。）

鳄鱼

又于城沟中养鳄鱼，门外圈猛兽，有罪者，辄以喂猛兽及鳄鱼，鱼兽不食为无罪，三日乃放之。鳄大者长二丈余，状如鼍，有四足，喙长六七尺，两边有齿，利如刀剑，常食鱼，遇得麋鹿及人亦唊之，苍梧以南及外国皆有之。

（《梁书》卷五十四《扶南国传》，第789页。）

鳄鱼大者长二三丈，有四足，似守宫，常吞食人。扶南王范寻救捕取置沟堑中，寻有所忿者，缚以食鳄。若罪当死，鳄便食之；如其不食，便解放，以为无罪。

（《太平御览》卷九百三十八《麟介部·鳄鱼》引《吴时外国传》，第4168页下。）

南海有鳄鱼，状似鼍，斩其头而干之，去齿而更生，如此者三乃止。
（《太平御览》卷九百三十八《麟介部·鳄鱼》引《博物志》，第4168页上。）

鳄好出沙上，卵大如鹅卵，可食。
（《太平御览》卷九百三十八《麟介部·鳄鱼》引《交州记》，第4168页下。）

鳄鱼，长者二丈余，有四足，喙长七尺，齿甚利。虎及鹿渡水，鳄击之。皆断喙去齿，旬日更生。

（《太平御览》卷九百三十八《麟介部·鳄鱼》引《广州异物志》，第4168页下。）

寄鱼

寄鱼，长三寸，似白鱼，常附海舡以济洪波。一曰寄载鱼。

（《太平御览》卷九百四十《麟介部·寄鱼》引沈怀远《南越志》，第4175页下。）

琵琶鱼

琵琶鱼，无鳞，长二尺，形似琵琶，故因以为名。

（《太平御览》卷九百四十《麟介部·琵琶鱼》引沈怀远《南越志》，第4176页上。）

海鱼千岁为剑鱼。乐鱼，一名琵琶鱼，形似琵琶而喜鸣，因以为名。

（《太平御览》卷九百四十《麟介部·琵琶鱼》引任昉《述异记》，第4176页上。）

贝

贝凡有八，紫贝最为美者，出交州。大贝出巨延州，与行贾贸易。
(《太平御览》卷八百零七《珍宝部六·贝》引《广州志》，第3588页下。)

乃有大贝，奇姿难俦。（大贝，文贝也。交趾以南海中皆有之。）素质紫饰，文若罗朱。不磨不莹，彩辉光浮。思雕莫加，欲琢靡逾。在昔姬伯，用免其拘。
(《太平御览》卷八百零七《珍宝部六·贝》引万震《南州异物志》，第3588页下。)

班贝，赢大者围之，得六十；小者围之，得五十。在于海边，捕鱼人时有得之者。大贝出诸簿巨延州土地，采卖之以易绛青。
(《太平御览》卷八百零七《珍宝部六·贝》引徐衷《南方记》，第3588页下。)

大贝出日南，如酒杯；小贝，贝齿也，善治毒，俱有紫色。
(《太平御览》卷八百零七《珍宝部六·贝》引刘欣期《交州记》，第3588页下。)

交趾北南海中，有大文贝，质白而文紫色，天资自然，不假雕琢磨莹，而光色焕烂。
(《太平御览》卷八百零七《珍宝部六·贝》引《南州异物志》，第3588页下。)

交趾以南，海中有大文贝，质白文紫，天姿自然，不假雕琢磨莹，而光焕烂。
(《太平御览》卷九百四十一《鳞介部·贝》引《南州异物志》，第4180页下。)

紫贝，即砑螺也，儋振夷黎海畔彩以为货。
(《太平御览》卷九百四十一《鳞介部·贝》引《岭表录异》，第4180页下。)

土产明珠,大贝,即紫贝也。

(《太平御览》卷九百四十一《鳞介部·贝》引《南越志》,第4180页下。)

螺

海文蠡数种,其大者受一升,南人以为酒杯。

(《太平御览》卷九百四十一《鳞介部·贝》引《广志》,第4180页下。)

蚌

珠池,簾州边海中有洲岛,岛上有大池,谓之珠池。每年修贡珠,户入池采珠,皆采老蚌剖而取珠。池在海上,疑其底与海通。珠如豌豆大,常珠也;如弹丸者,亦时有得;径寸照室之珠,卒不可遇也。又取小蚌肉,贯之以篾,曝乾,谓掷珠母。容桂人率将脯烧之,以荐酒肉也。中有细珠如梁(粱)粟。乃知珠池之蚌,随其大小,悉胎中有珠矣。

(《太平御览》卷九百四十一《鳞介部·蚌》引《岭表录异》,第4182页下。)

鲎

鲎,似便面,负雌而行,失雄则不能独活。出交趾南海中。

(《太平御览》卷九百四十三《鳞介部·鲎》引《广志》,第4188页上。)

交趾龙编县有鲎,形如惠文冠,青黑色。十二足似蟹,长五寸。腹中有子如麻子,取以作酱,尤美。

(《太平御览》卷九百四十三《鳞介部·鲎》引《吴录·地理志》,第4188页下。)

鲎,广尺余,形如熨斗,头如蜥蜴,腹下有十二足。南人重之,以为鲊。

(《太平御览》卷九百四十三《鳞介部·鲎》引裴渊《广州记》,第4188页下。)

张海口有鲎,每过海辄相积于背,高尺余,如帆乘风而游。

(《太平御览》卷九百四十三《鳞介部·鲎》引《南越志》,第4188页下。)

鲎鱼，其壳莹净，滑如青瓷碗，傲背，眼在背上，口在腹下，青黑色，腹两旁为六脚，有尾长尺余，三棱，如梭茎。常雌附雄而行，捕者必艘得之。若摘去雄者，雌者即自止，背负之方行。腹中有子如绿豆，南人取之，碎其脚，和以为酱食之。尾中有珠如粟，色黄。雌者小。置之水中，即雄者浮，雌者沉。

（《太平御览》卷九百四十三《麟介部·鲎》引《岭表录异》，第4188页下。）

虾

南海以虾头为杯，须长数尺，金银镂之，晋简文以盛酒，未及饮，酒跃于外。筮之，曰："三旬当后庭有告变者。"果有生子，人面犬身。

（《太平御览》卷九百四十三《麟介部·虾》引《南越志》，第4189页上。）

蛎

南土谓蛎为蠔甲，为牡蛎。合涧州圆蛎，土人重之，语曰："合涧一蛎，虽不足豪，亦可以高也。"

（《太平御览》卷九百四十二《麟介部·蛎》引《南越志》，第4184页下。）

卢亭亭，卢循遗类也。循昔据广州，既败，余党奔於海岛野居，惟食蠔蛎，叠壳为墙壁。

又曰：蠔即牡蛎也。其初生海岛边，如拳石，四面渐长，有高一二丈者，巉岩如山。每一房内，蠔肉一片，随其所生，前后大小不等。每潮来，诸蠔皆开房伺蚁，入即合之。海夷卢亭亭者，以斧楔取壳，烧以烈火，蠔即启房，挑取其肉，贮以小竹筐，趁虚市以易醑米。（卢亭好酒，以蠔肉换酒也。）蠔肉大者腌为炙，小者炒食。肉中有滋味，食之即甚壅肠胃。

（《太平御览》卷九百四十二《麟介部·蛎》引《岭表录异》，第4184页下～4185页上。）

蟹

南海有水虫名蒯，蛤之类也。其中有小蟹，大如榆荚。蒯开甲食，则蟹亦出食；蒯合甲，蟹亦还入。为蒯取以归，始终死不相离。

（《太平御览》卷九百四十二《麟介部·蟹》引《博物志》，第4185页下。）

水蟹，螯壳内皆咸水，自有味。广人取之淡煮，吸其咸汁下酒。黄膏蟹，壳内有膏，如黄苏，加以五味，和壳爆之，食亦有味。赤母蟹，壳内黄赤膏，如鸡鸭子黄，肉白。以和膏实其壳中，淋以五味，蒙以细面，为蟹饆饠，珍美可尚。红蟹，壳殷红色，巨者可以装为酒杯也。虎蟹，壳上有虎班，可装为酒器，与红蟹皆产琼崖海边。

（《太平御览》卷九百四十二《麟介部·蟹》引《岭表录异》，第4186页下。）

水精

大秦国，一名黎难，宫室皆水精，为柱，食器亦然。

（《太平御览》卷八百八《珍宝部·水精》引《魏略》，第3592页下。）

水精出大秦、黄支国。

（《太平御览》卷八百八《珍宝部·水精》引《广志》，第3592页下。）

水晶碗制作在交广流行

外国作水精碗，实是合五种灰以作之。今交、广多有得其法以铸作之者。

（《抱朴子·内篇》卷二《论仙》，第21页。）

银沙

广州市司用银米。遂成县任山有银穴，有银沙。

（《初学记》卷二十七《银第二·叙事》引《广州记》，第647页。）

遂成县，任山银沙自出。

（《太平御览》卷八百一十二《珍宝部十·银》引《南越志》，第3609页上。）

广州市司用银易米。遂成县，任山又有□（原文缺失），有银砂。

（《太平御览》卷八百一十二《珍宝部十·银》引《广州记》，第3609页下。）

林邑、南夷之国出槟榔

槟榔，树高十余丈。皮似青桐，节如桂竹。下本不大，上枝不小，调直亭亭，千万若一。森秀无柯，端顶有叶；叶似甘蕉，条派开破。仰望眇眇，如插丛蕉于竹杪。风至摇动，似举羽扇之扫天。叶下系数房，房缀数十实，实大如桃李。天生棘重累其下，所以御卫其实也。味苦涩，剖其皮，鬻其肤，熟如贯之，坚如干枣。以扶留藤、古贲灰并食，则滑美，下气消谷。出林邑。彼人以为贵，婚族客必先进。若邂逅不设，用相嫌恨。一名宾门药饯。

（嵇含：《南方草木状》，载《南越五主传及其它七种》，第66页。）

槟榔树，大围丈余，高十余丈。皮似青铜，节如桂竹，下本不大，上末不小，调直亭亭，千万若一。森秀无柯，端顶有叶。叶似甘蕉，条泒开破，仰望沙沙，如插丛蕉於竹杪；风至独动，似举羽扇之扫天叶。下系数房，房缀十数子。家有数百树，云竦如坠绳也。

（《太平御览》卷九百七十一《果部·槟榔》引《林邑记》，第4304页下。）

槟榔树大围丈余，高十余丈，皮似青铜，节如斑竹，下本不大，上末不小，远近为林，千万若一。森秀无柯，端顶有叶。其叶带条派开破，仰望沙沙如弹蘽蕉于竹杪，风至独动，似举羽扇之扫天。叶下系数房，房缀十数子，家有数百树，云疎如坠绳也。

（《说郛三种》卷六十一引《林邑记》，第2840页上。）

方五千里，南夷之国，最为强大。民户殷多。出明珠金玉及水精珍异，饶槟榔。

（杨衒之撰、周祖谟校释：《洛阳伽蓝记》卷四《城西》，第159页。）

岭外槟榔，小如交趾，而大如蒳子，土人亦呼为槟榔。

（《太平御览》卷九百七十一《果部·槟榔》引《广州记》，第4304页下~4305页上。）

木实曰槟榔，树无枝，略如柱。其颠五六尺间，穗如黍秀，实大如桃李。生棘针，重叠其下。剥其皮，煮其肉实而贯之，坚如乾（干）枣。食后啖之滑美，消谷下气。彼方珍之，以为口实。亦出交趾。

（《太平御览》卷九百七十一《果部·槟榔》引《广志》，第4305页上。）

豫章俞益期，性情刚直，不下曲俗，容身无所，远适在南，《与韩康伯书》曰：惟槟榔树，最南游之可观，但性不耐霜，不得北植，不遇长者之目，令人恨深。尝对飞鸟恋土，增思寄意。谓此鸟其背青，其腹赤，丹心外露，鸣情未达，终日归飞，飞不十千，路余万里，何由归哉！九真太守任延，始教耕犁，俗化交土，风行象林，知耕以来，六百余年，火耨耕艺，法与华同。名白田，种白谷。七月火作，十月登熟，名赤田，种赤谷。十二月作，四月登熟，所谓两熟之稻也。至于草甲萌芽，谷月代种，橦穟早晚，无月不秀，耕耘功重，收获利轻，熟速故也。米不外散，恒为丰国。桑蚕年八熟茧。《三都赋》所谓八蚕之绵者矣。其崖小水幂历，常吐顿飞溜，或雪霏沙涨，清寒无底，分溪别壑，津济相通。其水自城东北角流，水上悬起高桥，渡淮北岸，即彭龙区粟之通逵也。

(《水经注》卷三十六《温水》，第839页。)

波斯枣

波斯枣，广州郭内见其树。树身无闲枝，直耸三四十尺。及树顶四向，共生十余枝。叶如海棕。（亦呼为海棕。）广州所种者，或三五年一番结子。亦似此中青枣，但小耳。自青及黄，扑已尽，又朵着子。每朵约三二十颗。刘恂曾于番酋家食本国剩馈者，伤汔沙糖，皮肉软烂，饵之，乃火烁水蒸之味也。其核与北中枣殊异两头不尖，双卷而圆，如小块紫矿。恂亦收而种之，久无萌芽，疑是蒸熟也。

(《太平御览》卷九百六十五《果部·枣》引《岭表录异》，第4283页上。)

火浣布

海中萧丘有自生火，常以春起而秋灭。丘方十里，当火起满洲，洲上纯生一种木。正暑，此木虽为火所焚而不糜，但小焦黑。人或得为薪者，火之，俱如常薪。但不成灰，炊熟则以水灌灭之，后复更用，如此不穷。夷人取此木华绩以为布。其木皮赤，剥以灰煮治以为布，但粗不及华，俱可以火浣。又有白鼠，毛长三寸许，亦居此洲上空木中，入火中不烧灼也，其毛又可绩以为布。故火浣有三种。

(《太平御览》卷八百二十《布帛部·火浣布》引《抱朴子》，第3651页下。)

广州瓯

梁皇太子《谢敕赉广州瓯等启》曰：淮南承月之杯，岂均符彩，西国浮云之碗，非谓瑰奇。臣南珍靡究，未读奏曹之表；方物罕逢，不识议郎之画。

（《太平御览》卷七百五十九《器物部四·瓯》，第3369页下。）

广州白盌（碗）

今致琉璃盌一枚。表曰：天恩赐广州白盌。

（《太平御览》卷七百六十《器物部五·盌》引《诸葛恢集·诏答恢》，第3372页下。）

南海异香之属

诸薄之东有马五洲，出鸡舌香，树木多华少实。

（《太平御览》卷七八七《四夷部·马五洲》引康泰《扶南土俗》，第3485页上。）

五马洲，出鸡舌香。

（《太平御览》卷九百八十一《香部·鸡舌》引《吴时外国传》，第4345页下。）

鸡舌出南海中，及剽国，蔓生，实熟贯之。

（《太平御览》卷九百八十一《香部·鸡舌》引《广志》，第4346页上。）

苏合出大秦。或云：苏合，国人采之，筌其汁，以为香膏，卖滓与贾客。或云：合诸香草，煎为苏合，非自然一种也。

（《太平御览》卷九百八十二《香部·苏合》引《广志》，第4347页上。）

大秦出薰陆。

（《太平御览》卷九百八十二《香部·薰陆》引《魏略》，第4347页下。）

俘焚洲在海中，薰陆香之所出。薰陆香，木胶也。树有伤穿，胶因堕，夷人採之，以待估客。所以贾不多得者，所患猞（居一切。）掘兽啖之。此兽斫刺不死，投火中薪尽不焦。以杖打之，皮不伤而骨碎，然后乃死。

（《太平御览》卷九百八十二《香部·薰陆》引《抱朴子》，第4347页下。）

寄（薰）六，出交州。又，大秦海边人，采与贾人易谷。若无贾人，取食之。

（《太平御览》卷九百八十二《香部·薰陆》引《广志》，第4347页下。）

薰陆香，出大秦。云在海边，自有大树，生于沙中。盛夏，树胶流出沙上，夷人采取，卖与贾人。

（《南州异物志》同。其异惟云状如桃胶。《典术》亦同，惟云陶松柏法，饮食之，令人通神灵也。）

（《太平御览》卷九百八十二《香部·薰陆》引《南方草木状》，第4347页下。）

藿香出海边国，形如都梁，可著衣服中。

（《艺文类聚》卷八十一《香草部·藿香》引《南州异物志》，第1396页。）

流黄香，出都昆国，在扶南南三千余里。

（《南州异物志》同。）

（《太平御览》卷九百八十二《香部·流黄》引《吴时外国传》，第4347页下。）

流黄香，出南海边国。

（《太平御览》卷九百八十二《香部·流黄》引《广志》，第4347页下。）

都昆在扶南南三千余里，出藿香。

（《艺文类聚》卷八十一《香草部·藿香》引《吴时外国传》，第1396页。）

流黄香。《吴时外国传》曰："流黄香出都昆国。在扶南三千余里。（《南州异物志》同也。）《广志》曰："流黄香出南海边国。"

（道世：《法苑珠林》卷三十六《华香篇》，《大正藏》，册53，第573页中。）

都昆在扶南，山有藿香。

（《太平御览》卷九百八十二《香部·藿香》引《吴时外国传》，第4348页上。）

霍（藿）香生（曲逊国，属扶风香，形如都梁），可以着衣服中。
（《太平御览》卷九百八十二《香部·藿香》引《南州异物志》，第4348页上。）

青木，出交州、天竺。
（《太平御览》卷九百八十二《香部·青木》引《广志》，第4347页下。）

青木香，出天竺国，不知其形。
（《太平御览》卷九百八十二《香部·青木》引徐衷《南方记》，第4347页下。）

青木香，出天竺，是草根，状如甘草。
（《太平御览》卷九百八十二《香部·青木》引《南州异物志》，第4347页下。）

栈蜜香，出都昆。不知栈蜜香树若为，但见香耳。
（《太平御览》卷九百八十二《香部·栈香》引《南方草木状》，第4348页下。）

鲛人

南海之外，有鲛人，水居如鱼，不废织绩，其眼泣则能出珠。
（《搜神记》卷十二《鲛人》，第154页。）

南海外有鲛人，水居如鱼，不废织绩，其眼能泣珠。
（《博物志》卷二《异人》，第24页。）

鲛人从水出，寓人家，积日卖绢。将去，从主人索一器，泣而成珠满盘，以与主人。
（《太平御览》卷八百零三《珍宝部二·珠下》第3567页上。）

水马

交趾海中有虫，状如马形，因名曰水马。妇人难产者，手握此虫，或烧作屑服之，则更易如羊之产也。（凡物之中，羊产最易。）

（《太平御览》卷九百五十《虫豸部·水马》引《南州异物志》，第4218页下。）

海中有鱼，状似马，或黄或黑，海中民人名作水马。捕鱼得之，不可啖食。曝乾（干）煿之，妇人产难，使握持之，亦可烧饮。

（《太平御览》卷九百五十《虫豸部·水马》引徐衷《南方草物状》，第4218页下。）

扶南海有大螺

扶南海有大螺，如瓯，从边直旁截破，因成杯形，或合而用之，螺体蜿蛇委曲，酒在内自注，倾覆终不尽，以伺误相罚为乐。

（《艺文类聚》卷九十七《鳞介部·螺》引《南州异物志》，第1674页。）

第三章
文化交流

一、宗教

康僧会

康僧会，其先康居人，世居天竺。其父因商贾，移于交阯。会年十余岁，二亲并亡，以至性闻。既而出家，砺行甚峻。为人弘雅有识量，笃志好学，明练三藏，博览六典。天文图纬，多所贯涉，辩于枢机，颇属文翰。时孙权称制江左，而未有佛教。会欲运流大法，乃振锡东游。以赤乌十年至建业，营立茅茨，设像行道。有司奏曰："有胡人入境，自称沙门，容服非恒，事应验察。"权曰："吾闻汉明梦神，号称为佛，彼之所事，岂其遗风耶？"即召会诘问，有何灵验。会曰："如来迁迹，忽逾千载，遗骨舍利，神曜无方。昔阿育起塔，乃八万四千。夫塔寺之兴，所以表遗化也。"权以为夸诞，乃谓会曰："若能得舍利，当为造塔；如其虚妄，国有常刑。"会请期七日。乃谓其属曰："法之兴废，在此一举，今不至诚，后将何及。"乃共洁斋静室，以铜瓶加几，烧香礼请。七日期毕，寂然无应，求申二七，亦复如之。权曰："此欺诳也！"将欲加罪。会更请三七，权又特听。会曰："法云应被，而吾等无感，何假王宪，当誓死为期耳！"三七日暮，犹无所见，莫不震惧。既入五更，忽闻瓶中铿然有声。会自往视，果获舍利。明旦呈权，举朝集观，五色光焰，照耀瓶上。权手自执瓶，泻于铜盘，舍利所冲，盘即破碎。权肃然惊起曰："希有之瑞也！"会进而言曰："舍利威神，岂直光相而已，乃劫烧之火不能燔，金刚之杵不能坏矣。"权命取铁槌砧，使力士击之。砧槌并陷，而舍利无损。权大嗟服，即为建塔。以始有佛寺，故曰建初寺，因名其地为佛陀里。由是江左大法遂兴。

至孙皓昏虐，欲燔塔庙。群臣佥谏，以为佛之威力不同余神。康会感瑞，大皇创寺，今若轻毁，恐贻后悔。皓悟，遣张昱诣寺诘会。昱雅有才辩，难问纵横，会应机骋辞，文理锋出，自旦至夕，昱不能屈。既退，会送于门。时寺侧有淫祀者，昱曰："玄化既孚，此辈何故近而不革？"会曰："震霆破山，聋者不闻，非音之细。苟在理通，则万里悬应，如其阻塞，则肝胆楚越。"昱还，叹会才明，非臣所测，愿天鉴察之。皓大集朝贤，以马车迎会。会就坐，皓问曰："佛教所明善恶报应，何者是耶？"会对曰："夫明主以孝慈训世，则赤乌翔面老人星见；仁德育物，则醴泉涌而嘉禾出。善既有瑞，恶亦如之。故为恶于隐，鬼得而诛之，为恶于显，人得而诛之。易称积恶余殃，诗咏"求福不回"，虽儒典之格言，即佛教之明训也。"皓曰："若然则周孔已明之矣，何用佛教？"会曰："周孔虽言，略示显近，至于释教，则备极幽远。故行恶则有地狱长苦，修善则有天宫永乐。举兹以明劝沮，不亦大哉！"皓当时无以折其言。

皓虽闻正法，而昏暴之性不胜其虐。后使宿卫兵入后宫治园，于地中得一立金像，高数尺，以呈皓。皓使着厕前。至四月八日，皓至厕污秽像云，云灌佛讫，还与诸臣共笑为乐。未暮，阴囊肿痛，叫呼不可堪忍。太史占言：犯大神所为。群臣祷祀诸庙，无所不至，而苦痛弥剧，求死不得。彩女先有奉法者，闻皓病，因问讯云："陛下就佛图中求福不？"皓举头问："佛神大耶？"彩女答："佛为大圣，天神所尊。"皓心遂悟其语意。故彩女即迎像着殿上，香汤洗数十过，烧香忏悔。皓于枕上叩头，自陈罪逆，有顷所痛即间。遣使至寺，问讯诸道人，能说经者令来见。僧会即随使入。皓问罪福之由，会具为敷析，辞甚精辩。皓先有才解，欣然大悦，因求看沙门戒。会以戒文秘禁，不可轻宣，乃取本业百三十五愿，分作二百五十事，行步坐卧，皆愿众生。皓见慈愿致深，世书所不及，益增善意，即就会受五戒。旬日疾瘳，乃修治会所住寺，号为天子寺。宣敕宫内，宗室群臣，莫不必奉。会在吴朝，亟说正法，以皓性凶粗，不及妙义，唯叙报应近验，以开讽其心焉。

会于建初寺译出经法，阿难念弥经、镜面王、察微王、梵皇王经，道品及六度集，并妙得经体，文义允正。又注《安般守意》《法镜》《道树》三经，并制经序，辞趣雅赡，义旨微密，并见重后世。会以晋武帝太康元年卒。

（《出三藏记集》卷十三《康僧会传》，第512～515页。）

沙门康僧会，是康居国大承相之长子。世居印度，年未齿学俱丧二亲。至性笃孝著闻于国。服毕入道厉行清高。弘雅有量笃志好学。解通三藏慧贯五明。辩于枢机，颇属文翰。以吴初染佛法大化未全。欲使江左兴立图寺。遂以武烈皇帝赤乌四年岁次辛酉。杖锡建康。营立茅茨设像行道。至十年岁次丁卯。吴国以为矫异。有司奏闻。帝召问会。佛何灵验。会曰：如来虽复迁迹，千载遗骨舍利神耀无方。是以育王起八万四千塔。帝曰：若得舍利当为起塔。如其虚妄，国有常刑。会遂殷请三七日乃获舍利。五色耀天，光明出火，作大莲华，照耀宫殿。帝自执瓶泻于铜盘。舍利冲槃。槃即破碎。举朝群臣莫不惊肃。又置舍利于铁砧，使力者击之。砧锤俱陷舍，利无损。帝大敬悦。即造舍利塔及建初寺。然会播四依之德，弘十地之功。感舍利于帝宫，则三吴之塔爰立；挫张昱之洪辩，则五湖之寺斯存。折帝皓之捷纵，震梵响之幽呗。以吴太元二年岁次辛未，于扬都译六度集经（九卷）、吴品经（五卷）、菩萨净行经（二卷）、杂譬喻集经（二卷）、阿难念弥经（一卷）、镜面王经（一卷）、察微王经（一卷）、梵皇王经（一卷）、权方便经（一卷）、坐禅经（一卷）、菩萨二百五十法（一卷）、法镜解子注（二卷）、道树经注解（一卷）、安般经注解（一卷），总一十四部合二十九卷。

（《古今译经图记》卷一《康僧会》，《大正藏》，册55，第352页上～352页中。）

维只难

维只难，本天竺人，世奉异道，以火祠为正。时有天竺沙门习学小乘，多行道术，经远行，逼暮，欲寄难家宿。难家既事异道，猜忌释子，乃处之门外，露地而宿。沙门夜密加咒术，令难家所事之火，欻然变灭，于是举家共出，稽请沙门入室供养。沙门还以咒术，变火令生。难既睹沙门神力胜己，即于佛法大生信乐，乃舍本所事，出家为道，依此沙门以为和上。受学三藏，妙善四含，游化诸国，莫不皆奉。

以吴黄武三年，与同伴竺律炎来至武昌，赍《昙钵经》梵本。昙钵者，即《法句经》也。时吴士共请出经，难既未善国语，乃共其伴律炎译为汉文。炎亦未善汉言，颇不尽，志存义本，辞近朴质。至晋惠之末，有沙门法立，更译为五卷。沙门法巨著笔，其辞小华也。立又别出小经近四许首，值永嘉末乱，多不复存。

（《高僧传》卷一《维只难传》，第21～22页。）

支法防登罗浮山

支法防，晋沙门也。哀帝时人，同袁宏登罗浮山访单道，开石室，见其形骸具在，灯火瓦器尚存。罗浮山属仙山，释教之兴始此。

（[清]宋广业：《罗浮山志会编》卷五《人物志二·释》，载《故宫珍本丛刊》，第101页。）

比丘尼附南海商人还本国

比丘尼初受之由者，谓汉灵帝之后，亦有尼，从本僧求受大戒。支法领报曰："依如佛教，唯开边地五人，大僧受戒，不开尼众。"尼众泣泪而退。自此已后，径五十三年，至汉末魏初，东天竺国有二比丘尼，来到长安，见此尼众，问曰："汝于谁边受大戒？"尼众答曰："我至大僧所，受三归五戒。"二尼叹曰："边界比丘尼，未有具戒。"遂还中国，化得十五人来。三人在雪山死，二人堕黑涧死，届至此土，唯有十人。自尔已前诸尼，悉赴京师，与受具戒。后到吴地，与诸尼众，受具足戒。从此尼众，始有戒法，相传受戒。于后三人命终，唯七人在，径十七年，思忆故乡，即附南海商人，而还本国。一去已来，更不委耳。

（道宣：《四分律行事钞批》卷七，《卍新纂续藏经》册42，第979页下。）

于法兰曾至交州遇疾，终于象林

于法兰，高阳人。少游异操，十五出家，便以精勤为业，研讽经典，以日兼夜，求法问道，必在众先。迄在冠年，风神秀逸，道振三河，名流四远。性好山泉，多处岩壑。尝于冬月在山，冰雪甚厉，时有一虎来入兰房，兰神色无忤，虎亦甚驯，至明旦雪止乃去。山中神祇，常来受法。其德被精灵，皆此类也。

后闻江东山水，剡县称奇。乃徐步东瓯，远瞩崿嵊，居于石城山足，今之元华寺是也。时人以其风力比庾元规，孙绰道贤论以比阮嗣宗，论云："兰公遗身，高尚妙迹，殆至人之流，阮步兵傲独不群，亦兰之俦也。"居剡少时，欻然叹曰："大法虽兴，经道多阙。若一闻圆教，夕死可也。"乃远适西域，欲求异闻。至交州遇疾，终于象林。沙门支遁追立像赞曰："于氏超世，综体玄旨，嘉遁山泽，驯洽虎咒。"别传云："兰亦感枯泉漱水，事与竺法护同，未详。"

又有竺法兴、支法渊、于法道与兰同时比德，兴以洽见知名，渊以才华著称，道以义解驰声矣。

（《高僧传》卷四《于法兰》，第166～167页。）

迦摩罗

护国仁王禅寺，在郡西濠街，晋泰（太）康二年，梵僧迦摩罗尊者，自西竺来始建。

（吴中、王文凤：《成化广州志》卷二十四《寺观类·广州府·护国仁王禅寺》，载《北京图书馆古籍珍本丛刊》，第1048页。）

于道邃于交趾遇疾而终

于道邃，敦煌人，少而失荫，叔亲养之，邃孝敬竭诚，若奉其母。至年十六出家，事兰公为弟子。学业高明，内外该览，善方药，美书札，洞谙殊俗，尤巧谈论。护公常称邃高简雅素，有古人之风，若不无方，为大法梁栋矣。后与兰公俱过江，谢庆绪大相推重。性好山泽，在东多游履名山。为人不屑毁誉，未尝以尘近经抱。后随兰适西域，于交趾遇疾而终，春秋三十有一矣，郗超图写其形，支遁着铭赞曰："英英上人，识通理清。朗质玉莹，德音兰馨。"孙绰以邃比阮咸，或曰："咸有累骑之讥，邃有清泠之誉，何得为匹。"孙绰曰："虽迹有洼隆，高风一也。"喻道论云："近洛中有竺法行，谈者以方乐令；江南有于道邃，识者以对胜流。皆当时共所见闻，非同志之私誉也。"

（《高僧传》卷四《于道邃》，第169～170页。）

晋永嘉中，有天竺胡人，来渡江南

晋永嘉中，有天竺胡人，来渡江南。其人有数术，能断舌复续、吐火，所在人士聚观。将断时，先以舌吐示宾客。然后刀截，血流覆地。乃取置器中，传以示人。视之，舌头半舌犹在。既而还，取含续之，坐有顷，坐人见舌则如故，不知其实断否。其续断，取绢布，与人合执一头，对剪，中断之。已而取两断合视，绢布还连续，无异故体。时人多疑以为幻，阴乃试之，真断绢也。其吐火，先有药在器中，取火一片，与黍餹合之，再三吹呼，已而张口，火满口中，因就爇取以炊，则火也。又取书纸及绳缕之属投火中，众共视之，见其烧爇了尽。乃拨灰中，举而出之，故向物也。

（《搜神记》卷二《天竺胡人》，第23页。）

释宣无竭（法勇）泛海达广州

释宣无竭，此云法勇，姓李，幽州黄龙人也。幼为沙弥，便修苦行，持戒诵经，为师僧所重。尝闻法显等躬践佛国，乃慨然有忘身之誓。遂以宋永初元年，招集同志沙门僧猛、昙朗之徒二十五人，共斋幡盖供养之具，发跡（迹）北上，远适西方。

初至河南国，仍出海西郡，进入流沙，到高昌郡。经历龟兹、沙勒诸国，登葱岭，度雪山，障气千重，层冰万里，下有大江，流急若箭。于东西两山之胁，系索为桥。十人一过，到彼岸已，举烟为帜，后人见烟，知前已度，方得更进。若久不见烟，则知暴风吹索，人堕江中。行经三日，复过大雪山，悬崖壁立，无安足处，石壁皆有故杙孔，处处相对，人各执四杙，先拔下杙，手攀上杙，展转相攀，经日方过。及到平地相待，料检同侣，失十二人。进至罽宾国，礼拜佛钵。停岁余，学梵书梵语，求得《观世音受记经》梵文一部，复西行至辛头那提河，汉言师（狮）子口。缘河西入月氏国，礼拜佛肉髻骨，及睹自沸木舫。后至檀特山南石留寺，住僧三百余人，杂三乘学，无竭停此寺受大戒。天竺禅师佛驮多罗，此云觉救，彼土咸云已证果，无竭请为和上，汉沙门志定为阿阇梨，停夏坐三月日，复行向中天竺界。路既空旷，唯赍石蜜为粮，同侣尚有十三人，八人于路并化，余五人同行。无竭虽屡经危棘，而系念所赍《观世音经》未尝暂废。将至舍卫国，野中逢山象一群，无竭称名归命，即有师子从林中出，象惊惶奔走。后渡恒河，复值野牛一群，鸣吼而来，将欲害人，无竭归命如初，寻有大鹫飞来，野牛惊散，遂得免之。其诚心所感，在险克济，皆此类也。

后于南天竺随舶泛海达广州，所历事迹，别有记传。其所译出观世音受记经，今传于京师。后不知所终。

（《高僧传》卷三《释宣无竭》，第93~94页；《出三藏记集》卷十五《法勇法师传》，第581~582页。）

十谓宋永初六年，黄龙沙门释法勇，操志雄远，思慕圣迹，招集同志僧猛、昙朗等二十五人，发跡（迹）雍部，西入雪山，乘索桥，并傅杙，度石壁，及至平地，已丧十二人。余伴相携，进达罽宾，南历天竺。后泛海东远广州，所行有传。

（《释迦方志》卷下《游履篇》第五，第98页。）

师（狮）子国比丘尼至宋

时影福寺尼慧果、净音等，共请跋摩云："去六年，有师（狮）子国八尼至京，云宋地先未经有尼，那得二众受戒，恐戒品不全。"跋摩云："戒法本在大僧众发，设不本事，无妨得戒，如爱道之缘。"诸尼又恐年月不满，苦欲更受，跋摩称云："善哉！苟欲增明，甚助随喜。"但西国尼年腊未登，又十人不满，且令学宋语，别因西域居士，更请外国尼来足满十数。其年夏在定林下寺安居。

（《高僧传》卷三《求那跋摩传》，第109页。）

元嘉六年，有外国舶主难提，从师子国载比丘尼来至宋都，住景福寺。后少时问果曰："此国先来，已曾有外国尼未？"答曰："未有。"又问："先诸尼受戒，那得二僧？"答："但从大僧受得本事者，乃是发起受戒人心，令生殷重，是方便耳。故如大爱道八敬得戒，五百释女以爱道为和上，此其高例。"果虽答，然心有疑，具咨三藏，三藏同其解也。又咨曰："重受得不？"答曰："戒定慧品，从微至着，更受益佳。"到十年，舶主难提复将师（狮）子国铁萨罗等十一尼至。

（《比丘尼传校注》卷二《广陵僧果尼传十四》，第88页。）

求那跋陀罗泛海至广州并建寺戒坛

求那跋陀罗，齐言功德贤，中天竺人也。以大乘学，故世号摩诃衍。本婆罗门种。幼学五明诸论，天文书算，医方咒术，靡不博贯。后遇见《阿毗昙杂心》，寻读惊悟，乃深崇佛法焉。其家世外道，禁绝沙门，乃舍家潜遁，远求师匠，即落发改服，专志学业。及受具戒，博通三藏。为人慈和恭顺，事师尽勤。顷之，辞小乘师，进学大乘。大乘师试令探取经匣，即得《大品》《华严》，师喜而叹曰："汝于大乘有重缘矣！"于是读诵讲义，莫能酬抗。进受菩萨戒法，乃奉书父母，劝归正法曰："若专过外道，则虽还无益；若归依三宝，则长得相见。"其父感其至言，遂弃邪从正。跋陀前到师子诸国，皆传送资供。

既有缘东方，乃随舶泛海。中涂（途）风止，淡水复竭，举舶忧惶。跋陀曰："可同心并力念十方佛，称观世音，何往不感？"乃密诵咒经，恳到礼忏。俄而信风暴至，密云降雨，一舶蒙济。其诚感如此。元嘉十二年至广州。时刺史车朗表闻，宋文帝遣使迎接。既至京都，敕名僧慧严、慧观于新亭郊劳。见其神情朗彻，莫不虔敬，虽因译交言，而欣若倾盖。初住祇洹寺，俄而文帝延请，深加崇敬。琅琊颜延之通才硕学，束带造门。于是京师远近，冠盖相望，宋彭城王义康、谯王义宣并师事焉。顷之，众僧共请出经，于祇洹寺集义学诸僧译出《杂阿含经》，东安寺出《法鼓经》。后于丹阳郡译出《胜鬘》《楞伽经》。徒众七百余人，宝云传译，慧观执笔。往复咨析，妙得本旨。

（《出三藏记集》卷十四，第547～548页；《高僧传》卷三《求那跋陀罗传》，第130～131页。）

其戒坛乃宋朝求那跋陀罗三藏创建，立碑曰："后当有肉身菩萨于此受戒。"

（《六祖大师法宝坛经》卷一《六祖大师缘起外纪》，《大正藏》册48，第362页下。）

元嘉十二年春，始至广州，憩云峰山，立寺，以山为名。时刺史车朗表闻，宋文帝遣使迎接。其年冬至京师，敕住祇洹寺。遥入宫台传译，意好欣然若故旧。帝甚敬异之。

（《卍新纂续藏经》册77，第351页上。）

求那跋陀罗，译言功德贤，中天竺人，号摩诃衍。元嘉十二年泛海至广州。文帝迎住祇洹寺，后从谯王之荆州，孝建中住中兴寺，泰始四年卒年七十五。

（《全宋文》卷六十三《释氏二·求那跋陀罗传》，第626页。）

僧伽跋摩后随西域贾人舶还外国，不详其终

僧伽跋摩，此云众铠，天竺人也。少而弃俗，清峻有戒德，善解三藏，尤精《杂心》。以宋元嘉十年，出自流沙，至于京邑。器宇宏肃，道俗敬异，咸宗事之，号曰三藏法师。

初景平元年，平陆令许桑，舍宅建刹，因名平陆寺。后道场慧观，以跋摩道行纯备，请住此寺，崇其供养，以表厥德。跋摩共观加塔三层，今之奉诚是也。跋摩行道讽诵，日夜不辍，僧众归集，道化流布。初三藏法师明于戒品，将为影福寺尼慧果等重受具戒，是时二众未备，而三藏迁化。俄而，师子国比丘尼铁萨罗等至都，众乃共请跋摩为师，继轨三藏。祇洹慧义擅步京邑，谓为矫异，执志不同，亲与跋摩拒论翻覆。跋摩标宗显法，理证明允，既德有

所归，义遂回刚，靡然推服，令弟子慧基等服膺供事，僧尼受者数百许人。宋彭城王义康，崇其戒范，广设斋供，四众殷盛，倾于京邑。慧观等以跋摩妙解《杂心》，讽诵通利，先三藏虽译，未及缮写，即以其年九月，于长干寺招集学士，更请出焉。宝云译语，观自笔受，考核研校，一周乃讫。续出《摩得勒伽》《分别业报略》《劝发诸王要偈》及《请圣僧浴文》等。

跋摩游化为志，不滞一方，既传经事讫，辞还本国，众咸祈止，莫之能留，元嘉十九年（412年），随西域贾人舶还外国，不详其终。

（《高僧传》卷三《僧伽跋摩》，第119～120页。）

智药三藏持菩提树航海而至广州

梁天监元年智药三藏航海而至，自西竺国持来菩提树一株，植于戒坛，且立碑云："吾过后一百六十年，当有肉身菩萨，来此树下，开演上乘，度无量众。"

（《光孝寺石刻》引明刻《光孝寺重修六祖菩提碑记》，载《广州文物志》，第173页。）

智药禅师，天竺国僧人也，梁武帝天监元年自其国持菩提树航海而来，植于王园寺戒坛之前。至汉上寻流，上至韶州曹溪水口，闻水香，鞠而尝之，曰："此溯上流，别有胜地。"寻之，遂开山立石宝林，乃预计一百七十年后有肉身菩萨来此演法。至唐六祖传衣钵于曹溪之上，果符其说，即南华是也。尝开月华寺，往罗浮创宝积寺，后来韶又开檀特寺、灵鹫寺，神异莫测。

（黄佐：《广东通志》卷六四《外志一·仙释》，明嘉靖间刻本影印本，载《广东历代方志集成》，第1687页。）

梁天监初，天竺僧智药，泛舶曹溪口，闻异香，掬尝其味，曰："上流必有胜地。"寻之，遂开山立刹，名宝林。乃云："百七十年后当有无上法宝在此演法。"今六祖南华寺也。

（《渊鉴类函》卷三十三《地部》十一引《传灯录》，第769页上。）

智药三藏。天竺僧。生卒年不详。南朝梁武帝天监元年自西印度来广州，于法性寺刘宋求那跋摩陀罗所建戒坛（一说宝林寺）之畔，亲植菩提树一株。师复至曹溪口，掬水而饮，以水质甘美，知溪源必有胜地可为兰若。遂至上源，见山水宛若印度宝林山，乃劝村人建立一寺，名为宝林寺；并谓百七十年后，有肉身菩萨至此地演化得道。至唐仪凤元年，六祖慧能至法性寺，与僧作风幡之问答，并于菩提树下剃发受戒。翌年，慧能至宝林寺大弘教化，一如所谶。

（虚云《增订佛祖道影》卷四《智药三藏》载《佛光大辞典》，第5037页下～5038页上。）

梁天监元年，有天竺国僧智药，自西土来，泛舶至汉土，寻流上至韶州曹溪水口，闻其香，掬尝其味，曰："此水上流有胜地"，寻之，遂开山立石，名宝林，乃云："此去一百七十年当有无上法宝，在此演法。"

（《舆地纪胜》卷九十《韶州·景物》，第2898页。）

释慧睿游历诸国，乃至南天竺界

释慧睿，冀州人，少出家，执节精峻。常游方而学，经行蜀之西界，为人所抄掠。常使牧羊，有商客信敬者，见而异之，疑是沙门，请问经义，无不综达，商人即以金赎之。既还袭染衣，笃学弥至。游历诸国，乃至南天竺界，音译诂训，殊方异义，无不必晓。后还憩庐山，俄又入关从什公咨禀。后适京师，止乌衣寺。讲说众经，皆思彻言表，理契环中。

宋大将军彭城王义康请以为师，再三乃许。王请入第受戒，睿曰："礼闻来学，不闻往教。"康大以为愧，乃入寺虔礼。只奉戒法，后以貂裘奉睿，睿不著，常坐之，王密令左右求买，酬三十万，睿曰："虽非所服，既大王所施，聊为从用耳。"陈郡谢灵运笃好佛理，殊俗之音，多所达解。乃咨睿以经中诸字，并众音异旨，于是著《十四音训叙》。条列梵汉，昭然可了。使文字有据焉。睿以宋元嘉中卒，春秋八十有五矣。

（《高僧传》卷七《慧睿传》，第259～260页。）

杯度向交广之间

至（元嘉）五年三月八日，度复来齐谐家，吕道慧、闻人怛之、杜天期、水丘熙等并共见，皆大惊，即起礼拜。度语众人言："年当大凶，可勤修福业。法意道人甚有德，可往就其修立故寺，以禳灾祸也。"须臾闻，上有一僧唤度，度便辞去，云："贫道当向交广之间，不复来也。"齐谐等拜送殷勤，于是绝迹。顷世亦言时有见者，既未的其事，故无可传也。

（《高僧传》卷十《杯度传》，第384页。）

僧伽婆罗有誉海南

僧伽婆罗,梁言僧养,亦云僧铠,扶南国人也。幼而颖悟,早附法津,学年出家,偏业《阿毗昙论》,声荣之盛,有誉海南。具足已后,广习律藏,勇意观方,乐崇开化。闻齐国弘法,随舶至都,住正观寺,为天竺沙门求那跋陀之弟子也。复从跋陀研精方等,未盈炎燠,博涉多通,乃解数国书语。值齐历亡坠,道教凌夷,婆罗静洁身心,外绝交故,拥室栖闲,养素资业。

(《续高僧传》卷一《僧伽婆罗传》,第5页。)

南海商人咸宗事求那毗地

求那毗地,中天竺人也。弱龄从道,师事天竺大乘法师僧伽斯,聪慧强记,勤于讽习,所诵大小乘经十余万言。兼学外典,明解阴阳,其候时逆占,多有徵验,故道术之称,有闻西域。建元初来至京师,止毗耶离寺,执锡从徒,威仪端肃,王公贵胜,迭相供请焉。初,僧伽斯于天竺国抄集修多罗藏十二部经中要切譬喻,撰为一部,凡有百事,以教授新学。毗地悉皆通诵,兼明义旨。以永明十年秋译出为齐文,凡十卷,即《百句譬喻经》也。复出《十二因缘》及《须达长者经》各一卷。自大明以后,译经殆绝,及其宣流法宝,世咸美之。

毗地为人弘厚,有识度,善于接诱,勤躬行道,夙夜匪懈。是以外国僧众,万里归集,南海商人,悉共宗事,供赠往来,岁时不绝。性颇畜积,富于财宝,然营建法事,己无私焉。于建业淮侧造正观寺,重阁层门,殿房整饰,养徒施化,德业甚着。以中兴二年冬卒。

(《出三藏记集》卷十四《求那毗地传》,第552页。)

昙摩伽陀耶舍曾于广州朝亭寺传经

忽有武当山比丘慧表,生自羌胄,伪帝姚略从子。国破之日,为晋军何澹之所得。数岁聪黠,澹之字曰螟蛉,养为假子。俄放出家,便勤苦求道,南北游寻,不择夷险。以齐建元三年,复访奇搜秘,远至岭南。于广州朝亭寺遇中天竺沙门昙摩伽陀耶舍,手能隶书,口解齐言,欲传此经,未知所授。表便殷勤致请,心形俱至,淹历旬朔,仅得一本,仍还峤北,赍入武当。以今永明三年九月十八日顶戴出山,见校弘通。奉觌真文,欣敬兼诚,咏歌不足,手舞莫宣。辄虔访宿解，抽刷庸思，谨立序注云。

（《出三藏记集》卷九，荆州隐士刘虬作《无量义经序》，第353页。）

僧伽跋陀罗法师于广州与僧祎法师共同译经

齐永明十年，岁次实沉，三月十日，禅林比丘尼净秀，闻僧伽跋陀罗法师于广州共僧祎法师译出胡本《善见毗婆沙律》一部十八卷。京师未有，渴仰欲见。僧伽跋陀罗其年五月还南，凭上写来。以十一年，岁次大梁，四月十日得律还都，顶礼执读，敬写流布。仰惟世尊泥已来年载，至七月十五日受岁竟，于众前谨下一点，年年如此。感慕心悲，不觉流泪。

（《出三藏记集》卷十一《善见律毗婆沙记》，第419页。）

菩提达摩泛海至广州

菩提达摩，南天竺婆罗门种。神慧疏朗，闻皆晓悟，志存大乘，冥心虚寂，通微彻数，定学高之，悲此边隅，以法相导。初达宋境南越，末又北度至魏，随其所止，诲以禅教。于时合国盛弘讲授，乍闻定法，多生讥谤。有道育、慧可，此二沙门年虽在后，而锐志高远。初逢法将，知道有归，寻亲事之，经四五载，给供咨接。感其精诚，诲以真法。

（《续高僧传》卷十六《菩提达摩传》，第565页。）

梁普通中，泛海至于广州，后过江上嵩山少林寺。达摩传惠可，惠可传僧璨，隐于皖山。璨传道信，道信传弘忍，弘忍传惠能，惠能住韶州曹溪，是为六祖。

（《太平御览》卷六五八《释部·禅》引《宝林传》，第2938页下。）

初祖菩提达磨（摩），南天竺香至王子。出家之后遇二十七祖般若多罗，付以大法。谓曰："吾灭后六十当往震旦行化。"多罗既亡，师演道国中，久之，思震旦缘熟，即至滨海寄载商舟，以梁大通元年达南海。（旧云普通八年者误。南海广州）。刺史萧昂表闻。诏入见。

（《佛祖统纪》卷二十九，《大正藏》册49，第291页上。）

尔时菩提达摩者，南天竺国王第三子。学通三藏，尤功定业。天竺相承，此三昧是如来密意也。达摩既得法已，并受法偈，住于彼国，六十七岁，说法化导，而演一乘，接六部众。如是神力，宿命他心，广作佛事，求于大众。时现定力，即入三昧，观震旦众生，有大乘性，与彼缘熟，而可堪化。先辞师影，后别于王，而告之言，欲往东土。王乃启留不住，遂敕大臣，御已舶送。经于三载，至于广州。刺史萧昂出迎，时当梁普通八年丁未之岁九月二十一日。闻奏梁帝，梁帝敕下，诏赴京师。师取十月一日，而赴上元。武帝亲驾车辇，请大师昇殿供养。

（《禅宗全书》册001，史传部一《宝林传》卷八，第307页上下。）

达摩季弟达奚航海而至广州

达奚司空，庆历中，阮遵有记云："普通，菩提达磨（摩）由南天竺国与二弟航海而至。"达奚，乃季弟也。经过庙，款谒王，王留共治，达奚立化庙门之东。元丰秋，苦雨，太守曾布祈晴于祠下，默有祷于神。一夕感梦，告以所复。逾月被命，了然不差。因命工修饰祠像，以答灵贶。今封助利侯。

（《广东通志·金石略》十二，第282页。）

达摩门人慧览后移居罗浮天宫寺

释慧览，姓成，酒泉人。少与玄高俱以寂观见称。览曾游西域，顶戴佛钵，仍于罽宾从达摩比丘谘受禅要。达摩曾入定往兜率天，从弥勒受菩萨戒。后以戒法授览，览还至于阗，复以戒法授彼方诸僧，后乃归。路由河南。河南吐谷浑慕延世子琼等，敬览德问，遣使并资财，令于蜀立左军寺，览即居之。后移罗浮天宫寺。宋文请下都止钟山定林寺。孝武起中兴寺，复敕令移住。京邑禅僧皆随踵受业。吴兴沈演、平昌孟顗并钦慕道德，为造禅室于寺。宋大明中卒，春秋六十余矣。

（《高僧传》卷十一《慧览传》，第418页。）

昙裕

昙裕，俗姓诸葛，为诸葛亮之后裔，少年出家，勇猛精进，为当时高僧志公和尚法嗣。天监十六年，为内场沙门，出入宫禁，参与朝事。535年，梁改元"大同"。七月，扶南国遣使来贺，梁使昙裕前往答谢，并往南海诸国求取佛舍利。事毕泛海归国，抵达广州时，因"疲疴屡积"，难以返京复命，遂上表梁武帝，允留驻广州并请留部分舍利供奉于宝庄严寺。有诏许焉，乃分舍利，俾宏真福。于是，昙裕法师振奋精神，于寺内大殿前首筑舍利塔（即今六榕寺花塔），同时扩建殿宇，遂使宝庄严成为羊城一大名刹。某年九月二十六日，圆寂于寺，葬于广州城北柯子岭和顺岗。其墓塔犹存。

［昙裕简介原文见释云峰，余庆锦：《广州六榕寺志》（内部资料），1999年，第5~6页。何方耀：《晋唐南海丝路弘法高僧群体研究》，广州：羊城晚报出版社，2015年，第45页，有改动。］

宝云奉敕往扶南国迎娶佛发

（大同）五年，复遣使献生犀。又言其国有佛发，长一丈二尺，诏遣沙门释云宝随使往迎之。

（《梁书》卷五十四《扶南国传》，第790页。）

（大同）五年，勅沙门宝云，往扶南国迎佛发。

（《佛祖统纪》卷三十七，《大正藏》册49，第351页中。）

昙摩耶舍初达广州住白沙寺

昙摩耶舍。此云法明，罽宾人。少而好学，年十四为弗若多罗所知。长而气干高爽，雅有神慧，该览经律，明悟出群。陶思八禅，游心七觉，时人方之浮头婆驮。孤行山泽，不避豺虎，独处思念，动移宵日。尝于树下每自克责，年将三十，尚未得果，何其懈哉。于是累日不寝不食，专精苦到，以悔先罪。乃梦见博叉天王。语之曰："沙门当观方弘化，旷济为怀，何守小节独善而已。道假众缘，复须时熟，非分强求，死而无证。"觉自思惟，欲游方授道，既而踰历名邦，履践郡国。

以晋隆安中，初达广州，住白沙寺，耶舍善诵毗婆沙律，人咸号为大毗婆沙，时年已八十五，徒众八十五人。时有清信女张普明，咨受佛法，耶舍为说佛生缘起，并为译出差摩经一卷。至义熙中，来入长安。时姚兴僣号，甚崇佛法，耶舍既至，深加礼异。会有天竺沙门昙摩掘多，来入关中，同气相求，宛然若旧。因共耶舍译，舍利弗阿毗昙，以伪秦弘始九年初书梵书文，至十六年翻译方竟。凡二十二卷，伪太子姚泓亲管理味，沙门道标为之作序。

耶舍后南游江陵，止于辛寺，大弘禅法，其有味靖之宾，披榛而至者，三百余人。凡士庶造者，虽先无信心，见皆敬悦。自说有一师一弟子修业，并得罗汉，传者失其名。又尝于外门闭户坐禅，忽有五六沙门来入其室。又时见沙门飞来树端者，往往非一，常交接神明而俯同蒙俗，虽道迹未彰，时人咸谓已阶圣果。至宋元嘉中，辞还西域，不知所终。

（《高僧传》卷一《昙摩耶舍传》，第41～42页。）

昙摩耶舍尊者，罽宾国三藏法师也。东晋安帝隆安间来游震旦，至广州，止此。时地为虞翻旧苑，尊者乃创大殿五间，名曰王园寺。随于此奉敕译经，有武当沙门慧严笔受。其他事实及住世年月，俱无记载可考。

（《光孝寺志》卷六《法系志》，《广州大典》册229，第300页下。）

法度

耶舍有弟子法度，善梵汉之言，常为译语。度本竺婆勒子，勒久停广州，往来求利。中途于南康生男，仍名南康，长名金迦，入道名法度。度初为耶舍弟子，承受经法。耶舍既还外国，度便独执矫异，规以摄物，乃言专学小乘，禁读方等。唯礼释迦，无十方佛，食用铜钵，无别应器。又令诸尼相捉而行，悔罪之日，但伏地相向。唯宋故丹阳尹颜瑗女法弘尼、交州刺史张牧女普明尼，初受其法。今都下宣业、弘光诸尼，习其遗风，东土尼众亦时传其法。

（《高僧传》卷一《法度传》，第42～43页。）

夫至人应世，观众生根，根力不同，设教亦异。是以三乘立轨，随机而发；五时说法，应契而化。沿粗以至妙，因小以及大，阶渐殊时，教之体也。自正法稍远，受学乖互，外域诸国，或偏执小乘，最后涅槃，显明佛性，而犹执初教，可谓胶柱鼓瑟者也。

元嘉中，外国商人竺婆勒久停广州，每往来求利。于南康郡生儿，仍名南康，长易字金伽。后得入道，为昙摩耶舍弟子，改名法度。其人貌虽外国，实生汉土，天竺科轨，非其所谙。但性存矫异，欲以摄物，故执学小乘，云无十方佛，唯礼释迦而已，大乘经典不听读诵。反抄着衣，以此为法，常用铜钵，无别应器。乃令诸尼作镇肩衣，似尼师坛，缝之为囊，恒着肩上，而不用坐，以表众异。每至出路，相捉而行；布萨悔过，但伏地相向，而不胡跪。法度善闲汉言，至授戒先作胡语，不令汉知。案律之明文，授法资解，言不相领，不得法事。而竺度昧罔，面行诡术，明识之众，咸共骇弃。唯宋故丹阳尹颜竣女宣业寺尼法弘，交州刺史张牧女弘光寺尼普明等信受其教，以为真实。虽出贵族，而识谢慧心，毁呰方等。既绝法雨，妄学诡科，乖背律仪，来苦方深，良可愍伤。

自正化东流，大乘日曜，英哲顶受，遍寓服膺。而使迷伪之人，专行偏教，莫或振止，何其甚哉！昔慧导拘滞，疑惑《大品》；昙乐偏执，非拨《法华》。罔天下之明，信己情之谬，关中大人，固已指为无间矣！至如彭城僧渊，诽谤《涅槃》，舌根销烂，现表厥殃，大乘难诬，亦可验也。寻三人之惑，并恶止其躬，而竺度之悖，以毒饮人。凡女人之性，智弱信强，一受伪教，则同惑相挺。故京师数寺遂尘异法，东境尼众亦时染此风，将恐邪路易开，淄污不已。嗟乎！斯岂魔断大乘，故先侮女人欤？此实开士之所痛悼，而法主所宜匡制也。《大方便经》云："释迦如来昔为比丘，专以《四阿含》教化，谤毁方等，于无数劫，受大苦报，从阿鼻出，发大乘心致成正觉。"后进之贤，宜思防断。古今明诫，可不慎乎！

昔慧睿法师久难愚迷，制此《喻疑》，防于今日。故存之录末，虽于录非类，显证同矣。

（《出三藏记集》卷五《小乘迷学竺法度造异仪记》，第232～233页。）

天竺沙门昙摩掘多、昙摩耶舍导义学来游

会天竺沙门昙摩掘多、昙摩耶舍导义学来游，秦王既契宿心，相与辩明经理。起清言于名教之域，散众微于自无之境，超超然诚韵外之致，憺憺然覆美称之实，于是诏令传译。然承华天哲，道嗣圣躬，玄味远流，妙度渊极，特体明旨，遂赞其事。经师本虽暗诵，诚宜谨备，以秦弘始九年，命书梵文。至十年，寻应令出。但以经趣微远，非徒关言所契，苟彼此不相领悟，直委之译人者，恐津梁之要，未尽于善。停至十六年，经师渐闲秦语，令自宣译。皇储亲管理味，言意兼了，复所向尽，然后笔受。即复内呈上，讨其烦重，领其指归。故令文之者修饰，义之者掇润，并挍至十七年讫。

（《出三藏记集》卷十《舍利佛阿毗昙序》第五，第372～373页。）

法显泛海归国

释法显，姓龚，平阳武阳人，有三兄，并髫龀而亡，父恐祸及显，三岁便度为沙弥。居家数年，病笃欲死，因以送还寺，信宿，便差。不肯复归，其母欲见之不能得，后为立小屋于门外，以拟去来。十岁遭父忧，叔父以其母寡独不立，逼使还俗，显曰："本不以有父而出家也，正欲远尘离俗，故入道耳。"叔父善其言，乃止。顷之，母丧，至性过人，葬事毕，仍即还寺。尝与同学数十人，于田中刈稻，时有饥贼欲夺其谷，诸沙弥悉奔走，唯显独留，语

贼曰："若欲须谷，随意所取，但君等昔不布施，故致饥贫，今复夺人，恐来世弥甚，贫道预为君忧耳。"言讫即还，贼弃谷而去，众僧数百人，莫不叹服。及受大戒，志行明敏，仪轨整肃，常慨经律舛阙，誓志寻求。

以晋隆安三年，与同学慧景、道整、慧应、慧嵬等、发自长安。西渡流沙，上无飞鸟，下无走兽，四顾茫茫，莫测所之。唯视日以准东西，望人骨以标行路耳。屡有热风恶鬼，遇之必死，显任缘委命，直过险难。有顷，至葱岭，岭冬夏积雪，有恶龙吐毒，风雨沙砾，山路艰危，壁立千仞。昔有人凿石通路，傍施梯道，凡度七百余所。又蹑悬緪过河，数十余处，皆汉之张骞、甘英所不至也。次度小雪山，遇寒风暴起，慧景噤战不能前，语显曰："吾其死矣，卿可前去，勿得俱殒。"言绝而卒，显抚之泣曰："本图不果，命也奈何。"复自力孤行，遂过山险，凡所经历三十余国。

将至天竺，去王舍城三十余里，有一寺，逼冥过之。显明旦欲诣耆阇崛山，寺僧谏曰："路甚艰阻，且多黑师（狮）子，亟经噉人，何由可至。"显曰："远涉数万，誓到灵鹫，身命不期，出息非保，岂可使积年之诚，既至而废耶，虽有险难，吾不惧也。"众莫能止，乃遣两僧送之。显既至山，日将曛夕，欲遂停宿，两僧危惧，舍之而还。显独留山中，烧香礼拜，翘感旧迹，如睹圣仪。至夜有三黑师（狮）子，来蹲显前，舐唇摇尾，显诵经不辍，一心念佛。师（狮）子乃低头下尾，伏显足前，显以手摩之，咒曰："若欲相害，待我诵竟，若见试者，可便退矣。"师（狮）子良久乃去。明晨还返，路穷幽梗，止有一迳通行，未至里余，忽逢一道人，年可九十，容服粗素，而神气俊远。显虽觉其韵高，而不悟是神人。后又逢一少僧，显问曰："向者年是谁耶。"答云："头陀迦叶大弟子也。"显方大惋恨。更追至山所，有横石塞于室口，遂不得入，显流涕而去。进至迦施国，国有白耳龙，每与众僧约，令国内丰熟，皆有信效。沙门为起龙舍，并设福食，每至夏坐讫，龙辄化作一小蛇，两耳悉白，众咸识是龙，以铜盂盛酪，置龙于中，从上座至下行之遍，乃化去，年辄一出，显亦亲见。

后至中天竺，于摩竭提邑波连弗阿育王塔南天王寺，得《摩诃僧祇律》，又得《萨婆多律抄》《杂阿毗昙心》《綖经》《方等泥洹经》等。显留三年，学梵语梵书，方躬自书写，于是持经像，寄附商客，到师子国。显同旅十余，或留或亡，顾影唯己，常怀悲慨。忽于玉像前，见商人以晋地，一白团绢扇供养，不觉凄然下泪。停二年，复得《弥沙塞律》《长杂》二《含》及《杂藏》本，并汉土所无。

既而附商人大舶，循海而还。舶有二百许人，值暴风水入，众皆惶慄，即取杂物弃之。显恐弃其经像，唯一心念观世音，及归命汉土众僧，舶任风而去,得无伤坏。经十余日,达耶婆提国,停五月,复随他商,东适广州。举帆二十余日,夜忽大风,合舶震惧,众咸议曰:"坐载此沙门,使我等狼狈,不可以一人故,令一众俱亡。"共欲推之,法显檀越厉声呵商人曰:"汝若下此沙门,亦应下我,不尔,便当见杀。汉地帝王奉佛敬僧,我至彼告王,必当罪汝。"商人相视失色,俛俯而止。既水尽粮竭,唯任风随流,忽至岸,见藜藿菜依然,知是汉地,但未测何方,即乘船入浦寻村。见猎者二人,显问此是何地耶,猎人曰:"此是青州长广郡牢山南岸。"猎人还,以告太守李嶷,嶷素敬信,忽闻沙门远至,躬自迎劳。显持经像随还。

顷之,欲南归,青州刺史请留过冬,显曰:"贫道投身于不反之地,志在弘通,所期未果,不得久停。"遂南造京师,就外国禅师佛驮跋陀,于道场寺译出《摩诃僧祇律》《方等泥洹经》《杂阿毗昙心》,垂百余万言。显既出《大泥洹经》,流布教化,咸使见闻。有一家失其姓名,居近朱雀门,世奉正化,自写一部,读诵供养,无别经室,与杂书共屋。后风火忽起,延及其家,资物皆尽,唯《泥洹经》俨然具存,煨烬不侵,卷色无改,京师共传,咸叹神妙,其余经律未译。

后至荆州,卒于辛寺,春秋八十有六,众咸恸惜。其游履诸国,别有大传焉。

(《高僧传》卷三《法显传》,第87~90页。)

从此东行近五十由延,到摩梨帝国,即是海口。其国有二十四僧伽蓝,尽有僧住,佛法亦兴。法显住此二年,写经及画像。于是载商人大舶,泛海西南行,得冬初信风,昼夜十四日,到师子国。彼国人云,相去可七百由延。其国本在洲上,东西五十由延,南北三十由延。左右小洲乃有百数,其间相去或十里、二十里,或二百里,皆统属大洲。多出珍宝珠玑。有出摩尼珠地,方可十里。王使人守护,若有采者,十分取三。其国本无人民,正有鬼神及龙居之。诸国商人共市易,市易时鬼神不自现身,但出宝物,题其价直,商人则依价雇直取物。因商人来往,住故,诸国人闻其土乐,悉亦复来,于是遂成大国。其国和适,无冬夏之异,草木常茂,田种随人,无有时节。佛至其国,欲化恶龙。以神足力,一足蹑王城北,一足蹑山顶,两迹相去十五由延。王于城北迹上起大塔,高四十丈,金银庄挍,众宝合成。塔边复起一僧伽蓝,名无畏山,有五千僧。起一佛殿,金银刻镂,悉以众宝。中有一青玉像,高三丈许,通身七宝焰光,威相严显,非言所载。右掌中有一无价宝珠。法显去汉地积年所与交接悉异域人,山川草木,举目无旧,又同行分披,或流或亡,顾影唯己,心常怀悲。忽于此玉像边见商人以一白绢扇供养,不觉凄然,泪下满目。其国前王遣使中国，取贝多树子，于佛殿傍种之。高可二十丈，其树东南倾，王恐倒，故以八九围柱柱树。树当柱处心生，遂穿柱而下入地成根。大可四围许，柱虽中裂，犹裹其外，人亦不去。树下起精舍，中有坐像，道俗敬仰无倦。城中又起佛齿精舍，皆七宝作。王净修梵行，城内人敬信之情亦笃。其国立治已来，无有饥丧荒乱。众僧库藏多有珍宝、无价摩尼，其王入僧库游观，见摩尼珠，即生贪心，欲夺取之。三日乃悟，即诣僧中，稽首悔前罪心。因白僧言，愿僧立制，自今已后，勿听王入库看，比丘满四十腊，然后得入。其城中多居士、长者、萨薄商人。屋宇严丽，巷陌平整。四衢道头皆作说法堂，月八日、十四日、十五日，铺施高座，道俗四众皆集听法。其国人云，都可六万僧，悉有众食，王别于城内供养五六千人众食，须者则持大钵往取，随器所容，皆满而还。佛齿常以三月中出之。未出前十日，王庄挍大象，使一辩说人，着王衣服，骑象上，击鼓唱言："菩萨从三阿僧祇劫，作行不惜身命，以国、城、妻、子及挑眼与人，割肉贸鸽，截头布施，投身饿虎，不吝髓脑，如是种种苦行，为众生故。成佛在世四十五年，说法教化，令不安者安，不度者度，众生缘尽，乃般泥洹。泥洹已来一千四百九十七岁，世间眼灭，众生长悲。却后十日，佛齿当出至无畏山精舍。国内道俗欲殖福者，各各平治道路，严饰巷陌，辨众华香、供养之具！"如是唱已，王便夹道两边，作菩萨五百身已来种种变现，或作须大拏，或作睒变，或作象王，或作鹿、马。如是形像，皆彩画庄挍，状若生人。然后佛齿乃出，中道而行，随路供养，到无畏精舍佛堂上。道俗云集，烧香、然灯、种种法事，昼夜不息。满九十日乃还城内精舍。城内精舍至斋日则开门户，礼敬如法。无畏精舍东四十里，有一山中有精舍名支提，可有二千僧。僧中有一大德沙门，名达摩瞿谛，其国人民皆共宗仰。住一石室中四十许年，常行、慈心，能感蛇鼠，使同止一室而不相害。城南七里有一精舍，名摩诃毗可罗，有三千僧住。有一高德沙门，戒行清洁，国人咸疑是罗汉。临终之时，王来省视，依法集僧而问："比丘得道耶？"其便以实答言："是罗汉。"既终，王即按经律，以罗汉法葬之。于精舍东四、五里，积好大薪，纵、广可三丈余，高亦尔，近上着栴檀、沉水诸香木，四边作阶上，持净好白氎周匝蒙积，作大舆床，似此间辒辌车，但无龙鱼耳。当阇维时，王及国人、四众咸集，以华香供养。从舆至墓所。王自华香供养。供养讫，举着积上，以酥油遍灌，然后烧之。火然时，人人敬心，各脱上服，及羽仪、伞盖，遥掷火中，以助阇维。阇维已，收敛取骨，即以起塔。法显至，不及其生存，唯见葬时。王笃信佛法，欲为众僧作新精舍。先设大会，饭食。供养已，乃选好上牛一双，金银、宝物庄挍角上。作好金犁，王自耕顷垦规郭四边，然后割给民户、田宅，书以铁券。自是已后，代代相承，无敢废易。法显在此国，闻天竺道人于高座上诵经,云:"佛钵本在毗舍离,今在揵陀卫。竟若干百年(法显闻诵时有定岁数,但今忘耳),当复至西月氏国,若干百年,当至于阗国。住若干百年,当至屈茨国。若干百年,当复至师子国。若干百年,当复来到汉地。若干百年,当还中天竺已,当上兜术天上。弥勒菩萨见而叹曰:'释迦文佛钵至。'即共诸天华香供养七日。七日已,还阎浮提,海龙王将入龙宫。至弥勒将成道时,钵还分为四,复本頞那山上。弥勒成道已,四天王,当复应念佛如先佛法。贤劫千佛共用一钵。钵去已,佛法渐灭。佛法灭后,人寿转短,乃至五岁。五岁之时,粳米、酥油皆悉化灭,人民极恶、捉草木则变成刀、杖,共相伤割。其中有福者,逃避入山,恶人相杀尽已,还复来出,共相谓言:'昔人寿极长。但为恶甚,作非法故,我等寿命遂尔短促,乃至五岁。我今共行诸善,起慈悲心,修行信义。'如是各行信义,展转寿倍,乃至八万岁。弥勒出世,初转法轮时,先度释迦遗法中弟子、出家人及受三归、五戒、八斋法,供养三宝者,第二、第三次度有缘者。"法显尔时欲写此经,其人云:"此无经本,我心口诵耳。"

法显住此国二年,更求得弥沙塞律藏本,得长阿含、杂阿含,复得一部杂藏。此悉汉土所无者。得此梵本已,即载商人大舶,上可有二百余人。后系一小舶,海行艰崄,以备大舶毁坏。得好信风,东下三日,便值大风。舶漏水入。商人欲趣小舶,小舶上人恐人来多,即斫絙断,商人大怖,命在须臾,恐舶水满,即取麁财货掷着水中。法显亦以君墀及澡罐并余物弃掷海中,但恐商人掷去经像,唯一心念观世音及归命汉地众僧:"我远行求法,愿威神归流,得到所止。"如是大风昼夜十三日,到一岛边。潮退之后,见船漏处即补塞之。于是复前。海中多有抄贼,遇辄无全。大海弥漫无边,不识东西,唯望日、月、星宿而进。若阴雨时,为逐风去,亦无所准。当夜闇时,但见大浪相搏,晃若火色,鼋、鳖水性怪异之属,商人荒遽,不知那向。海深无底,又无下石住处。至天晴已,乃知东西,还复望正而进。若值伏石,则无活路。如是九十许日,乃到一国,名耶婆提。其国外道,婆罗门兴盛,佛法不足言。停此国五月日,复随他商人大船,上亦二百许人,赍五十日粮,以四月十六日发。法显于船上安居。东北行,趣广州。一月余日,夜鼓二时,遇黑风暴雨。商人、贾客皆悉惶怖,法显尔时亦一心念观世音及汉地众僧。蒙威神佑,得至天晓。晓已,诸婆罗门议言:"坐载此沙门,使我不利,遭此大苦。当下比丘置海岛边。不可为一人令我等危崄。"法显檀越言:"汝若下此比丘,亦并下我!不尔,便当杀我!如其下此沙门,吾到汉地,当向国王言汝也。汉地王亦敬信佛法,重比丘僧。"诸商人踌躇,不敢便下。于时多连阴,海师相望僻误,遂经七十余日。粮食、水浆欲尽,取海咸水作食。分好水,人可得二升,遂便欲尽。商人议言："常行时可五十日便到广州，今已过期多日，将无僻耶？"即便西北行求岸，昼夜十二日，到长广郡界牢山南岸，便得好水、菜。但经涉险难，忧惧积日，忽得至此岸，见藜藿依然，知是汉地。然不见人民及行迹，未知是何许。或言未至广州，或言已过，莫知所定。即乘小舶，入浦觅人，欲问其处。得两猎人，即将归令法显译语问之。法显先安慰之，徐问："汝是何人？"答言："我是佛弟子。"又问："汝入山何所求？"其便诡言："明当七月十王日，欲取桃腊佛。"又问："此是何国？"答言："此青州长广郡界，统属晋家。"闻已，商人欢喜，即乞其财物，遣人往长广郡。太守李嶷敬信佛法，闻有沙门持经像乘舶泛海而至，即将人从来至海边，迎接经像，归至郡治。商人于是还向扬州。到青州请法显一冬、一夏。夏坐讫。法显离诸师久。欲趣长安。但所营事重，遂便南下向都，就禅师出经律。

法显发长安，六年到中印国，停经六年，还经三年达青州。凡所游履，减三十国。沙河已西，迄于天竺，众僧威仪法化之美，不可详说。窃惟诸师未得备闻，是以不顾微命，净海而还。艰难具更，幸蒙三尊威灵，危而得济，故将竹帛疏所经历，欲令贤者同其闻见。是岁甲寅。晋义熙十二年矣，岁在寿星，夏安居末，迎法显道人。既至，留共冬斋。因讲集之余，重问游历。其人恭顺，言辄依实。由是先所略者，劝令详载。显复具叙始末。自云："顾寻所经，不觉心动汗流。所以乘危履险，不惜此形者，盖是志有所存，专其愚直，故投命于必死之地，以达万一之冀。"于是感叹斯人，以为古今罕有。自大教东流，未有忘身求法如显之比。然后知诚之所感，无穷否而不通。志之所将，无功业而不成。成夫功业者，岂不由忘夫所重，重夫所忘者哉！

（《高僧法显传》，《大正藏》册51，第864页下～866页下。）

道普欲泛海求经未果

谶所出诸经，至元嘉中方传建业。道场慧观法师，志欲重寻《涅槃后分》，乃启宋太祖资给，遣沙门道普，将书吏十人，西行寻经。至长广郡，舶破伤足，因疾而卒。普临终叹曰："《涅槃后分》与宋地无缘矣。"普本高昌人，经游西域，遍历诸国，供养尊影，顶戴佛钵，四塔道树，足迹形像，无不瞻觌。善梵书，备诸国语，游履异域，别有大传。时高昌复有沙门法盛，亦经往外国，立传凡有四卷。又有竺法维，释僧表，并经往佛国云云。

（《高僧传》卷二《昙无谶传》，第80～81页。）

智严泛海重到天竺

　　严昔未出家时，尝受五戒，有所亏犯，后入道受具足，常疑不得戒，每以为惧。积年禅观而不能自了，遂更泛海，重到天竺，咨诸明达。值罗汉比丘，具以事问，罗汉不敢判决，乃为严入定，往兜率宫咨弥勒，弥勒答云："得戒。"严大喜，于是步归。至罽宾，无疾而化，时年七十八。彼国法凡圣，烧身各处。严虽戒操高明，而实行未办，始移尸向凡僧墓地，而尸重不起。改向圣墓，则飘然自轻。严弟子智羽、智远，故从西来，报此征瑞，俱还外国。以此推严，信是得道人也，但未知果向中间若深浅耳。

　　　　　　　　　　（《高僧传》卷三《智严传》，第100页。）

求那跋摩便风至广州

　　求那跋摩，此云功德铠，本刹利种，累世为王，治在罽宾国。祖父呵梨跋陀，此言师（狮）子贤，以刚直被徙。父僧伽阿难，此言众喜，因潜隐山泽。跋摩年十四，便机见俊达，深有远度，仁爱泛博，崇德务善。其母尝须野肉，令跋摩办之，跋摩启曰："有命之类，莫不贪生，夭彼之命，非仁人矣。"母怒曰："设令得罪，吾当代汝。"跋摩他日煮油，误浇其指，因谓母曰："代儿忍痛。"母曰："痛在汝身，吾何能代。"跋摩曰："眼前之苦，尚不能代，况三途耶。"母乃悔悟，终身断杀。至年十八，相公见而谓曰："君年三十当抚临大国，南面称尊。若不乐世荣，当获圣果。"至年二十，出家受戒，洞明九部，博晓《四含》，诵经百余万言，深达律品，妙入禅要，时号曰三藏法师。至年三十，罽宾王薨，绝无绍嗣，众咸议曰："跋摩帝室之胤，又才明德重，可请令还俗，以绍国位。"群臣数百，再三固请，跋摩不纳。乃辞师违众，林栖谷饮，孤行山野，遁迹人世。

　　后到师（狮）子国，观风弘教，识真之众，咸谓已得初果。仪形感物，见者发心后至阇婆国，初未至一日，阇婆王母夜梦见一道士飞舶入国，明旦果是跋摩来至，王母敬以圣礼，从受五戒。母因劝王曰："宿世因缘，得为母子，我已受戒，而汝不信，恐后生之因，永绝今果。"王迫以母敕，即奉命受戒，渐染既久，专精稍笃。顷之，邻兵犯境，王谓跋摩曰："外贼恃力，欲见侵侮，若与斗战，伤杀必多，如其不拒，危亡将至，今唯归命师尊，不知何计。"跋摩曰："暴寇相攻，宜须御捍，但当起慈悲心，勿兴害念耳。"王自领兵拟之，旗鼓始交，贼便退散。王遇流矢伤脚，跋摩为咒水洗之，信宿平复。王恭信稍殷，乃欲出家修道，因告群臣曰："吾欲躬栖法门，卿等可更择明主。"群臣皆拜伏劝请曰:"王若舍国,则子民无依。且敌国凶强,恃险相对,如失恩覆,则黔首奚处。大王天慈,宁不愍念,敢以死请,申其悃愊。"王不忍固违,乃就群臣请三愿,若许者,当留治国。一愿凡所王境,同奉和上,二愿尽所治内一切断杀,三愿所有储财,赈给贫病。群臣欢喜,佥然敬诺。于是一国皆从受戒。王后为跋摩立精舍,躬自引材,伤王脚指。跋摩又为咒治,有顷平复,导化之声播于遐迩。邻国闻风,皆遣使要请。

时京师名德沙门慧观慧聪等。远挹风猷思欲餐禀时京师名德沙门慧观、慧聪等,远挹风猷,思欲餐禀,以元嘉元年(424年)九月,面启文帝,求迎请跋摩,帝即敕交州刺史,令泛舶延致观等。观等又遣沙门法长、道冲、道俊等,往彼祈请,并致书于跋摩及阇婆王婆多加等,必希顾临宋境,流行道教。跋摩以圣化亦广,不惮游方。先已随商人竺难提舶,欲向一小国,会值便风,遂至广州,故其遗文云:"业行风所吹,遂至于宋境。"此之谓也。文帝知跋摩已至南海,于是复敕州郡,令资发下京。路由始兴,经停岁许,始兴有虎市山,仪形耸孤,峰岭高绝,跋摩谓其仿佛耆阇,乃改名灵鹫。于山寺之外,别立禅室,室去寺数里,磬音不闻,每至鸣椎,跋摩已至,或冒雨不沾,或履泥不湿,时众道俗,莫不肃然增敬。寺有宝月殿,跋摩于殿北壁,手自画作罗云像,及定光儒童布发之形,像成之后,每夕放光,久之乃歇。始兴太守蔡茂之,深加敬仰,后茂之将死,跋摩躬自往视,说法安慰,后家人梦见茂之在寺中,与众僧讲法,实由跋摩化导之力也。此山本多虎灾,自跋摩居之,昼行夜往,或时值虎,以杖按头,弄之而去,于是山旅水宾,去来无梗,感德归化者,十有七八焉。跋摩尝于别室入禅,累日不出,寺僧遣沙弥往候之,见一白师子缘柱而上,亘空弥漫生青莲华,沙弥惊恐大呼,往逐师(狮)子,豁无所见,其灵异无方,类多如此。

(《高僧传》卷三《求那跋摩传》,第105~107页。)

僧敬留滞岭南三十余载

僧敬,本姓李,会稽人也。寓居秣陵。僧敬在孕,家人设会,请瓦官寺僧超、西寺昙芝尼,使二人指腹,呼胎中儿为弟子,母代儿唤二人为师,约不问男女,必令出家。将产之日,母梦神人语之曰:"可建八关。"即命经始,僧像未集,敬便生焉。闻空中语曰:"可与建安寺白尼作弟子。"母即从之。及年五、六岁,闻人经呗,辄能诵忆。读经数百卷,妙解日深。菜蔬刻已,清风渐着。

逮元嘉中,鲁郡孔默出镇广州,携与同行。遇见外国铁萨罗尼等来向宋都,并风节峣异,更从受戒,深悟无常,乃欲乘船泛海,寻求圣迹。道俗禁闭，留滞岭南三十余载。风流所渐，犷俗移心，舍园宅施之者十有三家，共为立寺于潮亭，名曰众造。

宋明帝闻之，远遣征迎，番禺道俗，大相悲恋，还都，敕住崇圣寺，道俗向慕，服其进止。丹阳乐遵为敬舍宅立寺，后迁居之。齐文惠帝、竟陵文宣王，并钦风德，嚫施无阙。

年八十四，永明四年二月三日卒，葬于钟山之阳。弟子造碑，中书侍郎吴兴沈约制其文焉。

（王孺童《比丘尼传校注》卷三《崇圣寺僧敬尼传》，第124～125页。）

天竺沙门僧律于灵鹫山建伽蓝

释僧朗，恒州人。少而出俗，希崇正化，附从听众，寻绎《大论》及以《杂心》，谈唱相接，归学同市。入关住空观寺，复扬讲席，随方利安。而仁恕在怀，言笑温雅，有在其席，无闷神心，宏博见知，众所推尚。时有异问素非所览者，便合掌答云："僧朗学所未通，解惟至此。"故英声大德咸美其识分，不敢蔑其高行也。

仁寿置塔，下敕令送舍利于番州，今所谓广州，灵鹫山果实寺宝塔是也。初至州治，巡行处所，至果实寺，便可安之。寺西对水枕山，荒榛之下，掘深六尺，获石函三枚。二函之内各有铜函，盛二银像并二银仙。其一函内有金银瓶，大小相盛，中无舍利。铭云："宋元徽元年建塔。"又寺中旧碑云："宋永初元年，天竺沙门僧律尝行此处，闻钟磬声，天花满山，因建伽蓝。其后有梵僧求那跋摩来居此寺，曰：'此山将来必逢菩萨圣主大弘宝塔，遂同铭之。'"今朗规度山势，惟此堪置，暗合昔言，谅非徒作。事了还京，住禅定寺，讲习为务。大业末年终于所住，春秋七十有余矣。

（《续高僧传》卷十《僧朗传》，第364～365页。）

拘那罗陀（真谛）受梁武帝之请来南海传法

拘那罗陀，陈言亲依，或云波罗末陀，译云真谛，并梵文之名字也，本西天竺优禅尼国人焉。景行澄明，器宇清肃，风神爽拔，悠然自远。群藏广部，罔不厝怀，艺术异能，偏素谙练。虽遵融佛理，而以通道知名。远涉艰关，无惮夷险，历游诸国，随机利见。梁武皇帝德加四域，盛唱三宝，大同中，敕直后张汜等送扶南献使返国，仍请名德三藏、大乘诸论、杂华经等。真谛远闻，行化仪，轨圣贤，搜选名匠，惠益民品；彼国乃屈真谛，并赍经论，恭膺帝旨。既素蓄在心，涣然闻命，以大同十二年八月十五日，达于南海。沿路所经，乃停两载，以太清二年闰八月始届京邑。武皇面申顶礼，于宝云殿竭诚供养。谛欲传翻经教，不羡秦时，更出新文，有逾齐日。属道销梁季，寇羯凭陵，法为时崩，不果宣述，乃步入东土。又往富春，令陆元哲创奉问津，将事传译，招延英秀。沙门宝琼等二十余人，翻十七地论，适得五卷，而国难未静，侧附通传。至太宝三年，为侯景请还，在台供养。于斯时也，兵饥相接，法几颓焉。会元帝启祚，承圣清夷，乃止于金陵正观寺，与愿禅师等二十余人翻金光明经。三年二月还返豫章，又往新吴、始兴，后隋萧太保度岭至于南康，并随方翻译，栖遑靡托。逮陈武永定二年七月，还返豫章，又止临川、晋安诸郡。真谛虽传经论，道缺情离，本意不申，更观机壤，遂欲泛舶往楞伽修国。道俗虔请，结誓留之。不免物议，遂停南越，便与前梁旧齿重覆所翻，其有文旨乖竞者，皆镕冶成范，始末伦通。至文帝天嘉四年，扬都建元寺沙门僧宗、法准、僧忍律师等，并建业标领，钦闻新教，故使远浮江表，亲承劳问。谛欣其来意，乃为翻摄大乘等论，首尾两载，覆疏宗旨。而飘寓投委，无心宁寄，又泛小舶至梁安郡，更装大舶，欲返西国。学徒追逐，相续留连。太守王方奢述众元情，重申邀请。谛又且修人事，权止海隅，伺旅束装，未思安堵。至三年九月，发自梁安、泛舶西引，业风赋命，飘还广州，十二月中，上南海岸。刺史欧阳穆公頠，延住制旨寺，请翻新文。谛顾此业缘，西还无措，乃对沙门慧恺等，翻广义法门经及唯识论等。后穆公薨没，世子纥重为檀越，开传经论，时又许焉。而神思幽通，量非情测。尝居别所，四绝水洲，纥往造之，岭峻涛涌，未敢凌犯。谛乃铺舒坐具在于水上，加坐其内，如乘舟焉，浮波达岸，既登接对，而坐具不湿，依常敷置。有时或以荷叶揭水，乘之而度。如斯神异，其例甚众。至光太二年六月，谛厌世浮杂，情弊形骸，未若佩理资神，早生胜壤，遂入南海北山，将捐身命。时智恺正讲俱舍，闻告驰往。道俗奔赴，相继山川。刺史又遣使人伺卫防遏，躬自稽颡，致留三日，方纡本情，因尔迎还，止于王园寺。时宗恺、诸僧欲延还建业，会杨辇硕望恐夺时荣，乃奏曰："岭表所译众部，多明无尘唯识，言乖治术，有蔽国风，不隶诸华，可流荒服。"帝然之，故南海新文，有藏陈世。以太建元年遘疾少时，遗诀严正，勖示因果，书传累纸，其文付弟子智休。至正月十一日午时迁化，时年七十有一。明日于潮亭焚身起塔。十三日，僧宗、法准等各赍经论，还返匡山。

今见译讫，止是数甲之文，并在广州制旨、王园两寺。是知法宝弘博，定在中天，识量耻琐，诚归东夏。何以明之？见译藏经减三千卷，生便弃掷，习学全希，用此量情，情可知矣。

（《续高僧传》卷一《陈南海郡天竺沙门拘那陀罗传》，第18～21页。）

耆域经诸海滨，爰及交广

耆域者，天竺人也。周流华戎，靡有常所，而倜傥神奇，任性忽俗。迹行不恒，时人莫之能测。自发天竺，至于扶南，经诸海滨，爰及交广，并有灵异。既达襄阳，欲寄载过江。船人见梵沙门衣服弊陋，轻而不载，船达北岸，域亦已度。前行见两虎，虎弭耳掉尾，域以手摩其头，虎下道而去，两岸见者，随从成群。

以晋惠之末，至于洛阳，诸道人悉为作礼，域胡跪晏然，不动容色。时或告人以前身所更，谓支法渊从牛中来，竺法兴从人中来。又讥诸众僧，谓衣服华丽不应素法。见洛阳宫城云："仿佛似忉利天宫，但自然之与人事不同耳。"域谓沙门耆阇蜜曰："匠此宫者从忉利天来，成便还天上矣。屋脊瓦下，应有千五百作器。"时咸云，昔闻此匠实以作器着瓦下。又云，宫成之后，寻被害焉。

时衡阳太守南阳滕永文在洛，寄住满水寺。得病经年不差，两脚挛屈不能起行。域往看之曰："君欲得病疾差不。"因取净水一杯，杨柳一枝，便以杨柳拂水，举手向永文而咒，如此者三。因以手搦永文两膝令起，即起行步如故。此寺中有思惟树数十株枯死，域问永文此树死来几时，永文曰："积年矣。"域即向树咒，如咒永文法，树寻荑发扶疏荣茂。尚方暑中有一人病症将死，域以应器着病者腹上，白布通覆之。咒愿数千言，即有臭气薰彻一屋，病者曰："我活矣。"域令人举布，应器中有若垩淤泥者数升，臭不可近，病者遂活。

洛阳兵乱，辞还天竺。洛中沙门竺法行者，高足僧也。时人方之乐令，因请域曰："上人既得道之僧，愿留一言，以为永诫。"域曰："可普会众人也。"众既集，域升高座曰："守口摄身意，慎莫犯众恶。修行一切善，如是得度世。"言讫便禅默。行重请曰："愿上人当授所未闻，如斯偈义八岁童子亦已谙诵，非所望于得道人也。"域笑曰："八岁虽诵，百岁不行，诵之何益。人皆知敬得道者，不知行之自得道。吾言虽少，行者益多也。"于是辞去。数百人各请域中食，域皆许往。明旦五百舍皆有一域，始谓独过。后相仇问，方知分身降焉。既发，诸道人送至河南城。域徐行，追者不及。域乃以杖画地曰："于斯别矣。"其日有从长安来者，见域在彼寺中。又贾客胡湿登者，即于是日将暮，逢域于流沙，计已行九千余里。既还西域，不知所终。

（《高僧传》卷九《耆域传》，第364~366页。）

佛驮跋陀罗至交趾，附舶循海而行

佛驮跋陀罗，此云觉贤，本姓释氏，迦维罗卫人，甘露饭王之苗裔也。祖父达摩提婆，此云法天，尝商旅于北天竺，因而居焉。父达摩修耶利，此云法日，少亡。贤三岁孤，与母居，五岁复丧母，为外氏所养。从祖鸠婆利，闻其聪敏，兼悼其孤露，乃迎还，度为沙弥。至年十七，与同学数人，俱以习诵为业，众皆一月，贤一日诵毕，其师叹曰："贤一日，敌三十夫也。"及受具戒，修业精勤，博学群经，多所通达。

少以禅律驰名，常与同学僧伽达多，共游罽宾，同处积载。达多虽伏其才明，而未测其人也。后于密室闭户坐禅，忽见贤来，惊问："何来。"答云："暂至兜率，致敬弥勒。"言讫便隐，达多知是圣人，未测深浅。后屡见贤神变，乃敬心祈问，方知得不还果。常欲游方弘化，备观风俗，会有秦沙门智严西至罽宾，睹法众清胜，乃慨然东顾曰："我诸同辈，斯有道志，而不遇真匠，发悟莫由。"即谘讯国众，孰能流化东土，佥云："有佛驮跋陀者，出生天竺那呵利城，族姓相承，世遵道学，其童龀出家，已通解经论，少受业于大禅师佛大先。"先时亦在罽宾，乃谓严曰："可以振维僧徒，宣授禅法者，佛驮跋陀其人也。"

严既要请苦至，贤遂愍而许焉，于是舍众辞师，裹粮东逝。步骤三载，绵历寒暑，既度葱岭，路经六国，国主矜其远化，并倾心资奉。至交趾，乃附舶循海而行，经一岛下。贤以手指山曰："可止于此。"舶主曰："客行惜日，调风难遇，不可停也。"行二百余里，忽风转吹，舶还向岛下，众人方悟其神，咸师事之，听其进止。后遇便风，同侣皆发，贤曰："不可动。"舶主乃止，既而有先发者，一时覆败。后于闇夜之中，忽令众舶俱发，无肯从者，贤自起收缆，一舶独发，俄尔贼至，留者悉被抄害。

顷之，至青州东莱郡，闻鸠摩罗什在长安，即往从之，什大欣悦，共论法相，振发玄微，多所悟益。因谓什曰："君所释，不出人意，而致高名，何耶？"什曰："吾年老故尔，何必能称美谈。"什每有疑义，必共咨决。时秦太子泓，欲闻贤说法，乃要命群僧，集论东宫。罗什与贤数番往复，什问曰："法云何空。"答曰："众微成色，色无自性，故虽色常空。"又问："既以极微破色空，复云何破微。"答曰："群师或破析一微，我意谓不尔。"又问："微是常耶。"答曰："以一微故众微空，以众微故一微空。"时宝云译出此语，不解其意，道俗咸谓贤之所计，微尘是常。余日长安学僧复请更释，贤曰："夫法不自生，缘会故生。缘一微故有众微，微无自性，则为空矣。宁可言不破一微，常而不空乎。"此是问答之大意也。秦主姚兴专志佛法，供养三千余僧,并往来宫阙,盛修人事,唯贤守静,不与众同。后语弟子云:"我昨见本乡,有五舶俱发。"既而弟子传告外人,关中旧僧,咸以为显异惑众。

又贤在长安,大弘禅业,四方乐靖者,并闻风而至。但染学有浅深,得法有浓淡,浇伪之徒,因而诡滑。有一弟子因少观行,自言得阿那含果,贤未即检问,遂致流言,大被谤读。将有不测之祸。于是徒众,或藏名潜去,或踰墙夜走,半日之中,众散殆尽,贤乃夷然不以介意。

时旧僧僧䂮道恒等谓贤曰:"佛尚不听说己所得法,先言五舶将至,虚而无实,又门徒诳惑,互起同异,既于律有违,理不同止,宜可时去,勿得停留。"贤曰:"我身若流萍,去留甚易,但恨怀抱未申,以为慨然耳。"于是与弟子慧观等四十余人俱发,神志从容,初无异色,识真之众,咸共欢惜,白黑送者千有余人。姚兴闻去怅恨,乃谓道恒曰:"佛贤沙门,协道来游,欲宣遗教,缄言未吐,良用深慨,岂可以一言之咎,令万夫无导。"因敕令追之。贤报使曰:"诚知恩旨,无预闻命。"于是率侣宵征,南指庐岳。

沙门释慧远,久服风名,闻至欣喜若旧。远以贤之被摈,过由门人,若悬记五舶,止说在同,亦于律无犯。乃遣弟子昙邕,致书姚主及关中众僧,解其摈事,远乃请出禅数诸经。贤志在游化,居无求安,停止岁许,复西适江陵。遇外国舶至,既而讯访,果是天竺五舶,先所见者也。倾境士庶,竞来礼事,其有奉遗,悉皆不受,持钵分卫,不问豪贱。时陈郡袁豹,为宋武帝太尉长史,宋武南讨刘毅,随府届于江陵。贤将弟子慧观诣豹乞食,豹素不敬信,待之甚薄,未饱辞退,豹曰:"似未足,且复小留。"贤曰:"檀越施心有限,故令所设已馨。"豹即呼左右益饭,饭果尽,豹大惭愧。既而问慧观曰:"此沙门何如人。"观曰:"德量高邈,非凡所测。"豹深叹异,以启太尉。太尉请与相见,甚崇敬之,资供备至。俄而,太尉还都,便请俱归,安止道场寺。贤仪范率素,不同华俗,而志韵清远,雅有渊致。京师法师僧弼与沙门宝林书曰:"斗场禅师甚有大心,便是天竺、王、何风流人也。"其见称如此。

先是沙门支法领,于于阗得《华严》前分三万六千偈,未有宣译。至义熙十四年吴郡内史孟顗、右卫将军褚叔度,即请贤为译匠。乃手执梵文,共沙门法业、慧严等百有余人,于道场译出。诠定文旨,会通华戎,妙得经意,故道场寺犹有华严堂焉。又沙门法显于西域所得《僧祇律梵本》,复请贤译为晋文,语在显传。其先后所出观《佛三昧海》六卷、《泥洹》及《修行方便论》等,凡一十五部一百十有七卷,为究其幽旨,妙尽文意。贤以元嘉六年卒,春秋七十有一矣。

(《高僧传》卷二《佛驮跋陀罗传》,第69~73页。)

慧恺于广州制旨寺请法师枸罗那他重译经

慧恺与法泰等知名梁代，入陈，居广州制旨寺。

（《全陈文》卷十八慧恺《摄大乘论序》，第456页。）

慧恺以陈天嘉四年岁次癸未正月十六日，于广州制旨寺，请三藏法师枸罗那他，重译此论，行翻行讲，至三月五日方竟。此论外国本有义疏，翻得两卷。三藏法师更释本文，慧恺注记，又得两卷。末有僧忍法师，从晋安赍旧本达番禺。恺取新文对雠，当校旧本，大意虽复略同，偈语有异。长行解释，词繁义阙。论初无归敬，有识君子宜善寻之。今谨别抄偈文，安于论后，庶披阅者为易耳。此论是佛法正义，外国盛弘。沙门慧恺记。

（《大乘唯识论》卷一，《大正藏》册31，第73页下。）

陈光大二年，岁次戊子，正月二十日，都下定林寺律师法泰，于广州南海郡内，请三藏法师俱那罗陀，翻出此论。都下阿育王寺慧恺，谨为笔受。翻论本得一卷，注记、解释得五卷。论有二十二偈，以摄二十二明了义长行，或逐义破句释之，逐句不复皆相属著。今谨别钞二十二偈，置于卷末，庶批文者，见其起尽也。

（《律二十二明了论》卷一，《大正藏》册24，第672页下。）

智恺于广州译经、讲经

智恺，俗姓曹氏，住杨都寺。初与法泰等前后异发，同往岭表，奉祈真谛。恺素积道风，词力殷赡，乃对翻摄论，躬受其文。七月之中，文疏并了，都合二十五卷。后更对翻俱舍论，十月便了，文疏合数八十三卷。谛云："吾早值子，缀缉经论，结是前翻，不应少欠，今译两论，词理圆备，吾无恨矣。"恺后延谛还广州显明寺，住本房中，请谛重讲俱舍，才得一遍。至陈光大中，僧宗、法准、惠忍等度岭就谛求学，以未闻《摄论》，更为讲之。起四月初，至腊月八日，方讫一遍。明年，宗等又请恺于智慧寺讲《俱舍论》。成名学士七十余人，同钦咨询。讲至《业品疏》第九卷，文犹未尽，以八月二十日遘疾。自省不救，索纸题诗曰："千秋本难满，三时易易倾。石火无恒焰，电光非久明。遗文空满笥，徒然昧后生。泉路方幽噎，寒陇向凄清。一朝随露尽，唯有夜松声。"因放笔，与诸名德握手语别，端坐俨思奄然而卒，春秋五十有一，即光大二年也。葬于广州西阴寺南岗。自余论文，真谛续讲，至

《惑品》第三卷，因尔乖豫，便废法事。明年肇春，三藏又化。

（《续高僧传》卷一《智恺传》，第24页。）

法泰于广州制旨寺传经受法

释法泰，不知何人，学达释宗，跨轹淮海，住杨都大寺。与慧恺、僧宗、法忍等知名梁代，并义声高邈，宗匠当时。有天竺沙门真谛，挟道孤游，远化东鄙。会房冠勃殄，侨寓流离，一十余年，全无陈译。将旋旧国，途出岭南，为广州刺史欧阳頠固留，因欲传授，周访义侣，拟阅新文。泰遂与宗、恺等不惮艰辛，远寻三藏，于广州制旨寺笔受文义，垂二十年。前后所出五十余部，并述义记，皆此土所无者。泰虽博通教旨，偏重行猷，至于律仪所及，性无违越。谛又与泰译《明了论》，释律二十二大义，并疏五卷，勒于座右，遵奉行之。至陈太建三年，泰还建业，并赍新翻经论，创开义旨，惊异当时。其诸部中有《摄大乘》《俱舍论》，文词该富，理义凝玄，思越恒情，尠能其趣。先是，梁武宗崇《大论》，兼翫《成实》。学人声望，从风归靡；陈武好异前朝，广流《大品》，尤敦三论。故泰虽屡演，道俗无受，使夫法座绝嗣，闃尔无闻。会彭城沙门静嵩避地金陵，学声早被，独拔千载，希斯正理，昼谈恒讲，夜请新宗，因循荏苒，乃经凉燠。泰振发玄门，明衷弘诣，核其疑义，每凑玄极，皆随机按旨，披释无遗。事出嵩传。泰博咨真谛，传业嵩公，知我者希，浮谚斯及，不测其终。

（《高僧传》卷一《法泰传》，第23～24页。）

智文与真谛一起弘法宣律

属梁末祸难，乃避地于闽下，复光岭表。时僧宗、法准，知名后进，皆执卷请益，又与真谛同止晋安，故得讲译都会，交映法门。边俗信心，于斯风革，酒家毁其柞器，渔者焚其罟网，僧尼什物于是备焉。

（《续高僧传》卷二十二《智文传》，第830～831页。）

慧旷从真谛学法

释慧旷，俗姓曹氏，谯国人也。其后别派，今为襄阳人焉。祖亮宗，梁给事黄门侍郎、卫尉卿。父蔿，直阁将军。旷秀气标于弱岁，天然孝敬，率性高廉。十二出家，事江陵宝光寺澄法师，祗勤仪训，肃奉帷筵，发明幽旨，颇超群辈。后辞朋帝诸宫，问道王圻，居律行寺，听彭城讲。玄关斯辟，大义已通，将事随方，转相弘教，乃与宗、恺、准、韵诸师俱值真谛受《摄大乘》唯识等论，金鼓、光明等经。俄而真谛涅槃，法朋雕徙，乃共同学僧宗俱栖匡岫，分时敷说，法化弥隆。州宰、鄱阳、长沙二王，俱敦师资之敬。后于湘、郢二州累载弘道。虽亲觉久忘，而地恩待报，以陈至德元年言旋旧邑。

（《续高僧传》卷十《慧旷传》，第346页。）

三藏法师拘罗那他于广州译经

有三藏法师，是优禅尼国婆罗门种，姓颇罗堕，名拘罗那他，此土翻译，称曰亲依，识鉴渊旷，风表俊越，天才高桀，神辩闲纵，道气逸群，德音迈俗，少游诸国，历事众师，先习外典，洽通书奥，苞四韦于怀抱，吞六论于胸衿，学穷三藏，贯练五部，研究大乘，备尽深极；法师既博综坟籍，妙达幽微，每欲振玄宗于他域，启法门于未悟，以身许道，无惮远游，跨万里犹比邻，越四海如咫尺。以梁太清二年方届建业，仍值梁季混淆，横流荐及，法师因此，避地东西，遂使大法拥而不畅，未至九江，及游五岭，凡所翻译，卷轴未多，后适闽越，敷说不少。法师每怀慷慨，所叹知音者希，故伯牙绝弦，卞和泣璧，良由妙旨之典难辩，盈尺之珍罕别。法师游方既久，欲旋返旧国，经途所亘，遂达番禺。仪同三司、广州刺史、阳山郡公欧阳頠，睿表岳灵，德洞河府，经文纬武，匡道佐时，康流民于百越，建正法于五岭，钦法师之高行，慕大士之胜轨，奉请为菩萨戒师，恭承尽弟子礼。恺昔尝受业，已少涤沈蔽，服膺未久，便致暌违，今重奉值，倍怀蹈舞，复欲餐和禀德，访道陈疑，虽殷勤三请，而不蒙允遂，恍然失图，心魂靡托。衡州刺史、阳山公世子欧阳纥，风业峻整，威武贞拔，该阅文史，深达治要，崇澜内湛，清辉外溢，饮贤味道，笃信爱奇，躬为请主，兼申礼事。法师乃欣然受请，许为翻译。制旨寺主慧智法师，戒行清白，道气宏壮，志业闲赡，触途必举，匡济不穷，轮奂靡息。征南长史袁敬，德履冲明，志托夷远，徽猷清简，冰桂齐质，弼谐蓄正，民誉早闻，兼深重佛法，崇情至理，黑白二贤，为经始檀越，辰次昭阳，岁维协洽，月吕姑洗，神纪句芒，于广州制旨寺便就翻译。法师既妙解声论，善识方言，词有隐而必彰，义无微而不畅，席间函丈，终朝靡息，恺谨笔受，随出随书，一章一句，备尽研核，释义若竟，方乃著文。

（《全陈文》卷十八慧恺《摄大乘论序》，第456~457页。）

正教本宗，文惟三藏，梵音所阐，谅无异说，法相深微，名实繁旷，若非圆明独朗，孰能通达？自日隐额多之山，月翳罗睺之手，时移解昧，部执竞兴，或以文释义，或以义判文，虽复得失参差，皆以三藏为本，可谓殊途同归，一致百虑者也。寻十八部，师及弟子，并各造论。解其所执，于一部中，多有诸论，此土先译萨婆多部，止有毗婆沙及杂心四卷。毗婆沙明义虽广，而文句来不具足，杂心说乃处中止述自部宗致四卷，过存省略，旨趣难可寻求。此土先译经部，此有成实一论，成实乃以经部驳斥馀师，其间所用，或同馀部，又于破立之中，亦未皆尽其妙，且传译参差，难可具述。佛灭度后千一百余年，有出家菩萨，名婆薮盘豆，器度宏旷，神才壮逸，学穷文字，思彻渊源，德隆终古，名盖当世，造大小乘论，凡数十部，并盛宣行，靡不宗学。法师德业，具如别传，先于萨婆多部出家，仍学彼部所立三藏，复见彼法多有乖违，故造此论，具述彼执，随其谬处，以经部破之。故此论本宗是萨婆多部，其中取舍，以经部为正，博综群籍，妙拔众师，谈玄微穷于奥极，述事象略而周遍，显成圣旨，备摧异说，立不可窥，破无能拟，义兼数论，而深广愈之，词不繁而义显，义虽深而易人，故天竺咸称为聪明论，于大小乘学，悉依此为本。有三藏法师俱罗那他，聪敏强记，才辩无竭，硕学多闻，该通内外。为弘法故，远游此国，值梁室将倾，时事纷梗，法师避地东西，垂二十载，欲还天竺，来至番禺。慧恺因请翻讲摄大乘等论，经涉二年，文义方毕。法师尔后犹欲旋归，刺史欧阳纥，尚仁贵道，久申敬事，重复请留，弥加殊礼。慧恺与僧忍等，更请翻讲此论，以陈天嘉四年岁次阏逢龙集浞滩正月二十五日，于制旨寺始就开阐，或品未毕，仍事徙居于南海郡内，续更敷说。法师游方既久，精解此土音义，凡所翻译，不须度语。但梵音所目，于义易彰，今既改变梵音，词理难卒符会，故于一句之中，循环辩释，翻覆郑重，乃得相应。慧恺谨即领受，随定随书，日夜相继，无懈晷刻，至其年闰十月十日，文义究竟，论文二十二卷，论偈一卷，义疏五十三卷。刺史仍请于城内讲说，既得温故，颇识大宗，非唯暗弱，多有疑滞，又恐所翻不免谬失，至天嘉五年岁次柔兆二月二日，与僧忍等更请法师重译论文，再解义意，至光大元年岁次强圉十二月二十五日，治定前本，始末究竟。长史袁敬，识鉴沈深，信解明正。长史长子元友，爱文重法，博学多艺，并礼事法师，备尽经始，缃南中翻译，悉赖此贵门，方希永传来世，以为后生模式。佛法大海，深广无际，若不局一途，能信顺求学，岂不同餐甘露，共嗅詹卜者哉？如或专执，非所喻也。

[《全陈文》卷十八慧恺《阿毗达磨（摩）俱舍释论序》，第458～459页。]

沙门智敫于广州传经受法

时有循州平等寺沙门智敫者,弱年听延祚寺道、缘二师成实,并往北土沙门法明听《金刚般若论》,又往希、坚二德听《婆沙》《中论》,皆洞涉精至,研核宗旨,必得本师临听,言无浮杂、义得明畅者,方始离之。余例准此。及翻《摄论》,乃为广州刺史、安南将军、阳山公颁请宅安居,不获专习;后翻《俱舍》,方预其席。及恺讲此论,敫与道尼等二十人,并掇拾文疏,于堂听受。及恺之云亡,谛抚膺哀恸,遂来法准房中,率尼、响、敫等十有二人共传香火,令弘《摄》《舍》两论,誓无断绝。皆共奉旨,无敢坠失。至三藏崩后,法侣雕散,宗嗣将亏。太建九年,敫相续敫弘,最多联类,同听谛席,未有高者。

(《续高僧传》卷一《智敫传》,第25页。)

跋摩利三藏弟子惠矜,随使刘璋至南海

太建十一年二月,有跋摩利三藏弟子惠矜者,本住中原,值周武灭法,避地归陈。晚随使刘璋至南海,获《涅槃论》。敫曾讲斯经,欣其本习,伏膺请求,便为开说。止得《序分》《种性分》前十三章玄义。后返豫章鹤岭山,敫又与玑法师随从,因复为说第三分,具得十海十道。及进余文,矜因遘疾,不任传授,乃令敫下都觅海潮法师,当穷论旨。以十四年至于建业,所寻不值,乃遇栖玄寺晓禅师,赐与昙林解涅槃疏释经后分,文兼论意,而不整足,便还故寺。常讲新文十三章义,近二十遍。

(《续高僧传》卷一《智敫传》,第25~26页。)

经海路传入的佛教圣物

又有师子国四尺二寸玉像,并皆在焉。昔师(狮)子国闻晋孝武精于奉法,故遣沙门昙摩抑远献此佛。在道十余年,至义熙中,乃达晋。

(《高僧传》卷十三《慧力传》,第481页。)

[元嘉五年,师(狮)子国]故托四道人遣二白衣送牙台像以为信誓,信还,愿垂音告。

(《宋书》卷九十七《师子国传》,第2384页。)

（永明二年，扶南国）并献金镂龙王坐像一躯、白檀像一躯、牙塔二躯、古具二双、瑠璃苏鋎二口、瑇瑁槟榔柈一枚。

(《南齐书》卷五十八《扶南国传》，第1016页。)

天监二年，跋摩复遣使送珊瑚佛像，并献方物。

(《梁书》卷五十四《扶南国传》，第789页。)

丹丹国，中大通三年，其王遣使奉表，送牙像及画塔二躯，并献火齐珠、古贝、杂香药。

(《南史》卷七十八《丹丹国》，第1959页。)

（盘盘国）中大通元年五月，累遣使贡牙像及塔，并献沉檀等香数十种。六年八月，复使送菩提国真舍利及画塔，并献菩提树叶、詹糖等香。

(《梁书》卷五十四《盘盘国传》，第793页。)

（干陁利国）奉献金芙蓉、杂香药等，愿垂纳受。

(《梁书》卷五十四《干陁利国》，第795页。)

（大同）五年，复遣使献生犀。又言其国有佛发，长一丈二尺，诏遣沙门释云宝随使往迎之。先是，三年八月，高祖改造阿育王寺塔，出旧塔下舍利及佛爪发。发青绀色，众僧以手伸之，随手长短，放之则旋屈为蠡形。案《僧伽经》云："佛发青而细，犹如藕茎丝。"《佛三昧经》云："我昔在宫沐头，以尺量发，长一丈二尺，放已右旋，还成蠡文。"则与高祖所得同也。

阿育王即铁轮王，王阎浮提，一天下，佛灭度后，一日一夜，役鬼神造八万四千塔，此即其一也。吴时有尼居其地，为小精舍，孙綝寻毁除之，塔亦同泯。吴平后，诸道人复于旧处建立焉。晋中宗初渡江，更修饰之。至简文咸安中，使沙门安法师程造小塔，未及成而亡，弟子僧显继而修立。至孝武太元九年，上金相轮及承露。

(《梁书》卷五十四《诸夷传》，第790~791页。)

其后西河离石县有胡人刘萨何遇疾暴亡，而心下犹暖，其家未敢便殡，经十日更苏。说云："有两吏见录，向西北行，不测远近，至十八地狱，随报重轻，受诸楚毒。见观世音语云：'汝缘未尽，若得活，可作沙门。洛下、齐城、丹阳、会稽并有阿育王塔，可往礼拜。若寿终，则不堕地狱。'语竟，如堕高岩，忽然醒寤。"因此出家，名慧达。游行礼塔，次至丹阳，未知塔处，乃登越城四望，见长千里有异气色，因就礼拜，果是阿育王塔所，屡放光明。由是定知必有舍利，乃集众就掘之，入一丈，得三石碑，并长六尺。中一碑有铁函，函中有银函，函中又有金函，盛三舍利及爪发各一枚，发长数尺。即迁舍利近北，对简文所造塔西，造一层塔。十六年，又使沙门僧尚伽为三层，即高祖所开者也。初穿土四尺，得龙窟及昔人所舍金银镮钏钗镊等诸杂宝物。可深九尺许，方至石磉，磉下有石函，函内有铁壶，以盛银坩，坩内有金镂罂，盛三舍利，如粟粒大，圆正光洁。函内又有琉璃碗，内得四舍利及发爪，爪有四枚，并为沉香色。至其月二十七日，高祖又到寺礼拜，设无㝵大会，大赦天下。是日，以金钵盛水泛舍利，其最小者隐钵不出，高祖礼数十拜，舍利乃于钵内放光，旋回久之，乃当钵中而止。高祖问大僧正慧念："今日见不可思议事不？"慧念答曰："法身常住，湛然不动。"高祖曰："弟子欲请一舍利还台供养。"至九月五日，又于寺设无㝵大会，遣皇太子王侯朝贵等奉迎。是日，风景明和，京师倾属，观者百数十万人。所设金银供具等物，并留寺供养，并施钱一千万为寺基业。至四年九月十五日，高祖又至寺设无㝵大会，竖二刹，各以金罂，次玉罂，重盛舍利及爪发，内七宝塔中。又以石函盛宝塔，分入两刹下，及王侯妃主百姓富室所舍金、银、镮、钏等，珍宝充积。

十一年十一月二日，寺僧又请高祖于寺发《般若经》题，尔夕二塔俱放光明，敕镇东将军邵陵王纶制寺《大功德碑》文。

先是，二年，改造会稽鄮县塔，开旧塔出舍利，遣光宅寺释敬脱等四僧及舍人孙照暂迎还台，高祖礼拜竟，即送还县，入新塔下，此县塔亦是刘萨何所得也。

晋咸和中，丹阳尹高悝行至张侯桥，见浦中五色光长数尺，不知何怪，乃令人于光处摣视之，得金像，未有光趺。悝乃下车，载像还，至长干巷首，牛不肯进，悝乃令驭人任牛所之。牛径牵车至寺，悝因留像付寺僧。每至中夜，常放光明，又闻空中有金石之响。经一岁，捕鱼人张系世，于海口忽见有铜花趺浮出水上，系世取送县，县以送台，乃施像足，宛然合。会简文咸安元年，交州合浦人董宗之采珠没水，于底得佛光艳，交州押送台，以施像，又合焉。自咸和中得像，至咸安初，历三十余年，光趺始具。

初，高悝得像后，西域胡僧五人来诣悝，曰："昔于天竺得阿育王造像，来至邺下，值胡乱，埋像于河边，今寻觅失所。"五人尝一夜俱梦见像曰："已出江东，为高悝所得。"悝乃送此五僧至寺，见像嘘欷涕泣，像便放光，照烛殿宇。又瓦官寺慧邃欲模写像形，寺主僧尚虑亏损金色，谓邃曰："若能令像放光，回身西向，乃可相许。"慧邃便恳到拜请，其夜像即转坐放光，回身西向，明旦便许模之。像趺先有外国书，莫有识者，后有三藏冉邠那求跋摩识之，云是阿育王为第四女所造也。及大同中，出旧塔舍利，敕市寺侧数百家宅地，以广寺域，造诸堂殿并瑞像周回阁等，穷于轮奂焉。其图诸经变，并吴人张繇运手。繇，丹青之工，一时冠绝。

（《梁书》卷五十四《诸夷传》，第791～793页。）

波斯国，其先有波斯匿王者，子孙以王父字为氏，因为国号。国有城，周回三十二里。城高四丈，皆有楼观，城内屋宇数百千间，城外佛寺二三百所。西去城十五里有土山，山非过高，其势连接甚远，中有鹫鸟啖羊，土人极以为患。国中有优钵昙花，鲜华可爱。出龙驹马。咸池生珊瑚树，长一二尺。亦有琥珀、马脑、真珠、玫瑰等，国内不以为珍。市买用金银。婚姻法：下聘讫，女婿将数十人迎妇，婿著金线锦袍、师子锦袴，戴天冠，妇亦如之。妇兄弟便来捉手付度，夫妇之礼，于兹永毕。国东与滑国，西及南俱与婆罗门国，北与泛慄国接。中大通二年，遣使献佛牙。

（《梁书》卷五十四《波斯国传》，第815页。）

（永定元年冬十月）庚辰，诏出佛牙于杜姥宅，集四部设无遮大会，高祖亲出阙前礼拜。初，齐故僧统法献于乌缠国得之，常在定林上寺，梁天监末，为摄山庆云寺沙门慧兴保藏，慧兴将终，以属弟慧志，承圣末，慧志密送于高祖，至是乃出。

（《陈书》卷二《高祖本纪》，第34页。）

二、书籍

竺难提于广州译经

《大乘方便经》三卷（元熙二年译第三出，或二卷，与《法护大善权经》等同本。见《始兴录》今编入宝积当第三十八会）。《请观世音菩萨消伏毒害陀罗尼咒经》一卷（亦直云请《观世音经》，第二出，见《法上录》）。《咸革长者六向拜经》一卷（晋宋间于广州译出《中阿含》第三十三卷，异译见《始兴录》及《宝唱录》）。右三部五卷（前二部四卷本在，后一部一卷本阙）。居士竺难提，恶翻云喜，西域人。志道无倦，履远能安。解悟幽旨，言通晋俗，以恭帝元熙元年己未，爰暨宋世译《大乘方便经》等三部。

（《开元释教录》卷三，《大正藏》册55，第509页上。）

昙摩伽陀邪舍于广州译经

《无量义经》一部一卷（见僧祐法上等录）。右一经一卷。高帝世，建元三年，天竺沙门昙摩伽陀邪舍，齐言法生称，于广州朝亭寺手自译出。传受人沙门慧表，永明三年赍至扬都，缮写流布。

（《历代三宝纪》卷十一，《大正藏》册49，第95页中。）

沙门昙摩伽陀邪舍，齐言法生称，中印度人。悟物居情道利无捨，以高帝道成建元三年辛酉，于广州朝亭寺译《无量义经》一部。邪舍手善隶书，口解齐言，传受经人。武当山沙门慧表，永明三年，赍至扬都，缮写流布。《五百本生经》一卷（见僧祐录，祐云未详卷数，房云一卷）《他毗利律》一卷（齐言《宿德律》，见僧祐录，祐云未详卷数，房云一卷）。右二部二卷其本并阙。

（《开元释教录》卷六，《大正藏》册55，第535页中下；《贞元新定释教目录》卷八，《大正藏》册55，第833页中。）

外国沙门摩诃乘于广州译经

《五百本生经》（未详卷数，阙。）

《他毗利》（齐言《宿德律》，未详卷数，阙。）

右二部，齐武皇帝时，外国沙门大乘于广州译出，未至京都。

（《出三藏记集》卷二，第63页。）

沙门摩诃乘，西域人也。栖心妙道，结志弘通，以武帝赜永明年中于广州译《五百本生经》等二部、《善见律毗婆沙》十八卷（或云《毗婆沙律》，亦直云《善见律》，见道慧宋齐录及僧祐录）右一部一十八卷其本见在。

（《开元释教录》卷六，《大正藏》册55，第535页下；《贞元新定释教目录》卷八，《大正藏》册55，第833页下。）

《五百本生经》一卷（见《三藏记》）。

《他毗利律》一卷。他毗利律。

齐言宿德（见僧祐录）右二部合二卷。武帝世，外国沙门摩诃乘于广州译。

(《历代三宝纪》卷十一，《大正藏》册49，第95页下。)

外国沙门僧伽跋陀罗于广州译经

《善见毗婆娑律》十八卷（见道慧《宋齐录》及《三藏记》）

右一部一十八卷。武帝世，外国沙门僧伽跋陀罗，齐言僧贤。师资相传云，佛涅槃后，优波离既结集律藏讫，即于其年七月十五日受自恣竟，以香华供养律藏，便下一点置律藏前，年年如是。优波离欲涅槃持付弟子陀写俱，陀写俱欲涅槃付弟子须俱，须俱欲涅槃付弟子悉伽婆，悉伽婆欲涅槃付弟子目揵连子帝须，目揵连子帝须欲涅槃付弟子旃陀跋阇，如是师师相付至今三藏法师。三藏法师将律藏至广州，临上舶反还去，以律藏付弟子僧伽跋陀罗。罗以永明六年共沙门僧猗，于广州竹林寺译出此《善见毗婆沙》。因共安居，以永明七年庚午岁七月半夜受自恣竟，如前师法，以香华供养律藏讫即下一点，当其年计得九百七十五点。点是一年，赵伯休梁大同元年，于庐山值苦行律师弘度，得此佛涅槃后众圣点记年月。讫齐永明七年伯休语弘度云，自永明七年以后云何不复见点。弘度答云，自此已前，皆是得道圣人手自下点。贫道凡夫，止可奉持顶戴而已，不敢辄点。伯休因此旧点下，推至梁大同九年癸亥岁，合得一千二十八年。房依伯休所推，从大同九年至今开皇十七年丁巳岁，合得一千八十二年。若然则是如来灭度始出千年。去圣尚迩，深可庆欢，愿共励诚，同宣遗法。

(《历代三宝纪》卷十一，《大正藏》册49，第95页中下。)

真谛于广州译经

《弥勒下生经》一卷（承圣三年，于豫章宝田寺。第二译，为沙门慧显等名德十余僧出。）

《仁王般若经》一卷（第二出，与晋世法护出者少异，同三年在宝田寺翻，见《真谛传》。）

(《历代三宝纪》卷十一，《大正藏》册49，第98页下～99页上。)

《无上依经》二卷，陈门沙门真谛于广州译。

(法经《众经目录》卷一，《大正藏》，册55，第123页上。)

陈武帝永定元年，西印度优禅尼国波罗末三藏，陈言真谛，来游中国，至广州。

刺史欧阳颁延居本寺。请译佛《阿毗昙》《般若金刚经》《无上依经》《僧涩多律》《舍经》《佛性论》，共计四十部，皆沙门慧恺笔授。

（《光孝寺志》卷二《建置志》，《广州大典》册229，第300页。）

扶南沙门曼陀罗者远来贡献、译经

梁初，又有扶南沙门曼陀罗者，梁言弘弱，大赍梵本，远来贡献。敕与婆罗共译《宝云》《法界体性》《文殊般若经》三部合一十一卷。

（《续高僧传》卷一《僧伽婆罗传》，第6页。）

扶南国僧须菩提来华译经

时又有扶南国僧须菩提，陈言善吉，于扬都城内至敬寺，为陈主译《大乘宝云经》八卷，与梁世曼陀罗所出七卷者同，少有差耳。

（《续高僧传》卷一《拘那罗陀传》，第22页。）

支疆梁接于交州译经

《法华三昧经》六部（一本有正字。祐云失译。）

右一部六卷。高贵乡公世，甘露元年七月，外国沙门支疆梁接。魏言正无畏，于交州译。沙门道声笔受，祐云失译。房检及见竺道祖魏世录及始兴，录若依交州及始兴录，地应入吴录，今据平及魏录收。附此。

（费长房：《历代三宝纪》卷五，《大正藏》册49，第56页下。）

《法华三昧经》六卷（一本有正字，初出与法护正法华等同本，见竺道祖《魏录》，亦见《始兴录》。）

右一部六卷本阙。

沙门支强梁接，吴云正无畏。西域人。以孙亮五凤二年乙亥，于交州译《法华三昧经》，沙门竺道馨笔受。长房内典二录编于曹魏之代。

今依交州及始兴地割入吴录。

（《开元释教录》卷二，《大正藏》册55，第491页中。）

沙门支强梁接者，此云无畏，西域人。以五凤二年岁次乙亥。于交州译。《法华三昧经》（六卷）。沙门竺道馨笔受。

（《古今译经图记》卷一，《大正藏》册55，第352页中。）

强梁娄至于广州译经

《十二游经》一卷，右一经一卷。武帝世，外国沙门强梁娄至，晋言真喜，太始二年于广州译。见《始兴》及《宝唱录》。

（《历代三宝纪》卷六，《大正藏》册49，第65页上。）

辛丑，二，强良娄至出《十二游经》一卷。

（《历代三宝纪》卷六，《大正藏》册49，第38页上。）

《十二游经》一卷。初出。右一部一卷本缺。沙门强梁娄至，晋言真喜，西域人。志情旷放，弘化在怀。以武帝泰康二年辛丑，于广州译《十二游经》一部，见《始兴》及《宝唱录》。

（《开元释教录》卷二，《大正藏》册55，第497页中。）

《华法光瑞菩萨现瑞经》三卷。沙门支强梁，于交州译。大部中《序品》及《寿良品》等同本。

（《法华传记》卷一，《大正藏》册51，第52页下。）

竺法眷于广州译经

《无尽意经》十卷。（第五出，与《阿差末经》等同本，见始兴、僧祐、宝唱等录。）

《阿述达菩萨经》一卷。（第四出，兴《宝积》无畏德会等同本。太始年于广州出，见始兴、宝唱等录。）

《海意经》七卷。（见始兴、僧祐、宝唱等录。）

《如来恩智不思议经》五卷。（见始兴、僧祐、宝唱等录。）

《宝顶经》五卷。（见始兴、僧祐、宝唱等录。）

《三密底耶经》一卷。（宋言《贤人明律经》，见始兴、僧祐、宝唱等录。）

右六部二十九卷，其本并阙。

沙门竺法眷。印度人也，志性弘简，开利为务。以明帝（刘）彧太始年中，于广州译《无尽意》等经六部。

（《开元释教录》卷五，《大正藏》册55，第532页上中；《贞元新定释教目录》卷8，《大正藏》册55，第829页上。）

《无尽意经》十卷。
《海意经》七卷。
《如来恩智不思议经》五卷。
《宝顶经》五卷。
《阿述达菩萨经》一卷（太始年于广州译，第三出，与晋世竺法护再出者大同）。
《三密底耶经》一卷（亦云《贤人明律经》）。

右六部合二十九卷。明皇帝世，天竺沙门竺法眷于广州译。见始兴僧祐出《三藏记》及宝唱等三录。

（《历代三宝纪》卷十，《大正藏》册49，第93页下。）

《海意经》七卷（阙）。
《如来恩智不思议经》五卷（阙）。
《宝顶经》五卷（阙）。
《无尽意经》十卷（阙）。
《三密底耶经》一卷（汉言《贤人用律》，阙。）

右五部，凡二十八卷。宋明帝时，天竺沙门竺法眷于广州译出，并未至京都。

（《出三藏记集》卷二，第62页。）

沙门释翔公在南海郡译经

《濡首菩萨无上清净分卫经》二卷。（亦云《决了诸法如幻化三昧经》。）

右一部二卷，宋世不显年，未详何帝译。群录直注云：沙门翔公于南海郡出。见道安及《始兴录》，僧祐《三藏记》亦载。

（《历代三宝记》卷十，《大正藏》册49，第93页下～94页上。）

《濡首菩萨无上清净分卫经》二卷（一名《决了诸法如幻化三昧经》，第二出，与汉严佛调译者及《大般若那伽室利分》并同本，见《始兴录》。）

右一部二卷，其本见在。

沙门释翔公，亦云朔公。在南海郡译《濡首菩萨经》一部。群（郡）录直云宋世，不显年名，未详何帝。

（《开元释教录》卷五，《大正藏》册55，第532页中。）

中天竺优禅尼国王子月婆首那译《胜天王般若经》

菩萨戒弟子：皇帝稽首，十方诸佛，无量尊法，一切贤圣。自鹤林灭迹，鹫岭凝神，瓶写总持，遗文不坠，传灯流布，法轮逾广，方轨宏宣，既昭著于西域；分镳显说，亦渐移于东土。而周朝征应，止见夜明；汉帝感通，不过宵梦。香象所载，虎观寂而未闻；龙宫所藏，麟阁阒其无取。山海为隔，传授盖微；华夷不同，翻译何几？天王所问，止得经名，《金刚》之经，才见一品。历魏晋而未备，经宋齐而恒阙。我皇帝承家建国，光前绝后，道格天地，通被幽微，大启慈悲，广开智慧，施造化以仁寿，济苍生于解脱，异世界而承风，殊刹土而响应，真人间出，法宝传通。粤以天嘉六年，外国王子月婆首那来游匡岭，慧解深妙，靡测圣凡，奉持《胜天王般若经》一部，于彼翻译，表献京师。某校彼前名，冥合符契，总三乘之通教，贯六度之渊海，如开暗室，以照优昙。十方众生，若贫人之获宝；四部弟子，等力士之得珠。金牒宝印，始兹辰而一启；智慧实法，泊尔时而方具。故知如来咐嘱，必俟仁王；般若兴隆，期于圣运。弟子纂承洪绪，思宏大业，愿此法门，遍诸幽显。今谨于某处建如干僧如干日胜天王般若忏，见前大众，至心敬礼本师释迦如来，礼般若波罗蜜；礼胜天王，愿一切众生，勤求般若，不避寒暑，如萨陀波仑，不爱身命，如精进力菩萨，得般若之性相，与般若而相应，摄诸万有，住安隐地，含灵有识，悉获归依，稽首敬礼常住三宝。

（《全陈文》卷三《胜天王般若忏文》，第313～314页。）

三、民俗

康泰、朱应改变扶南国的习俗

吴时，遣中郎康泰、宣化从事朱应使于寻国，国人犹裸，唯妇女著贯头。泰、应谓曰："国中实佳，但人亵露可怪耳。"寻始令国内男子著横幅。横幅，今干漫（缦）也。大家乃截锦为之，贫者乃用布。

（《梁书》卷五十四《扶南国传》，第789页。《南史》卷七十八《扶南传》，第1953页。）

天竺民俗

恒水又东径蓝莫塔，塔边有池，池中龙守护之。阿育王欲破塔，作八万四千塔，悟龙王所供，知非世有，遂止。此中空荒无人，群象以鼻取水洒地，若苍梧、会稽，象耕鸟耘矣。恒水又东至五河口，盖五水所会，非所详矣。阿难从摩竭国向毗舍利，欲般泥洹，诸天告阿阇世王，王追至河上，梨车闻阿难来，亦复来迎，俱到河上。阿难思惟，前则阿阇世王致恨，却则梨车复怨，即于中河，入火光三昧，烧具两般泥洹。身二分，分各在一岸，二王各持半舍利，还起二培。渡河南下一由巡，到摩竭提国巴连弗邑。邑，即是阿育王所治之城。城中宫殿皆起墙阙，雕文刻镂，累大石作山，山下作石室，长三丈，广二丈，高丈余，有大乘婆罗门子，名罗汰私婆，亦名文殊师利，住此城裹，爽悟多智，事无不达，以清净自居，国王宗敬师事之。赖此一人，宏宣佛法，外不能陵。凡诸国中，惟此城为大，民人富盛，竟行仁义。阿育王坏七塔，作八万四千塔。最初作大塔，在城南二里余，此塔前有佛迹，起精舍，北户向塔，塔南有石柱，大四五围，高三丈余，上有铭，题云：阿育王以阎浮提布施四方。僧还以钱赎塔。塔北三百步，阿育王于此作泥犁城，城中有石柱，亦高三丈余，上有师子柱，有铭记，作泥犁城因缘，及年数日月。恒水又东南径小孤石山。山头有石室，石室南向，佛昔坐其中，天帝释以四十二事问佛，佛一一以指画石，画迹故在。恒水又西径王舍新城。是阿阇世王所造，出城南四里，入谷至五山里，五山周围，状若城郭，即是萍沙王旧城也。东西五六里，南北七八里，阿阇世王始欲害佛处。其城空荒，又无人径，入谷傅山，东南上十五里，到耆阇崛山，未至顶三里，有石窟南向，佛坐禅处。西北四十步，复有一石窟，阿难坐禅处。天魔波旬化作雕鹫恐阿难，佛以神力，隔石舒手摩阿难肩，怖即得止。鸟迹、手孔悉存，故曰雕鹫窟也。其山峰秀端严，是五山之最高也。

（《水经注》卷一《河水》引康泰《扶南记》，第7~9页。）

火齐出天竺，状如云母，色如紫金。离别之节如蝉翼，积之如纱縠重沓。

（《太平御览》卷八百零九《珍宝部·火齐》引《南州异物志》，第3594页下。）

优钱

优钱，在天竺东南七千里，土地人民举止，并与天竺同。珍玩所出，奇璋之物，胜诸月支，如此乃知天地广大，不可意度。此诸国虽远，当后有表，但人莫知其限崖耳。其大秦、月支欲接昆仑，在日南海行之西南也。最是所闻见大国也。

（葛洪：《太清金液神丹经》卷下，《道藏》第18册《洞神部·众术类》，第762页中。）

黄支国俗略与珠崖相类

黄支国，汉时通焉。在南海之南三万里，俗略与珠崖相类。自武帝以来皆献见，有明珠、玉璧、琉璃、奇石、异物。大珠至围二寸以下，而至圆者，置之平地，终日不停。

（《通典》卷一百八十八《边防四·黄支国》，第1007页中。）

林邑国民俗

晋建兴中，日南夷帅范稚奴文数商贾，见上国制度，教林邑王范逸起城池楼殿。王服天冠如佛冠，身被香缨络（璎珞）。国人凶悍，习山川，善斗。吹海蠡为角。人皆裸露。四时暄暖，无霜雪。贵女贱男，谓师君为婆罗门。群从相姻通，妇先遣娉求婿。女嫁者，迦蓝衣横幅合缝如井阑，首戴花宝。婆罗门牵婿与妇握手相付，咒愿吉利。居丧剪发，谓之孝。燔尸中野以为葬。远界有灵鹫鸟，知人将死，集其家食死人肉尽，飞去，乃取骨烧灰投海中水葬。人色以黑为美，南方诸国皆然。区栗（粟）城建八尺表。日影度南八寸。

（《南齐书》卷五十八《林邑国传》，第1013~1014页。）

（林邑）其国俗，居处为阁，名曰干阑。门户皆北向。书树叶为纸。男女皆以横幅古贝绕腰以下，谓之干漫（缦），亦曰都漫（缦）。穿耳贯小环。贵者着革屣，贱者跣行。自林邑、扶南以南诸国皆然也。其王者着法服，加璎珞，如佛像之饰。出则乘象，吹螺击鼓，罩古贝伞，以古贝为幡旗。国不设刑法，有罪者使象蹹杀之。其大姓号婆罗门，嫁娶必用八月。女先求男，由贱男而贵女。同姓还相婚姻。使婆罗门引婿见妇，握手相付，咒曰"吉利吉利"为成礼。死者焚之中野，谓之火葬。其寡妇孤居，散发至老。国王事尼乾道，铸金银人像大十围。

（《南史》卷七十八《林邑国传》，第1949页。）

西南远界有灵鹫，能知吉凶，觇人将死，食尸肉尽乃去。家人取骨烧为灰，投之于水。

（《说郛三种》卷六十一引《林邑记》，第2840页上。）

飞鱼翼如蝉，飞则凌云，沉泳海底。

（《说郛三种》卷六十一引《林邑记》，第2840页上。）

延袤六十里，土多香木金宝，物产大抵与交趾同。以砖为城，蜃炭涂之，皆开北户以向日，或东西无定。

（《说郛三种》卷六十一引《林邑记》，第2840页上。）

王范文铸铜为牛、铜屋行宫。

（《说郛三种》卷六十一引《林邑记》，第2840页上。）

从林邑往金山三十余里，远望金山嵯峨，而赤城照曜似天涧。壑谷中亦有生金，形如虫豸，细者似苍蝇，大者若蜂蝉，夜行耀光如萤火。

（《说郛三种》卷六十一引《林邑记》，第2840页上。）

外越、纪粟、望都。纪粟出浦阳，渡便州，至典由，渡故县，至咸驩。咸驩属九真。咸驩已南，麋鹿满同，鸣咆命畴，警啸聒野，孔雀飞翔，蔽日笼山，渡治口，至九德。

（《水经注》卷三十六《温水》引《林邑记》，第835页。）

松原以西，鸟兽驯良，不知畏弓。寡妇孤居，散发至老。南移之岭，崪不踰仞，仓庚怀春于其北，翡翠熙景乎其南。虽嘤欢接响，城隔殊非，独步难遊，俗姓塗分故也。自南陵究出于南界蛮，进得横山。

（《水经注》卷三十六《温水》引《林邑记》，第836页。）

其城，隍渐之外，林棘荒蔓，榛梗冥郁，藤盘筳秀，参错际天。其中香桂成林，气清烟澄。桂父，县人也，栖居此林，服桂得道。时禽异羽，翔集间关，兼比翼鸟，不比不飞，鸟名归飞，鸣声自呼，此蛮乡之思孔悲，桑梓之敬成俗也。

（《水经注》卷三十六《温水》，第839页。）

林邑山杨梅大如杯椀，以醖酒，号梅香耐，非贵人重客不得饮。

（《东西洋考》卷十二《逸事考》引《林邑记》，第244页。）

今林邑东城南五里，有温公二垒是也。北门滨淮，路断不通。城内小城，周围三百二十步，合堂瓦殿，南壁不开，两头长屋，脊出南北，南拟背曰。西区城内，石山顺淮面阳，开东向殿，飞檐鸱尾，青璅丹墀，榱题桷椽，多诸古法。阁殿上柱，高城丈余五，牛屎为泥。墙壁青光回度，曲掖绮牖，紫窗椒房，嫔媵无别，宫观、路寝、永巷，共在殿上，临踞东轩，迓与下语，子弟臣侍，皆不得上。屋有五十余丘，连甍接栋，檐宇相承。神祠鬼塔，小大八庙，层台重榭，状似佛刹。郭无市里，邑寡人居，海岸萧条，非生民所处，而首渠以永安，养国十世，岂久存哉。

（《水经注》卷三十六《温水》，第838页。）

林邑，其先所出，事具《南史》。其国延袤数千里，土多香木、金宝，物产大抵与交趾同。以砖为城，蜃灰涂之，东向户。尊官有二，其一曰西那婆帝，其二曰萨婆地歌。其属官三等，其一曰伦多姓，次歌伦致帝，次乙地伽兰。外官分为二百余部，其长官曰弗罗，次曰可轮，如牧宰之差也。王戴金花冠，形如章甫，衣朝霞布，珠玑缨络（璎珞），足蹑革履，时服锦袍。良家子侍卫者二百许人，皆执金装。兵有弓、箭、刀、槊。以为竹为弩，傅毒于矢。乐有琴、笛、琵琶、五弦，颇与中国同。每击鼓以警众，吹蠡以即戎。其人深目高鼻，发拳色黑。俗皆徒跣，以幅巾缠身，冬月衣袍。妇人椎髻。施椰叶席。每有婚媾，令媒者赍金银钏、酒二壶、鱼数头至女家，于是择日，夫家会亲宾，歌舞相对，女家请一婆罗门送女至男家，婿盥手，因牵女授之。王死，七日而葬；有官者，三日；庶人，一日。皆以函盛尸，鼓舞导从，舆至水次，积薪焚之。收其余骨，王则内金罂中，沉之于海；有官者，以铜罂，沉之海口；庶人以瓦，送之于江。男女皆截发，哭至水次，尽哀而止，归则不哭。每七日，燃香散花，复哭尽哀而止，百日、三年，皆如之。人皆奉佛，文字同于天竺。

（《北史》卷九十五《林邑列传》，第3158~3159页。）

林邑国……吴时通使。其后王无嗣，外孙范熊代立。熊死，子逸代立。其国有金山，石皆赤色，其中生金，金夜则出飞，状如萤火。又出瑇瑁、贝齿、古贝、沈（沉）木香。古贝者，树名也，其华成时如鹅毳，抽以绩纺作布，洁白与纻布不殊，亦染成五色，织为斑布也。沈（沉）木香，土人破断之，积以岁年，朽烂而心节独在，置水中则沈（沉），故名曰沈（沉）香。次不沈（沉）者曰栈香也。又出猩猩兽。（《尔雅》云："肉之美者，猩猩之唇。"）多琥珀。松脂沦入地，千岁为茯苓，又千岁为琥珀。又云枫脂为之。琥珀在地，其上及旁不生草木，深者或八九尺，大如斛，削去皮成焉，初如桃胶，凝成乃坚。其金宝物产，大抵与交趾同。以砖为城，蜃灰涂之。居处为阁，名曰干阑，皆开北户以向日，或东西无定。尊官有二：其一曰西那婆帝，其二曰萨婆地歌。其属官三等：其一伦多姓，次歌伦致帝，次乙地伽兰。外官分为二百余部，其长官曰弗罗，次曰阿伦，如牧宰之差也。书树叶为纸，施椰叶为席。男女皆以横幅古贝绕腰以下，谓之干漫，亦曰都漫。穿耳贯小镮。贵者著革履，贱者跣行。自林邑、扶南诸国皆然也。其王戴金花冠，形如章甫，加璎珞，出则乘象，吹螺击鼓，罩古贝繖，以古贝为幡旗。国不设刑法，有罪者使象蹋杀之。林邑浦外有不劳山，罪人亦送此山，令其自死。其大姓号婆罗门，嫁娶必用八月。女先求男，由贵男而贱女也。同姓还相婚姻。人性凶悍，果于战斗。有弓、箭、刀、槊，以竹为弩。乐有琴、笛、琵琶、五弦，颇与中国同。每击鼓以警众，吹蠡以即戎。其人深目高鼻，发拳色黑。妇人椎髻。四时暄暖，无霜雪。王死七日而葬，有官者三日，庶人一日。皆以函盛尸，鼓舞导从，舁至水次，积薪焚之。收余骨，王则内金罂中，沈（沉）之于海；有官者以铜，沈（沉）之海口；庶人以瓦，送之于江。男女截发，随丧至水次，尽哀而止。其寡妇孤居，散发至老。人皆奉释法，文字同于天竺。王事尼乾道，铸金银人像大十围。

（《通典》卷一百八十八《边防四·林邑》，第1007页中下~1008页上。）

扶南民俗

扶南人黠惠知巧，攻略傍邑不宾之民为奴婢，货易金银綵帛。大家男子截锦为横幅，女为贯头，贫者以布自蔽。锻金镮鐷银食器。伐木起屋，国王居重阁，以木栅为城。海边生大箬叶，长八九尺，编其叶以覆屋。人民亦为阁居。为船八九丈，广裁六七尺，头尾似鱼。国王行乘象，妇人亦能乘象。斗鸡及狶为乐。无牢狱，有讼者，则以金指镮若鸡子投沸汤中，令探之，又烧锁令赤，着手上捧行七步，有罪者手皆燋烂，无罪者不伤。又令没水，直者入即不沈（沉），不直者即沈（沉）也。有甘蔗、诸蔗、安石榴及橘，多槟榔，鸟兽如中国。人性善，不便战，常为林邑所侵击，不得与交州通，故其使罕至。

（《南齐书》卷五十八《扶南传》，第1017页。）

扶南国，在日南郡之南海西大湾中，去日南可七千里，在林邑西南三千余里。城去海五百里。有大江广十里，西北流，东入于海。其国轮广三千余里，土地洿下而平博，气候风俗大较与林邑同。出金、银、铜、锡、沉木香、象牙、孔翠、五色鹦鹉。

（《梁书》卷五十四《扶南国传》，第787页。）

扶南国……盘况年九十余乃死，立中子盘盘，以国事委其大将范蔓。盘盘立三年死，国人共举蔓为王。蔓勇健有权略，复以兵威攻伐旁国，咸服属之，自号扶南大王。乃治作大船，穷涨海，攻屈都昆、九稚、典孙等十余国，开地五六千里。次当伐金邻国，蔓遇疾，遣太子金生代行。蔓姊子旃，时为二千人将，因篡蔓自立，遣人诈金生而杀之。蔓死时，有乳下儿名长，在民间，至年二十，乃结国中壮士袭杀旃，旃大将范寻又杀长而自立。更缮治国内，起观阁游戏之，朝旦中晡三四见客。民人以焦蔗龟鸟为礼。国法无牢狱。有罪者，先斋戒三日，乃烧斧极赤，令讼者捧行七步。又以金镮、鸡卵投沸汤中，令探取之，若无实者，手即焦烂，有理者则不。又于城沟中养鳄鱼，门外圈猛兽，有罪者，辄以喂猛兽及鳄鱼，鱼兽不食为无罪，三日乃放之。鳄大者长二丈余，状如鼍，有四足，喙长六七尺，两边有齿，利如刀剑，常食鱼，遇得麞鹿及人亦啖之，苍梧以南及外国皆有之。

（《梁书》卷五十四《扶南国传》，第788~789页。）

今其国人皆丑黑，拳发。所居不穿井，数十家共一池引汲之。俗事天神，天神以铜为像，二面者四手，四面者八手，手各有所持，或小儿，或鸟兽，或日月。其王出入乘象，嫔侍亦然。王坐则偏踞翘膝，垂左膝至地，以白叠敷前，设金盆香炉于其上。国俗，居丧则剃除须发。死者有四葬：水葬则投之江流，火葬则焚为灰烬，土葬则瘗埋之，鸟葬则弃之中野。人性贪吝，无礼义，男女恣其奔随。

（《梁书》卷五十四《扶南国传》，第790页。）

扶南王范寻养虎于山，有犯罪者，投与虎，不噬，乃宥之。故山名大虫，亦名大灵。又养鳄鱼十头，若犯罪者，投与鳄鱼，不噬，乃赦之。无罪者皆不噬。故有鳄鱼池。又尝煮水令沸，以金指环投汤中，然后以手探汤。其直者，手不烂；有罪者，入汤即焦。

（《搜神记》卷二《扶南王》，第24页。）

扶南者，地方千余里，众以亿计，包山带海，邈乎其畿。意亦以为南极之国，齐此而已。至于中夏之月，凯风时动，又有自南而来者，至若川流。问其地土，考其国俗。乃云自天竺、月支以来，名邦大国，若扶南者，十有几焉。且自大奈拂林地，各方三万里。其间细国往往而处者，不可称数也。名字处所既有本末，且观士女信各不同，乃知夫乾壤之间广矣。虽在圣贤游心远览，犹不能究，瓦乎俗儒而不有疑。至于邹子所云，陑而非实。但余所闻，自彼诸国已什九州，其余所传闻而未详者，岂可复量。浩汗荡漫，孰识其极，乃限其数，云有八哉。但古圣人以中国神州，以九州配八卦。上当辰极，下正地心，故九州在此耳。其余虽广，非此列云。及其山奇海异，怪类殊种，珍宝丽物，卓谲瑰璋，盈耳溢目，惊心愕意，既见而未闻者，诡哉不常，难可详而载也。此皆奢侈之外玩，非养生之所求矣。

（葛洪：《太清金液神丹经》卷下，《道藏》第18册《洞神部·众术类》，第757页上中。）

扶南人，若户中亡器物者，即以米一升，诣神庙，乞神见盗者，以米着神足下。明日取米，呼户中奴婢，分令啮之，盗者口中血出，米完不碎；不盗者入口即败。从日南至徼外悉尔。又曰：扶南之东涨海中有大火洲。洲上有树，得春雨时皮正黑；得火燃树皮，正白。纺绩以作手巾，或作灯注，用不知尽。又曰：扶南国人，最大居舍，雕文刻镂，好布施，多禽兽。王好猎，皆乘象，一去月余日。

（《太平御览》卷七八六《四夷部七·扶南国》引《外国传》，第3482页下。）

扶南国在日南郡之南，海西大岛中，去日南可七千里，在林邑西南三千余里。其境广袤三千余里。国俗本裸，文身被发，（裸，郎果反。）不制衣裳。其先有女人为王，号曰柳叶，年少壮健，有似男子。其南有激国人名混溃来伐，柳叶降之，遂以为妻。恶其裸露形体，乃穿叠布贯其首，理其国。子孙相传。至王混盘况死，国人立其大将范师蔓为王。蔓勇健有权略，以兵威伐旁国，咸服属之，自号扶南大王，开地五六千里。蔓死，国乱，大将范寻自立为王。是吴、晋时也。土地坳下而平博，气候、风俗、物产大较与林邑同。有城邑宫室，国王居重阁，以木栅为城。海边生大若叶，长八九尺，编其叶以覆屋。国人亦为阁居。为船八九丈，广才六七尺，头尾似鱼。国王行乘象。人皆丑黑拳发，裸身跣行。耕种为务，一岁种，三岁获。又好雕文刻镂，食器多以银为之。出金钢，可以刻玉，状似紫石英，其所生乃在百丈水底盘石上，如钟乳，人没水取之，竟日乃出，以铁锤之而不伤，铁乃自损，以羖羊角扣之，灌然冰泮。贡赋以金、银、珠、香。亦有书记府库，文字类胡。吴时遣康泰、朱应使于寻国，国人犹裸，唯妇人著贯头。泰、应谓曰："国中实佳，但人亵露可怪耳。"寻始令国内男子著横幅，今干漫也。大家乃截锦为之，贫者以布。又有老雕，入海为玳，可以裁作马勒，谓之珂西。晋泰始、太康中，皆遣使贡献。东晋时有竺旃檀称王，亦遣使。其后王姓㤭（憍）陈如，本天竺婆罗门也。有神语曰："应王扶南。"㤭（憍）陈如南至盘盘，扶南人闻之迎而立焉。复改制度，用天竺法。今其国人居不穿井，数十家共一池引汲之。俗事天神，以铜为像，二面者四手，四面者八手，手各有所持，或小儿，或鸟兽，或日月。王坐则偏踞翘膝，垂左膝至地，以白叠敷前，设金盆香炉于其上。居丧则剃除鬓发。人无礼义，男女恣其奔随。宋、齐、梁并献方物。

（《通典》卷一百八十八《边防四·扶南》第1008页中下。）

扶南国有鲜色鱼，黑色，身长五丈，头如马首。伺人入水，便来为害。
（《太平御览》卷九百三十五《鳞介部·鱼下》引《水经》，第4157页上。）

扶南有金钢，可以刻玉。体似紫石英，外国人名为千延。至于百丈底，着盘以铁槌打之，不能伤。以羖羊角扣之，则灌然冰泮。
（《太平御览》卷八百一十三《珍宝部·金钢》引《抱朴子》，第3614页下～3615页上。）

扶南国昔但知作大扇，遣人持之，不知人各自用也。及今，热时各自用也。
（《太平御览》卷七百零二《服用部·扇》引《异物志》，第3133页上。）

顿逊国民俗

顿逊国人,常以香华事天神。香有多种,区拨叶华、致华、各遂华、摩夷华,冬夏不衰,日载数十车于市卖之,燥乃益香,亦可为粉以傅身体。

(《法苑珠林》卷三十六《华香部》引《扶南传》,《大正藏》册53,第573页上。)

顿逊国,人恒以香花事天神。香有多种:区拨叶逆花、途致各逐花、摩夷花,冬夏不衰,日载数十车于市卖之,燥乃益香。亦可为粉,以傅身体。

(《太平御览》卷九百八十一《香部·香》引《扶南传》,第4344页上。)

典逊在扶南三千余里,本为别国,扶南先王范蔓有勇略,讨服之。今属扶南。

(《太平御览》卷七百八十八《四夷部九·顿逊国》引《南州异物志》,第3489页上。)

顿逊国属扶南国,主名昆仑。国有天竺胡五百家,两佛图,天竺婆罗门千余人。顿逊敬奉其道,嫁女与之,故多不去,惟读《天神经》。以香花自洗,精进不舍昼夜。疾困便发愿鸟葬,歌舞送之邑外,有鸟啄食,余骨作灰,瓮盛沉海。鸟若不食,乃蓝盛火,葬者投火,余灰函盛埋之。祭祠无年限。又酒树有似安石榴,取花与汁停瓮中,数日乃成酒,美而醉人。

(《太平御览》卷七百八十八《四夷部九·顿逊国》引竺枝《扶南记》,第3489页上。)

顿逊国人死,鸟葬或火葬。鸟葬者,病困便歌舞,送郭外,有鸟如鹅,绿色,飞来万许,啄食都尽,敛骨焚之,沉于海水,此必生天上。鸟若不食,自悲伤,乃就火葬,取骨埋之。

(《太平御览》卷三百七十五《人事部·骨》引《扶南传》,第1729页下。)

顿逊国,梁时闻焉,(一曰典逊)在海崎上,地方千里。有五王,并羁属扶南,北去扶南可三千余里。其国之东界通交州,其西界接天竺、安息徼外诸国,贾人多至其国市焉。所以然者,顿逊回入海中千余里,涨海无涯岸,舶未曾得迳过也。其市东西交会,日有万余人,珍物宝货无种不有。又有酒树,似安石榴,采其花汁,停酒瓮中,数日成酒。出藿香,插枝便生,叶如都梁,以裹衣。国有区拨等花十余种，冬夏不衰，日载数十车货之。其花，燥更芬馥，亦末为粉，以傅身焉。其俗又多鸟葬。将死，亲宾歌舞於郭外，有鸟如鹅，口鹦鹉而红色，飞来万计，家人避之，鸟食肉尽乃去，烧其骨沉海中，以为上行人也，必生天。鸟若回翔不食，其人乃自悲，复以为己有秽，更就火葬，以为次行也。若不能生入火，又不被鸟食，以为下行也。

（《通典》卷一百八十八《边防四·顿逊国》，第1009页下～1010页上。）

毗骞国民俗

顿逊之外，大海洲中，又有毗骞国，去扶南八千里。传其王身长丈二，头长三尺，自古来不死，莫知其年。王神圣，国中人善恶及将来事，王皆知之，是以无敢欺者。南方号曰长颈王。国俗，有室屋、衣服，啖粳米。其人言语，小异扶南。有山出金，金露生石上，无所限也。国法刑罪人，并于王前啖其肉。国内不受估客，有往者亦杀而啖之，是以商旅不敢至。王常楼居，不血食，不事鬼神。其子孙生死如常人，唯王不死。扶南王数遣使与书相报答，常遗扶南王纯金五十人食器，形如圆盘，又如瓦塸，名为多罗，受五升，又如碗者，受一升。王亦能作天竺书，书可三千言，说其宿命所由，与佛经相似，并论善事。

（《梁书》卷五十四《毗骞国传》，第787～788页。《南史》卷七十八《毗骞国》，第1951～1952页。）

毗骞国，去扶南八千里，在海中。国王身长三丈，颈长三尺，自古以来不死，知神圣未然之事。亦有子孙，子孙生死如常人，唯此王不死耳，号曰长颈王。食器皆纯金，金如此间之石，无央限也。不听妄取，有偷者知则杀食之。长颈王亦能作天竺书，自道宿命所经，与佛语相似。作书可三千言，皆道世事。其国法，有罪者共在王前食之，平常不啖人也。

（《太平御览》卷七百八十八《四夷部·毗骞国》引竺枝《扶南史纪》，第3489页。）

毗骞国，梁时闻焉，在顿逊之外大海洲中，去扶南八千里。传其王身长丈二尺，头长三尺，自古来不死，莫知其年。其王神圣，知将来事，南方号曰长头王。国俗，有室屋衣服，啖粳米。其人言语小异扶南国。不受估客，有往者亦杀而啖之，是以商旅不敢至。王常楼居，不血食，不事神鬼。其子孙死如常人。

（《通典》卷一百八十八《边防四·毗骞国》，第1009页上。）

婆利国民俗

婆利国，梁时通焉，在广州东南海中洲上。自交趾浮海，南过赤土、丹丹国，乃至其国，去广州二月日行。国界东西五十日行，南北二十日行，有百三十六聚。土气暑热，如中国之盛夏，谷一岁再熟，草木常荣。海出文螺、紫贝。有石名蚶（火谈反）贝罗，初采之柔软，刻削为物，暴干之，遂坚硬。有鸟名舍利，解人语。其国人皆黑色，穿耳附珰，披古贝如帊，及为都漫。王乃用斑丝者，以璎珞绕身，头著金长冠，高尺余，形如弁，缀以七宝之饰，带金装剑，偏坐金高座，以银蹬支足。侍女皆为金花杂宝之饰，或持白毦拂及孔雀扇。王出，以象驾舆，施羽盖珠帘，其导从吹螺击鼓。国人善投轮刃，其大如镜，中有窍，外锋如锯，远以投人，无不中。其余兵器与中国略同。

（《通典》卷一百八十八《边防四·婆利国》，第1009页上中。）

盘盘国民俗

盘盘国，梁时通焉，在南海大洲中。北与林邑隔小海。自交州船行四十日，至其国。其王曰杨栗翾（音翅）。栗翾父曰杨德武连，以上无得而纪。百姓多缘水而居。国无城，皆竖木为栅。王坐金龙床，每坐，诸大人皆两手交抱肩而跽（暨几反）。又其国多有婆罗门，自天竺来，就王乞财物。王甚重之。其大臣曰教郎索滥，次曰昆仑帝也，次曰昆仑教和（胡卧反），次曰昆仑教帝索甘且。其言昆仑、古龙，声相近，故或有谓为古龙者。其在外城者曰那延，犹中夏刺史、县令。其矢多以石为镞，槊则以铁为刃。有僧尼寺十所，僧尼读佛经，皆肉食而不饮酒。亦有道士寺一所，道士不饮食酒肉，读阿修罗王经，其国不甚重之。俗皆呼僧为比丘，呼道士为贪。

（《通典》卷一百八十八《边防四·盘盘国》，第1009页中下。）

敦焚洲民俗

敦焚洲，《抱朴子》云：敦焚洲在南海中，薰绿水胶所出，胶如枫脂，所以不可多得者，止患猰𤟭兽啖人。此兽大者重十斤，状如水獭，其头身及他处了无毛，唯从鼻上以竟脊至尾上有毛，广一寸许，青毛长三四分许，其无毛处则如韦囊。人张捕得之，斩刺不伤，积薪烈火，缚以投火中，薪尽而此兽不焦。须以大杖打之，皮不伤而骨碎都尽，乃死耳。

（《通典》卷一百八十八《边防四·敦焚》，第1011页中下。）

蒲罗中国其俗食人

吴时，康泰为中郎，表上《扶南土俗》曰：拘利正东行，极崎头海边有居人，人皆有尾五、六寸，名蒲罗中国。其俗食人。

（《太平御览》卷七百八十七《四夷部·蒲罗中国》，第3485页上。）

杜薄阇婆风俗似广州人

杜薄阇婆，国名也。在扶南东涨海中洲，从扶南船行直截海度，可数十日乃到。其土人民众多，稻田耕种，女子织作白叠花布，男女白色，皆着衣服，土地饶，金及锡铁丹砂如土，以金为钱货，出五色鹦鹉、豕鹿，豢水牛，大羊、鸡鸭，无犀象及虎豹，男女温谨，风俗似广州人也。

（葛洪：《太清金液神丹经》卷下，《道藏》第18册《洞神部·众术类》，第759页中。）

诸簿国出白叠

诸簿国安（女）子织作白叠花布。
（《太平御览》卷八百二十《布帛部·白叠》引《吴时外国传》，第3652页下。）

白叠布、毛织，出诸薄洲。
（《太平御览》卷八百二十《布帛部·白叠》引《广志》，第3653页上。）

自然大洲有树生火中

又传扶南东界即大涨海，海中有大洲，洲上有诸薄国，国东有马五洲。复东行涨海千余里，至自然大洲。其上有树生火中，洲左近人剥取其皮，纺绩作布，极得数尺以为手巾，与焦麻无异而色微青黑；若小垢污，则投火中，复更精洁。或作灯炷，用之不知尽。

（《梁书》卷五十四《扶南国传》，第788页。）

比擄国出锡，转卖与外徼

诸薄之东南有比擄洲，出锡，转卖与外徼。

（《太平御览》卷七百八十七《四夷部·比擄国》引康泰《扶南土俗》，第3485页上。）

薄叹洲土地出金

诸薄之西北有薄叹洲，土地出金，常以采金为业，转卖与诸贾人，易粮米杂物。

（《太平御览》卷七百八十七《四夷部·薄叹洲》引康泰《扶南土俗》，第3485页上。）

耽兰洲出铁

诸薄之西北有耽兰之洲，出铁。

（《太平御览》卷七百八十七《四夷部·耽兰洲》引康泰《扶南土俗》，第3485页上。）

铁出耽兰州，裨夷庄船载铁至扶南卖之。

（《太平御览》卷八百一十二《珍宝部·铁》引《南方草木状》，第3614页下。）

巨延洲人民无田种芋

诸转薄之东北有巨迹洲，人民无田种芋，浮船海中，截大蚶螺杯往扶南。

（《太平御览》卷七百八十七《四夷部·巨延洲》引康泰《扶南土俗》，第3485页上下。）

滨那专国俗民皆有衣被结发

滨那专国出滇马及金，俗民皆有衣被结发也。

（《太平御览》卷七百八十七《四夷部·滨那专国》引康泰《扶南土俗》，第3485页下。）

乌文国由载贾人大舶所成

乌文国，昔混滇初，载贾人大舶所成此国。

（《太平御览》卷七百八十七《四夷部·乌文国》引康泰《扶南土俗》，第3485页下。）

斯调洲湾中出盐

斯调洲湾中有自然监（盐），累如细石子。国人取之，一车输王，余自人。

（《太平御览》卷七百八十七《四夷部·斯调国》引康泰《扶南土俗》，第3485页下。）

张海州有湾，湾内常出自然白盐，每岁以一车输王。

（《北堂书钞》卷一百四十六《酒食部》引《吴时外国传》，第616页下。）

斯调出火浣布

斯调，海中洲名也，在歌营东南可三千里。上有王国，城市街巷，土地沃美。

（《太平御览》卷七百八十七《四夷部·斯调国》引《南方异物志》，第3485页下。）

斯调国，又有中洲焉。春夏生火，秋冬死。有木生于火中，秋冬枯死，以皮为布。

（《太平御览》卷七百八十七《四夷部·斯调国》引万震《南方异物志》，第3485页下。）

斯调国有大洲在南海中。其上有野火，春夏自生，秋冬自死。有木生于其中而不消也，枝皮更滑，秋冬火死，则皆枯瘁。其俗常以冬采其毛以为布，色小青黑。若尘垢污之，便投着火中，则更鲜明也。

（《太平御览》卷八百二十《布帛部·火浣布》引《异物志》，第2652页下。）

扈犁国民俗

扈犁国，古奴斯调西南，入大湾中七八百里，有大江源，出昆仑西北，流东南，注大海，自江口西行，距大秦国万余里，乘大舶载五六百人，张七帆时风一月，乃到大秦国。大道以中斯调国，海中洲名也。在歌营国东南，可三千里。其上有国王居民，专奉大道，似中国人言语，风俗亦然。治城郭市里街巷，土地沃美，人士济济，多出珍奇，金银、白珠、瑠（琉）璃、水精及马珂。又有火珠，大如鹅鸭子，视之如冰，着手中洞洞如月，光照人掌，夜视亦然。以火珠白日向日，以布艾属之承其下，须臾见光火从珠中直下，洒洒如屋溜下物，勃然烟发火乃然，犹阳燧之取火也。其向阴有水出者，名曰夜光珠。如阴合之，取水至于火珠、夜光，俱如一但，以其精所得水火而异其名耳。斯调洲土东南望夜视，常见有火光照天，如作大冶，冥夜望其火光之照也，云是炎洲所在也。有火山，冬夏有火光。

（葛洪：《太清金液神丹经》卷下，《道藏》第18册《洞神部·众术类》，第759页下～760页上。）

隐章国民俗

隐章国，去斯调当三四万里，希有至其处者。数十年中，炎洲人时乘舶船往斯调耳。云火珠是此国之所卖有也，故斯调人买得之耳。又有丘陵、水田、鱼肉、果稼、粢粱、豆芋等。又有麻厨木，其木如松，煮其皮叶，取汁以作饵，煎而食之，其味甜香绝美，食之如饴，又使人养气，殆食物也。

（葛洪：《太清金液神丹经》卷下，《道藏》第18册《洞神部·众术类》，第760页上。）

林阳（杨）民俗

扶南之西南有林阳国，去扶南七千里。土地奉佛，有数千沙门，持戒六齐，曰鱼肉不得入国。一日再市，朝市诸杂米、甘果、石密，暮中但货香花。《南州物异志》曰：林阳在扶南西七千余里，地皆平博，民十余万家。男女行仁善，皆侍佛。

（《太平御览》卷七百八十七《四夷部·林阳国》引康泰《扶南土俗》，第3485页下。）

林杨国去金陈国步道二千里，车马行，无水道。举国事佛，有一道，人命过，烧葬，烧之数千束樵，故坐火中，乃更著石室中，从来六十余年，尸如故不朽，竺枝目见之。

（《水经注》卷一《河水》引竺枝《扶南记》，第5页。）

林杨，在扶南西二千余里，男女白易，多仁和，皆奉道，用金银为钱，多丹砂、硫黄、曾青、空青、紫石英，好用绛绢白珠，处地所服也。

（葛洪：《太清金液神丹经》卷下，《道藏》第18册《洞神部·众术类》，第759页下。）

无论（伦）国民俗

无伦国，在扶南西二千余里，有大道，左右种桃榔及诸华果，白日行其下，阴凉蔽热，十余里一亭，亭皆有井，食菱饭、蒲桃酒，木实如胶，若饮时以水沃之，其酒甘美，其地人多考寿，或有得二百年者。

（葛洪：《太清金液神丹经》卷下，《道藏》第18册《洞神部·众术类》，第759页中。）

无论国有大道，左右种桃、枇杷及诸花果。白日行其下，阴凉蔽热，十余里一亭，皆有井水。食麦饭，饮葡萄酒，如胶，若欲饮，以水和之，其味甘美。

（《太平御览》卷七百九十《四夷部十一·无论国》引《南州异物志》，第3501页上。）

无论国，隋时闻焉，在扶南西二千余里。其国大道左右夹种枇杷树及诸华果，行其下常有玄阴。十里一亭，亭皆有井。食麦饭，饮蒲桃酒，如胶，若饮，即以水和之，味甚甘美。

（《通典》卷一百八十八《边防四·无论国》，第1011页上。）

歌营国民俗

歌营国，在句稚南，可一月行乃到其国。又湾中有大山林讫海边，名曰蒲罗。中有殊民，尾长六寸，而好啖人。论体处类人兽之间，言纯为人则有尾且啖人，言纯为兽则载头而倚行，尾同于兽而行同于人。由形言之，则在人兽之间，末黑如漆，齿正白银，眼正赤，男女裸形无衣服，父子兄弟姊妹露身对面伺卧，此是歌营国夷人耳，别自有佳人也。

（葛洪：《太清金液神丹经》卷下，《道藏》第18册《洞神部·众术类》，第759页中上。）

歌营国在句稚南，可一月行到，其南文湾中有洲名蒲类，上有居人，皆黑如漆，齿正白，眼赤，男女皆裸形。（康泰《扶南》土俗记云：大载而去，常望海过则遮船，将鸡猪山果易铁器。）

（《太平御览》卷七百九十《四夷部十一·歌营国》引《南州异物志》，第3501页上。）

火山国民俗

火山国在扶风南东大湖海中。其国中山皆火，然火中有白鼠皮及树皮，绩为火浣布。

（《史记索隐》引《括地志》，司马迁撰：《史记》卷一百二十三《大宛列传》，第3163页。）

火山国，隋时闻焉。去诸薄东五千里。国中山皆有火，虽雨不息。火中有白鼠。《扶南土俗传》云："火洲在五马州之东可千余里。春月霖雨，雨止则火燃洲上，林木得雨则皮黑，得火则皮白。诸左右洲人，以春月采木皮，绩以为布，即火浣也，或作炷灯。又有加营国北、社诸薄国西，有山周三百里，从四月火生，正月火灭，则草叶落，如中国寒时。人以三月至此山，取木皮绩布，同火山所成也。

（《太平寰宇记》卷一百七十七《四夷六·火山国》，第3380页。）

扶南海隅有人如兽（类人）

扶南海隅有人如兽，（此人，扶南之东，缘海边，略如禽兽，人无道也。）身黑若漆，齿白如素。（扶南以外，民皆漆齿使黑，而此人身体惟独不漆齿，故正白也。）随时流移，居无常处。（此民不知安立屋宅，乃随寒暑素饮。身体虽小，夏则入水捕鱼螺，冬则登山射麋鹿也。）食惟鱼肉，不识禾稼。寒无衣服，以沙自覆。（此人无衣服，若小遇寒凉，辄以沙自覆，惟以出面目耳。）时或屯聚，猪、犬、鸡杂糅。（此人无衣服，若遇寒凉，以沙自覆，惟以出面目耳。）时或（此人或时权有可得停，犹知立一小屋，以自藉。

家中男女大小并止，猪犬共息其中，无复分别也。）虽忝人形，无逾六畜。

（《太平御览》卷七百九十《四夷部十一·类人》引《南州异物志》，第3501页下。）

雕题国画其面及身

雕题国，画其面及身，刻其肌而青之，或若锦衣，或若鱼鳞。

（《太平御览》卷七百九十《四夷部十一·雕题国》引《南州异物志》，第3501页下。）

狼眲国民俗

狼眲国，男无衣服，女横布帷。出与汉人交易，不以昼市，暮夜会。俱以鼻嗅金，则知好恶。

（《太平御览》卷七百九十《四夷部十一·狼眲国》引《异物志》，第3501页下。）

瓮人

瓮人，齿及目甚鳞白，面体异黑若漆，皆光泽。为奴婢，强勤力。

（《太平御览》卷七百九十《四夷部十一·瓮人》引《异物志》，第3502页上。）

黄头人其类与禽兽同

黄头人，群相随行，无常居处。其类与禽兽同，或依大树，以草被其枝上，而庇阴其下。发正黄，如扫帚。见汉人，散入草，终不可得近。

（《太平御览》卷七百九十《四夷部十一·黄头人》引《异物志》，第3502页上。）

穿胸人其衣则缝布二幅

穿胸人，其衣则缝布二幅，合两头，开中央，以头贯穿，胸身不突穿。

（《太平御览》卷七百九十《四夷部十一·穿胸人》引《异物志》，第3502页上。）

西屠国以草漆齿

西屠国在海外，以草漆齿，用白作黑，一染则历年不复变。一号黑齿。

（《太平御览》卷七百九十《四夷部十一·西屠国》引《异物志》，第3502页上。）

落头民

南方有落头民，其头能飞。其种人常有所祭，号曰"虫落"，故因取名焉。以其头飞，因眼便去，以耳为翼，将晓还复着体。吴时往往得之。

（《太平御览》卷七百九十《四夷部十一·落头民》引《博物志》，第3502页上。）

究原国民

究原有獠民，出锡、铁、鸡舌香及赤白五色鹦鹉鸟。究原达永昌一岁。

（《太平御览》卷七百九十《四夷部十一·究原》引《外国传》，第3502页下。）

南方诸国民俗

凡南方诸国，皆因城郭而居，多饶珍丽。民俗淳善，质直好义，亦与西城、大秦、安息、身毒诸国交通往来。或三方四方，浮浪乘风，百日便至。率奉佛教，好生恶杀。

（《洛阳伽蓝记》卷四《城西》，第160页。）

奚自扶南、顿逊，逮于林邑、杜薄、无伦五国之中，朱砂、琉黄、曾青、石精之所出，诸导仙服食之药，长生所保之石实，无求不有，不能复缕，其别名也。称丹砂如东沤之瓦石，履流丹若甄陶之灰壤，触地比目，不可称量。而此五国，不见服用之方，莫知长延之道，贵无用以填宇内，遗灵石而不钙。竞雕玩之货，贱流丹之药，炼饵不加，真质长亿耳，混杂无亲，妙物不显矣。昔经眼校，实已分明也。

（葛洪：《太清金液神丹经》卷下，《道藏》第18册《洞神部·众术类》，第757页中下。）

古奴斯调国民俗

古有奴调国，乘四轮马为车。斯调国出火浣布，以树皮为之，其树入火不燃。
（《洛阳伽蓝记》卷四《城西》，第160页。）

古奴斯调国，去歌营可万许里，土地人民有万余家，皆多白皙易长大。民皆乘四轮车，车驾二马或四马，四会所集也。舶船常有百余艘，市会万余人，昼夜作市，船行皆籓号鸣鼓吹角，人民衣服如中国无异，土地有金玉如瓦石，此国亦奉大道焉。
（葛洪：《太清金液神丹经》卷下，《道藏》第18册《洞神部·众术类》，第761页中。）

珠崖、儋耳民俗

儋耳夷，生则镂其头，皮尾相连。并镂其耳匡，为数行与颊相连，状如鸡腹，下垂肩上。食薯，纺绩为业。
（《太平御览》卷七百九十《四夷部十一·儋耳国》引《异物志》，第3502页上。）

朱崖在大海中，遥望朱崖，洲大如菌，举帆一日一夜至洲，周匝二千里，径度七八百里，可十万家，女多姣好，长发美鬓。
（《太平御览》卷六十九《地部·洲》引王隐《晋书》，第326页下。）

朱崖俗：行来出入着布，或细纻布巾，巾四幅，其中内头如领巾象。
（《太平御览》卷八百二十《布帛部·纻》引《朱崖传》，第3652页下。）

朱崖、儋耳二郡，与交州俱开，皆汉武帝所置。大海中，南极之外，对合浦徐闻县。清朗无风之日，径望朱崖州，如囷廪大。从徐闻对渡，北风举帆，一日一夜而至。周回二千余里，径度八百里，人民可十万余家，皆殊种异类，被发雕身，而女多姣好白皙，长发美鬓，犬羊相聚，不服德教。儋耳先废，朱崖数叛，元帝以贾捐之议罢郡。
（《水经注》卷三十六《温水》引王氏《交广春秋》，第840页。）

朱崖在大海中，南极之外。
（《太平御览》卷一百七十二《州郡部·岭南道》引《交州记》，第843页上。）

朱崖珠宫县出明月珠。
（《太平御览》卷八百零二《珍宝部·珠上》引《吴录·地理志》，第3563页上。）

金有华，出珠崖，谓金华采者也。雪山，在新昌南。人曾于山中得金块如升，迷失道。还置本处，乃得出。
（《太平御览》卷八百一十一《珍宝部·金下》引刘欣期《交州记》，第3605页下。）

外国花移植于南海

指甲花，细白色，绝芳香，今蕃人重之，但未详其名也。又耶悉弭花，白末利花（红者不香），皆波斯移植中夏。如毗尸沙金钱花也，本出外国，大同二年始来中土。今番禺士女，多以彩缕贯花卖之，愚详末利乃五印度花名，佛书多载之，贯华（花）亦佛事也。

［《北户录（附校勘记）》卷三《指甲花》，第49页。］

耶悉茗花、末利花，皆胡人自西国移植于南海。南人怜其芳香，竞植之。陆贾《南越行纪》曰："南越之境，五谷无味，百花不香。"此二花特芳香者，缘自胡国移至，不随水土而变，与夫橘北为枳异矣。彼之女子以彩丝穿花心，以为首饰。
（嵇含：《南方草木状》卷下载《南越五主传及其它七种》，第57页。）

椰树

椰树，叶如栟榈，高六七丈，无枝条。其实大如寒瓜，外有麓皮，次有壳，圆而且坚。剖之有白肤，厚半寸，味似胡桃而极肥美；有浆，饮之得醉。俗谓之"越王头"云；昔林邑王与越王有故怨，遣侠客刺得其首，悬之于树，俄化为椰子。林邑王愤之，命剖以为饮器。南人至今效之。当刺时，越王大醉，故其浆犹如酒。
（嵇含：《南方草木状》卷下载《南越五主传及其它七种》，第67页。）

海梧子、海松子出林邑

海梧子，树似梧桐，色白，叶似青桐。有子如大栗，肥甘可食，出林邑。

（嵇含：《南方草木状》卷下载《南越五主传及其它七种》，第69页。）

海松子，树与中国松同。但结实绝大，形如小栗，三角，肥甘香味，亦樽俎间佳果也。出林邑。

（嵇含：《南方草木状》卷下载《南越五主传及其它七种》，第69页。）

云丘竹出扶南

云丘竹，一节为船。出扶南。然今交广有竹，节长二丈，其围一二丈者，往往有之。

（嵇含：《南方草木状》卷下载《南越五主传及其它七种》，第70页。）

大秦民俗

国有小城邑合四百余，东西南北数千里。其王治滨侧河海，以石为城郭。其土地有松、柏、槐、梓、竹、苇、杨柳、梧桐、百草。民俗，田种五谷，蓄乘有马、骡、驴、骆驼；桑蚕。俗多奇幻，口中出火，自缚自解，跳十二丸巧妙。其国无常主，国中有灾异，辄更立贤人以为王，而生放其故王，王亦不敢怨。其俗人长大平正，似中国人而胡服。自云本中国一别也，常欲通使与中国，而安息图其利，不能得过。其俗能胡书。其制度，公私宫室为重屋，旌旗击鼓，白盖小车，邮驿亭置如中国。从安息绕海北到共国，人民相属，十里一厅，三十里一置，终无盗贼。但有猛虎、狮子为害，行道不群则不得过。其国置小王数十，其王所治城周回百余里，有官曹文书。王有五宫，一宫间相去十里，其王平且之一宫听事，至日暮一宿，明日复至一宫，五日一周。置三十六将，每议事，一将不至则不议也。王出行，常使从人持一韦囊自随，有白言者，受其辞投囊中，还宫乃省为决理。以水晶作宫柱及器物。作弓矢。其别枝封小国，曰泽散王，曰驴分王，曰且兰王，曰贤督王，曰汜复王，曰于罗王，其余小王国甚多，不能一一详之也。国出细绨，作金银钱，金钱一当银钱十。有织成细布，言用水羊氄，名曰海西布。此国六畜皆出水，或云非独用羊毛也，亦用木皮或野茧丝作，织成氍毹、氍氀、罽帐之属皆好，其色又鲜于海东诸国所作也。又常利得中国丝，解以为胡绫，故数与安息诸国交市于海中。海水苦不可食，故往来者希到其国中。山出九色次玉石，一曰青，二曰赤，三曰黄，四曰白，五曰黑，六曰绿，七曰紫，八曰红，九曰绀。今伊吾山中有九色石，即其类。阳嘉三年时，疏勒王臣槃献海西青石、金带各一。又今西域旧图云罽宾、条支诸国出琦石，即次玉石也。大秦多金、银、铜、铁、铅、锡、神龟、白马、朱髦、骇鸡犀、瑇瑁、玄熊、赤螭、辟毒鼠、大贝、车渠、玛瑙、南金、翠爵、羽翮、象牙、符采玉、明月珠、夜光珠、真白珠、虎珀、珊瑚、赤白黑绿黄青绀缥红紫十种流离、璆琳、琅玕、水精、玫瑰、雄黄、雌黄、碧、五色玉、黄白黑绿紫红绛绀金黄缥留黄十种氍毹、五色毾、五色九色首下毾毲、金缕绣、杂色绫、金涂布、绯持布、发陆布、绯持渠布、火浣布、阿罗得布、巴则布、度代布、温宿布、五色桃布、绛地金织帐、五色斗帐、一微木、二苏合、狄提、迷迷、兜纳、白附子、薰陆、郁金、芸胶、薰草木十二种香。大秦道既从海北陆通，又循海西南，与交趾七郡外夷通。又有水道通益州、永昌，故永昌出异物。前世但论有水道，不知有陆道，今其略如此，其民人户数不能备详也。

（《三国志》卷三十《魏书·乌丸鲜卑东夷传》引《魏略·西戎传》，第860～862页。）

大秦国在安息、条支西，出细布。有织成细布，言用水羊毳，名曰："海西布"。又曰：大秦国出金塗布、绯持竹布、发隆火浣布、阿罗得布、巴则布、鹿代布、温宿布、五色枕布。

（《太平御览》卷八百二十《布帛部·布》引《魏略》，第3649页上。）

大秦国以青水精为屋。

（《太平御览》卷一百八十一《居处部九·屋》引《广志》，第881页下。）

大秦国，以瑠（琉）璃为墙，则其事也。

（《初学记》卷二十四《居处部·墙壁》引《南州异物志》，第584页。）

大秦国以水精为舄。

（《太平御览》卷一百八十八《居处部十六·质础》引《异物志》，第912页下。）

大秦国出夜光珠、真白珠。夫馀出珠，大如酸枣。

（《太平御览》卷八百零二《珍宝部·珠上》引《魏略》，第3562页下。）

大秦国出采玉、五色玉，夫余国出赤玉。

（《太平御览》卷八百零四《珍宝部·玉》引《魏略》，第3573页上。）

大秦国多马脑（玛瑙）。

（《太平御览》卷八百零八《珍宝部·马脑》引《魏略》，第3591页下。）

大秦国出赤、白、黑、黄、青、绿、绀、缥、红、紫十种琉璃。

（《太平御览》卷八百零八《珍宝部·琉璃》引《魏略》，第3590页下。）

大秦国多车渠（砗磲）。

（《太平御览》卷八百零八《珍宝部·车渠》引《魏略》，第3592页上。）

大秦国出碧。

（《太平御览》卷八百零九《珍宝部·碧》引《魏略》，第3594页下。）

木难出大秦。

（《太平御览》卷八百零九《珍宝部·木难》引《玄中记》，第3595页上。）

木难，金翅鸟口结沫所成，碧色珠也。大秦土人珍之。

（《太平御览》卷八百零九《珍宝部·木难》引《南越志》，第3595页上。）

大秦国出玫瑰。

（《太平御览》卷八百零九《珍宝部·玫瑰》引《魏略》，第3595页下。）

大秦国出金织成帐也。

（《太平御览》卷八百一十《珍宝部·金中》引《魏略》，第3598页上。）

金钢出天竺大秦国，一名削玉刀，削玉如铁刀削木大者，长尺许，小者如稻米。欲刻玉时，当作大金镮，着手指，开其背如月以割玉，刀内环中以刻玉。

（《太平御览》卷八百一十三《珍宝部·金钢》引《玄中记》，第3614页下。）

箽篛竹，皮薄而空多，大者径不过二寸。皮粗涩，以镑犀象，利胜于铁。出大秦。

（嵇含：《南方草木状》卷下载《南越五主传及其它七种》，第70页。）

大秦国，在古奴斯调西，可四万余里，地方三万里，最大国也。人士炜烨，角巾塞路，风俗如长安人。此国是大道之所出，谈虚说妙，唇理绝殊，非中国诸人辈，作一云妄语也。道士比肩，有上古之风，不畜奴婢，虽天王王妇犹躬耕籍田，亲自拘桑织经，以道使人，人以义观，不用刑辟刀刃戮罚，人民温睦，皆多寿考，水土清凉，不寒不热。士庶推让，国无凶人，斯道气所陶，君子之奥丘，显罪福之科教，令万品奉其化也，始于大秦。国人宗道以示八遐矣，亦如老君入流沙化胡也。从海济入大江七千余里，乃到其国。天下珍宝所出，家居皆以珊瑚为枕榻，瑠（琉）璃为墙壁，水精为阶陀。

（葛洪：《太清金液神丹经》卷下，《道藏》第18册《洞神部·众术类》，第760页中。）

沃沮东大海中之民

有一国亦在海中，纯女无男。又说得一布衣，从海浮出，其身如中国人衣，两袖长二丈。又得一破船，随波出在海岸边，有一人项中复有面，生得，与语不相通，不食而死。其地皆在沃沮东大海中。

（《博物志》卷二《异人》，第23页。）

甘水

甘水也，在西域之东，名曰新陶水，山在天竺国西，水甘，故曰甘水。有石盐，白如水精，大段则破而用之。康泰曰：安息、月支、天竺、至伽那调洲，皆仰此盐。

（《水经注》卷一《河水》引郭义恭《广志》，第3～4页）

第四章
港口航线

一、南海航线

广州包山带海，珍异所出，一箧之宝，可资数世，然多瘴疫，人情惮焉。
（《晋书》卷九十《吴隐之传》第2341页。）

二月、五月、六月有潮上二禺峡，逐浪返五羊，一宿而至。
（《太平寰宇记》卷一百五十七《岭南道一》引谭子和《海峤志》，第3018页。）

交土荒裔，斗绝一方，或重译而言，连带山海。又南郡去州海行千有余里，外距林邑才七百里。
（《晋书》卷五十七《陶璜传》，第1560～1561页。）

广州东百里有村，号曰"古斗"，自此出海，溟渺无际。
（《太平寰宇记》卷一百五十七《岭南道一》引裴渊：《广州记》，第3015页。）

扶南国在林邑西三千余里，自立为王，诸属皆有官长，及王之左右大臣，皆号为昆仑。
（《太平御览》卷七百八十六《四夷部七·扶南国》引《南州异物志》，第3482页下。）

扶南西去林邑三千余里，在海大湾中，其境广袤三千里，有城邑宫室。
（《晋书》卷九十七《四夷·扶南国传》，第2547页。）

从日南郡南,去到林邑国,四百余里。准迳相符,然则城故西捲县也。

(《水经注》卷三十六《温水》引《交州外域记》,第833页。)

康泰《扶南记》曰:从林邑至日南卢容浦口可二百余里,从日南发往扶南诸国,常从此口出也。故《林邑记》曰:尽纮沧之徼远,极流服之无外。地滨沧海,众国津迳。

(《水经注》卷三十六《温水》,第835页。)

出日南寿灵浦,由海正南行,故背辰星,而向箕星也。昼夜不住十余日,乃到扶南。扶南,在林邑西南三千余里。自立为王,诸属国皆君。长王号炮到大国,次王者号为鄯叹小国,君长及王之左右大臣,皆号为昆仑也。扶南地多朱砂珍石,从扶南北至林邑三千里,其地丰饶,多朱丹、硫黄,典逊在扶南南四去五千里,本别为国。扶南先王范寻有勇略讨服之,今属扶南,其地土出铁。其南又有都昆、比嵩、句稚诸国,范寻时皆跨讨服,故曰名函典逊。典逊去日南二万里,扶南去林邑似不过三千七八百里也。何以知之,舶船发寿灵浦口,调风昼夜不解帆十五日,乃到典逊。一日一夕,帆行二千里。

问曰:今长江舟船高墙广帆,因流顺风而下,日才行三百里耳。吾子今陈海行,昼夜三千里,岂不虚哉。答曰:余昔数曾问之舶船,高张四帆,斯作云当得行之日,试投物于水,俯仰一息之顷,以过百步,推之而论,疾于逐鹿,其于走马,马有千里,以此知之,故由千里左右也。其国出丹砂、曾青、硫黄、紫白石英。

(葛洪:《太清金液神丹经》卷下,《道藏》第18册《洞神部·众术类》,第758页下~759页上。)

林邑西去广州二千五百里,城西南角高山长岭,连接天郭,岭北接涧,大源淮水出郍郁远界,三重长洲,隐山绕西,卫北迴东,其岭南开涧;小源淮水出松根界,上山壑流,隐山绕南,曲街迴东,合淮流以注典冲。其城西南际山,东北瞰水,重渐流浦,周绕城下,东南渐外,因傍薄城,东西横长,南北纵狭,北边西端,回折曲入。城周围八里一百步,砖城二丈上起砖墙一丈,开方隟(隙)孔,砖上倚板,板上层阁,阁上架屋,屋上构楼。高者六七丈,下者四五丈。飞观鸱尾,迎风指云,缘山瞰水,骞骜嵬崿。但制造壮拙,稽古夷俗。城开四门:东为前门,当两淮渚滨,于曲路有古碑,夷书铭赞前王胡达之德。西门当两重渐,北迴上山,山西即淮流也。南门度两重渐,对温公垒。

(《水经注》卷三十六《温水》引《江东旧事》,第838页。)

斯调，海中洲名也，在歌营东南可三千里。上有王国，城市街巷，土地沃美。
（《太平御览》卷七百八十七《四夷部·斯调国》引《南州异物志》，第3485页下。）

林那国蛮，其延国未多曰，黎与毗骞同，大洲放二万里，法俗是同。
（《太平御览》卷七百九十《四夷部十一》引竺芝《扶南记》，第3501页上。）

句稚去典游八百里，有江口西南向，东北极大崎头。出涨海，中浅而多磁石。
（《太平御览》卷七百九十《四夷部十一》引《南州异物志》，第3501页上。）

句稚国，去典逊八百里，有江，日西南向，东北入，正东北行，大崎头出涨海中，水浅而多慈（磁）石，外徼人乘舶船皆铁叶，至此崎头，阂慈（磁）石不得过，皆止句稚，货易而还也。
（葛洪：《太清金液神丹经》卷下，《道藏》第18册《洞神部·众术类》，第759页中。）

加陈在歌营西南。
（《太平御览》卷七百九十《四夷部十一》引《南州异物志》，第3501页上。）

加陈国，在歌营西南海边，国海水服浅，有诸国梁人常伺行人，劫掠财物，贾人当须辈旅乃敢行。
（葛洪：《太清金液神丹经》卷下，《道藏》第18册《洞神部·众术类》，第759页下。）

南方有炎山焉，在扶南国之东，加营国之北，诸薄国之西。
（《艺文类聚》卷八十《火部》引《玄中记》，第1364页。）

师汉国在句稚西，从稚去行可十四、五日乃到其国。亦称王，上有神人及明月珠。但仁善，不忍杀生。土地平博，民有万余家。
（《太平御览》卷七百九十《四夷部十一》引《南州异物志》，第3501页上下。）

师汉国,在句稚西南,从句稚去船行,可十四五日乃到其国,国称王,皆奉大道,清洁修法度,汉家威仪,是以名之曰师汉国。上有神仙人,及出明月珠,但行仁善,不忍杀生,土地平博,民万余家,多金玉硫黄之物。

(葛洪:《太清金液神丹经》卷下,《道藏》第18册《洞神部·众术类》,第759页下。)

扈利国在奴调洲,西南边海。

(《太平御览》卷七百九十《四夷部十一》引《南州异物志》,第3501页下。)

姑奴国去歌营可八千里,民人万余户,皆乘四辕车,驾二马或四马,四会所集也。舶船常有百余艘,市会万余人,昼夜作市,船皆鸣鼓吹角。人民衣被同中国。

(《太平御览》卷七百九十《四夷部十一》引《南州异物志》,第3501页下。)

金邻,一名金陈,去扶南可二千余里。地出银,人民多好猎大象,生得乘骑,死则取其牙齿。

(《太平御览》卷七百九十《四夷部十一·金邻国》引《异物志》,第3502页上。)

从扶南西去金陈二千余里到金陈。

(《太平御览》卷七百九十《四夷部十一·金邻国》引《外国传》,第3502页上。)

南中有歌营国,去京师甚远,风土隔绝,世不与中国交通,虽二汉及魏,亦未曾至也。今始有沙门菩提拔陁至焉。自云:"北行一月,至句稚国,北行十一日,至典孙国,从典孙国北行三十日,至扶南国。方五千里,南夷之国,最为强大。民户殷多,出明珠金玉及水精珍异,饶槟榔。从扶南国北行一月,至林邑国。出林邑,入萧衍国。"

(《洛阳伽蓝记》卷四《城西》,第158~160页。)

从西图南去百余里到波辽,十余国皆在海边。

(《太平御览》卷七百九十《四夷部十一·波辽国》引《外国传》,第3502页上。)

从波辽国南去，乘船可三千里，到屈都乾国土地。有人民可二千余家，皆曰朱吾县民，叛居其中。

（《太平御览》卷七百九十《四夷部十一·屈都乾国》引《外国传》，第3502页上下。）

从屈都乾国东去，船行可千余里，到波延洲。有民人二百余家，专采金，卖与屈都乾国。

（《太平御览》卷七百九十《四夷部十一·波延洲》引《外国传》，第3502页上。）

南夷、西南夷，大抵在交州之南及西南，居大海中洲上，相去或三五千里，远者二三万里，乘舶举帆，道里不可详知。外国诸夷虽言里数，非定实也。

（《宋书》卷九十七《林邑国传》，第2377页。）

婆利国，在广州东南海中洲上，去广州二月日行。国界东西五十日行，南北二十日行。

（《梁书》卷五十四《婆利国传》，第796页。）

狼牙修国，在南海中。其界东西三十日行，南北二十日行。北去广州二万四千里。

（《南史》卷七十八《夷貊上·狼牙修国》，第1959页。）

时东土多赋役，百姓乃从海道入广州，刺史邓岳大开鼓铸，诸夷因此知造兵器。

（《晋书》卷七三《庾亮附弟翼传》，第1932页。）

二、印度洋航线

发拘利口，入大湾中，正西北入，可一年余，得天竺江口，名恒水。江口有国，号擔袟，属天竺。

（《水经注》卷一《河水》引《扶南传》，第10页。）

其国人行贾，往往至扶南、日南、交趾，其南徼诸国人少有到大秦者。
（《梁书》卷五十四《诸夷·中天竺传》，第798页。）

唯吴时扶南王范旃遣亲人苏物使其国，从扶南发投拘利口，循海大湾中正西北入历湾边数国，可一年余到天竺江口，逆水行七千里乃至焉。天竺王惊曰："海滨极远，犹有此人！"即呼令观视国内，仍差陈、宋等二人以月支马四匹报旃，遣物等还，积四年方至。
（《梁书》卷五十四《诸夷·中天竺传》，第798页。）

安息国，去私诃条国二万里，国土临海上，即《汉书》天竺安息国也。户近百万，最大国也。
（《水经注》卷二《河水》引竺枝《扶南记》，第35页。）

从林阳西去二千里，奴后国，可二万余户，与永昌接界。
（《太平御览》卷七百九十《四夷部十一·奴后国》引《外国传》，第3502页下。）

优钹国者，在天竺之东南可五千里，国土炽盛，城郭、珍玩、谣俗与竺同。
（《太平御览》卷七百八十七《四夷部·优钹国》引康泰《扶南土俗》，第3485页上。）

横跌国在优钹之东南，城郭饶乐不及优钹也。
（《太平御览》卷七百八十七《四夷部·横跌国》引康泰《扶南土俗》，第3485页上。）

其国本在洲上，东西五十由延，南北三十由延。左右小洲乃有百数，其间相去或十里、二十里，或二百里，皆统属大洲。
（《高僧法显传》，《大正藏》册51，第864页下。）

昔范旃时，有嘽杨国人家翔梨，尝从其本国到天竺，展转流贾至扶南，为旃说天竺土俗，道法流通，金宝委积，山川饶沃，恣所欲，左右大国，世尊重之。旃问云：今去何时可到，几年可回？梨言：天竺去此，可三万余里，往还可三年逾。及行，四年方返，以为天地之中也。
（《水经注》卷一《河水》引康泰《扶南传》，第7页。）

行迈靡靡，泛舟洪川，发自象林，迎箕背辰，乘风因流，电迈星奔，宵明莫停，积日倍旬，乃及扶南，有王有君，厥国悠悠，万里为垠，北钦林邑，南函典逊，左牵杜薄，右接无伦，民物无数，其会如云，忽尔尚罔，界此无前，谓已天际，丹穴之间，逮于仲夏，月纪之宾，凯风北迈，南旅来臻，怪问无由，各有乡邻。我谓南极，攸号朔边，乃说邦国，厥数无原、句稚、歌营、林扬、加陈、师汉、扈犁、斯调、大秦、古奴、察牢、弃波、唇宾、天竺、月支、安息、优钱，大方累万，小规数千，过此以往，莫识其根。

（葛洪：《太清金液神丹经》卷下，《道藏》第18册《洞神部·众术类》，第758页中。）

恒水之源，乃极西北，出昆仑山中，有五大源，诸水分流，皆由此五大源。枝扈黎大江出山西北流，东南注大海。枝扈黎，即恒水也，故释氏《西域记》有恒曲之目。恒北有四国，最西头恒曲中者是也。有拘夷那褐国。

（《水经注》卷一《河水》引康泰《扶南记》，第4页。）

三、欧洲航线

那先问王："王本生何国？"王言："我本生大秦国，国名阿荔散。"那先问王："阿荔散去是间几里？"王言："去二千由旬，合八万里。"那先问王："曾颇于此遥念本国中事不？"王言："然，恒念本国中事耳。"那先言："王试复更念本国中事，曾有所作为者。"王言："我即念已。"那先言："王行八万里，反复何以疾！"王言："善哉！善哉！"

（《那先比丘经》卷下，《大正藏》册32《论集部》，第702页上。）

昔中国人往扶南，复从扶南乘船，船入海，欲至古奴国，而风转不得达，乃他去。昼夜帆行不得息，经六十日乃到岸边，不知何处也。上岸索人而问之，云是大秦国。此商人本非所往处，甚惊恐，恐见执害，乃诈技南王使诣大秦王。王见之大惊曰：尔海边极远，故复有人，子何国人乎？来何为？扶南使者答曰：臣北海际扶南王使臣，来朝王庭阙，北面奉首矣。又闻王国有奇货珍宝，并欲请乞玄黄，以光鄙邑也。大秦王曰：子是周国之边民耶，乃冒洪海二十万里朝王庭，良辛苦也。向见子至，恐观化我方，察风俗之厚薄，睹人事之流味耳。岂悟远贪难得之货，开争竞之门户哉。招玄黄以病耳目，长奸盗以益勤苦耶。何乃轻性命于洪，箧一身于大海乎。若夫周立政，但以轻贵为驰骋者，岂不贱也，岂不弊哉。吾遥睹其化，乱兆已表于六合，奸政已彰于八外矣。然故来请，乞复宜赐以往反。乃付紫金夜光，五色玄珠，珊瑚神璧，白和朴英，交颈神玉琼虎，金刚诸神珍物，以与使者，发遣便去。语之曰：我国固贵尚道德，而慢贱此物，重仁义而恶贪贼，爱贞贤而弃淫佚，尊神仙以求灵和，敬清虚以保四气，陌此辈物斑驳玄黄，如飞鸿之视虫蚄。子后复以此货物来往者，将竞吾淳国，伤民耳目，奸争生于其治，风流由此而弊，当劝关吏，不令子得进也。言为心盟戒之，使者无言而退也。还四年，乃到扶南。使者先以船中所有彩绢千匹，奉献大王。王笑曰；夷狄彩绢，耳何六猥薄。物薄则人弊，谅不虚耳。非我国之所用，即还不取。因示使者玉帛之妙，八采之绮，流飞苍锦，玉缕结成之帛，金问孔文之碧，白则如雪，赤则如霞，青过翠羽，黑似飞乌，光精耀辉，五色纷敷，幅广四尺，无有好厅。而忽见使者凡弊之躬，北地之帛，真可笑也。自云大秦国无所不有，皆好中国物，永无相比方理矣。至于宠炊，皆然熏陆木为焦，香芳郁积，国无秽臭，实盛国者也。使既归具说本末，如此自是以来，无敢往复至大秦者，商旅共相传如此，遂永绝也。洪谓唯当躬行仁义，守操澹泊，耽虚味道，内情无欲者，推此而游，夫大秦国必或得意耶。如其不尔，以交易相寻求者，实无理也。又大秦人白易、长大出一丈者，形仪严整，举以礼度，止则澄静，言气浚云，交游蔚挺。而忽见商旅之夫，言无异音，不知经纶进趣，唯贪货贿，大秦王是益贱之。尽言周国之人，皆当然也。昔老君以周衰将入化大秦，故号扶南，使者为周人矣。周时四海弥服，扶南皆宾，所以越裳人抱白雉而献象牙于周也。今四夷皆呼中国作汉人，呼作晋人者，大秦去中国辽远，莫相往来，唯当是老君曾为周史，既入大秦，必称周国尔，乃号曰周人，不知周国已经百代也矣。

（葛洪：《太清金液神丹经》卷下，《道藏》第18册《洞神部·众术类》，第760页中～761页中。）

大秦国，一名黎轩，都安都城，从条支西渡海曲一万里，去代三万九千四百里。其海滂出，犹渤海也，而东西与渤海相望，盖自然之理。地方六千里，居两海之间。其地平正，人居星布。其王都城分为五城，各方五里，周六十里。王居中城，城置八臣，以主四方。而王城亦置八臣，分主四城。若谋国事及四方有不决者，则四城之臣，集议王所，王自听之，然后施行。王三年一出观风化。人有冤枉诣王诉讼者，当方之臣，小则让责，大则黜退，令其举贤人以代之。其人端正长大，衣服、车旗，拟仪中国，故外域谓之大秦。其土宜五谷、桑、麻，人务蚕、田。多璆琳、琅玕、神龟、白马硃鬣、明珠、夜光璧。东南通交趾，又水道通益州永昌郡，多出异物。

大秦西海水之西有河，河西南流。河西有南北山，山西有赤水，西有白玉山，玉山西有西王母山，玉为堂室云。从安息西界循海曲，亦至大秦，回万余里。于彼国观日月星辰，无异中国，而前史云，条支西行百里，日入处，失之远矣。

（《北史》卷九十六《大秦》，第3227～3228页。）

察牢，在安息中间，大国也，去天竺五千里。民国勇健，举国人皆称王种。国无常王，国人常选耆老有德者立为王，三岁一更举。土地所与天竺同。慕其土地，不出国远行。

（《太平御览》卷七百九十《四夷部十一》引《南州异物志》，第3501页下。）

察牢国，在安息、大秦中间，大国也。去天竺五千余里，人民勇健，举一国人自称王种，国无常王，国人常选耆老有德望者立为王。三年一更，举国尊之。土地所出，与天竺同，尤多珍物，不可名字。察牢国人自慕其地土，生不出国远行，人民安乐。国无刑杀，唯修仁义福德为业，甚雍雍然也。

（葛洪：《太清金液神丹经》卷下，《道藏》第18册《洞神部·众术类》，第761页中。）

叶波国，去天竺三千里，人民土地有无，与天竺同。

（葛洪：《太清金液神丹经》卷下，《道藏》第18册《洞神部·众术类》，第761页中。）

从迦那调州西南入大湾可七八百里，乃到枝扈黎大江口，度江西行，极大秦也。

（《水经注》卷一《河水》，引《扶南传》，第10页。）

从迦那调州乘大船，船张七帆，时风一月余日，乃入大秦秦国也。

（《太平御览》卷七七一《舟部四·帆》引《吴时外国传》，第3419页上。）

凡南方诸国，皆因城郭而居，多饶珍丽。民俗淳善，质直好义，亦与西域、大秦、安息、身毒诸国交通往来。或三方四方，浮浪乘风，百日便至。率奉佛教，好生恶杀。

（《洛阳伽蓝记》卷四《城西》，第160页。）

四、东亚航线

由会稽出发至交州航线

孙策东渡江,皆走交州以避其难,靖身坐岸边,先载附从,疏亲悉发,乃从后去,当时见者莫不叹息。既至交阯,交阯太守士燮厚加敬待。陈国袁徽以寄寓交州,徽与尚书令荀彧书曰:"许文休英才伟士,智略足以计事。自流宕已来,与群士相随,每有患急,常先人后己,与九族中外同其饥寒。其纪纲同类,仁恕恻隐,皆有效事,不能复一二陈之耳。"钜鹿张翔万机论云:翔字元凤。衔王命使交部,乘势募靖,欲与誓要,靖拒而不许。靖与曹公书曰:

"世路戎夷,祸乱遂合,驽怯偷生,自窜蛮貊,成阔十年,吉凶礼废。昔在会稽,得所贻书,辞旨款密,久要不忘。迫于袁术方命圮族,扇动群逆,津涂四塞,虽县心北风,欲行靡由。正礼师退,术兵前进,会稽倾覆,景兴失据,三江五湖,皆为虏庭。临时困厄,无所控告。便与袁沛、邓子孝等浮涉沧海,南至交州。经历东瓯、闽、越之国,行经万里,不见汉地,漂薄风波,绝粮茹草,饥殍荐臻,死者大半。既济南海,与领守兒孝德相见,知足下忠义奋发,整饬元戎,西迎大驾,巡省中岳。承此休问,且悲且憙,即与袁沛及徐元贤复共严装,欲北上荆州。会苍梧诸县夷、越起,州府倾覆,道路阻绝,元贤被害,老弱并杀。靖寻循渚岸五千余里,复遇疾疠,伯母陨命,并及群从,自诸妻子,一时略尽。复相扶侍,前到此郡,计为兵害及病亡者,十遗一二。生民之艰,辛苦之甚,岂可具陈哉!臣松之以为孔子称'贤者避世,其次避地',盖贵其识见安危,去就得所也。许靖羁客会稽,闾阎之士,孙策之来,於靖何为?而乃泛万里之海,入疫疠之乡,致使尊弱涂炭,百罹备经,可谓自贻矣。谋臣若斯,难以言智。孰若安时处顺,端拱吴、越,与张昭、张纮之俦同保元吉者哉?惧卒颠仆,永为亡虏,忧瘁惨惨,忘寝与食。欲附奉朝贡使,自获济通,归死阙庭,而荆州水陆无津,交部驿使断绝。欲上益州,复有峻防,故官长吏,一不得入。前令交阯太守士威彦,深相分讬於益州兄弟,又靖亦自与书,辛苦恳侧,而复寂寞,未有报应。虽仰瞻光灵,延颈企踵,何由假翼自致哉?愍知圣主允明,显授足下专征之任,凡诸逆节,多所诛讨,想力竞者一心,顺从者同规矣。又张子云昔在京师,志匡王室,今虽临荒域,不得参与本朝,亦国家之藩镇,足下之外援也。若荆、楚平和,王泽南至,足下忽有声命于子云,勤见保属,令得假途由荆州出,不然,当复相绍介于益州兄弟,使相纳受。倘天假其年,人缓其祸,得归死国家,解逋逃之负,泯躯九泉,将复何恨!若时有险易,事有利钝,人命无常,陨没不达者,则永衔罪责,入于裔土矣。

昔营邱翼周,杖钺专征,博陆佐汉,虎贲警跸。今日足下扶危持倾,为国柱石,秉师望之任,兼霍光之重,五侯九伯,制御在手,自古及今,人臣之尊未有及足下者也。夫爵高者忧深,禄厚者责重。足下据爵高之任,当责重之地,言出于口,即为赏罚,意之所存,便为祸福。行之得道,即社稷用宁;行之失道,即四方散乱。国家安危,在于足下;百姓之命,县于执事。自华及夷,颙颙注望。足下任此,岂可不远览载籍废兴之由,荣辱之机,弃忘旧恶,宽和群司,审量五材,为官择人?苟得其人,虽雠必举;苟非其人,虽亲不授。以宁社稷,以济下民,事立功成,则系音於管弦,勒勋于金石,原君勉之!为国自重,为民自爱。"翔恨靖之不自纳,搜索靖所寄书疏,尽投之于水。

(《三国志》卷三十八《蜀书·许靖传》,第964~966页。)

陆逊和全琮上疏反对孙权伐夷州及朱崖

权欲遣偏师取夷州及朱崖,皆以谘逊,逊上疏曰:"臣愚以为四海未定,当须民力,以济时务。今兵兴历年,见众损减,陛下忧劳圣虑,忘寝与食,将远规夷州,以定大事,臣反覆思惟,未见其利,万里袭取,风波难测,民易水土,必致疾疫,今驱见众,经涉不毛,欲益更损,欲利反害。又珠崖绝险,民犹禽兽,得其民不足济事,无其兵不足亏众。今江东见众,自足图事,但当畜力而后动耳。昔桓王创基,兵不一旅,而开大业。陛下承运,拓定江表。臣闻治乱讨逆,须兵为威,农桑衣食,民之本业,而干戈未戢,民有饥寒。臣愚以为宜育养士民,宽其租赋,众克在和,义以劝勇,则河渭可平,九有一统矣。"权遂征夷州,得不补失。

(《三国志》卷五十八《吴书·陆逊传》,第1350页。)

初,权将围珠崖及夷州,皆先问琮,琮曰:"以圣朝之威,何向而不克?然殊方异域,隔绝障海,水土气毒,自古有之,兵入民出,必生疾病,转相污染,往者惧不能反,所获何可多致?猥亏江岸之兵,以冀万一之利,愚臣犹所不安。"权不听。军行经岁,士众疾疫死者十有八九,权深悔之。后言次及之,琮对曰:"当是时,群臣有不谏者,臣以为不忠。"

(《三国志》卷六十《吴书·全琮传》,第1383页。)

魏晋南北朝时期

孙权遣将军卫温、诸葛直将甲士万人浮海求夷洲及亶洲

二年春正月，魏作合肥新城。诏立都讲祭酒，以教学诸子。遣将军卫温、诸葛直将甲士万人浮海求夷洲及亶洲。亶洲在海中，长老传言秦始皇帝遣方士徐福将童男童女数千人入海，求蓬莱神山及仙药，止此洲不还。世相承有数万家，其上人民，时有至会稽货布，会稽东县人海行，亦有遭风流移至亶洲者。所在绝远，卒不可得至，但得夷洲数千人还。

（《三国志》卷四十七《吴书·孙权传》，第1136页。）

孙权遣使乘海至辽东

嘉禾元年春正月，建昌侯虑卒。三月，遣将军周贺、校尉裴潜乘海之辽东。秋九月，魏将田豫要击，斩贺于成山。冬十月，魏辽东太守公孙渊遣校尉宿舒、阆中令孙综称藩于权，并献貂马。权大悦，加渊爵位。

（《三国志》卷四十七《吴书·孙权传》，第1136页。）

建安海道

建衡元年春正月，立子瑾为太子，及淮阳、东平王。冬十月，改年，大赦。十一月，左丞相陆凯卒。遣监军虞汜、威南将军薛珝、苍梧太守陶璜由荆州，监军李勖、督军徐存从建安海道，皆就合浦击交阯。

（《三国志》卷四十八《吴书·孙皓传》，第1167页。）

公孙渊遣使南通孙权，往来赂遗

初，恭病阴消为阉人，劣弱不能治国。太和二年，渊胁夺恭位。明帝即（位）拜渊扬烈将军、辽东太守。渊遣使南通孙权，往来赂遗。权遣使张弥、许晏等，赍金玉珍宝，立渊为燕王。渊亦恐权远不可恃，且贪货物，诱致其使，悉斩送弥、晏等首，明帝于是拜渊大司马，封乐浪公，持节、领郡如故。

（《三国志》卷八《魏书·公孙度传》，第253页。）

吴以货物诱边民

　　国家知渊两端，而恐辽东吏民为渊所误。故公文下辽东，因赦之曰："告辽东、玄菟将校吏民：逆贼孙权遭遇乱阶，因其先人劫略州郡，遂成群凶，自擅江表，含垢藏疾。冀其可化，故割地王权，使南面称孤，位以上将，礼以九命。权亲叉手，北向稽颡。假人臣之宠，受人臣之荣，未有如权者也。狼子野心，告令难移，卒归反覆，背恩叛主，滔天逆神，乃敢僭号。恃江湖之险阻，王诛未加。比年已来，复远遣船，越渡大海，多持货物，诳诱边民。边民无知，与之交关。长吏以下，莫肯禁止。至使周贺浮舟百艘，沈滞津岸，贸迁有无。既不疑拒，赍以名马，又使宿舒随贺通好。十室之邑，犹有忠信，陷君于恶，春秋所书也。……"

　　　　（《三国志》卷八《魏书·公孙度传》引《魏略》，第255页。）

第五章
船舶制造和航海技术

一、船舶制造

孙权新装大船

孙权尝装一船,名大船,容敌士三千人。

(《太平御览》卷七百七十《舟部三·舟下》引《武昌记》,第3413页上。)

樊口之北有湾,昔孙权装大船,名之曰"长安",亦曰"大舶",载坐直之士三千人,与群臣泛舟江津,属值风起,权欲西取庐州,谷利不从,乃拔刀急上,令取樊口薄,船舶至岸而败,故名其处为败舶湾。

(《水经注》卷三十五《江水》,第807页。)

权于武昌新装大船,名为"长安",试泛之钓台圻。时风大盛,谷利令柂工取樊口。权曰:"当张头取罗州。"利拔刀向柂工曰:"不取樊口者斩。"工即转柂入樊口,风遂猛不可行,乃还。权曰:"阿利畏水何怯也?"利跪曰:"大王万乘之主,轻于不测之渊,戏于猛浪之中,船楼装高,邂逅颠危,奈社稷何?是以利辄敢以死争。"权于是贵重之,自此后不复名之,常呼曰"谷"。

(《三国志》卷四十七《吴主传》引《江表传》,第1133~1134页。)

船小而载马八十匹

宏即缚得三十余人质之,宫于是谢罪,上马数百匹。宏乃遣咨、固奉诏书赐物与宫。是时宏船小,载马八十匹而还。

（《三国志》卷四十七《吴书·孙权传》,第1140页。）

舟楫为舆马,巨海为夷庚

又曰吴人以舟楫为舆马,以巨海为夷庚也。

（《太平御览》卷七百六十八《舟部一·叙舟上》引《吴志》,第3407页下。）

筏

苍梧高要县,郡下人避瘴气,乘筏来停此。六月来,十月去,岁岁如此。

（《太平御览》卷七百七十一《舟部·筏》引《吴录·地理志》,第3417页下。）

水浮陆行,方舟结驷

水浮陆行,方舟结驷。唱棹转毂,昧旦永日。开市朝而并纳,横阛阓而流溢。混品物而同廛,并都鄙而为一。士女伫眙,商贾骈坒。纻衣絺服,杂沓傱萃。轻舆按辔以经隧,楼船举帆而过肆。

（左思《吴都赋》载萧统著、李善注:《文选》,第219页。）

王濬造大舰、大筏

武帝谋伐吴,诏濬修舟舰。濬乃作大船连舫,方百二十步,受二千余人。以木为城,起楼橹,开四出门,其上皆得驰马来往。又画鹢首怪兽于船首,以惧江神。舟楫之盛,自古未有。濬造船于蜀,其木柿蔽江而下。

（《晋书》卷四十二《王濬传》,第1208页。）

太康元年正月,濬发自成都,率巴东监军、广武将军唐彬攻吴丹杨,克之,擒其丹杨监盛纪。吴人于江险碛要害之处,并以铁锁横截之,又作铁锥长丈余,暗置江中,以逆距船。先是,羊祜获吴间谍,具知情状。濬乃作大筏数

魏晋南北朝时期

十,亦方百余步,缚草为人,被甲持杖,令善水者以筏先行,筏遇铁锥,锥辄著筏去。又作火炬,长十余丈,大数十围,灌以麻油在船前,遇锁,然(燃)炬烧之,须臾,融液断绝,于是船无所碍。

(《晋书》卷四十二《王濬传》,第1209页。)

濬从之,令樊典造舟舰器仗。于是作大舰,长百二十步,受二千余人,以木为城,起楼橹,开四出门,其上皆得驰马往来。

(《资治通鉴》卷七十九《晋纪一》,第2522页。)

卢循起义作八槽舰

卢循新作八槽舰九枚,起四层,高十余丈。

(《艺文类聚》卷七十一《舟部》引《义熙起居注》,第1234页。)

卢循于番禺连旗而下,戎卒十万,舳舻千计攻京都

循遣道覆寇江陵,未至,为官军所败,驰走告循曰:"请并力攻京都,若克之,江陵非所忧也。"乃连旗而下,戎卒十万,舳舻千计,败卫将军刘毅于桑落洲,迳至江宁。道覆素有胆决,知刘裕已还,欲乾没一战,请于新亭至白石,焚舟而上,数道攻之。

(《晋书》卷一百《卢循传》,第2635页。)

舰能攻城

(卢)循军聚而观之,惮于陆战,乃引舰攻石头栅城。

(《建康实录》卷十《安皇帝》,第333页。)

壬午,内外戒严,沿江六七百里舰舳相接。

(《建康实录》卷十二《太祖文皇帝》,第448页。)

舳舻且千里,楼船百余双

夏四月乙未,至京师,戒平息甲。刘毅表南征,帝止之,毅不从,果败于桑落洲,众皆没,毅登岸走免。卢循闻帝之归,恐,欲以董兵寻阳,西取荆、

雍。道覆遣乘胜乃下，贼众十万余，舳舻且千里楼船百余双，败，军归，尤言其盛。

（《建康实录》卷十一《高祖武皇帝》，第372页。）

晋水战战船

水战，飞云船相去五十步，苍隼船相去四十步，金船相去三十步，小儿先登，飞鸟船相去五十步。

（《太平御览》卷七百六十九《舟部二·叙舟中》引《晋令》，第3409页下。）

晋宫不同船类

天渊池中紫宫舟、升进船。曜阳池有飞龙舟、射猎舟。灵芝池有鸣鹤舟、指南舟。舍利池有云母舟、无极舟。都亭池有华润舟、常安舟。

（《太平御览》卷七百六十九《舟部二·叙舟中》引《晋宫阁记》，第3409页下。）

安定县有越王铜舡

安定县有越王铜船，潮退时有见者。合浦四十里有潮，阴雨日，百姓樵采，见铜船出水上。

（《太平御览》卷七百六十九《舟部二·叙舟中》引刘欣期《交州记》，第3412页上。）

船漏而不沉

得此梵本已即载商人大船上可有二百余人。后系一小船，海行艰险，以备大船毁坏。得好信风东下，二日便值大风船漏水入。

（《高僧法显传》，《大正藏》册51，第865页下。）

如是大风昼夜十三日到一岛边。潮退之后见船漏处即补塞之。

（《高僧法显传》，《大正藏》册51，第866页上。）

宋孝武时舟航之盛

《西巡记》曰：宋孝武度六合，龙舟翔凤以下，三千四十五艘。舟航之盛，三代两京无比。

（《初学记》卷二十五《器物部·舟》引陶季直《京邦记》，第610页。）

陆纳所造大舰

初，纳造大舰，一名曰三王舰者，邵陵王、河东王、桂阳嗣王三人并为元帝所害，故立其像于舰，祭以太牢，加其节盖羽仪鼓吹，每战辄祭之以求福。又造二舰，一曰青龙舰，一曰白虎舰，皆衣以牛皮，并高十五丈，选其中尤勇健者乘之。

（《南史》卷六十三《王神念传》，第1539～1540页。）

扶南国治作大船

乃治作大船，穷涨海，攻屈都昆、九稚、典孙等十余国，开地五六千里。

（《梁书》卷五十四《海南诸国》，第788页。）

扶南国伐木为船，长者十三寻，广肘六尺，头尾似鱼，皆以铁镊露装，大者载百人，人有长短人桡及篙各一，从头至尾有五十人作或四十二人，随船大小，立则用长桡，坐则用短桡，浅水乃用篙，皆当上应声如一。

（《太平御览》卷七六九《舟部二·叙舟中》引《吴时外国传》，第3411页下。）

扶南国治生皆用黄金僦船东西

扶南国治生皆用黄金僦船东西，远近雇一斤。时有不至所届，欲减金数，舡主便作幻诳，使船底砥折，状欲沦滞海中，进退不动。众人惶怖，还请赛船合如初。

（《异苑》卷九，第196～197页。）

艑、舶

船舶，音白。《埤苍》：舶，大船也。《通俗文》：吴船曰艑，晋船曰舶。大者长二十丈，载六七百人者是也。

（《一切经音义三种校本合刊索引》卷一《大方广佛华严经》，第12页下。）

大船也，今江南泛海船谓之舶，昆仑及高丽皆乘之，大者受万斛也。

（《一切经音义三种校本合刊索引》卷十《三具足论》引《字林》，第217页上。）

破舶，下音白。司马彪注《庄子》云：海中大船曰舶。《广雅》：舶，海舟也。入水六十尺，驱使运载千余人，除货物，亦曰昆仑舶。运动此船多骨论，为水匠用椰子皮为索，连缚葛览，糖灌塞令水不入，不用钉鍱，恐铁热火生，累木枋而为之，板薄恐破，长数里，前后三节，张帆使风，亦非人力能动也。

（《一切经音义三种校本合刊索引》卷六十一《根本说一切有部毗奈耶大律》（第三十二卷），第1588页下～1588页上。）

祖冲之造千里船

冲之解钟律博塞，当时独绝，莫能对者。以诸葛亮有木牛流马，及造一器，不因风水，施机自运，不劳人力。又造千里船，于新亭江试之，日行百余里。

（《南史》卷七十二《祖冲之传》，第1774页。）

外域人制作大船

外域人名船曰船（舶之误），大者长二十余丈，高去水三二丈，望之如阁道，载六七百人，物出万斛。

（《太平御览》卷七六九《舟部二·叙舟中》引《南州异物志》，第3412页上。）

外徼人随舟大小，或作四帆，前后沓载之，有卢头木叶，如牖形，长丈余，织以为帆。其四帆不正，前向皆使邪移相聚，以取风吹。风后者激而相射亦并得风力，若急则随宜城减之。邪张相取风气，而无高危之虑。故行不避迅风,激波所以能疾。

（《太平御览》卷七百七十一《舟部四·帆》引《南州异物志》,第3419页上。）

涨海中,倒珊瑚洲,洲底有盘石,珊瑚生其上也。
（《太平御览》卷六十九《地部三四·洲》引《扶南传》,第327页上。）

涨海崎头水浅,而多磁石。外徼人乘大船,皆以铁鍱鍱之,至此关以磁石不得过。

（《太平御览》卷九百八十八《药部五·磁石》引《南州异物志》,第4372页上。）

贾人以桄榔缚船,以橄榄糖泥船

贾人船不用铁打,只使桄榔须系缚,以橄榄糖泥之。糖干甚坚,入水如漆也。

（《岭表录异》,第8页。）

桄榔树生广南山谷,枝叶并蕃茂,与枣、槟榔等树小异。然叶下有须,如粗马尾。广人采之,以织巾子。其须尤宜咸水浸渍,即粗胀而韧,故人以此缚舶,不用钉线。

（《岭表录异》,第17页。）

桄榔,树似栟榈,中实。其皮可作绠,得水则柔韧,胡人以此联木为舟。
（稽含《南方草木状》,载《南越五主传及其它七种》,第64页。）

橄榄,树身耸枝,皆高数尺,其子深秋方熟。闽中尤重此味,云咀之香口,胜含鸡舌香。生吃及煮饮悉解酒毒。有野生者,子繁树峻,不可梯缘,则但刻其根下方寸许,内盐于其中,一夕,子皆自落。树枝节上生脂膏如桃胶,南人采之,和其皮叶煎之,调如黑汤,谓之橄榄糖。用泥船损,干后牢于胶漆,著水益干耳。

（《岭表录异》,第19页。）

篙工楫师

篙工楫师，选自闽禺，习御长风，狎玩灵胥。

（左思《吴都赋》载萧统著、李善注：《文选》，第227页。）

羊侃于两艖䑠起三间通梁水斋

初赴衡州，于两艖䑠起三间通梁水斋，饰以珠玉，加之锦缋，盛设帷屏，陈列女乐，乘潮解缆，临波置酒，缘塘傍水，观者填咽。

（《梁书》卷三十九《羊侃传》，第561页。）

飞云大船

弘舸连舳，巨槛接舻，飞云盖海，制非常模。叠华楼而岛跱，时仿佛于方壶。

（左思《吴都赋》载萧统著、李善注：《文选》，第227页。）

孙权乘飞云大船。

（左思《吴都赋》载萧统著、李善注：《文选》卷五引《江表传》，第227页。）

侯景以船贮石塞淮口

侯景登石头城观望形势，意甚不悦，谓左右曰："此军上有紫气，不易可当。"乃以舣舴贮石沈塞淮口，缘淮作城，自石头迄青溪十余里中，楼雉相接。

（《陈书》卷一《高祖本纪上》，第5页。）

景召石头津主张宾，使引淮中舣舴及海艟，以石缒之，塞淮口。

（《资治通鉴》卷一百六十四《梁纪二十》，第5080页。）

徐世谱善造水战之具

侯景之乱，因预征讨，累迁至员外散骑常侍。寻领水军，从司徒陆法和讨景，与景战于赤亭湖。时景军甚盛，世谱乃别造楼船、拍舰、火舫、水车以益

·魏晋南北朝时期·

军势。将战，又乘大舰居前，大败景军，生擒景将任约，景退走。因随王僧辩攻郢州，世谱复乘大舰临其仓门，贼将宋子仙据城降。以功除使持节、信武将军、信州刺史，封鱼复县侯，邑五百户。仍随僧辩东下，恒为军锋。又破景将侯子鉴于湖熟。侯景平后，以功除通直散骑常侍、衡州刺史资，领河东太守，增邑并前一千户。

（《陈书》卷十三《徐世谱传》，第197页。）

西魏来寇荆州，世谱镇马头岸，据有龙洲，元帝授侍中、使持节、都督江南诸军事、镇南将军、护军将军，给鼓吹一部。江陵陷没，世谱东下依侯瑱。绍泰元年，征为侍中、左卫将军。高祖之拒王琳，其水战之具，悉委世谱。世谱性机巧，谙解旧法，所造器械，并随机损益，妙思出入。

（《陈书》卷十三《徐世谱传》，第198页。）

其它战舰

郢城既不可攻，而平西将军黄回军至西阳，乘三层舰，作羌胡伎，溯流而进。

（《南齐书》卷二十四《柳世隆传》，第449页。）

欧阳纥据有岭南反，诏昭达都督众军讨之。昭达倍道兼行，达于始兴。纥闻昭达奄至，惶扰不知所为，乃出顿洭口，多聚沙石，盛以竹笼，置于水栅之外，用遏舟舰。昭达居其上流，装舻造拍，以临贼栅。又令军人衔刀，潜行水中，以斫竹笼，笼篾皆解。因纵大舰随流突之，贼众大败，因而擒纥，送于京师，广州平。以功进车骑大将军，迁司空，余并如故。

（《陈书》卷十一《章昭达》，第183页。）

及王师次于南州，贼帅侯子鉴等率步骑万余人于岸挑战，又以鹢船千艘并载士，两边悉八十棹，棹手皆越人，去来趣袭，捷过风电。僧辩乃麾细船，皆令退缩，悉使大舰夹泊两岸。贼谓水军欲退，争出趋之，众军乃棹大舰，截其归路，鼓噪大呼，合战中江，贼悉赴水。

（《梁书》卷四十五《王僧辩》，第628页。）

坞

权欲作坞,诸将皆曰:"上岸击贼,洗足入船,何用坞为?"吕蒙曰:"兵有利钝,战无百胜,如有邂逅,敌步骑蹙人,不暇及水,其得入船乎?"权曰:"善。"遂作之。

(《三国志》卷五十四《吕蒙传》注引《吴录》,第1275页。)

方今百僚济济,俊乂盈朝,武臣猛将,折冲万里,国富兵强,六军精练,思复翰飞,饮马南海。自顷国家整修器械,兴造舟楫,简习水战,楼船万艘,千里相望,刳木已来,舟车之用未有如今之殷盛者也。

(《三国志》卷五十六《孙楚传》,第1541页。)

舟船千万艘

濬收其图籍,领州四,郡四十三,县三百一十三,户五十二万三千,吏三万二千,兵二十三万,男女口二百三十万,米谷二百八十万户,舟船五千余艘,后宫五千人。

(《三国志》卷四十八《三嗣主传》引《晋阳春秋》,第1177页。)

今征东诸将与权党吕范等水战,则斩首四万,获船万艘。

(《三国志》卷二《魏书·文帝纪》引《魏书》,第82页。)

杨素造大舰以伐陈

素居永安,造大舰,名曰五牙,上起楼五层,高百余尺,左右前后置六拍竿,并高五十尺,容战士八百人,旗帜加于上。次曰黄龙,置兵百人。自余平乘、舴艋等各有差。及大举伐陈,以素为行军元帅,引舟师趣三硖。军至流头滩,陈将戚欣以青龙百余艘、屯兵数千人守狼尾滩,以遏军路。其地险峭,诸将患之。素曰:"胜负大计,在此一举。若昼日下船,彼则见我,滩流迅激,制不由人,则吾失其便。"乃以夜掩之。素亲率黄龙数千艘,衔枚而下,遣开府王长袭引步卒从南岸击欣别栅,令大将军刘仁恩率甲骑趣白沙北岸,迟明而至,击之,欣败走。悉虏其众,劳而遣之,秋毫不犯,陈人大悦。素率水军东下,舟舻被江,旌甲曜日。素坐平乘大船,容貌雄伟,陈人望之惧曰:"清河公即江神也。"陈南康内史吕仲肃屯岐亭,正据江峡,于北岸凿岩,缀铁锁三条，横截上流，以遏战船。素与仁恩登陆俱发，先攻其栅。仲肃军夜溃，素徐去其锁。仲肃复据荆门之延洲。素遣巴蜒卒千人，乘五牙四艘，以柏樯碎贼十余舰，遂大破之，俘甲士二千余人，仲肃仅以身免。

（《隋书》卷四十八《杨素传》，第1283页。）

帆、樯

鼓帆迅越，超张绝迥。倏忽数百，千里俄顷，飞廉无以希其踪，渠黄不能及其景。

（《太平御览》卷七百七十一《舟部》引郭璞《江赋》，第3419页下。）

若乃惟馨陈祈，祝不愧言，或适于东，或归于西。商客齐畅，潮流往还，各资顺势，双帆同悬。偃如骈骅背驰，挈如交隼经轩。

（《太平御览》卷七百七十一《舟部》引孙绰《望海赋》，第3419页下。）

舳舻相接，万里连樯，泝洄沿流，或渔或商也。

（《太平御览》卷七百七十一《舟部》引郭璞《江赋》，第3419页下。）

二、航海技术

利用北极星导航

夫群迷乎云梦者，必须指南以知道；并乎沧海者，必仰辰极以得反。

（《抱朴子外篇校笺》卷一《嘉遯》，第61页。）

望日月，星宿而进

大海弥漫无边，不识东西，唯望日月，星宿而进。若阴南时，为逐风去，亦无准。

（《高僧法显传》，《大正藏》册51，第866页上。）

指南鱼

虾蟆子曰蝌蚪,一曰玄针,一曰玄鱼。形圆而尾大,尾脱即脚生。

(《〈古今注〉校笺》卷中《鱼虫第五》,第131页。)

海洋占候

梯山航海,交臂屈膝,占云望日,重译至焉。

(《艺文类聚》卷五十五《杂文部一·集序》引萧绎《职贡图序》,第996页。)

熙安间多飓风

熙安间多飓风。飓者,具四方之风也,一曰惧风,言怖惧也,常以六七月兴。未至时,三日鸡犬为之不鸣,大者或至七日,小者一二日,外国以为黑风。

(《太平御览》卷九《天部》引《南越志》,第45页下。)

棹河渊之轻艇。

(《太平御览》卷七百七十一《舟部》引陆机《思归赋》,第3417页上。)

海洋潮汐

天河从北极,分为两头,至于南极,其一经南井中过;其一经东井中过。两河随天转入地下过,而与下水相得,又与海水合,三水相荡,而天转排之,故激涌而成潮水。

(《太平御览》卷六十八《地部三十三·潮水》引《抱朴子》,第324页上。)

石洲在海中,名黄山,山北日一潮,山南日再潮。

(《太平御览》卷六十八《地部三十三·潮水》引裴渊《广州记》,第324页上。)

夏时日居南宿,阴消阳盛,而天高一万五千里,故夏潮大也。冬时日居北宿,阴盛阳消,而天卑一万五千里,故冬潮小也。春日居东宿,天高一万五千里，故春潮渐起也。秋日居西宿，天卑一万五千里，故秋潮渐减也。

（《太平御览》卷六十八《地部三十三·潮水》引《抱朴子》，第324页上。）

信风

六月则有东南长风，俗名黄雀长风。时海鱼变为黄雀，因为名也。

（《艺文类聚》卷一《天部上·风》引《风土记》，第17页。）

此节东南常有风至，俗名黄雀长风。

（《太平御览》卷二十二《时序部七·夏中》引《仲夏长风扇暑》，第108页上。）

于是载商人大舶，泛海西南行，得冬初信风，昼夜十四日，到师子国。

（《高僧法显传》，《大正藏》册51，第864页下。）

先已随商人竺难提舶，欲向一小国，会值便风，遂至广州，故其遗文云："业行风所吹，遂至于宋境。"此之谓也。

（《高僧传》卷三《求那跋摩传》，第107页。）

若夫大秦、天竺，迥出西溟，二汉衔役，特艰斯路，而商货所资，或出交部，泛海陵波，因风远至。

（《宋书》卷九十七《蛮夷传》，第2399页。）

解舫为单舸

顾荣徵侍中，见王路塞绝，便乘船而还。过下邳，遂解舫为单舸，一日一夜行五六百里，遂得免。

（《艺文类聚》卷七十一《舟车部》引王隐《晋书》，第1233页。）

隋唐五代时期

第一章
政治关系

一、东南亚

隋文帝时期与林邑国的交往

  林邑之先，因汉末交阯女子徵侧之乱，内县功曹子区连杀县令，自号为王。无子，其甥范熊代立，死，子逸立。日南人范文因乱为逸仆隶，遂教之筑宫室，造器械。逸甚信任，使文将兵，极得众心。文因问其子弟，或奔或徙。及逸死，国无嗣，文自立为王。其后范佛为晋扬威将军戴桓所破。宋交州刺史檀和之将兵击之，深入其境。至梁、陈，亦通使往来。

  其国延袤数千里，土多香木金宝，物产大抵与交阯同。以砖为城，蜃灰涂之，东向户。尊官有二：其一曰西那婆帝，其二曰萨婆地歌。其属官三等：其一曰伦多姓，次歌伦致帝，次乙他伽兰。外官分为二百余部。其长官曰弗罗，次曰可轮，如牧宰之差也。王戴金花冠，形如章甫，衣朝霞布，珠玑璎珞，足蹑革履，时复锦袍。良家子侍卫者二百许人，皆执金装刀。有弓、箭、刀、矟，以竹为弩，傅毒于矢。乐有琴、笛、琵琶、五弦，颇与中国同。每击鼓以警众，吹蠡以即戎。

  其人深目高鼻，发拳色黑。俗皆徒跣，以幅布缠身。冬月衣袍。妇人椎髻。施椰叶席。每有婚媾，令媒者赍金银钏、酒二壶、鱼数头至女家。于是择日，夫家会亲宾，歌舞相对。女家请一婆罗门，送女至男家，婿盥手，因牵女授之。王死七日而葬，有官者三日，庶人一日。皆以函盛尸，鼓舞导从，舆至水次，积薪焚之。收其余骨，王则内金瓮中，沉之于海，有官者以铜瓮，沉之于海口；庶人以瓦，送之于江。男女皆截发，随丧至水次，尽哀而止，归则不哭。每七日，然香散花，复哭，尽哀而止。尽七七而罢，至百日、三年，亦如之。人皆奉佛，文字同于天竺。

高祖既平陈，乃遣使献方物，其后朝贡遂绝。时天下无事，群臣言林邑多奇宝者。仁寿末，上遣大将军刘方为驩州道行军总管，率钦州刺史宁长真、驩州刺史李晕、开府秦雄步骑万余及犯罪者数千人击之。其王梵志率其徒乘巨象而战，方军不利。方于是多掘小坑，草覆其上，因以兵挑之。梵志悉众而阵，方与战，伪北，梵志逐之，至坑所，其众多陷，转相惊骇，军遂乱。方纵兵击之，大破之。频战辄败，遂弃城而走。方入其都，获其庙主十八枚，皆铸金为之，盖其有国十八叶矣。方班师，梵志复其故地，遣使谢罪，于是朝贡不绝。

（《隋书》卷二十八《南蛮》，第1831～1832页。）

隋炀帝遣使赤土国

赤土国，扶南之别种也。在南海中，水行百余日而达所都。土色多赤，因以为号。东波罗刺国，西婆罗娑国，南诃罗旦国，北拒大海，地方数千里。其王姓瞿昙氏，名利富多塞，不知有国近远。称其父释王位出家为道，传位于利富多塞，在位十六年矣。有三妻，并邻国王之女也。居僧祇城，有门三重，相去各百许步。每门图画飞仙、仙人、菩萨之像，县金花铃毦，妇女数十人，或奏乐，或捧金花。又饰四妇人，容饰如佛塔边金刚力士之状，夹门而立。门外者持兵仗，门内者执白拂。夹道垂素网，缀花。王宫诸屋悉是重阁，北户，北面而坐。坐三重之榻。衣朝霞布，冠金花冠，垂杂宝璎珞。四女子立侍，左右兵卫百余人。王榻后作一木龛，以金银五香木杂钿之。龛后悬一金光焰，夹榻又树二金镜，镜前并陈金甕，甕前各有金香炉。当前置一金伏牛，牛前树壹宝盖，盖左右皆有宝扇。婆罗门等数百人，东西重行，相向而坐。其官有萨陀迦罗一人，陀拏达义二人，迦利蜜迦三人，共掌政事；俱罗末帝一人，掌刑法。每城置那邪迦一人，钵帝十人。

其俗等皆穿耳剪发，无跪拜之礼。以香油涂身。其俗敬佛，尤重婆罗门。妇人作髻于项后。男女通以朝霞、朝云杂色布为衣。豪富之室，恣意华靡，唯金锁非王赐不得服用。每婚嫁，择吉日，女家先期五日，作乐饮酒，父执女手以授婿，七日乃配焉。既娶则分财别居，唯幼子与父同居。父母兄弟死则剔发素服，就水上构竹木为棚，棚内积薪，以尸置上。烧香建幡，吹蠡击鼓以送之，纵火焚薪，遂落于水。贵贱皆同。唯国王烧讫，收灰贮以金瓶，藏于庙屋。冬夏常温，雨多霁少，种植无时，特宜稻、穄、白豆、黑麻，自余物产，多同于交趾。以甘蔗作酒，杂以紫瓜根。酒色黄赤，味亦香美。亦名椰浆为酒。

炀帝即位，募能通绝域者。大业三年，屯田主事常骏、虞部主事王君政等请使赤土。帝大悦，赐骏等帛各百匹，时服一袭而遣。赍物五千段，以赐赤土王。其年十月，骏等自南海郡乘舟，昼夜二旬，每值便风。至焦石山而过，东南泊陵伽钵拔多洲，西与林邑相对，上有神祠焉。又南行，至师子石，自是岛屿连接。又行二三日，西望见狼牙须国之山，于是南达鸡笼岛，至于赤土之界。其王遣婆罗门鸠摩罗以舶三十艘来迎，吹蠡击鼓，以乐隋使，进金锁以缆骏船。月余，至其都，王遣其子那邪迦请与骏等礼见。先遣人送金盘，贮香花并镜镊，金合二枚，贮香油，金瓶八枚，贮香水，白叠布四条，以拟供使者盥洗。其日未时，那邪迦又将象二头，持孔雀盖以迎使人，并致金花、金盘以藉诏函。男女百人奏蠡鼓，婆罗门二人导路，至王宫。骏等奉诏书上阁，王以下皆坐。宣诏讫，引骏等坐，奏天竺乐。事毕，骏等还馆，又遣婆罗门就馆送食，以草叶为盘，其大方丈。因谓骏曰："今是大国中人，非复赤土国矣。饮食疏薄，愿为大国意而食之。"后数日，请骏等入宴，仪卫导从如初见之礼。王前设两床，床上并设草叶盘，方一丈五尺，上有黄白紫赤四色之饼，牛、羊、鱼、鳖、猪、蠬蝐之肉百余品。延骏升床，从者坐于地席，各以金钟置酒，女乐迭奏，礼遗甚厚。寻遣那邪迦随骏贡方物，并献金芙蓉冠、龙脑香。以铸金为多罗叶，隐起成文以为表，金函封之，令婆罗门以香花奏蠡鼓而送之。既入海，见绿鱼群飞水上。浮海十余日，至林邑东南，并山而行。其海水阔千余步，色黄气腥，舟行一日不绝，云是大鱼粪也。循海北岸，达于交趾。骏以六年春与那邪迦于弘农谒帝，大悦，赐骏等物二百段，俱授秉义尉，那邪迦等官赏各有差。

（《隋书》卷二十八《南蛮》，第1833～1835页。）

隋炀帝时期，真腊国遣使朝贡

真腊国，在林邑西南，本扶南之属国也。去日南郡舟行六十日，而南接车渠国，西有朱江国。其王姓刹利氏，名质多斯那。自其祖渐已强盛，至质多斯那，遂兼扶南而有之。死，子伊奢那先代立。居伊奢那城，郭下二万余家。城中有一大堂，是王听政之所。总大城三十，城有数千家，各有部帅，官名与林邑同。其王三日一听朝，坐五香七宝床，上施宝帐。其帐以文木为竿，象牙、金钿为壁，状如小屋，悬金光焰，有同于赤土。前有金香炉，二人侍侧。王着朝霞古贝，瞒络腰腹，下垂至胫，头戴金宝花冠，被真珠璎珞，足履革屣，耳悬金珰。常服白叠，以象牙为屩。若露发，则不加璎珞。臣人服制，大抵相类。有五大臣，一曰孤落支，二曰高相凭，三曰婆何多陵，四曰舍摩陵，五曰髯多娄,及诸小臣。朝于王者,辄以阶下三稽首。王唤上阶,则跪,以两手抱髆,绕王环坐。议政事讫,跪伏而去。阶庭门阁,侍卫有千余人,被甲持仗。其国与参半、朱江二国和亲,数与林邑、陀桓二国战争。其人行止皆持甲仗,若有征伐,因而用之。其俗非王正妻子,不得为嗣。王初立之日,所有兄弟并刑残之,或去一指,或劓其鼻,别处供给,不得仕进。

人形小而色黑。妇人亦有白者。悉拳发垂耳,性气捷劲。居处器物,颇类赤土。以右手为净,左手为秽。每旦澡洗,以杨枝净齿,读诵经咒。又澡洒乃食,食罢还用杨枝净齿,又读经咒。饮食多苏酪、沙糖、秔粟、米饼。欲食之时,先取杂肉羹与饼相和,手擩而食。娶妻者,唯送衣一具,择日遣媒人迎妇。男女二家各八日不出,昼夜燃灯不息。男婚礼毕,即与父母分财别居。父母死,小儿未婚者,以余财与之。若婚毕,财物入官。其丧葬,儿女皆七日不食,剔发而哭,僧尼、道士、亲故皆来聚会,音乐送之。以五香木烧尸,收灰以金银瓶盛,送于大水之内。贫者或用瓦,而以彩色画之。亦有不焚,送尸山中,任野兽食者。

其国北多山阜,南有水泽,地气尤热,无霜雪,饶瘴疠毒虫。土宜粱稻,少黍粟,果菜与日南、九真相类。异者有婆那娑树,无花,叶似柿,实似冬瓜;奄罗树,花叶似枣,实似李;毗野树,花似木瓜,叶似杏,实似楮;婆田罗树,花叶实并似枣而小异;歌毕佗树,花似林檎,叶似榆而厚大,实似李,其大如升。自余多同九真。海中有鱼名建同,四足,无鳞,其鼻如象,吸水上喷,高五六十尺。有浮胡鱼,其形似鲳,嘴如鹦鹉,有八足。多大鱼,半身出水,望之如山。

每五六月中,毒气流行,即以白猪、白牛、白羊于城西门外祠之。不然者,五谷不登,六畜多死,人众疾疫。近都有陵伽钵婆山,上有神祠,每以兵五千人守卫之。城东有神名婆多利,祭用人肉。其王年别杀人,以夜祀祷,亦有守卫者千人。其敬鬼如此。多奉佛法,尤信道士,佛及道士并立像于馆。

大业十二年,遣使贡献,帝礼之甚厚,其后亦绝。

(《隋书》卷二十八《南蛮》,第1835~1836页。)

隋炀帝时期与婆利、丹丹、盘盘等国的交往

婆利国,自交阯浮海,南过赤土、丹丹,乃至其国。国界东西四月行,南北四十五日行。王姓刹利邪伽,名护滥那婆。官曰独诃邪挈,次曰独诃氏挈。国人善投轮刀,其大如镜,中有窍,外锋如锯,远以投人,无不中。其余兵器,与中国略同。俗类真腊,物产同于林邑。其杀人及盗,截其手,奸者锁其

足，期年而止。祭祀必以月晦，盘贮酒肴，浮之流水。每十一月，必设大祭。海出珊瑚。有鸟名舍利，解人语。大业十二年，遣使朝贡，后遂绝。于时南荒有丹丹、盘盘二国，亦来贡方物，其风俗物产，大抵相类云。

（《隋书》卷二十八《南蛮》，第1838页。）

唐王朝与环王国的交往

（贞元十二年）十一月辛卯，昭义王虔休造《诞圣乐曲》以献。十二月己未，大雪平地二尺，竹柏多死。环王国所献犀牛，甚珍爱之，是冬亦死。上著《刑政箴》一首。癸未，回纥、南诏、剑南西山国女国王并朝贺。

（《旧唐书》卷十三《德宗》下，第377页。）

（元和三年）丙申，安南都护张舟奏破环王国三万余人，获战象、兵械，并王子五十九人。癸卯，赠太师裴冕宜配享代宗庙庭，赠太师李晟、赠太尉段秀实宜配享德宗庙庭。

（《旧唐书》卷十四《宪宗》上，第428页。）

（长庆元年）十一月丙午朔。戊申，安南都护李元喜奏：黄家贼与环王国合势陷陆州，杀刺史葛维。苏、常、湖、岳、吉、潭、郴等七州水伤稼。

（《旧唐书》卷十七上《敬宗献宗》上，第507页。）

环王国叛人李乐山谋废其君，来乞兵，行立不受，命部将杜英策讨斩之，归其孥，蛮人悦服。

（《新唐书》卷一百二十九《裴行立》，第4475页。）

唐王朝与真腊国

真腊国，在林邑西北，本扶南之属国，"昆仑"之类。在京师南二万七百里，北至爱州六十日行。其王姓刹利氏。有大城三十余所，王都伊奢那城，风俗被服与林邑同。地饶瘴疠毒。海中大鱼有时半出，望之如山。每五六月中，毒气流行，即以牛豕祠之，不者则五谷不登。其俗东向开户，以东为上。有战象五千头，尤好者饲以饭肉。与邻国战，则象队在前，于背上以木作楼，上有四人，皆持弓箭。国尚佛道及天神，天神为大，佛道次之。

武德六年，遣使贡方物。贞观二年，又与林邑国俱来朝献。太宗嘉其陆海疲劳，锡赉甚厚。南方人谓真腊国为吉蔑国。自神龙以后，真腊分为二半：以南近海多陂泽处，谓之水真腊半；以北多山阜，谓之陆真腊，亦谓之文单国。高宗、则天、玄宗朝，并遣使朝贡。

水真腊国，其境东西南北约员八百里，东至奔陀浪州，西至堕罗钵底国，南至小海，北即陆真腊。其王所居城号婆罗提拔。国之东界有小城，皆谓之国。其国多象，元和八年，遣李摩那等来朝。

（《旧唐书》卷一百九十七《南蛮西南蛮》，第5271～5272页。）

真腊，一曰吉蔑，本扶南属国。去京师二万七百里。东距车渠，西属骠，南濒海，北与道明接，东北抵驩州。其王刹利伊金那，贞观初并扶南有其地。户皆东向，坐上东。客至，屑槟榔、龙脑、香蛤以进。不饮酒，比之淫。与妻饮房中，避尊属。有战象五千，良者饲以肉。世与参半、骠通好，与环王乾陀洹数相攻。自武德至圣历，凡四来朝。神龙后分为二半：北多山阜，号陆真腊半；南际海，饶陂泽，号水真腊半。水真腊，地八百里，王居婆罗提拔城。陆真腊或曰文单，曰婆镂，地七百里，王号"笪屈"。开元、天宝时，王子率其属二十六来朝，拜果毅都尉。大历中，副王婆弥及妻来朝，献驯象十一；擢婆弥试殿中监，赐名宾汉。是时，德宗初即位，珍禽奇兽悉纵之，蛮夷所献驯象畜苑中，元会充廷者凡三十二，悉放荆山之阳。及元和中，水真腊亦遣使入贡。

（《新唐书》卷二百二十二下《南蛮下》，第6301页。）

真腊国在林邑西南，本扶南之属国也，去日南郡舟行六十日而至。南接车渠国，西有朱江国。其王姓刹利氏，名质多斯那。自其祖渐已强盛，至质多斯那遂兼扶南而有之。死，子伊奢那先代立。居伊奢那城，郭下二万余家。城中有一大堂，是其王听政所。总大城三十所，城有数千家，各有部帅，官名与林邑同。

其王三日一听朝，坐五香七宝床，上施宝帐，以文木为竿，象牙金钿为壁，状如小屋，悬金光焰，有同于赤土。前有金香鼎，命二人侍侧。王著朝霞吉贝，瞒络腰腹，下垂至胫，头戴金宝花冠，被真珠缨络，足履革屣，耳悬金珰。常服白迭，以象牙为屩。若露髻，则不加缨络。臣下服制，大抵相类。有五大臣，一曰孤落支，二曰相高凭，三曰婆何多陵，四曰舍摩陵，五曰髯罗娄，及诸小臣。朝於王者，辄于阶下三稽首，王呼上阶，则跪，以两手抱膊，遶（绕）王环坐。议政事讫，跪伏而去。阶庭门阁，侍卫有千余人，被甲持仗。其国与参半、朱江二国和亲，数与林邑、陀桓二国战争。其人行止，皆持甲仗，若有征伐，因而用之。

其俗，非王正妻子，不得为嗣。王初立日，所有兄弟，并刑残之，或去一指，或劓其鼻，别处供给，不得仕进。人形小而色黑，妇人亦有白者。悉拳发垂耳，性气捷劲。居处器物，颇类赤土。以右手为净，左手为秽。每旦澡洗，以杨枝净齿，读诵经咒，又澡洒乃食。食罢还用杨枝净齿，又读经咒。饮食多酥酪、沙糖、粳粟、米饼。欲食之时，先取杂肉羹与饼相和，手擩而食。娶妻者，唯送衣一具，择日遣媒人迎妇。男女二家，各八日不出，昼夜燃灯不息。男婚礼毕，即与其父母分财别居。父母死，小儿未婚者以余财与之。若婚毕，财物入官。丧葬，儿女皆七日不食，剔发而哭，僧尼、道士、亲故皆来聚会，音乐送之。以五香木烧尸，收灰，以金银瓶盛，送大水之内；贫者或用瓦，而以五彩色画之。亦有不焚，送尸山中，任野兽食者。

其国北多山阜，南有水泽。地气尤热，无霜雪，饶瘴疠毒蠚。宜粱、稻，少黍、粟。果菜与日南、九真相类。异者，有婆罗那娑树，无花，叶似柿，实似冬瓜；庵罗树，花、叶似枣，实似李；毗野树，花似木瓜，叶似杏，实似楮；婆田罗树，花、叶、实竝似枣，而小异；歌毕佗树，花似林檎，叶似榆而厚大，实似李，其大如升。自余多同九真。海有鱼名建同，四足无鳞，鼻如象，吸水上喷，高五六十尺。有浮胡鱼，形似鲖，觜如鹦鹉，有八足。多大鱼，半身出水，望之如山。每五六月中，毒气流行，即以白猪、白牛、白羊於城西门外祠之。不然，五谷不登，畜多死，人疾病。近都有陵伽钵婆山，上有神祠，每以兵二千人守卫之。城东神名婆多利，祭用人肉。其王年别杀人，以夜祠祷，亦有守卫者千人。其敬鬼如此。多奉佛法，尤信道士。佛及道士，并立像于其馆。

隋大业十二年，遣使贡献，帝礼之甚厚，于后亦绝。唐武德至圣历，凡四来朝。神龙后分为二半：北多山阜，号陆真腊半；南际海，饶陂泽，号水真腊半。水真腊，地八百里，王居婆罗提拔城。陆真腊或曰文单，曰婆镂，地七百里，王号"笡屈"。开元、天宝时，王子率其属二十六来朝，拜果毅都尉。大历中，副王婆弥及妻来朝，献驯象十一；擢婆弥试殿中监，赐名宾汉。是时，德宗初即位，珍禽奇兽悉纵之，蛮夷所献驯象畜苑中，元会充廷者凡三十二，悉放荆山之阳。及元和中，水真腊亦遣使入贡。

（《文献通考》卷三百三十二《四裔考》，第9145页。）

唐王朝与盘盘国

盘盘国，在林邑西南海曲中，北与林邑隔小海，自交州船行四十日乃至，其国与狼牙修国为邻，人皆学婆罗门书，甚敬佛法。贞观九年，遣使来朝，贡方物。

（《旧唐书》卷一百九十七《南蛮西南蛮》，第5271页。）

盘盘，在南海曲，北距环王，限少海，与狼牙脩接，自交州海行四十日乃至。王曰杨粟翟。其民濒水居，比木为栅，石为矢镞。王坐金龙大榻，诸大人见王，交手抱肩以踞。其臣曰勃郎索滥，曰昆仑帝也，曰昆仑勃和，曰昆仑勃谛索甘，亦曰古龙。古龙者，昆仑声近耳。在外曰那延，犹中国刺史也。有佛、道士祠，僧食肉，不饮酒，道士谓为贪，不食酒肉。贞观中，再遣使朝。

（《新唐书》卷二百二十二下《南蛮下》，第6300页。）

唐王朝与罗越

罗越者，北距海五千里，西南哥谷罗。商贾往来所凑集，俗与堕罗钵底同。岁乘舶至广州，州必以闻。

（《新唐书》卷二百二十二下《南蛮下》，第6306页。）

咸通八年正月二十七，日本高岳亲王（真如法亲王）从广州起航往天竺，至罗越国，不幸亡故。

（《日中文化交流史》，第147～148页。）

唐王朝与哥罗等国

其东南有哥罗，一曰个罗，亦曰哥罗富沙罗。王姓矢利波罗，名米失钵罗。累石为城，楼阙宫室茨以草。州二十四。其兵有弓矢槊殳，以孔雀羽饰纛。每战，以百象为一队，一象百人，鞍若槛，四人执弓槊在中。赋率输银二铢。无丝纻，惟古贝。畜多牛少马。非有官不束发。凡嫁娶，纳槟榔为礼，多至二百盘。妇已嫁，从夫姓。乐有琵琶、横笛、铜钹、铁鼓、蠡。死者焚之，取烬贮金罂沉之海。

东南有拘蒌蜜，海行一月至。南距婆利，行十日至。东距不述，行五日至。西北距文单，行六日至。与赤土、堕和罗同俗。永徽中，献五色鹦鹉。

扶南，在日南之南七千里，地卑洼，与环王同俗，有城郭宫室。王姓古龙。居重观，栅城，楮叶以覆屋。王出乘象。其人黑身鬈发，倮（裸）行，俗不为寇盗。田一岁种，三岁获。国出刚金，状类紫石英，生水底石上，人没水取之，可以刻玉，扣以羖角，乃泮。人喜斗鸡及猪。以金、珠、香为税。治特牧城，俄为真腊所并，益南徙那弗那城。武德、贞观时，再入朝，又献白头人二。

（《新唐书》卷二百二十二下《南蛮下》，第6300～6301页。）

唐王朝与诃陵

诃陵国，在南方海中洲上居，东与婆利、西与堕婆登、北与真腊接，南临大海。竖木为城，作大屋重阁，以棕榈皮覆之。王坐其中，悉用象牙为床。食不用匙箸，以手而撮。亦有文字，颇识星历。俗以椰树花为酒，其树生花，长三尺余，大如人膊，割之取汁以成酒，味甘，饮之亦醉。

贞观十四年，遣使来朝。大历三年、四年皆遣使朝贡。元和十年，遣使献僧祇僮五人、鹦鹉、频伽鸟并异种名宝。以其使李诃内为果毅，诃内请回授其弟，诏褒而从之。十三年，遣使进僧祇女二人、鹦鹉、玳瑁及生犀等。

（《旧唐书》卷一百九十七《南蛮西南蛮》，第5273页。）

诃陵，亦曰社婆，曰阇婆，在南海中。东距婆利，西堕婆登，南濒海，北真腊。木为城，虽大屋亦覆以栟榈。象牙为床若席。出玳瑁、黄白金、犀、象，国最富。有穴自涌盐。以柳花、椰子为酒，饮之辄醉，宿昔坏。有文字，知星历。食无匕筋。有毒女，与接辄苦疮，人死尸不腐。王居阇婆城。其祖吉延东迁于婆露伽斯城，旁小国二十八，莫不臣服。其官有三十二大夫，而大坐敢兄为最贵。山上有郎卑野州，王常登以望海。夏至立八尺表，景在表南二尺四寸。贞观中，与堕和罗、堕婆登皆遣使者入贡，太宗以玺诏优答。堕和罗丐良马，帝与之。至上元间，国人推女子为王，号"悉莫"，威令整肃，道不举遗。大食君闻之，赍金一囊置其郊，行者辄避，如是三年。太子过，以足躏金，悉莫怒，将斩之，群臣固请。悉莫曰："而罪实本于足，可断趾。"群臣复为请，乃斩指以徇。大食闻而畏之，不敢加兵。大历中，诃陵使者三至。元和八年，献僧只奴四、五色鹦鹉、频伽鸟等。宪宗拜内四门府左果毅。使者让其弟，帝嘉美，并官之。讫大和，再朝贡。咸通中，遣使献女乐。

（《新唐书》卷二百二十二下《南蛮下》，第6302~6303页。）

诃陵国在真腊之南。大唐贞观中，遣使献金花等物。王之所居，竖木为城，造大屋重阁，覆以棕榈皮。所座床悉以象牙为之。亦以象牙为席。食以手撮之。撮，古患反。又以椰树花为酒，饮之亦醉。有山穴，每涌而出盐，国人取之以食。

其国别有毒人，与常人同止宿，则令身上生疮；与之交合，便即致死。若涎液霑著草木，即枯。其人身死，不烂不臭。

（《通典》卷一百八十八《诃陵》，第5106页。）

唐王朝与室利佛逝

室利佛逝，一曰尸利佛誓。过军徒弄山二千里，地东西千里，南北四千里而远。有城十四，以二国分总。西曰郎婆露斯。多金、汞砂、龙脑。夏至立八尺表，影在表南二尺五寸。国多男子。有橐它，豹文而犀角，以乘且耕，名曰它牛豹。又有兽类野豕，角如山羊，名曰𪎆，肉味美，以馈膳。其王号"曷蜜多"。咸亨至开元间，数遣使者朝，表为边吏侵掠，有诏广州慰抚。又献侏儒、僧祇女各二及歌舞。官使者为折冲，以其王为左威卫大将军，赐紫袍、金细带。后遣子入献，诏宴于曲江，宰相会，册封宾义王，授右金吾卫大将军，还之。

（《新唐书》卷二百二十二下《南蛮下》，第6305页。）

唐王朝与婆利

婆利国，在林邑东南海中洲上。其地延袤数千里，自交州南渡海，经林邑、扶南、赤土、丹丹数国乃至焉。其人皆黑色，穿耳附珰。王姓刹利耶伽，名护路那婆，世有其位。王戴花形如皮弁，装以真珠璎珞，身坐金床。侍女有金花宝缕之饰，或持白拂孔雀扇。行则驾象，鸣金击鼓吹蠡为乐。男子皆拳发，被古贝，布横幅以绕腰。风气暑热，恒如中国之盛夏。谷一岁再熟。有古贝草，缉其花以作布，粗者名古贝，细者名白𣰆。贞观四年，其王遣使随林邑使献方物。

（《旧唐书》卷一百九十七《南蛮西南蛮》，第5270～5271页。）

婆利者，直环王东南，自交州泛海，历赤土、丹丹诸国乃至。地大洲，多马，亦号马礼。袤长数千里。多火珠，大者如鸡卵，圆白，照数尺，日中以艾藉珠，辄火出。产瑇瑁、文螺；石坩，初取柔可治，既镂刻即坚。有舍利鸟，通人言。俗黑身，朱发而拳，鹰爪兽牙，穿耳傅珰，以古贝横一幅缭于腰。古贝，草也，缉其花为布，粗曰贝，精曰氎。俗以夜为市，自掩其面。王姓刹利邪伽，名护路那婆，世居位。缭班丝贝，缀珠为饰。坐金榻，左右持白拂、孔雀翣。出以象驾车，羽盖珠箔，鸣金、击鼓、吹蠡为乐。

（《新唐书》卷二百二十二下《环王》。）

婆利国，梁时通焉，在广州东南海中洲上。自交趾浮海，南过赤土、丹丹国，乃至其国，去广州二月日行。国界东西五十日行，南北二十日行，有百三十六聚。土气暑热，如中国之盛夏，谷一岁再熟，草木常荣。海出文螺、紫贝。有石名玨（火谈反）贝罗，初采之柔软，刻削为物，暴干之，遂坚硬。有鸟名舍利，解人语。其国人皆黑色，穿耳附珰，披古贝如帊，及为都漫。王乃用斑丝者，以璎珞绕身，头著金长冠，高尺余，形如弁，缀以七宝之饰，带金装剑，偏坐金高座，以银蹬支足。侍女皆为金花杂宝之饰，或持白毦拂及孔雀扇。王出，以象驾舆，施羽盖珠帘，其导从吹螺击鼓。国人善投轮刃，其大如镜，中有窍，外锋如锯，远以投人，无不中。其余兵器与中国略同。

俗类真腊，物产同于林邑。王姓娇陈如，自古未通中国。武帝天监中来贡。隋大业中，又遣使贡献。其王姓刹利耶伽。大唐贞观中，又遣使朝贡。

（《通典》卷一百八十八《婆利》，第5096页。）

婆利国，在广州东南海中洲上。去广州二月日行。国界东西五十日行，南北二十日行。有一百三十六聚。土气热，如中国之盛夏。谷一岁再熟，草木常荣。海出文螺、紫贝。有石名玨贝罗，初采之柔软，及刻削为物暴干之，遂大硬。其国人披吉贝如帊，及为都缦。乃用斑丝者，以缨络绕身，头著金冠高尺余，形如弁，缀以七宝之饰。带金装剑，偏坐金高坐，以银蹬支足。侍女皆为金花杂宝之饰，或持白毦拂及孔雀扇。王出，以象驾舆，舆以杂香为之，上施羽盖珠帘，其导从吹螺击鼓。王姓憍陈如，自古未通中国。问其先及年数不能记，自言白净王夫人即其国女。

梁天监十六年，遣使奉表献金席等。普通三年，其王频伽复遣使珠智献白鹦鹉、青虫、兜鍪、瑠璃器、吉贝、螺杯、杂香药等数十种。其国有舍利鸟，通人言。俗黑身，朱发而卷，鹰爪兽牙，穿耳傅珰，以吉贝一幅缭于腰。以夜为市，自掩其面。隋大业中，又遣使入贡。其王姓刹利邪伽，名护路那婆。唐贞观中，又遣使朝贡。

（《文献通考》卷三百三十一《婆利国》，第9132页。）

二、南亚

唐王朝与古印度的交往

天竺国，即汉之身毒国，或云婆罗门地也。在葱岭西北，周三万余里。

其中分为五天竺：其一曰中天竺，二曰东天竺，三曰南天竺，四曰西天竺，五曰北天竺。地各数千里，城邑数百。南天竺际大海，北天竺拒雪山，四周有山为壁，南面一谷，通为国门；东天竺东际大海，与扶南、林邑邻接；西天竺与罽宾、波斯相接；中天竺据四天竺之会，其都城周回七十余里，北临禅连河。云昔有婆罗门领徒千人，肄业于树下，树神降之，遂为夫妇。宫室自然而立，僮仆甚盛。于是使役百神，筑城以统之，经日而就。此后有阿育王，复役使鬼神，累石为宫阙，皆雕文刻镂。非人力所及。阿育王颇行苛政，置砲烙之刑，谓之地狱，今城中见有其迹焉。

中天竺王姓乞利咥氏，或云刹利氏，世有其国，不相篡弑。厥土卑湿暑热，稻岁四熟，有金刚，似紫石英，百炼不销，可以切玉。又有旃檀、郁金诸香。通于大秦，故其宝物或至扶南、交趾贸易焉。百姓殷乐，俗无簿籍，耕王地者输地利。以齿贝为货。人皆深目长鼻。致敬极者，隽氏足摩踵。家有奇乐倡伎。其王与大臣多服锦罽。上为螺髻于顶，余发翦之使拳。俗皆徒跣。衣重白色，唯梵志种姓披白叠以为异。死者或焚尸取灰，以为浮图；或委之中野，以施禽兽；或流之于河，以饲鱼鳖。无丧纪之文。谋反者幽杀之，小犯罚钱以赎罪。不孝则断手刖足，截耳割鼻，放流边外。有文字，善天文算历之术。其人皆学《悉昙章》，云是梵天法。书于贝多树叶以纪事。不杀生饮酒。国中往往有旧佛迹。

隋炀帝时，遣裴矩应接西蕃，诸国多有至者，唯天竺不通，帝以为恨。当武德中，其国大乱。其嗣王尸逻逸多练兵聚众，所向无敌。象不解鞍，人不释甲，居六载而四天竺之君皆北面以臣之，威势远振，刑政甚肃。贞观十五年，尸罗逸多自称摩伽陀王，遣使朝贡。太宗降玺书慰问，尸罗逸多大惊，问诸国人曰："自古曾有摩诃震旦使人至吾国乎？"皆曰："未之有也。"乃膜拜而受诏书，因遣使朝贡。太宗以其地远，礼之甚厚，复遣卫尉丞李义表报使。尸罗逸多遣大臣郊迎，倾城邑以纵观，焚香夹道，逸多率其臣下东面拜受敕书，复遣使献火珠及郁金香、菩提树。

贞观十年，沙门玄奘至其国，将梵本经论六百余部而归。先是遣右率府长史王玄策使天竺，其四天竺国王咸遣使朝贡。会中天竺王尸罗逸多死，国中大乱，其臣那伏帝阿罗那顺篡立，乃尽发胡兵以拒玄策。玄策从骑三十人与胡御战，不敌，矢尽，悉被擒。胡并掠诸国贡献之物。玄策乃挺身宵遁，走至吐蕃，发精锐一千二百人，并泥婆罗国七千余骑，以从玄策。玄策与副使蒋师仁率二国兵进至中天竺国城，连战三日，大破之，斩首三千余级，赴水溺死者且万人，阿罗那顺弃城而遁，师仁进擒获之。虏男女万二千人，牛马三万余头匹。于是天竺震惧，俘阿罗那顺以归。二十二年至京师，太宗大悦，命有司告宗庙，而谓群臣曰："夫人耳目玩于声色，口鼻耽于臭味，此乃败德之源。若婆罗门不劫掠我使人，岂为俘虏耶？昔中山以贪宝取弊，蜀侯以金牛致灭，莫不由之。"拜玄策朝散大夫。是时就其国得方士那迩娑婆寐，自言寿二百岁，云有长生之术。太宗深加礼敬，馆之于金飚门内。造延年之药。令兵部尚书崔敦礼监主之，发使天下，采诸奇药异石，不可称数。延历岁月，药成，服竟不效，后放还本国。太宗之葬昭陵也，刻石像阿罗那顺之形，列于玄阙之下。

五天竺所属之国数十，风俗物产略同。有伽没路国，其俗开东门以向日。王玄策至，其王发使贡以奇珍异物及地图，因请老子像及《道德经》。那揭陀国，有醯罗城，中有重阁，藏佛顶骨及锡杖。贞观二十年，遣使贡方物。天授二年，东天竺王摩罗枝摩、西天竺王尸罗逸多、南天竺王遮娄其拔罗婆、北天竺王娄其那那、中天竺王地婆西那，并来朝献。景龙四年，南天竺国复遣使来朝。景云元年，复遣使贡方物。开元二年，西天竺复遣使贡方物。八年，南天竺国遣使献五色能言鹦鹉。其年，南天竺国王尸利那罗僧伽请以战象及兵马讨大食及吐蕃等，仍求有及名其军。玄宗甚嘉之，名军为怀德军。九月，南天竺王尸利那罗僧伽宝多枝摩为国造寺，上表乞寺额，敕以归化为名赐之。十一月，遣使册利那罗伽宝多为南天竺国王，遣使来朝。十七年六月，北天竺国藏沙门僧密多献质汗等药。十九年十月，中天竺国王伊沙伏摩遣其大德僧来朝贡。二十九年三月，中天竺王子李承恩来朝，授游击将军，放还。天宝中，累遣使来。

（《旧唐书》卷一百九十八《天竺》，第5306～5309页。）

天竺国，汉身毒国也，或曰摩伽陀，曰婆罗门。去京师九千六百里，都护治所二千八百里。居葱岭南，幅圆三万里，分东、西、南、北、中五天竺，皆城邑数百。南天竺濒海，出师子、豹、犀、橐它、犀、象、火齐、琅玕、石蜜、黑盐。北天竺距雪山，圜抱如璧，南有谷，通为国门。东天竺际海，与扶南、林邑接。西天竺与罽宾、波斯接。中天竺在四天竺之会，都城曰茶镈和罗城，滨迦毗黎河。有别城数百，皆置长；别国数十，置王。曰舍卫；曰迦没路，开户皆东向；曰迦尸，或曰波罗奈，亦曰波罗那斯。其畜有稍割牛，黑色，角细，长四尺许，十日一割，不然困且死。人饮其血，或曰寿五百岁，牛寿如之。

中天竺王姓乞利咥氏，亦曰刹利，世有其国，不篡杀。土潦热，稻岁四熟。禾之长者没橐它。以贝齿为货。有金刚、旃檀、郁金，与大秦、扶南、交趾相贸易。人富乐，无簿籍，耕王地者乃输税。以舐足摩踵为致礼。家有奇乐倡伎。王大臣皆服锦罽，为螺髻于顶，余发翦使卷。男子穿耳垂珰，或悬金，耳缓者为上类；徒跣，衣重白。妇人项节金、银、珠缨络，死者燔骸取灰，建窆堵，或委野中及河，饵鸟兽鱼鳖，无丧纪。谋反者幽杀之；小罪赎钱；不孝者断手足，劓耳鼻，徙于边。有文字，善步历，学《悉昙章》，妄曰梵天法。书贝多叶以记事。尚浮图法，不杀生饮酒，国中处处指曰佛故迹也。信盟誓，传禁咒，能致龙起云雨。

隋炀帝时，遣裴矩通西域诸国，独天竺、拂菻不至为恨。武德中，国大乱，王尸罗逸多勒兵战无前，象不弛鞍，士不释甲，因讨四天竺，皆北面臣之。会唐浮屠玄奘至其国，尸罗逸多召见曰："而国有圣人出，作《秦王破阵乐》，试为我言其为人。"玄奘粗言太宗神武，平祸乱，四夷宾服状。王喜，曰："我当东面朝之。"贞观十五年，自称摩伽陀王，遣使者上书。帝命云骑尉梁怀璥持节尉抚，尸罗逸多惊问国人："自古亦有摩诃震旦使者至吾国乎？"皆曰："无有。"戎言中国为摩诃震旦。乃出迎，膜拜受诏书，戴之顶，复遣使者随入朝。诏卫尉丞李义表报之，大臣郊迎，倾都邑纵观，道上焚香，尸罗逸多率群臣东面受诏书，复献火珠、郁金、菩提树。

二十二年，遣右卫率府长史王玄策使其国，以蒋师仁为副；未至，尸罗逸多死，国人乱，其臣那伏帝阿罗那顺自立，发兵拒玄策。时从骑才数十，战不胜，皆没，遂剽诸国贡物。玄策挺身奔吐蕃西鄙，檄召邻国兵。吐蕃以兵千人来，泥婆罗以七千骑来，玄策部分进战茶镈和罗城，三日破之，斩首三千级，溺水死万人。阿罗那顺委国走，合散兵复阵，师仁禽之，俘斩千计。余众奉王妻息阻乾陀卫江，师仁击之，大溃，获其妃、王子，虏男女万二千人，杂畜三万，降城邑五百八十所。东天竺王尸鸠摩送牛马三万馈军，及弓、刀、宝缨络。迦没路国献异物，并上地图，请老子象。玄策执阿罗那顺献阙下。有司告宗庙，帝曰："夫人耳目玩声色，口鼻耽臭味，此败德之原也。婆罗门不劫吾使者，宁至俘虏邪？"擢玄策朝散大夫。

得方士那逻迩娑婆寐，自言寿二百岁，有不死术，帝改馆使治丹，命兵部尚书崔敦礼护视。使者驰天下，采怪药异石，又使者走婆罗门诸国。所谓畔茶法水者，出石臼中，有石象人守之，水有七种色，或热或冷，能销草木金铁，人手入辄烂，以橐它髑髅转注瓠中。有树名咀赖罗，叶如梨，生穷山崖腹，前有巨虺守穴，不可到，欲取叶者，以方镞矢射枝则落，为群鸟衔去，则又射，乃得之。其诡谲类如此。后术不验，有诏听还，不能去，死长安。高宗时，卢伽逸多者，东天竺乌茶人，亦以术进，拜怀化大将军。

乾封三年，五天竺皆来朝。开元时，中天竺遣使者三至；南天竺一，献五色能言鸟，乞师讨大食、吐蕃，丐名其军。玄宗诏赐怀德军。使者曰："蕃夷惟以袍带为宠。"帝以锦袍、金革带、鱼袋并七事赐之；北天竺一来朝。

（《新唐书》卷二百二十一上《天竺》，第6236～6239页。）

大唐武德（618-626）中，其东西南北四天竺悉为中天竺所并。贞观十五年，其王姓乞利咥，丑栗反名尸罗逸多，或云姓刹利氏，遣使奉表。二十二年，右卫率府长史王玄策奉使天竺。会尸罗逸多死，国大乱，其臣那伏帝阿罗那顺自立，乃发兵拒。玄策遁抵於吐蕃之西南，以书徵邻国之兵。吐蕃发精锐千二百人，泥婆罗国发七千余骑来赴，玄策与其副蒋师仁率二国之兵，进至茶镈音博和罗城，即中天竺之所居也。连战，大破之，斩首三千余级，赴水溺死者且万人，获其王妃及王子等，虏男女万三千人，牛马三万余匹。于是天竺响震，城邑聚落降者五百八十余所，遂俘阿罗那顺以还。

（《通典》卷一百九十三《边防·天竺》，第5261页。）

唐武德中，国大乱，王尸罗逸多勒兵战无前，象不弛鞍，士不释甲，因讨四天竺，皆北面臣之。会唐浮屠玄奘至其国，尸罗逸多召见曰："而国有圣人出，作《秦王破阵乐》，试为我言其为人。"玄奘粗言太宗神武，平祸乱，四夷宾服状，王喜，曰："我当东面朝之。"贞观十五年，自称摩伽陀王，遣使者上书，帝命云骑尉梁怀璥持节慰抚，尸罗逸多惊问国人："自古亦有摩诃震旦使者至吾国乎？"皆曰："无有。"戎言中国为摩诃震旦。乃出迎，膜拜受诏书，戴之顶，复遣使者随入朝。诏卫尉丞李义表报之，大臣郊迎，倾都邑纵观，道上焚香，尸罗逸多率群臣东面受诏书，复献火珠、郁金、菩提树。

二十二年，遣右卫率府长史王玄策使其国，以蒋师仁为副；未至，尸罗逸多死，国人乱，其臣那伏帝阿罗那顺自立，发兵拒玄策。时从骑才数十，战不胜，皆没，遂剽诸国贡物。玄策挺身奔吐蕃西鄙，檄召邻国兵。吐蕃以兵千人来，泥婆罗以七千骑来，玄策部分进战茶镈和罗城，三日破之，斩首三千级，溺水死万人。阿罗那顺委国走，合散兵复阵，师仁擒之，俘斩千计。余众奉王妻息阻乾陀卫江，师仁击之，大溃，获其妃、王子，虏男女万二千人，杂畜二万，降城邑五百八十所。东天竺国王尸鸠摩送牛马三万馈军，及弓、刀、宝缨络。迦没路国献异物，并上地图，请老子像。玄策执阿罗那顺献阙下。有司告宗庙，擢玄策朝散大夫。

得方士那逻迩婆娑寐，自言寿二百岁，有不死术，帝改馆使治丹，命兵部尚书崔敦礼护视。使者驰天下，采怪药异石，又使者走婆罗门诸国。所谓畔茶法水者，出石臼中，有石象人守之，水有七种色，或热或冷，能销草木金铁，人手入辄烂，以橐驼髑髅转注瓠中。有树名咀赖罗，叶如梨，生穷山崖腹，前有巨虺守穴，不可到。欲取其叶者，以方鏃矢射枝则落，为群鸟啣去，则又射，乃得之。其诡谲类如此。后术不验，听还，不能去，死长安。高宗时，卢伽逸多者，东天竺乌荼人，亦以术进，拜怀化大将军。

乾封三年，五天竺皆来朝。开元时，中天竺遣使者三至；南天竺一，献五色能言鸟，乞师讨大食、吐蕃，丐名其军，玄宗诏赐怀德军，使者曰："蕃夷惟以袍带为宠。"帝以锦袍、金革带、鱼袋并七事赐之；北天竺一来朝。乾元末，河、陇陷没，遂不复至。周广顺三年，西天竺僧萨满多等十六族来贡名马。

（《文献通考》卷三百三十八《天竺》，第9358~9359页。）

唐贞观年间，堕和罗遣使朝贡

堕和罗国，南与盘盘、北与迦罗舍佛、东与真腊接，西邻大海。去广州五月日行。贞观十二年，其王遣使贡方物。二十三年，又遣使献象牙、火珠，请赐好马，诏许之。

（《旧唐书》卷一百九十七《南蛮西南蛮》，第5273页。）

堕和罗，亦曰独和罗，南距盘盘，北迦罗舍弗，西属海，东真腊。自广州行五月乃至。国多美犀，世谓堕和罗犀。有二属国，曰昙陵、陀洹。

昙陵在海洲中。陀洹，一曰耨陀洹，在环王西南海中，与堕和罗接，自交州行九十日乃至。王姓察失利，名婆那，字婆末。无蚕桑，有稻、麦、麻、豆。畜有白象、牛、羊、猪。俗喜楼居，谓为干栏。以白氎、朝霞布为衣。亲丧，在室不食，燔尸已，则剔发浴于池，然后食。贞观时，并遣使者再入朝，又献婆律膏、白鹦鹉，首有十红毛，齐于翅。因丐马、铜钟，帝与之。

（《新唐书》卷二百二十二下《南蛮下》，第6303页。）

堕和罗，亦曰独和罗，南距盘盘，北迦罗舍弗，西属海，东真腊。自广州行五月乃至。国多美犀，世谓"堕和罗犀"。有二属国，曰昙陵、陀洹。昙陵在海洲中。陀洹一曰耨陀洹，在环王西南海中，与堕和罗接，自交州行九十日乃至。王姓察失利，名婆那，字婆末。无蚕桑，有稻、麦、麻、豆。畜有白象、牛、羊、猪。俗喜楼居，谓为干栏。以白氎、朝霞布为衣。亲丧，在室不食，燔尸已，则剔发浴于池，然后食。贞观时，并遣使者再入朝，又献婆律膏；白鹦鹉，首有十红毛，齐于翅。因丐马、铜钟，帝与之。

（《文献通考》卷三百三十二《堕和罗》，第9156页。）

殊奈国、甘棠国遣使朝贡

殊奈国,昆仑人也,在林邑南,去交趾海行三月余日。习俗与婆罗门同。绝远,古未尝通中国。唐贞观二年(628)十月,朝贡使至。甘棠国,在大海之南,昆仑人也。唐贞观十年(636),与朱俱婆国朝贡使同日至。

(《太平寰宇记》卷一百七十七《殊奈国》,第3385页。)

显庆元年,拘蒌蜜遣使朝贡

拘蒌蜜在林邑之西,陆路三月行,山居饶象,并养之以供用。显庆元年闰正月来朝贡,在盘盘、致物国东南,海路一月行。南距婆利国十日行。东去不述国五日行。西北去文单国六日行。风俗物产与赤土国、堕和罗国略同。

(《新唐书》卷二百二十二下《盘盘》,第6300页。)

师(狮)子国遣使朝贡

师(狮)子,居西南海中,延袤二千余里。有棱伽山,多奇宝,以宝置洲上,商舶偿直辄取去。后邻国人稍往居之。能驯养师(狮)子,因以名国。总章三年,遣使者来朝。天宝初,王尸罗迷迦再遣使献大珠、钿金、宝璎、象齿、白氍。

(《新唐书》卷二百二十一下《西域下》,第6257~6258页。)

周显德五年,占城国遣使朝贡

占城国,在中国西南,其地东西七百里,南北三千里,东暨海,西暨云南,南暨真腊国,北暨骧州界。东北至两浙,海行一月程。其衣服制度,大略与大食国同。所乘皆象马,粒食稻米,肉食水兕、山羊之类。兽之奇者有犀牛,鸟之珍者有孔雀。前世多不与中国通。

周显德五年九月,其国主因德漫遣其臣甫阿散等来贡方物,中有洒衣蔷薇水一十五瓶,言出自西域,凡水之霑衣,香而不黦。又贡猛火油一十四琉璃瓶。引对于内殿,赐以冠带衣服等。其表文以贝多叶。检以香木函。其年十一月,入朝使甫阿散、金姿叵罗辞各赐缯帛有差。仍命赍金银器一千两,缯防一千匹,细甲、名马、银鞍勒等,就赐其国王。

(《五代会要》卷三十《占城》,第479~480页。)

三、西亚

隋炀帝遣使通波斯国

波斯国，都达曷水之西苏蔺城即条支之故地也。其王字库萨和。都城方十余里。胜兵二万余人，乘象而战。国无死刑，或断手刖足，没家财，或剃去其须，或系排于项，以为标异。人年三岁已上，出口钱四文。妻其姊妹。人死者，弃尸于山，持服一月。王著金花冠，坐金师子座，傅金屑于须上以为饰。衣锦袍，加璎珞于其上。土多良马、大驴、师子（狮）、白象、大鸟卵、真珠、颇黎、兽魄、珊瑚、瑠璃、码碯、水精、瑟瑟、呼洛羯、吕腾、火齐、金刚、金、银、鍮石、铜、镔铁、锡、锦叠、细布、氍毹、毾㲪、护那、越诺布、檀、金缕织成、赤麖皮、朱沙、水银、薰陆、郁金、苏合、青木等诸香、胡椒、毕拨、石蜜、半蜜、千年枣、附子、诃黎勒、无食子、盐绿、雌黄。突厥不能至其国，亦羁縻之。波斯每遣使贡献。西去海数百里，东去穆国四千余里，西北去拂菻四千五百里，东去瓜州万一千七百里。

炀帝遣云骑尉李昱使通波斯，寻遣使随昱贡方物。

（《隋书》卷八十三《波斯》，第1856页。）

唐王朝与波斯国

波斯国，在京师西一万五千三百里，东与吐火罗、康国接，北邻突厥之可萨部，西北拒拂菻，正西及南俱临大海。户数十万。其王居有二城，复有大城十余，犹中国之离宫。其王初嗣位，便密选子才堪承统者，书其名字，封而藏之。王死后，大臣与王之群子共发封而视之，奉所书名者为主焉。其王冠金花冠，坐狮子床，服锦袍，加以璎珞。俗事天地日月水火之诸神，西域诸胡事火祆者，皆诣波斯受法焉。其事神，以麝香和苏涂须点额，及于耳鼻，用以为敬，拜必交股。文字同于诸胡。男女皆徒跣。丈夫翦发，戴白皮帽，衣不开襟，并有巾帔，多用苏方青白色为之，两边缘以织成锦。妇人亦巾帔裙衫，辫发垂后，饰以金银，其国乘象而战，每一象，战士百人，有败衄者则尽杀之。国人生女，年十岁已上有姿貌者，其王收而养之，以赏有功之臣。俗右尊而左卑。以六月一日为岁首。断狱不为文书约束，口决于庭。其系囚无年限，唯王者代立则释之。其叛逆之罪，就火祆烧铁灼其舌，疮白者为理直，疮黑者为有罪。其刑有断手、刖足、髡钳、劓刖，轻罪翦须，或系牌于项以志之，经时月而释焉。其强盗一入狱，至老更不出，小盗罚以银钱。死亡则弃之于山，制服一月而即吉。气候暑热，土地宽平，知耕种，多畜牧，有鸟形如橐驼，飞不能高，食草及肉，亦能啖敢犬攫羊，土人极以为患。又多白马、骏犬，或赤日行七百里者骏，金犬今所谓波斯犬也。出娄及大驴、师（狮）子、白象、珊瑚树高一二尺，琥珀、车渠、玛瑙、火珠、玻璃、琉璃、无食子、香附子、诃黎勒、胡椒、荜拨、石蜜、千年枣、甘露桃。

隋大业末，西突厥叶护可汗频击破其国，波斯王库萨和为西突厥所杀，其子施利立，叶护因分其部帅，监统其国，波斯竟臣于叶护。及叶护可汗死，其所令监统者因自擅于波斯，不复役属于西突厥。施利立一年卒，乃立库萨和之女为王，突厥又杀之。施利之子单羯方奔拂菻，于是国人迎而立之，是为尹恒支，在位二年而卒。兄子伊嗣候立。

（贞观）二十一年，伊嗣候遣使献一兽，名活褥蛇，形类鼠而色青，身长八九寸，能入穴取鼠。伊嗣候懦弱，为大首领所逐，遂奔吐火罗，未至，亦为大食兵所杀。其子名卑路斯，又投吐火罗叶护，获免。卑路斯龙朔元年奏言频被大食侵扰，请兵救援。诏遣陇州南由县令王名远充使西域，分置州县，因列其地疾陵城为波斯都督府，授卑路斯为都督。是后数遣使贡献。咸亨中，卑路斯自来入朝，高宗甚加恩赐，拜右武卫将军。

仪凤三年，令吏部侍郎裴行俭将兵册送卑路斯为波斯王，行俭以其路远，至安西碎叶而还，卑路斯独返，不得入其国，渐为大食所侵，客于吐火罗国二十余年，有部落数千人，后渐离散。至景龙二年，又来入朝，拜为左威卫将军，无何病卒，其国遂灭，而部众犹存。

自开元十年至天宝六载，凡十遣使来朝，并献方物。四月，遣使献玛瑙床。九年四月，献火毛绣舞筵、长毛绣舞筵、无孔真珠。乾元元年，波斯与大食同寇广州，劫仓库，焚庐舍，浮海而去。大历六年，遣使来朝，献真珠等。

（《旧唐书》卷一百九十八《波斯国》，第5312～5313页。）

波斯，居达遏水西，距京师万五千里而赢。东与吐火罗、康接，北邻突厥可萨部，西南皆濒海，西北赢四千里，拂菻也。人数十万，其先波斯匿王，大月氏别裔，王因以姓，又为国号。治二城，有大城十余。俗尊右下左，祠天地日月水火。祠夕，以麝揉苏，泽耏颜鼻耳。西域诸胡受其法，以祠祆。拜必交股。俗徒跣，丈夫祝发，衣不剖襟，青白为巾帔，缘以锦。妇辫发著后。战乘象，一象士百人，负则尽杀。断罪不为文书，决于廷。叛者铁灼其舌，疮白为直,黑为曲。刑有髡、钳、刖、劓,小罪彲,或系木于颈,以时月而置。劫盗囚终老,偷者输银钱。凡死,弃于山,服阅月除。气常歊热,地夷漫,知耕种畜牧。有鹫鸟,能啖羊。多善犬、虬娄、大驴。产珊瑚,高不三尺。

隋末,西突厥叶护可汗讨残其国,杀王库萨和,其子施利立,叶护使部帅监统。施利死,遂不肯臣。立库萨和女为王,突厥又杀之。施利之子单羯方奔拂菻,国人迎立之,是为伊怛支。死,兄子伊嗣俟立。

贞观十二年,遣使者没似半朝贡。又献活褥蛇,状类鼠,色正青,长九寸,能捕穴鼠。伊嗣俟不君,为大酋所逐,奔吐火罗,半道,大食击杀之。子卑路斯入吐火罗以免。遣使者告难,高宗以远不可师,谢遣。会大食解而去,吐火罗以兵纳之。

龙朔初,又诉为大食所侵,是时天子方遣使者到西域分置州县,以疾陵城为波斯都督府,即拜卑路斯为都督。俄为大食所灭。虽不能国,咸亨中犹入朝,授右武卫将军,死。始,其子泥涅师为质,调露元年,诏裴行俭将兵护还,将复王其国。以道远,至安西碎叶,行俭还。泥涅师因客吐火罗二十年,部落益离散。景龙初,复来朝,授左威卫将军。病死,西部独存。开元、天宝间,遣使者十辈献码磟(玛瑙)床、火毛绣舞筵。乾元初,从大食袭广州,焚仓库庐舍,浮海走。大历时复来献。

又有陀拔斯单者,或曰陀拔萨惮。其国三面阻山,北濒小海。居婆里城,世为波斯东大将。波斯灭,不肯臣大食。天宝五载,王忽鲁汗遣使入朝,封为归信王。后八年,遣子会罗来朝,拜右武卫员外中郎将,赐紫袍、金鱼,留宿卫。为黑衣大食所灭。

贞观后,远小国君遣使者来朝献,有司未尝参考本末者,今附之左方。曰火辞弥,与波斯接。贞观十八年,与摩罗游使者偕朝。二十一年,有健达王献佛土菜,茎五叶,赤华紫须。龙朔元年,多福王难婆修强宜说遣使者来朝。总章元年,有末陀提王,开元五年,有习阿萨般王安杀,并遣使者朝贡。七年,诃毗施王揆塞因吐火罗大酋罗摩献师子、五色鹦鹉。

天宝时来朝者,曰俱烂那,曰舍摩,曰威远,曰苏吉利发屋兰,曰苏利悉单,曰建城,曰新城,曰俱位,凡八国。

(《新唐书》卷二百二十一下《西域下》,第6258~6260页。)

唐贞观十二年,遣使朝贡,又献活褥蛇,状类鼠,色正青,长八九寸,能入穴取鼠。后其王为大酋所逐,大食复攻之,遣使告难,高宗以远不可师,谢遣。龙朔初,又诉为大食所侵,时天子遣使到西域分置州县,以疾陵城为波斯都督府,拜其王为都督。俄为大食所灭,虽不能国,咸亨中犹入朝,授右武卫将军，死。始，其子泥涅师为质，调露元年，诏裴行俭将兵护还，将复王其国，以道远，至安西碎叶，行俭还，泥涅师因客吐火罗二十年，部落益离散。景龙初，复来朝，授左威卫将军。病死，西部独存。开元、天宝间，遣使者十辈献玛瑙床、火毛绣舞筵。乾元初，从大食袭广州，焚仓库庐舍，浮海走。大历时复来献。

又有陀拔斯单者，或曰陀拔萨惮。其国三面阻山，北濒小海。居婆里城，世为波斯东大将。波斯灭，不肯臣大食。天宝五载，王忽鲁汗遣使入朝，封为归信王。后八年，遣子自会罗来朝，拜右武卫员外中郎将，赐紫袍、金鱼，留宿卫。为黑衣大食所灭。

贞观后，远小国君遣使来朝献，有司未尝参考本末者，今附之左方。曰火辞弥，与波斯接。贞观十八年，与摩罗游使者偕朝。二十一年，有健达王献佛土菜，茎五叶，赤华紫须。龙朔元年，多福王难婆脩疆宜说遣使者来朝。总章元年，有末陀提王，开元五年，有习阿萨般王安杀，并遣使来朝贡。七年，诃毗施王撩塞，因吐火罗大酋罗摩献狮子、五色鹦鹉。天宝时来朝者，曰俱烂那，曰舍摩，曰威远，曰苏吉利发屋阑，曰苏利息单，曰建成，曰新城，曰俱位，凡八国。俱位，或曰商弥。治阿赊毗师多城，在大雪山、勃律河北。地寒，有五谷、蒲萄、石榴，冬窟室。国人常助小勃律为中国候（侯）。新城之国，在石东北赢百里。有弩室羯城，亦曰新城，曰小石国城，后为葛逻禄所并。

（《文献通考》卷三百三十九《波斯》，第9384～9385页。）

唐王朝与大食国的交往

大食国，本在波斯之西。大业中，有波斯胡人牧驼于俱纷摩地那之山，忽有狮子人语谓之曰："此山西有三穴，穴中大有兵器，汝可取之。穴中并有黑石白文，读之便作王位。"胡人依言，果见穴中有石及槊刃甚多，上有文，教其反叛。于是纠合亡命，渡恒曷水，劫夺商旅，其众渐盛，遂割据波斯西境，自立为王。波斯、拂菻各遣兵讨之，皆为所败。

永徽二年，始遣使朝贡。其王姓大食氏，名噉密莫末腻，自云有国已三十四年，历三主矣。其国男儿色黑多须，鼻大而长，似婆罗门；妇人白皙。亦有文字。出驼马，大于诸国。兵刃劲利。其俗勇于战斗，好事天神。土多沙石，不堪耕种，唯食驼马等肉。俱纷摩地那山在国之西南，邻于大海，其王移穴中黑石置之于国。又尝遣人乘船，将衣粮入海，经八年而未及西岸。海中见一方石，石上有树，干赤叶青，树上总生小儿；长六七寸，见人皆笑，动其手脚，头著树枝，其使摘取一枝，小儿便死，收在大食王宫。又有女国，在其西北，相去三月行。

龙朔初，击破波斯，又破拂菻，始有米面之属。又将兵南侵婆罗门，吞并诸胡国，胜兵四十余万。长安中，遣使献良马。景云二年，又献方物。开元初，遣使来朝，进马及宝钿带等方物。其使谒见，唯平立不拜，宪司欲纠之，中书令张说奏曰："大食殊俗，慕义远来，不可置罪。"上特许之。寻又遣使朝献，自云在本国惟拜天神，虽见王亦无致拜之法，所司屡诘责之，其使遂请依汉法致拜。其时西域康国、石国之类，皆臣属之。其境东西万里，东与突骑施相接焉。

一云隋开皇中，大食族中有孤列种代为酋长，孤列种中又有两姓：一号盆泥奚深，一号盆泥末换。其奚深后有摩诃末者，勇健多智，众立之为主，东西征伐，开地三千里，兼克夏腊，一名钐城（钐，音所鉴反）。摩诃末后十四代，至末换。末换杀其兄伊疾而自立，复残忍，其下怨之。有呼罗珊木粗人并波悉林举义兵，应者悉令著黑衣，旬月间众盈数万。鼓行而西，生擒末换，杀之。遂求得奚深种阿蒲罗拔，立之。末换已前谓之白衣大食，自阿蒲罗拔后改为黑衣大食。阿蒲罗拔卒，立其弟阿蒲恭拂。至德初遣使朝贡，代宗时为元帅，亦用其国兵以收两都。

宝应、大历中频遣使来。恭拂卒，子迷地立。迷地卒，子牟栖立，牟栖卒，弟诃论立。贞元中，与吐蕃为勍敌。蕃军太半西御大食，故鲜为边患，其力不足也。十四年，诏以黑衣大食使含嵯、乌鸡、沙北三人并为中郎将，各放还蕃。

（《旧唐书》卷一百九十八《西戎》，第5315～5317页。）

大食，本波斯地。男子鼻高，黑而髯。女子白皙，出辄鄣面。日五拜天神。银带，佩银刀，不饮酒举乐。有礼堂容数百人，率七日，王高坐为下说曰："死敌者生天上，杀敌受福。"故俗勇于斗。土饶砾不可耕，猎而食肉。刻石蜜为庐如舆状，岁献贵人。蒲陶（葡萄）大者如鸡卵。有千里马，传为龙种。

隋大业中，有波斯国人牧于俱纷摩地那山，有兽言曰："山西三穴，有利兵，黑石而白文，得之者王。"走视，如言。石文言当反，乃诡众哀亡命于恒曷水，劫商旅，保西鄙自王，移黑石宝之。国人往讨之，皆大败还，于是遂强。灭波斯，破拂菻，始有粟麦仓庾。南侵婆罗门，并诸国，胜兵至四十万。康、石皆往臣之。其地广万里，东距突骑施。西南属海。

海中有拨拔力种，无所附属。不生五谷，食肉，刺牛血和乳饮之。俗无衣服，以羊皮自蔽。妇人明皙而丽。多象牙及阿末香，波斯贾人欲往市，必数千人纳甗镵血誓，乃交易。兵多牙角，而有弓、矢、铠、槊，士至二十万，数为大食所破略。

永徽二年，大食王豳密莫末始遣使者朝贡，自言王大食氏，有国三十四年，传二世。开元初，复遣使献马、钿带，谒见不拜，有司将劾之。中书令张说谓殊俗慕义，不可置于罪。玄宗赦之。使者又来，辞曰："国人止拜天，见王无拜也。"有司切责，乃拜。十四年，遣使苏黎满献方物，拜果毅，赐绯袍、带。

或曰大食族中有孤列种，世酋长，号白衣大食。种有二姓，一曰盆尼末换，二曰奚深。有摩诃末者，勇而智，众立为王。辟地三千里，克夏腊城。传十四世，至末换，杀兄伊疾自王，下怨其忍。有呼罗珊木鹿人并波悉林将讨之，徇众曰："助我者，皆黑衣。"俄而众数万，即杀末换，求奚深种孙阿蒲罗拔为王，更号黑衣大食。蒲罗死，弟阿蒲恭拂立。至德初，遣使者朝贡。代宗取其兵平两京。阿蒲恭拂死，子迷地立。死，弟诃论立。贞元时，与吐蕃相攻，吐蕃岁西师，故鲜盗边。十四年（798），遣使者含嵯、乌鸡、沙北三人朝，皆拜中郎将，赍遣之。传言其国西南二千里山谷间，有木生花如人首，与语辄笑，则落。

（《新唐书》卷二百三十八《西域下》，第6262～6264页。）

大食，大唐永徽中，遣使朝贡云。其国在波斯之西。或云：初有波斯胡人，若有神助，得刀杀人。因招附诸胡，有胡人十一来，据次第摩首受化为王。此后众渐归附，遂灭波斯，又破拂菻及婆罗门城，所当无敌。兵众有四十二万。有国以来三十四年矣。初王已死，次传第一摩首者，今王即是第三，其王姓大食。其国男夫鼻大而长，瘦黑多须鬓，似婆罗门，女人端丽。亦有文字，与波斯不同。出驼、马、驴、骡、殺羊等。土多砂石，不堪耕种，无五谷，惟食驼、马等肉，破波斯、拂菻，始有米面。敬事天神。又云：其王常遣人乘船，将衣粮入海，经涉八年，未极西岸。于海中见一方石，石上有树，枝赤叶青，树上总生小儿，长六七寸，见人不语而皆能笑，动其手脚，头著树枝，人摘取，入手即干黑。其使得一枝还，今在大食王处。

[杜环《经行记》云："一名亚俱罗。其大食王号暮门，都此处。其士女瓌伟长大，衣裳鲜洁，容止闲丽。女子出门，必拥蔽其面。无问贵贱，一日五时礼天。食肉作斋，以杀生为功德。系银带，佩银刀，断饮酒，禁音乐。人相争者，不至殴击。又有礼堂，容数万人。每七日，王出礼拜，登高座为众说法，曰："人生甚难，天道不易。奸非劫窃，细行漫言，安己危人，欺贫虐贱，有一于此，罪莫大焉。凡有征战，为敌所戮，必得生天，杀其敌人，获福无量。"率土禀化，从之如流。法唯从宽，葬唯从俭。郛郭之内，廛閈之中，

土地所生，无物不有。四方辐凑，万货丰贱，锦绣珠贝，满于市肆。驼马驴骡，充于街巷。刻石蜜为卢（庐）舍，有似中国宝轝。每至节日，将献贵人琉璃器皿、鍮石瓶钵，盖不可算数。粳米白面，不异中华。其果有偏桃人、千年枣。其蔓菁，根大如斗而圆，味甚美。余菜亦与诸国同。蒲陶大者如鸡子。香油贵者有二：一名耶塞漫，一名没囸（女甲反）师。香草贵者有二：一名查塞拳（蒲孔反），一名黎芦茇。绫绢机杼，金银匠、画匠、汉匠起作画者，京兆人樊淑、刘泚，织络者，河东人乐吕礼。又以橐驼驾车。其马，俗云西海滨龙与马交所产也。腹肚小，脚腕长，善者日走千里。其驼小而紧，背有孤峰，良者日驰千里。又有驼鸟，高四尺以上，脚似驼蹄，颈项胜得人骑行五六里，其卵大如二升。又有荞树。实如夏枣，堪作油，食除瘴。其气候温，土地无冰雪。人多疟痢，一年之内，十中五死。今吞灭四五十国，皆为所役属，多分其兵镇守，其境尽於西海焉。"又云："末禄国在亚梅国西南七百余里。胡姓末者，兹土人也。其城方十五里，用铁为城门。城中有盐池，又有两所佛寺。其境东西百四十里，南北百八十里，村栅连接，树木交映，四面合匝，总是流沙。南有大河，流入其境，分渠数百，溉灌一州。其土沃饶，其人净洁。墙宇高厚，市鄽平正。木既雕刻，土亦绘画。又有细软叠布，羔羊皮裘，估其上者值银钱数百。果有红桃、白㮕、遏白、黄李。瓜大者名寻支，十余人飡一颗辄足。越瓜长四尺以上。菜有蔓菁、萝卜、长葱、颗葱、芸薹、胡芹、葛蓝、军达、茴香、菝薐、瓠芦，尤多蒲陶。又有黄牛、野马、水鸭、石鸡。其俗以五月为岁，每岁以画缸相献。有打毬节、鞦韆节。其大食东道使镇于此。从此至西海以来，大食、波斯参杂居止。其俗礼天，不食自死肉及宿肉，以香油涂发。"又云："苫国在大食西界，周回数千里。造屋兼瓦，垒石为壁。米谷殊贱，有大川东流入亚俱罗，商客糴此糶彼，往来相继。人多魁梧，衣裳宽大，有似儒服。其苫国有五节度，有兵马一万以上，北接可萨突厥。可萨北又有突厥。足似牛蹄，好噉人肉。"〕

魏徵论曰："自古开远夷，通绝域，必因宏放之主，皆起好事之臣。张骞凿空于前，班超投笔于后，或结以重宝，或慑之以利剑，投躯万死之地，以立一朝之功，皆由主尚来远之名，臣徇轻生之节。是知上之所好，下必有甚焉者也。炀帝规模宏侈，掩吞秦汉，裴矩方进西域图记以荡其心，故万乘亲出玉门关，置伊吾、且末郡，而关右罄于流沙，骚然无聊生矣。古哲王之制方五千里，务安诸夏，不事要荒。岂威不能加、德不能被？盖不以四夷劳中国，不以无用害有用也。是以秦戍五岭，汉事三边，或道殣相继，或户口减半。隋室恃其强盛，亦狼狈于青海。此皆一人失其道，故亿兆罹其毒也。"

（《通典》卷一百九十三《大食》，第5278页。）

大食，唐永徽中，遣使朝贡，云其国在波斯之西。或云：初有波斯胡人，若有神助，得刀杀人。因招附诸胡，有胡人十一来，据次弟摩首受化为王。此后众渐归附，遂灭波斯。又破拂菻及婆罗门城，所当无敌。兵众有四十二万。有国以来三十四年矣。初王已死，次传第一摩首者，今王即是第三，其王姓大食。其国男夫鼻大而长，瘦黑多须鬓，似婆罗门，妇女多端丽。亦有文字，与波斯不同。出驼、马、驴、骡、羖羊等。土多砂石，不堪耕种，无五谷，唯食驼、马等肉，破波斯、拂菻，始有米面。敬事天神。又云：其王尝遣人乘船，将衣粮入海，经涉八年，未极西岸。于海中见一方石，石上有树，枝赤叶青，树上总生小儿，长六七寸，见人不语而皆能笑，动其手脚，头着树枝，人摘取，入手即干黑。其使得一枝还，今在大食王处。

开元初，复遣使献马、钿带，谒见不拜，有司将劾之，中书令张说谓殊俗慕义，不可置于罪，玄宗赦之。使者又来，辞曰："国人止拜天，见王无拜也。"有司切责，乃拜。十四年，遣使苏黎满献方物，拜果毅，赐绯袍、带。

或曰大食族中有孤列种，世酋长，号白衣大食。种有二姓，一曰盆尼末换，二曰奚深。有摩诃末者，勇而智，众立为主。辟地三千里，克夏腊城。传十四世，至末换，杀兄伊疾自王，下怨其忍。有呼罗栅木鹿人并波悉林将讨之，徇众曰："助我者，皆黑衣。"俄而众数万，即杀末换，求奚深种孙阿蒲罗拔为王，更号黑衣大食。蒲罗死，弟阿蒲恭拂立。至德初，遣使者朝贡。代宗取其兵平两京。阿蒲恭拂死，子迷地立。死，子牟栖立。牟栖卒，弟诃论立。贞元时，与吐蕃相攻，吐蕃岁西师，故鲜盗边。十四年，遣使者含嵯、乌鸡、沙北三人朝，皆拜中郎将，赉遣之。

（《文献通考》卷三百三十九《大食》，第9393页。）

杨良瑶出使黑衣大食

贞元初，既靖寇难，天下乂安，四海无波，九泽入觐。昔使绝域，西汉难其选；今通区外，皇上思其人。比才类能，非公莫可。以贞元元年四月，赐绯鱼袋，充聘国使於黑衣大食，备判官内，傔受国信诏书。奉命遂行，不畏乎远；届乎南海，舍陆登舟。遐迩无惮险之容，凛然有必济之色；义激左右，忠感鬼神。公于是剪发祭波，指日誓众，遂得阳侯敛浪，屏翳调风，挂帆凌汗漫之空，举棹乘灏淼之气，黑夜则神灯表路，白昼乃仙兽前驱，星霜再周，经过万国，播皇风于异俗，被声教于无垠。德返如期，成命不坠，斯又我公仗忠信之明效也。四年六月，转中大夫。七月，封弘农县开国男，食邑三百户。功绩既著，恩宠亦崇；若惊之心，日慎一日。十二年，加太中大夫，余如故。十四年春，德宗虔虔孝思，陵寝是恤，将复修葺，再难其人。必求恪恭，祗奉于事。唯公惬旨，受命而行。夙夜在公，日月匪懈。不改经制，惜费省劳。焕乎咸新，无乖睿约。及乎卒事，议功莫俦。以其年八月，赐紫金鱼袋，判、傔等并加绿绶。非例也，特恩及之。其后贵主亲王，监护丧葬，圣情念切者，必委于公。至于以荣更赐金帛，纷纶不可备记矣。

（《唐故杨府君神道之碑》，转引自张世民：《杨良瑶：中国最早航海下西洋的外交使节》，《咸阳师范学院学报》，2005年第3期。）

编者按：1984年，《唐故杨府君神道之碑》出土于陕西省泾阳县扫宋乡（2002年并入云阳镇）大小杨户村附近。

四、东非

自拂菻西南度碛二千里，有国曰磨邻（即东非肯尼亚之马林迪）、曰老勃萨，其人黑而性悍。地瘴疠，无草木五谷，饲马以槁鱼，人食鹘莽。鹘莽，波斯枣也。不耻烝报，于夷狄最甚，号曰"寻"。其君臣七日一休，不出纳交易，饮以穷夜。

（《新唐书》卷二百二十一下《西域传》，第6260页。）

五、其他地区

隋炀帝征伐流求

流求国，居海岛之中，当建安郡东，水行五日而至。土多山洞。其王姓欢斯氏，名渴剌兜，不知其由来有国代数也。彼土人呼之为可老羊，妻曰多拔荼。所居曰波罗檀洞，堑栅三重，环以流水，树棘为藩。王所居舍，其大一十六间，雕刻禽兽。多斗镂树，似橘而叶密，条纤如发然下垂。国有四五帅，统诸洞，洞有小王。往往有村，村有鸟了帅，并以善战者为之，自相树立，理一村之事。男女皆以白纻绳缠发，从项后盘绕至额。其男子用鸟羽为冠，装以珠贝，饰以赤毛，形制不同。妇人以罗纹白布为帽，其形正方。织斗镂皮并杂色纻及杂毛以为衣，制裁不一。缀毛垂螺为饰，杂色相间，下垂小贝，其声如佩，缀珰施钏，悬珠于颈。织藤为笠，饰以毛羽。有刀、槊、弓、箭、剑、铍之属。其处少铁，刃皆薄小，多以骨角辅助之。编纻为甲，或用熊豹皮。王乘木兽，令左右舆之而行，导从不过数十人。小王乘机，镂为兽形。国人好相攻击，人皆骁健善走，难死而耐创。诸洞各为部队，不相救助。两阵相当，勇者三五人出前跳噪，交言相骂，因相击射。如其不胜，一军皆走，遣人致谢，即共和解。收取斗死者，共聚而食之，仍以髑髅将向王所。王则赐之以冠，使为队帅。无赋敛，有事则均税。用刑亦无常准，皆临事科决。犯罪皆断于鸟了帅；不伏，则上请于王，王令臣下共议定之。狱无枷锁，唯用绳缚。决死刑以铁锥，大如箸，长尺余，钻顶而杀之。轻罪用杖。俗无文字，望月亏盈以纪时节，候草药枯以为年岁。

人深目长鼻，颇类于胡，亦有小慧。无君臣上下之节、拜伏之礼。父子同床而寝。男子拔去髭鬓，身上有毛之处皆亦除去。妇人以墨黥手，为虫蛇之文。嫁娶以酒肴珠贝为娉，或男女相悦，便相匹偶。妇人产乳，必食子衣，产后以火自炙，令汗出，五日便平复。以木槽中暴海水为盐，木汁为酢，酿米麦为酒，其味甚薄。食皆用手。偶得异味，先进尊者。凡有宴会，执酒者必待呼名而后饮。上王酒者，亦呼王名。衔杯共饮，颇同突厥。歌呼踢蹄，一人唱，从皆和，音颇哀怨。扶女子上膊，摇手而舞。其死者气将绝，举至庭，亲宾哭泣相吊。浴其尸，以布帛缠之，裹以苇草，亲土而殡，上不起坟。子为父者，数月不食肉。南境风俗少异，人有死者，邑里共食之。

有熊罴豺狼，尤多猪鸡，无牛羊驴马。厥田良沃，先以火烧而引水灌之。持一插，以石为刃，长尺余，阔数寸，而垦之。土宜稻、梁、𥺌、黍、麻、豆、赤豆、胡豆、黑豆等，木有枫、栝、樟、松、楩、楠、杉、梓、竹、藤、果、药，同于江表，风土气候与岭南相类。

俗事山海之神，祭以酒肴，斗战杀人，便将所杀人祭其神。或依茂树起小屋，或悬髑髅于树上，以箭射之，或累石系幡以为神主。王之所居，壁下多聚髑髅以为佳。人间门户上必安兽头骨角。大业元年，海师何蛮等，每春秋二时，天清风静，东望依希，似有烟雾之气，亦不知几千里。三年，炀帝令羽骑尉朱宽入海求访异俗，何蛮言之，遂与蛮俱往，因到流求国。言不相通，掠一人而返。明年，帝复令宽慰抚之，流求不从，宽取其布甲而还。时倭国使来朝，见之曰："此夷邪久国人所用也。"帝遣武贲郎将陈棱、朝请大夫张镇州率兵自义安浮海击之。至高华屿，又东行二日至𪖕鼊屿，又一日便至流求。初，棱将南方诸国人从军，有昆仑人颇解其语，遣人慰谕之，流求不从，拒逆官军。棱击走之,进至其都,频战皆败,焚其宫室,虏其男女数千人,载军实而还。自尔遂绝。

(《隋书》卷八十一《流求国传》,第1823~1825页。)

第二章 商贸往来

一、市舶使的创设

唐高宗显庆六年二月二十日教，南中有诸国舶，宜令所司每年四月以前，预支应须市物，委本道长史摘白到十日内，依数交付价值。市了，任百姓交易。其官市物，送少府监简择进内。

（《唐会要》卷六十六《少府监》，第1153页。）

开元中，转殿中侍御史，监岭南选。时市舶使、右威卫中郎将周庆立造奇器以进，泽上书曰："'不见可欲，使心不乱'，是知见可欲而心必乱矣。庆立雕制诡物，造作奇器，用浮巧为珍玩，以谲怪为异宝，乃治国之巨蠹，明王所宜严罚者也。昔露台无费，明君不忍；象箸非大，忠臣愤叹。庆立求媚圣意，摇荡上心。陛下信而使之乎，是宣淫于天下；庆立矫而为之乎，是禁典之所无赦。陛下新即位，固宜昭宣菲薄，广示节俭，岂可以怪好示四方哉！"书奏，玄宗称善。历迁太子右庶子。为郑州刺史，未行，卒，赠兵部侍郎。

（《新唐书》卷一一二《柳泽传》，第4176页。）

（开元二年）十二月乙丑，封皇子嗣真为郯王，嗣初为鄂王，嗣玄为鄄王。时右威卫中郎将周庆立为安南市舶使，与波斯僧广造奇巧，将以进内。监选使、殿中侍御史柳泽上书谏，上嘉讷之。

（《旧唐书》卷八《玄宗本纪》，第174页。）

开元二年十二月，岭南市舶司右威卫中郎将周庆立、波斯僧及烈等，广造奇器异巧以进。

（《唐会要》卷六十二《御史台下》，第1078页。）

天宝初,为南海太守。南海兼水陆都会,物产瑰怪,前守刘巨鳞、彭杲皆以赃败,故以奂代之。污吏敛手,中人之市舶者亦不敢干其法,远俗为安。时谓自开元后四十年,治广有清节者,宋璟、李朝隐、(卢)奂三人而已。

(《新唐书》卷一百二十六《卢奂传》,第4418页。)

南海蕃舶,本以慕化而来,固在接以恩仁,使其感悦。如闻比年长吏,多务征求,吸怨之声,达扵珠俗。况朕方宝勤俭,岂爱退珠,深虑远人未安,率税扰重,思有矜恤,以示绥怀。其岭南福建及扬州蕃客,宜委节度观察使常加存问,除舶脚收市进奉外,任其来俘通流,自为交易,不得重加率税。天下诸州府,如有冤滞未伸,宜委御史台及出使郎官察访闻奏。

(《全唐文》卷七十五《大和八年疾愈德音》第785页上下。)

衡岳之峻极于天,作镇五岭;炎海之包括于地,委输百川。以崇山之灵,涨溟海之阔,孕毓粹气,实生英才。厥有韦府君,则其人也。自豕韦开国,积德累业,西汉丞相父子,继为醇儒,衣冠相袭,传庆不绝,得其姓者,见重于时,可谓源深派长,本大枝茂者矣。公讳某,京兆人也。祖某,不仕。父楚,皇任朝散大夫内给事中、武德使判宫闱令事。绵奕世载德,继美承家。公幼有奇操,形神爽迈,器宇沈正,识者异之。髫龀之年,参内侍省,出入门阁,情志专良。开元十年解褐授内府局丞,典御府之藏,列内官之秩,勤愿慎密,肃恭矜庄。洵美可观,硕大且俨,事因绩著,官以课迁。寻充市舶使,至于广府,飋贶纳贡,宝贝委积。上甚嘉之,每宣谕诸道,曾无宁岁,敷敫诏旨,人皆悦服。

(《全唐文》卷三百七十一《于肃:内给事谏议大夫韦公神道碑》,第3766页上。)

(杨志本)转桂州都督府法曹参军。清棘犴,察梧囚,明慎用法,而不留狱。都督周道务以公冰襟同洁,石性浑坚,庇恶木而深耻,饮贪泉而不易,奏充岭南市阓口珠玉使。佚佚五峤,皇皇百越,路穷南服,境淑西屠。握水衡之钱,权御府之产,历剖蚌泣鲛之巨涨,窥结绿珊瑚之怪穴。自异时魁杰之士,以事而临其地,罕有声背于黩,节全其贞。将军北旋,犹见猜于薏苡;大夫南使,亦受遗于金装。而公散国财,市萤宝,混之不浊,涅而不缁,易生人之所难,凛然有伯夷之风矣!以外忧去职,百里而趋,三年无改。

(《全唐文》卷二六七《潭州都督杨志本碑》第2707页下~2708页上。)

唐始置市舶使，以岭南帅臣监领之。设市区，令蛮夷来贡者为市，稍收利入官。凡舟之来，最大者为独樯舶，能载一千婆兰（胡人谓二百斤为一婆兰）；次曰牛头舶，比独樯得三之一；又次曰三木舶，曰料河舶，递得三之一。贞观十七年，诏三路舶司，番商贩到龙脑、沉香、丁香、白豆蔻四色，并抽解一分。武后时都督路元睿冒取番酋货舶，酋不胜忿，杀之。开元初，市舶使周庆立与波斯僧造奇巧以进，劾罢。又罢遣使者之南海求珠翠者。

（《天下郡国利病书》卷一百二十《海外诸番入贡互市》。）

秋，七月，戊午，广州都督路元叡为崑苍（昆仑）所杀。元叡阘懦，僚属恣横。有商舶至，僚属侵渔不已，商胡诉于元叡；元叡索枷，欲系治之。群胡怒，有崑苍（昆仑）袖剑直登厅事，杀元叡及左右十余人而去，无敢近者，登舟入海，追之不及。

（《资治通鉴》卷二〇三"武后光宅元年秋七月戊午"条，第6420页。）

（宝应二年）十二月甲辰，宦官市舶使吕太一逐广南节度使张休，纵下大掠广州。

（《旧唐书》卷十一《代宗本纪》，第274页。）

宦官广州市舶使吕太一，发兵作乱，节度使张休，弃城奔端州，太一纵兵焚掠，官军讨平之。

（《资治通鉴》卷二二三"广德元年十一月"条。）

（黄）巢又丐安南都护、广州节度使。书闻，右仆射于琮议："南海市舶利不赀，贼得益富。而国用屈。"

（《新唐书》卷一一二《柳译传》，第4176页。）

唐有市舶使以右威卫中郎将周泽为之，唐代宗广德元年有广州市舶使吕大一。
（《文献通考》卷六十二《提举市舶》，第1868页。）

传柳泽，开元中（二月十二日）岭南市舶使周庆立造奇器以进，泽上书言："露台无费，明君不忍，象箸非大，忠臣愤叹。"王方庆，广州都督，南海旧有昆仑舶，市外区珠琲，秋毫无所索。孔戣拜岭南节度使，蕃舶泊步有下碇税，始至，有阅货宴所饷犀琲下及仆隶，戣禁止之。卢钧节度岭南，海道商舶，始至，异时帅府争先往贱售其珍，钧一不取。贞元中，岭南请于安南置市舶中使，陆贽奏曰："玉毁椟中，是将谁咎？珠飞境外，安可复追？《书》：不贵异物，则远人格，岂必重中使轻外使？"

（《玉海》卷一百八十六《唐市舶使》，第741页。）

南海舶，外国船也。每岁至安南、广州。师子国舶最大，梯而上下数丈皆积宝货。至则本道奏报，郡邑为之喧闹。有蕃长为主领。市舶使籍其名物，纳舶脚，禁珍异，蕃商有一欺诈入牢狱者。舶发之后，海路必养白鸽为信。舶没，则鸽虽数千里，亦能归也。

（《唐国史补》卷下，第63页。）

南中有诸国舶，宜令所司，每年四月以前，预支应须市物，委本道长史，舶到十日内，依数交付价值市，了任百姓交易。其官市物送少府监，简择进内。

（《唐文拾遗》卷一《高宗：定夷舶市物例数》，第4页。）

岭南节度经略使奏："近日舶船多往安南市易，进奉事大，实惧阙供。臣今欲差判官就安南收市，望定一中使与臣使司同勾当，庶免隐欺。"希颜奉宣圣旨宜："宜依者。"远国商贩，唯利是求，绥之斯来，扰之则去。广州地当要会，俗号殷繁，交易之徒，素所奔凑。今忽舍近而趋远，弃中而就偏，若非侵刻过深，则必招怀失所。曾无内讼之意，更兴出位之思，玉毁椟中，是将谁咎？珠飞境外，安可复追？《书》曰："不贵远物，则远人格。"今既徇欲如此，宜其殊俗不归。况又将荡上心，请降中使，示贪风于天下，延贿道于朝廷，黩污清时，亏损圣化，法宜当责，事固难依。且岭南、安南，莫非王土，中使外使，悉是王臣，若缘军国所须，皆有令式恒制，人思奉职，孰敢阙供？岂必信岭南而绝安南，重中使以轻外使，殊失推诚之体，又伤贱货之风。望押不出。

（《全唐文》卷四七三《陆贽：论岭南请于安南置市舶中使状》，第4828页下。）

臣某言：臣闻无翼而飞者，声也；无根而固者，情也；无方而富者，生也。圣恩以臣谨声教，固物情，严为防禁，以尊其生。由是梯山航海，岁来中国；镇安殊俗，皆禀睿图。伏以承前虽有命使之名，而无责成之实，但拱手监临大略而已，素无簿书，不恒其所。自臣亲承圣旨，革划前弊，御府珍贡，归臣有司，则郡国之外，职臣所理。敢回天造，出臣匪躬。近得海阳旧馆，前临广江，大槛飞轩，高明式叙；崇其栋宇，辨其名物；陆海珍藏，徇公忘私。俾其戴天捧日，见圣人一家之为贵；穷祥极瑞，知天子万方之司存。今年波斯古逻本国，二舶，顺风而至，亦云诸蕃君长，远慕望风，宝舶荐臻，倍于恒数。臣奉宣皇化，临而存之，除供进备物之外，并任蕃商，列肆而市，交通夷夏，富庶于人。公私之间，一无所阙；车徒相望，城府洞开。于是人人自为，家给户足，而不知其然。况北户之孱颜，南冥之睢盱。国异俗泰而安宅，生振忘归而乐业。百宝丛货，罔黩于人心；群瑞效灵，顾怀于天宪。臣谬专任重，启处不遑，供国之诚，庶有恒制。海门之外，隐若敌国；海门之内，宣知变风。后述职于此者，但资忠履信，守而勿失。不刊之典，贻厥将来。圣恩以军府交代之际，委臣在镇，不获捧图陈荐，拜舞天庭。无任感恋惭惶之至。

（《全唐文》卷五一五《王虔休：进岭南王馆市舶使院图表》，第2138页。）

岭之南，其州七十，其二十二隶岭南节度府，其四十余分四府，府各置帅，然独岭南节度为大府。大府始至，四府必使其佐启问起居，谢守地不得即贺以为礼。岁时必遣贺问，致水土物。大府帅或道过其府，府帅必戎服，左握刀，右属弓矢，帕首韜韣华迎郊。及既至，大府帅先入据馆，帅守屏，若将趋入拜庭之为者；大府与之为让至一再，乃敢改服，以宾主见；适位执爵皆兴拜，不许乃止，虔若小侯之事大国。有大事，谘而后行。隶府之州，离府远者至三千里，悬隔山海，使必数月而后能至。蛮夷悍轻，易怨以变，其南州皆岸大海，多洲岛，虬风风一日踔数千里，漫澜不见踪迹。控御失所，依险阻，结党仇，机毒矢以待将吏，撞搪呼号以相和应，蜂屯蚁杂，不可爬梳，好则人，怒则兽。故常薄其征入，简节而疏目，时有所遗漏，不究切之，长养以儿子；至纷不可治，乃草鐦而禽櫍，尽根株痛断乃止。其海外杂国，若耽浮罗、流求、毛人、夷澶之州，林邑、扶南、真腊、于陀利之属，东南际天地以万数，或时候风潮朝贡，蛮胡贾人舶交海中。若岭南帅得其人，则一边尽治，不相寇盗贼杀，无风鱼之灾，水旱疠毒之患，外国之货日至，珠香象犀瑇瑁奇物溢于中国，不可胜用。故选帅常重于他镇，非有文武威风、知大体、可畏信者，则不幸往往有事。长庆三年四月，以工部尚书郑公为刑部尚书兼御史大夫往践其任。郑公尝以节镇襄阳，又帅沧景德棣，历河南尹，华州刺史，皆有功德可称道。入朝为金吾将军散骑常侍工部侍郎尚书。家属百人，无数亩之宅，儳屋以居，可谓贵而能贫，为仁者不富之效也。及是命，朝廷莫不悦。将行，公卿大夫士苟能诗者，咸相率为诗以美朝政，以慰公南行之思。韵必以来字者，所以祝公成政而来归疾也。

（《全唐文》卷五五六《韩愈：送郑尚书序》，第5626页上～5627页上。）

元和九年月日，扶风马某卒……君凡受署，往来桂州、岭南、江西、荆南道，皆大府。凡命官，更佐军卫、录王府事、番禺令、江陵户曹录府事、监察御史，皆为显官。凡佐治，由巡官、判官至押蕃舶使、经略副使，皆所谓右职。凡所严事，御史中丞良、司徒祐（杜佑）、嗣曹王皋（李皋）、尚书冑（戴冑）、尚书伯仪（张伯仪）、尚书昌（赵昌），皆贤有劳诸侯。

（《柳河东集》卷十《唐故岭南经略副使御史马某墓志》，第160页。）

（元和）十二年，自国子祭酒拜御史大夫岭南节度等使。约以取足境内。诸州负钱至二百万，悉放不收。蕃舶之至泊步，有下碇之税，始至有阅货之燕，犀珠磊落，贿及仆隶，公皆罢之。绝海之商，有死于吾地者，官藏其货，满三月，无妻子之请者，尽没之。公曰："海道以年计往复，何月之拘？苟有验者，悉推与之，无算远近。"厚守宰俸而严其法。岭南以口为货，其荒阻处，父子相缚为奴，公一禁之。有随公吏得无名儿，蓄不言官；有讼者，公召杀之。山谷诸黄，世自聚为豪，观吏厚薄缓急，或叛或从。容桂二管利其房掠，请合兵讨之，冀一有功，有所指取。当是时，天子以武定淮西、河南北，用事者以破诸黄为类，向意助之。公屡言远人急之则惜性命，相屯聚为寇，缓之则自相怨恨而散，此禽兽耳；但可自计利害，不足与论是非。天子入先言，遂敛兵江西岳鄂湖南岭南，会容桂之吏以讨之，被雾露毒，相枕藉死，百无一二还。安南乘势杀都护李象古，桂将裴行立、容将杨旻皆无功，数月自死。岭南嚣然。祠部岁下广州祭南海庙，庙入海口，为州者皆惮之，不自奉事，常称疾，命从事自代，惟公岁常自行。官吏刻石，为诗美之。

（《全唐文》卷五六三《韩愈：唐正议大夫尚书左丞孔公墓志铭》，第5703页上下。）

唐制，岭南为五府，府部州以十数。其大小之戎，号令之用，则听于节度使焉。其外大海多蛮夷，由流求、诃陵，西抵大夏、康居，环水而国以百数，则统于押蕃舶使焉。内之幅员万里，以执秩拱稽，时听教命；外之羁属数万里，以译言贽宝，岁帅贡职。合二使之重，以治于广州，故宾军之事，宜无与校大。且宾有牲牢饔饩，嘉乐好礼，以同远合疏；军有犒馈宴飨，劳旋勤归，以群力一心。于是治也，煮闉阶序，不可与他邦类，必厚栋大梁，夷庭高门，然后可以上充于揖让，下周于步武。今御史大夫扶风公廉广州，且专二使，增德以来远人，申威以修戎政。大飨宴合乐，从其丰盈。先是为堂于治城西北陬，其位，公北向，宾众南向，奏部伎于其西，视泉池子其东。隔奥庾仄,庭庑下陋,日未及晡,则赫炎当目,汗眩更起,而礼莫克终。故凡大宴飨、大宾旅,则寓于外垒,仪型不称。公于是始斥其制,为堂南面,横八楹,纵十楹,飨宴之位,化为东序,西又如之。其外更衣之次,膳食之宇,列观以游目,偶亭以展声,弥望极顾,莫究其往。泉池之旧,增浚益植,以暇以息,如在林壑。问工焉取,则师舆是供;问役焉取,则蛮隶是征;问材焉取,则隙宇是迁。或益其阙,伐山浮海,农贾拱手,张目视具。乃十月甲子克成,公命飨于新堂。幢牙茸纛,金节析羽,旆旗鸦隧,咸饰于下。鼓以{卉鼓}晋,金以铎铙。公与监军使肃上宾,延群僚,将校士吏,咸次于位。卉裳藁衣,胡夷樆蛮,睢盱就列者,千人以上。鼎体节,燔炮炙,羽鳞狸互之物,沉泛醍盎之齐,均饫于卒士。兴王之舞,服夷之伎,楔击吹鼓之音,飞腾幻怪之容,宏观于远还迩。礼成乐遍,以叙而贺,且曰:"是邦临护之大,五人合之,非是堂之制不可以备物,非公之德不可以容众。旷于往初,肇自今兹,太和有人,以观远方,古之戎政,其曷用加此!"华元,名大夫也,杀羊而御者不及;霍去病,良将军也,余肉而士有饥色。犹克称能,以垂到今。矧兹具美,其道不废,愿勒于金石,以永示后祀。遂相与来告,且乞辞。某让不获,乃刻于兹石。

(《全唐文》卷五八〇《柳宗元:岭南节度飨军堂记》,第5859页上~5860页下。)

郭常者,饶人,业医。居饶中,以直德信。饶江其南导自闽,颇通商外夷,波斯、安息之货。国人有转估於饶者,病且亟。历请他医莫能治,请常为诊。曰:"病可去也。"估曰:"诚能生我,我酬钱五十万。"常因舍之,先以针火杂治,导其血关,然后辅以奇药。诫曰:"第橐虑。"块居月余,估称愈。欲归常所许财,常不听。估曰:"先生以为寡欤?"常曰:"不也。吾直吾之药,计吾之功不能损千钱。而(一作令)所受非任,反祸耳。"卒不内。人以常为诈而责常,常曰:"夫贩贾之人,细度而狭见。终日希售榷买,计量於毫铢之间,所入不能补其望。今暴夺之息钱五十万,则必追惜郁悒,宁能离其心。且药加于人,病新去而六腑方愈,复有悒然之气,自内而伐,即不可救。奈何!彼方有疾时,知我能治而告我,我幸免之。因利其财,又使其死。是独不畏为不仁,而神可欺者,吾何敢欺!"沈亚之曰:仲尼盖言,我未见好仁者恶不仁者。而后学之徒,未闻明好恶也。岂其言之愤不足畏耶!今世或有邦有土之臣,专心聚敛,残割饥民之食,以资所欲,忍其死而不愧,受刑辱而无耻,是亦不仁甚矣,终无有恶者。若郭常之贱而行之,又焉得不称于当时哉。

(《全唐文》卷七三八《沈亚之:表医者郭常》,第7624页下~7625页上。)

汉扬州、交州之域，东南际海，海外杂国，时候风潮，贾舶交至，唐有市舶使总其征，皇朝因之，置务于渐于闽于广，浙务初置杭州。淳化元年，徙明州，六年复故。

（《宝庆四明志》卷六《赋下·市舶》，第81页。）

卢钧为广州刺史，为政廉洁，请监军领市舶使，已一不干预。

（《续世说》卷二《政事》，第22页。）

（宣宗立）俄擢岭南节度使。南海舶贾始至，大帅必取象犀明珠，上珍而售以下直，正贯既至，无所取，吏咨其请。

（《新唐书》卷一五八《韦皋传附韦正贯》，第4936页。）

公讳敬实（李敬实），字梦符，其先陇西人也。（会昌末）充友神策军都判，会岭表护戒，更改。大中四年，除广州都监兼市舶使。才及下车，得三军畏威，夷人安泰；不逾旬月，蕃商大至，宝货盈衢，贡献不怨，颇尽臣节；秩满朝觐，献奉之礼，光觉前后。

（《大唐故军器使银青光禄大夫行内侍省内给事赠内侍上柱国陇西县开国男食邑三百户赐紫金鱼袋李府君墓志铭》）。）

编者按：该墓志1955年出土于陕西西安东郊小土门村。

五府之人，一都之会；地包山涧，境阔海壖；异域殊乡，往来辐辏；金贝惟错，齿革实繁；虽言语不通，而贽币交致。公禁其豪夺，招彼贸迁；远人如归，饮其信矣。

（《全唐文》卷三五五《张公（九皋）神道碑》第3599页下。）

其镇南海也，服岭阻深，族类猜害，涂巷陋陋，燎埃接连，忿懆相因，郁攸斯作。公乃修伍列，辟康庄，礼俗以阜，火灾自息。南金象齿，航海贸迁，悍将反覆，远夷愁扰，吏困沓贪，商久阻绝。公乃导其善利，推以信诚，万船继至，百货错处。

（《全唐文》卷四九六《杜公（佑）淮南遗爱碑铭（并序）》第5056页上下。）

编者按：杜佑于兴元元年至贞元三年（784-787）任广州刺史、岭南节度使。

曾祖仁彻，隋吉州太和县丞。祖元之，皇考功员外郎，赠吏部郎中谏议大夫。考义，皇汾州司户参军，赠信州刺史。京兆府万年县青盖乡交原里东海徐公，年七十二。公讳申，字维降，东海剡人。永泰元年，寄籍京兆府，举进士秘书省正字，初辟巡官于江西，又掌书记於岭南行营。哥舒氏之乱平，奏授大理寺评事，转司直兼监察御史，赐绯鱼袋，又充节度判官於朔方，改太子司议郎兼殿中侍御史，选授洪州都督府长史。时刺史嗣曹王举江西兵讨李希烈，故以长史行刺史事，任职有成，曹王荐之，迁韶州刺史。

四十余年刺史相循居于县城，州城与公田三百顷皆为墟，县令、丞、尉杂处民屋。公乃募百姓能以力耕公田者，假之牛、犁、粟种与食，所收其半与之，不假牛犁者三分与二。田久不理，草根腐，地增肥，又连遇宜岁，得粟比余田亩盈若干，凡积粟三万斛。将复筑室于州故城，令百工之伎以其艺来者，与粟有差，刺史临视给与，吏无所行其私，以故人皆便信，应募者数千人。陶人不知墁而涂有余，椓亏人不板筑而墙有余，筑人不操斤斧而工有余，陶者、椓亏者、筑者、工者，各以其所能相易，未十旬而城郭室屋建立如初。刺史以官属迁于新城，县令之下，各返其室。创六驿、新大市、二道、四馆，器用皆具。曲江县五百人以状诣观察使，请作碑立生祠。公自陈所为不足述，假令如百姓言，乃刺史职宜如此，何足多者，不愿以小事市名。观察使嘉其让，密以状闻，迁合州刺史。其始来也，韶之户仅七千，凡六年迁合州，其去也，倍其初之数，又盈四千户焉。

初先夫人殁于江西，遭贼难未克返葬，寓于西原。公不赴合州，表请奉丧归祔于河南偃师县。既沧景观察使奏请景州刺史阙，其帅辄以其僚属将校自为之，不请有年矣，宰相累进刺史名，皆不出，及召公入，言合上旨，遂下诏迁朝散郎使持节景州诸军事景州刺史，充本州团练使兼御史中丞，赐紫金鱼袋，寻加节度副使。其明年沧景节度使始朝，二年又朝，遂留，诏以其从父兄代之，奏以公充行军司马。公遂以信州府君茔近漕河，表求改葬于重山，诏许之。

既征入京师，迁朝散大夫使持节都督邕州诸军事守邕州刺史本管经略招讨使，御史中丞赐紫如初，是岁贞元十七年也。诘俚盗，除其暴，掠良聚攻，禁下如令。通蛮夷道，责土贡，大首领黄氏率其属纳质供赋。黄氏、周氏、韦氏、侬氏，皆群盗也，黄氏之族最强，盘亘十数州，周、韦氏之不附之也，率群黄之兵以攻之，而逐诸海。黄氏既至，群盗皆服，于是十三部二十九州之蛮宁息无寇害。其明年制迁使持节都督广州诸军事守广州刺史兼御史大夫，充岭南节度观察处置本管经略等使，散官赐如故。前节度使殁，掌印吏盗授人职百数，谋夜发兵为乱，事觉奔走。公至，阴以术得首恶杀之，不问其余，军中以安。蛮夷俗相攻周群聚,缘盗发辄捕斩,无复犯者。蕃国岁来互市,奇珠、瑇瑁、异香、文犀皆浮海舶以来,常贡是供,不敢有加,舶人安焉,商贾以饶。二十一年进阶银青光禄大夫,元和元年诏加金紫光禄大夫检校礼部尚书,封东海郡开国公,食邑二千户,余如故。诏书未至,有疾薨於位。

凡三佐藩屏之臣,五为刺史,一为经略,一为节度观察使,阶累升为金紫光禄大夫,爵超进为开国公,官亟迁为礼部尚书。其事业皆足以传示后世,为子孙法。享年七十,虽不登于上寿,儒者荣之。前夫人渤海高氏,子皆夭。后夫人扶风窦氏,封国夫人,有子元弼,前右卫仓曹参军,以读书属文为业。谨具历官行事如前,伏请牒太常编录。谨状。

(《全唐文》卷六三九《徐公(申)行状》第6458页上～6459页下。)

韦氏之世系尚矣,陶唐氏之后,有国豕韦者,实为商伯。周衰,迁于楚之彭城。汉兴,韦孟为楚元王傅。繇孟五世至丞相贤,韦氏遂显大。贤封扶阳,后徙平陵。及子元成,别徙杜陵,子孙家焉,遂为京兆人云。元成生宽,宽生育,生后汉尚书令浚,浚生梓潼太守豹,豹生东海相著。著孙胄,仕魏为詹事。胄少子曰穆,后著号为东眷。八世至隋郁城庄公讳元礼。距四世入唐,有为陕州刺史者讳岳子,於公为曾祖。是生京兆少尹河北采访使府君讳恒为王父。少尹生赠刑部侍郎衡州别驾府君讳平。奉天之难,寇兵围逼,时凤翔已害其帅张镒,且应贼矣。公与从父弟皋能抔朱泚于陇州,斩其使者,乃折其势。公乃间行西走奉天,夜缒城下,蜡丸发表,具献功状。德过肥手喜泣曰:"富贵惟卿所欲。"口授御史中丞,公辞以素卑无赀,愿从州县禄,竟遂其志。改万年尉。从上至兴元,道苦风疾,废居优游散地。既慊当世,其后宜有达人。娶彭城刘为麟女而生公。

讳正贯,字公理。幼而神灵,长而聪异。目所系览,不忘于心。耳飘音声,洞识节奏。季父太尉公皋特见器属,且必能大其家门,故名之曰臧孙。年十有五,先君殁于衡阳,奉丧归北。裴仆射均在江陵,故少公为表弟,欲擅有外家吉凶之事,且致赠焉。公泣曰:"不专於孤,有诸父在。如将听命,恐伤叔父之义,不敢拜赐之辱。"蜀使俄至,他日反告太尉,深德异之。

既除丧,调补单父尉。太尉有大功于国家,德势甚盛,韦氏子姓可以坐掇朱青。公深自惩刻,遂博极群书,自三代已降,损益制度,无不稽其典要。相国韦公处厚及韦湖南辞皆以学识相高,每与公论掞当世之务,咸服其深切事情,虽贾生不能过也。长庆初,遂弃官改名,对贤良极谏策,登乙卯科,授太子校书。敬宗朝又以华原县尉再登详闲吏理科,迁万年主簿。考京兆进士,能第上下,颇得一时之俊。寻授监察御史里行,为北都留守推官,入台为真监察。避同侪素嫌，辞不与齿。除河南府司录，旋为天平军节度判官，得改员外郎。所奉之主，即故相国令狐绹也。丁内艰服阕，故李相国绅请为浙东团练副使，赐绯鱼袋。后辞职居洛，授检校主客郎中，知盐铁福先院，非其好也。擢万年令泽州刺史，又改太原行军司马兼御史中丞，加金紫。从狄仆射之幕，徵为太府少卿。改泗州刺史，历光禄卿晋州刺史，入拜司农卿。时内尚食供亿县官有阙，为其奏累，贬均州刺史。升寿州团练使。公当官鳟据，率有良算。虽繁剧之来，千变万态，一以成机应之。故日用公事，圭棱岁校，能有余裕。所谓循良高妙，无迹可寻者耶。

今上初即位，以理行徵，拜京兆尹。京师称难治者，日有生事，随时抵巇，间不容发，未易以绳墨一面律也。阔狭小失其机，则见立败，虽有神明之用无及已。公能匀药其间，安然无一事，如弄小方州云。奉南郊，备赦令，上下百役，抑扬豪弱，无不得其平。居二年乞退，除同州刺史长春宫使，加左散骑常侍兼御史大夫。百粤之地，其俗剽轻，猎浮淫之利，民罕著本。又远天子之法，税调衷急，一舞于吏手，故细胥假校益豪，民用是困从。公至，锄侵牟之窟，削冒名之吏，尽反为民。烦促顿舒，流庸尽复。先是海外蕃贾赢象犀贝珠而至者，帅与监舶使必搂其伟异，而以比弊抑偿之。至者见欺，来者始绝。公悉变故态，一无取求，问其所安，交易其物，海客大至。越人尚鬼，事有琢冥者，不质于医而交于神，寝以成风。公丑其邪，命撤屋涂扉，禁绝纷纷之祷。或曰将不利于公，不听。他日，秋水大溢，将没民居，讹言毁神而致。撰服登城，向水酹酒而声曰："苟如云云，长吏身存，无嫁下人。"俄而敛退，卒无害焉，针肓反正，皆此类也。政成，亟上疏请觐。优诏留之。

越三岁，寝疾薨于位。实大中五年七月二十三日，享年六十有八。天子为之不视朝一日，赠工部尚书。明年二月庚申，泂葬少陵原之世墓。比薨，医问相属。比葬，吊赠之使交逢。凡在岭之南，军吏与民，及部属鳏寡士子梢髻之族，闻公之丧皆哭，失市与宴。公笃孝睦亲，群昆弟之贫与子姓之孤者，收接如归，婚配慰荐，惟恐不得其所。居弟海之丧，伤哭变白，恻动君子。与朋友尽诚信於然诺，践报之道，不怠如癖。名人伟士，多与深善。乐后隽，特露精诚，比比得之。力仁谊，惩华侈，下席之日，家无池馆，疏属出涕，平生行事可知已。娶监察御史博陵崔升女，先公而殁。二子。长曰参文，太子校书。次曰温文，华州参军。一女始岁。方大病，嘱其后曰："无厚葬，无用鼓吹，无烦谥于有司。志我墓者，无如故人赵君桧焉。若夫碑，则俾我外侄萧邺为之铭，庶乎实而详也。"其敢以辞，遂为铭曰：

雄操京兆，奄宅大州。太尉之后，惟公得侯。儒衣极挚，公慊人优。业术益然，及亲勇谊。善植牧全，始卒无愧。融鸿清洋，式弥乃嗣。兹图石刻，以永厥懿。商伯以迁，汪洋其源。至汉始著，聿为盛门。徙居杜陵，承继遂蕃。用儒持家，世世显尊。历隋入唐，或轩或庳。起坠诚难，肖隆匪易。尚书之生，实属太尉。有庸有基，可席而位。公独后之，孑孑自致。追念显考，诎于其身。如不我力，曷颜于人。由卑至钜，能以才振。小大之治，有脊有伦。

（《全唐文》卷七六四《岭南节度使韦公（正贯）神道碑》第7943页下～7945页下。）

编者按： 韦正贯于大中二年至五年（849-851）任广州刺史、岭南节度使。

海员从海上来到他们的国土，中国人便把商品存入货栈，保管六个月，直到最后一船海商到达时为止。他们提取十分之三的货物，把其余的十分之七交还商人。这是政府所需的物品，用最高的价格现钱购买，这点是没有差错的。

（［阿拉伯］苏莱曼及艾布·载德·哈桑·西拉菲著，穆根来译：《中国印度见闻录》，第15页。）

南海蕃舶，本以慕化而来，固在接以恩任，使其感悦。如闻比年长吏，多务征求，嗟怨之声，达以殊俗。况朕方宝勤俭，岂爱遐琛？虑远人未安，率税犹重，思有矜恤，以示绥怀。其岭南、福建及扬州蕃客，宜委节度观察使常加存问，除舶脚、收市、进奉外，任其往来，自为交易，不得重加率税。

（《唐大诏令集》卷十《痊复》，第65页。）

自唐设结好使于广州，自是商人立户，迄宋不绝。诡服殊音，多流寓海滨湾泊之地，筑石联城，以长子孙。……禁网疏阔，夷人随商翱翔城市。至有蛮媪卖药

（顾炎武：《天下郡国利病书》卷一百四《广东·杂蛮》第3422～3423页。）

二、贸易国家和地区

占城

占城国，在中国西南，其地东西七百里，南北三千里，东暨海，西暨云南，南暨真腊国，北暨骥州界。东北至两浙，海行一月程。其衣服制度，大略

与大食国同。所乘皆象马,粒食稻米,肉食水兕、山羊之类。兽之奇者有犀牛,鸟之珍者有孔雀。前世多不与中国通。

周显德五年九月,其国主因德漫遣其臣甫阿散等来贡方物,中有洒衣蔷薇水一十五瓶,言出自西域,凡水之露衣,香而不黦。又贡猛火油一十四琉璃瓶。引对于内殿,赐以冠带衣服等。其表文以贝多叶。检以香木函。其年十一月,入朝使甫阿散、金姿叵罗辞各赐缯帛有差。仍命赉金银器一千两,缯防一千匹,细甲、名马、银鞍勒等,就赐其国王。

(《五代会要》卷三十《占城》,第479～480页。)

真腊

真腊国,在林邑西北,本扶南之属国,"昆仑"之类。在京师南二万七百里,北至爱州六十日行。其王姓刹利氏。有大城三十余所,王都伊奢那城,风俗被服与林邑同。地饶瘴疠毒。海中大鱼有时半出,望之如山。每五六月中,毒气流行,即以牛豕祠之,不者则五谷不登。其俗东向开户,以东为上。有战象五千头,尤好者饲以饭肉。与邻国战,则象队在前,于背上以木作楼,上有四人,皆持弓箭。国尚佛道及天神,天神为大,佛道次之。

武德六年,遣使贡方物。贞观二年,又与林邑国俱来朝献。太宗嘉其陆海疲劳,锡赉甚厚。南方人谓真腊国为吉蔑国。自神龙以后,真腊分为二半:以南近海多陂泽处,谓之水真腊半;以北多山阜,谓之陆真腊,亦谓之文单国。高宗、则天、玄宗朝,并遣使朝贡。

水真腊国,其境东西南北约员八百里,东至奔陀浪州,西至堕罗钵底国,南至小海,北即陆真腊。其王所居城号婆罗提拔。国之东界有小城,皆谓之国。其国多象,元和八年,遣李摩那等来朝。

(《旧唐书》卷一百九十七《南蛮西南蛮》,第5271～5272页。)

真腊,一曰吉蔑,本扶南属国。去京师二万七百里。东距车渠,西属骠,南濒海,北与道明接,东北抵驩州。其王刹利伊金那,贞观初并扶南有其地。户皆东向,坐上东。客至,屑槟榔、龙脑、香蛤以进。不饮酒,比之淫。与妻饮房中,避尊属。有战象五千,良者饲以肉。世与参半、骠通好,与环王乾陀洹数相攻。自武德至圣历,凡四来朝。神龙后分为二半:北多山阜,号陆真腊半;南际海,饶陂泽,号水真腊半。水真腊,地八百里,王居婆罗提拔城。陆真腊或曰文单,曰婆镂,地七百里,王号"笪屈"。开元、天宝时,王子率其属二十六来朝,拜果毅都尉。大历中,副王婆弥及妻来朝,献驯象十一;擢婆弥试殿中监，赐名宾汉。是时，德宗初即位，珍禽奇兽悉纵之，蛮夷所献驯象畜苑中，元会充廷者凡三十二，悉放荆山之阳。及元和中，水真腊亦遣使入贡。

(《新唐书》卷二百二十二下《南蛮下》，第6301页。)

堕和罗

堕和罗国，南与盘盘、北与迦罗舍佛、东与真腊接，西邻大海。去广州五月日行。贞观十二年，其王遣使贡方物。二十三年，又遣使献象牙、火珠，请赐好马，诏许之。

(《旧唐书》卷一百九十七《南蛮西南蛮》，第5273页。)

堕和罗，亦曰独和罗，南距盘盘，北迦罗舍弗，西属海，东真腊。自广州行五月乃至。国多美犀，世谓堕和罗犀。有二属国，曰昙陵、陀洹。

昙陵在海洲中。陀洹，一曰耨陀洹，在环王西南海中，与堕和罗接，自交州行九十日乃至。王姓察失利，名婆那，字婆末。无蚕桑，有稻、麦、麻、豆。畜有白象、牛、羊、猪。俗喜楼居，谓为干栏。以白氎、朝霞布为衣。亲丧，在室不食，燔尸已，则剔发浴于池，然后食。贞观时，并遣使者再入朝，又献婆律膏、白鹦鹉，首有十红毛，齐于翅。因丐马、铜钟，帝与之。

(《新唐书》卷二百二十二下《南蛮下》，第6303页。)

哥罗舍分

又有哥罗舍分（地接堕和罗国）、脩（修）罗分、甘毕三国贡方物。甘毕在南海上，东距环王，王名旃陀越摩，有胜兵五千。哥罗舍分者，在南海南，东堕和罗。

(《新唐书》卷二百二十二下《南蛮下》，第6304页。)

哥罗

其东南有哥罗，一曰个罗，亦曰哥罗富沙罗。王姓矢利波罗，名米失钵罗。累石为城，楼阙宫室茨以草。州二十四。其兵有弓矢槊殳，以孔雀羽饰纛。每战，以百象为一队，一象百人，鞍若槛，四人执弓槊在中。赋率输银二铢。无丝纻，惟古贝。畜多牛少马。非有官不束发。凡嫁娶，纳槟榔为礼，多至二百盘。妇已嫁，从夫姓。乐有琵琶、横笛、铜钹、铁鼓、蠡。死者焚之，取烬贮金罂沉之海。

东南有拘蒌蜜，海行一月至。南距婆利，行十日至。东距不述，行五日至。西北距文单，行六日至。与赤土、堕和罗同俗。永徽（650-655）中，献五色鹦鹉。

（《新唐书》卷二百二十二下《南蛮下》，第6300页。）

此外，在这个王国中，有个个罗岛，它位于中国与阿拉伯的中央，据说周围有八十法尔萨赫。个罗岛是商品的集散地，交易的物产有：沈香、龙脑、白檀、象牙、锡、黑檀、苏枋木、各种香料以及其他种种商品。

（《中国印度见闻录》，第109页。）

狼牙脩

狼牙脩国，梁时通焉，在南海中。其界东西三十日行，南北二十日行，北去广州二万四千里。其土气、物产与扶南略同，偏多栈、沈、婆律香等。其俗，男女皆袒而披发，以古贝布为干漫（缦）。其王及贵臣乃加云霞布覆髀（薄计反），以金绳为络带，金环贯耳。女子则披布，以璎珞绕身。其国累塼为城，重门楼阁。王出乘象，有幡毦旗鼓，罩白盖，兵卫甚设。武帝天监（502-519）中，遣使献方物。其使云，立国以来四百余年。

（《通典》卷一八八《边防·狼牙脩》，第5097～5098页。）

既至乌雷，同附商舶。挂百丈，陵万波，越舸扶南，缀缆郎迦戍。蒙郎迦戍国王待以上宾之礼。智岸遇疾，于此而亡。朗公既怀死别之恨，与弟附舶向师子洲，披求异典，顶礼佛牙，渐之西国。

（《大唐西域求法高僧传》卷上《益州义朗律师》，第72～73页。）

丹丹

单单，在振州东南，多罗磨之西，亦有州县。木多白檀。王姓刹利，名尸陵伽，日视事。有八大臣，号八坐。王以香涂身，冠杂宝璎，近行乘车，远乘象。战必吹蠡、击鼓。盗无轻重皆死。乾封、总章时，献方物。

（《新唐书》卷二二二下《南蛮下》，第6306页。）

丹丹国，隋时闻焉，在多罗磨罗国西北，振州东南。王姓刹利，名尸陵伽，日视事。有八大臣，号八坐，并以婆罗门为之。王每以香涂身，冠通天冠，挂杂宝璎珞，身衣朝霞，足履皮屦，近则乘舆，远则驭象。其攻伐则吹蠡击鼓，兼有幡旗。其刑法，盗贼无多少皆杀之。土出金银、白檀、苏方木、槟榔。其谷唯稻。畜有沙牛、羖羊、猪、鸡、鹅、鸭、獐、鹿，鸟有越鸟、孔雀，果瓜有蒲桃、石榴、瓜、瓠、菱、莲，菜有葱、蒜、蔓青。

（《通典》卷一八八《边防·丹丹》，第5102页。）

盘盘

盘盘国，在林邑西南海曲中，北与林邑隔小海，自交州船行四十日乃至，其国与狼牙修国为邻，皆学婆罗门书，甚敬佛法。贞观九年，遣使来朝，贡方物。

（《旧唐书》卷一百九十七《南蛮西南蛮》，第5270页。）

盘盘，在南海曲，北距环王，限少海，与狼牙脩接，自交州海行四十日乃至。王曰杨粟翚。其民濒水居，比木为栅，石为矢镞。王坐金龙大榻，诸大人见王，交手抱肩以跽。其臣曰勃郎索滥，曰昆仑帝也，曰昆仑勃和，曰昆仑勃谛索甘，亦曰古龙。古龙者，昆仑声近耳。在外曰那延，犹中国刺史也。有佛、道士祠，僧食肉，不饮酒，道士谓为贪，不食酒肉。贞观中，再遣使朝。

（《新唐书》卷二百二十二下《南蛮下》，第6300页。）

罗越

罗越者，北距海五千里，西南哥谷罗。商贾往来所凑集，俗与堕罗钵底同。岁乘舶至广州，州必以闻。

（《新唐书》卷二百二十二下《南蛮下》，第6306页。）

咸通八年（868）正月二十七，日本高岳亲王（真如法亲王）从广州起航往天竺，至罗越国，不幸亡故。

（《日中文化交流史》，第147～148页。）

婆利

婆利国，在林邑东南海中洲上。其地延袤数千里，自交州南渡海，经林邑、扶南、赤土、丹丹数国乃至焉。其人皆黑色，穿耳附槛。王姓刹利耶伽，名护路那婆，世有其位。王戴花形如皮弁，装以真珠璎珞，身坐金床。侍女有金花宝缕之饰，或持白拂孔雀扇。行则驾象，鸣金击鼓吹蠡为乐。男子皆拳发，被古贝，布横幅以绕腰。风气暑热，恒如中国之盛夏。谷一岁再熟。有古贝草，缉其花以作布，粗者名古贝，细者名白𣰏。贞观四年（630），其王遣使随林邑使献方物。

（《旧唐书》卷一百九十七《南蛮西南蛮》，第5270～5271页。）

诃陵

诃陵国（一说在今印度尼西亚爪哇岛中部，一说指谏义里，或说在马来西亚吉打），在南方海中洲上居，东与婆利、西与堕婆登、北与真腊接，南临大海。竖木为城，作大屋重阁，以棕榈皮覆之。王坐其中，悉用象牙为床。食不用匙箸，以手而撮。亦有文字，颇识星历。俗以椰树花为酒，其树生花，长三尺余，大如人膊，割之取汁以成酒，味甘，饮之亦醉。

贞观十四年，遣使来朝。大历三年、四年皆遣使朝贡。元和十年，遣使献僧祇僮五人、鹦鹉、频伽鸟并异种名宝。以其使李诃内为果毅，诃内请回授其弟，诏褒而从之。十三年，遣使进僧祇女二人、鹦鹉、瑇瑁及生犀等。

（《旧唐书》卷一百九十七《南蛮西南蛮》，第5273页。）

诃陵，亦曰社婆，曰阇婆，在南海中。东距婆利，西堕婆登，南濒海，北真腊。木为城，虽大屋亦覆以栟榈。象牙为床若席。出瑇瑁、黄白金、犀、象，国最富。有穴自涌盐。以柳花、椰子为酒，饮之辄醉，宿昔坏。有文字，知星历。食无匕筯。有毒女，与接辄苦疮，人死尸不腐。王居阇婆城。其祖吉延东迁于婆露伽斯城，旁小国二十八，莫不臣服。其官有三十二大夫，而大坐敢兄为最贵。山上有郎卑野州，王常登以望海。夏至立八尺表，景在表南二尺四寸。贞观中，与堕和罗、堕婆登皆遣使者入贡，太宗以玺诏优答。堕和罗丐良马，帝与之。至上元间，国人推女子为王，号"悉莫"，威令整肃，道不举遗。大食君闻之，赍金一囊置其郊，行者辄避，如是三年。太子过，以足躏金，悉莫怒，将斩之，群臣固请。悉莫曰："而罪实本于足，可断趾。"群臣复为请，乃斩指以徇。大食闻而畏之，不敢加兵。大历中，诃陵使者三至。元和八年，献僧只奴四、五色鹦鹉、频伽鸟等。宪宗拜内四门府左果毅。使者让其弟，帝嘉美，并官之。讫大和，再朝贡。咸通中，遣使献女乐。

（《新唐书》卷二百二十二下《南蛮下》，第6302～6303页。）

堕婆登

堕婆登国，在林邑南，海行二月，东与诃陵、西与迷黎车接，北界大海。风俗与诃陵略同。其国种稻，每月一熟。亦有文字，书之于贝多叶。其死者，口实以金，又以金钏贯于四肢，然后加以婆律膏及龙脑等香，积柴以燔之。贞观二十一年，其王遣使献古贝、象牙、白檀，太宗玺书报之，并赐以杂物。

（《旧唐书》卷一百九十七《南蛮西南蛮》，第5273～5274页。）

堕婆登在环王南，行二月乃至。东诃陵，西迷黎车，北属海。俗与诃陵同。种稻，月一熟。有文字，以贝多叶写之。死者实金于口，以钏贯其体，加婆律膏、龙脑众香，积薪燔之。

（《新唐书》卷二百二十二下《南蛮下》，第6303页。）

杜薄

杜薄国，隋时闻焉，在扶南东涨海中，直渡海数十日而至。其国人貌白皙，皆有衣服。国有稻田。女子作白叠华布。出金、银、铁，以金为钱。出鸡舌香，可含，以香入衣服。鸡舌其为木也，气辛而性厉，禽兽不能至，故未有识其树者。华熟自零，随水而出，方得之。杜薄洲有十余国，城皆称王。

（《通典》卷一八八《边防·杜薄》，第5103页。）

室利佛逝

室利佛逝，一曰尸利佛誓。过军徒弄山二千里，地东西千里，南北四千里而远。有城十四，以二国分总。西曰郎婆露斯。多金、汞砂、龙脑。夏至立八尺表，影在表南二尺五寸。国多男子。有橐它，豹文而犀角，以乘且耕，名曰它牛豹。又有兽类野豕，角如山羊，名曰零，肉味美，以馈膳。其王号"曷蜜多"。咸亨至开元间，数遣使者朝，表为边吏侵掠，有诏广州慰抚。又献侏儒、僧祇女各二及歌舞。官使者为折冲，以其王为左威卫大将军，赐紫袍、金细带。后遣子入献，诏宴于曲江，宰相会，册封宾义王，授右金吾卫大将军，还之。

（《新唐书》卷二百二十二下《南蛮下》，第6305页。）

婆鲁师

（唐初）复有新罗僧二人，莫知其讳。发自长安，远之南海。泛舶至室利佛逝国西婆鲁师国，遇疾俱亡。

（《大唐西域求法高僧传校注》，第45页。）

羯荼

（义净）于时广莫初飙，向朱方而百丈双挂；离箕创节，弃玄朔而五两单飞。长截洪溟，似山之涛横海；斜通巨壑，如云之浪滔天。未隔两旬，果之佛逝。经停六月，渐学声明。王赠支持，送往末罗瑜国（今改为室利佛逝也）。复停两月，转向羯荼（今马来西亚吉打一带，为马来半岛西部重要贸易港口）。至十二月，举帆还乘王舶，渐向东天矣。从羯荼北行十日余，至裸人国。

（《大唐西域求法高僧传校注》，第152页。）

（无行禅师）与智弘为伴，东风泛舶，一月到室利佛逝国。国王厚礼，特异常伦，布金华，散金粟，四事供养，五对呈心，见从大唐天子处来，倍加钦上。后乘王舶，经十五日，达末罗瑜洲。又十五日到羯荼国。至冬末转舶西行，经三十日，到那伽钵亶那。从此泛海二日，到师子洲，观礼佛牙。

（《大唐西域求法高僧传校注》，第182页。）

（法振禅师）于是携二友，出三江，整帆上景之前，鼓浪诃陵之北，巡历诸岛，渐至羯荼。

（《大唐西域求法高僧传校注》，第206页。）

裸人国

从羯荼北行十日余，至裸人国（今印度尼科巴群岛，又作裸国、裸形国）。向东望岸，可一二里许，但见椰子树、槟榔林森然可爱。彼见舶至，争乘小艇，有盈百数，皆将椰子、芭蕉及藤竹器来求市易。其所爱者，但唯铁焉，大如两指，得椰子或五或十。丈夫悉皆露体，妇女以片叶遮形。商人戏授其衣，即便摇手不用。传闻斯国当蜀川西南界矣。此国既不出铁，亦寡金银，但食椰子薯根，无多稻谷，是以卢呵最为珍贵（此国名铁为卢呵）。其人容色不黑，量等中形，巧织团藤箱，余处莫能及。

（《大唐西域求法高僧传校注》，第152～153页。）

这里，人口众多，但除妇女用树叶遮羞以外，无论男女老幼都是赤身裸体。当船舶一靠近，他们便乘着大小船只蜂拥而来，用琥珀和椰子来换铁器；他们不需要衣服，因为这里既不冷也不热。

（［阿拉伯］苏莱曼及艾布·载德·哈桑·西拉菲著，穆根来译：《中国印度见闻录》，第5页。）

印度

天竺国，即汉之身毒国，或云婆罗门地也。在葱岭西北，周三万余里。其中分为五天竺：其一曰中天竺，二曰东天竺，三曰南天竺，四曰西天竺，五曰北天竺。地各数千里，城邑数百。南天竺际大海，北天竺拒雪山，四周有山为壁，南面一谷，通为国门；东天竺东际大海，与扶南、林邑邻接；西天竺与罽宾、波斯相接；中天竺据四天竺之会，其都城周回七十余里，北临禅连河。云昔有婆罗门领徒千人，肄业于树下，树神降之，遂为夫妇。宫室自然而立，僮仆甚盛。于是使役百神，筑城以统之，经日而就。此后有阿育王，复役使鬼神，累石为宫阙，皆雕文刻镂。非人力所及。阿育王颇行苛政，置砲烙之刑，谓之地狱，今城中见有其迹焉。

中天竺王姓乞利咥氏，或云刹利氏，世有其国，不相篡弑。厥土卑湿暑热，稻岁四熟，有金刚，似紫石英，百炼不销，可以切玉。又有旃檀、郁金诸香。通于大秦，故其宝物或至扶南、交趾贸易焉。百姓殷乐，俗无簿籍，耕王地者输地利。以齿贝为货。人皆深目长鼻。致敬极者，隽氏足摩踵。家有奇乐倡伎。其王与大臣多服锦罽。上为螺髻于顶，余发翦之使拳。俗皆徒跣。衣重白色，唯梵志种姓披白叠以为异。死者或焚尸取灰，以为浮图；或委之中野，以施禽兽；或流之于河，以饲鱼鳖。无丧纪之文。谋反者幽杀之，小犯罚钱以赎罪。不孝则断手刖足，截耳割鼻，放流边外。有文字，善天文算历之术。其人皆学《悉昙章》，云是梵天法。书于贝多树叶以纪事。不杀生饮酒。国中往往有旧佛迹。

隋炀帝时，遣裴矩应接西蕃，诸国多有至者，唯天竺不通，帝以为恨。当武德中，其国大乱。其嗣王尸逻逸多练兵聚众，所向无敌。象不解鞍，人不释甲，居六载而四天竺之君皆北面以臣之，威势远振，刑政甚肃。

贞观十五年，尸罗逸多自称摩伽陀王，遣使朝贡。太宗降玺书慰问，尸罗逸多大惊，问诸国人曰："自古曾有摩诃震旦使人至吾国乎？"皆曰："未之有也。"乃膜拜而受诏书，因遣使朝贡。太宗以其地远，礼之甚厚，复遣卫尉丞李义表报使。尸罗逸多遣大臣郊迎，倾城邑以纵观，焚香夹道，逸多率其臣下东面拜受敕书，复遣使献火珠及郁金香、菩提树。

贞观十年，沙门玄奘至其国，将梵本经论六百余部而归。先是遣右率府长史王玄策使天竺，其四天竺国王咸遣使朝贡。会中天竺王尸罗逸多死，国中大乱，其臣那伏帝阿罗那顺篡立，乃尽发胡兵以拒玄策。玄策从骑三十人与胡御战，不敌，矢尽，悉被擒。胡并掠诸国贡献之物。玄策乃挺身宵遁，走至吐蕃，发精锐一千二百人，并泥婆罗国七千余骑，以从玄策。玄策与副使蒋师仁率二国兵进至中天竺国城，连战三日，大破之，斩首三千余级，赴水溺死者且万人，阿罗那顺弃城而遁，师仁进擒获之。虏男女万二千人，牛马三万余头匹。

于是天竺震惧，俘阿罗那顺以归。二十二年至京师，太宗大悦，命有司告宗庙，而谓群臣曰："夫人耳目玩于声色，口鼻耽于臭味，此乃败德之源。若婆罗门不劫掠我使人，岂为俘虏耶？昔中山以贪宝取弊，蜀侯以金牛致灭，莫不由之。"拜玄策朝散大夫。是时就其国得方士那迩娑婆寐，自言寿二百岁，云有长生之术。太宗深加礼敬，馆之于金飚门内。造延年之药。令兵部尚书崔敦礼监主之，发使天下，采诸奇药异石，不可称数。延历岁月，药成，服竟不效，后放还本国。太宗之葬昭陵也，刻石像阿罗那顺之形，列于玄阙之下。

（《旧唐书》卷一百九十八《天竺》，第5306页。）

天竺国，汉身毒国也，或曰摩伽陀，曰婆罗门。去京师九千六百里，都护治所二千八百里。居葱岭南，幅圆三万里，分东、西、南、北、中五天竺，皆城邑数百。南天竺濒海，出师子、豹、犀、橐它、犀、象、火齐、琅玕、石蜜、黑盐。北天竺距雪山，圜抱如壁，南有谷，通为国门。东天竺际海，与扶南、林邑接。西天竺与罽宾、波斯接。中天竺在四天竺之会，都城曰茶镈和罗城，滨迦毗黎河。有别城数百，皆置长；别国数十，置王。曰舍卫；曰迦没路，开户皆东向；曰迦尸，或曰波罗奈，亦曰波罗那斯。其畜有稍割牛，黑色，角细，长四尺许，十日一割，不然困且死。人饮其血，或曰寿五百岁，牛寿如之。

中天竺王姓乞利咥氏，亦曰刹利，世有其国，不篡杀。土溽热，稻岁四熟。禾之长者没橐它。以贝齿为货。有金刚、旃檀、郁金，与大秦、扶南、交趾相贸易。人富乐，无簿籍，耕王地者乃输税。以舐足摩踵为致礼。家有奇乐倡伎。王大臣皆服锦罽，为螺髻于顶，余发翦使卷。男子穿耳垂珰，或悬金，耳缓者为上类；徒跣，衣重白。妇人项节金、银、珠缨络，死者燔骸取灰，建窣堵，或委野中及河，饵鸟兽鱼鳖，无丧纪。谋反者幽杀之；小罪赎钱；不孝者断手足，剠耳鼻，徙于边。有文字，善步历，学《悉昙章》，妄曰梵天法。书贝多叶以记事。尚浮图法，不杀生饮酒，国中处处指曰佛故迹也。信盟誓，传禁咒，能致龙起云雨。

隋炀帝时，遣裴矩通西域诸国，独天竺、拂菻不至为恨。武德中，国大乱，王尸罗逸多勒兵战无前，象不弛鞍，士不释甲，因讨四天竺，皆北面臣之。会唐浮屠玄奘至其国，尸罗逸多召见曰："而国有圣人出，作《秦王破阵乐》，试为我言其为人。"玄奘粗言太宗神武，平祸乱，四夷宾服状。王喜，曰："我当东面朝之。"贞观十五年，自称摩伽陀王，遣使者上书。帝命云骑尉梁怀璥持节尉抚，尸罗逸多惊问国人："自古亦有摩诃震旦使者至吾国乎？"皆曰："无有。"戎言中国为摩诃震旦。乃出迎，膜拜受诏书，戴之顶，复遣使者随入朝。诏卫尉丞李义表报之，大臣郊迎，倾都邑纵观，道上焚香，尸罗逸多率群臣东面受诏书，复献火珠、郁金、菩提树。

二十二年，遣右卫率府长史王玄策使其国，以蒋师仁为副；未至，尸罗逸多死，国人乱，其臣那伏帝阿罗那顺自立，发兵拒玄策。时从骑才数十，战不胜，皆没，遂剽诸国贡物。玄策挺身奔吐蕃西鄙，檄召邻国兵。吐蕃以兵千人来，泥婆罗以七千骑来，玄策部分进战茶镈和罗城，三日破之，斩首三千级，溺水死万人。阿罗那顺委国走，合散兵复阵，师仁禽之，俘斩千计。余众奉王妻息阻乾陀卫江，师仁击之，大溃，获其妃、王子，虏男女万二千人，杂畜三万，降城邑五百八十所。东天竺王尸鸠摩送牛马三万馈军，及弓、刀、宝缨络。迦没路国献异物，并上地图，请老子象。玄策执阿罗那顺献阙下。有司告宗庙，帝曰："夫人耳目玩声色，口鼻耽臭味，此败德之原也。婆罗门不劫吾使者，宁至俘虏邪？"擢玄策朝散大夫。

得方士那逻迩娑婆寐，自言寿二百岁，有不死术，帝改馆使治丹，命兵部尚书崔敦礼护视。使者驰天下，采怪药异石，又使者走婆罗门诸国。所谓畔茶法水者，出石臼中，有石象人守之，水有七种色，或热或冷，能销草木金铁，人手入辄烂，以橐它髑髅转注瓠中。有树名咀赖罗，叶如梨，生穷山崖腹，前有巨虺守穴，不可到，欲取叶者，以方镞矢射枝则落，为群鸟衔去，则又射，乃得之。其诡谲类如此。后术不验，有诏听还，不能去，死长安。高宗时，卢伽逸多者，东天竺乌荼人，亦以术进，拜怀化大将军。

乾封三年，五天竺皆来朝。开元时，中天竺遣使者三至；南天竺一，献五色能言鸟，乞师讨大食、吐蕃，丐名其军。玄宗诏赐怀德军。使者曰："蕃夷惟以袍带为宠。"帝以锦袍、金革带、鱼袋并七事赐之；北天竺一来朝。

（《新唐书》卷二百二十一上《天竺》，第6236～6239页。）

大唐武德中，其东西南北四天竺悉为中天竺所并。贞观十五年，其王姓乞利咥，丑栗反名尸罗逸多，或云姓刹利氏，遣使奉表。二十二年，右卫率府长史王玄策奉使天竺。会尸罗逸多死，国大乱，其臣那伏帝阿罗那顺自立，乃发兵拒。玄策遁抵於吐蕃之西南，以书徵邻国之兵。吐蕃发精锐千二百人，泥婆罗国发七千余骑来赴，玄策与其副蒋师仁率二国之兵，进至荼镈音博和罗城，即中天竺之所居也。连战，大破之，斩首三千余级，赴水溺死者且万人，获其王妃及王子等，虏男女万三千人，牛马三万余匹。于是天竺响震，城邑聚落降者五百八十余所，遂俘阿罗那顺以还。

（《通典》卷一百九十三《边防·天竺》，第5261页。）

唐武德中，国大乱，王尸罗逸多勒兵战无前，象不弛鞍，士不释甲，因讨四天竺，皆北面臣之。会唐浮屠玄奘至其国，尸罗逸多召见曰："而国有圣人出，作《秦王破阵乐》，试为我言其为人。"玄奘粗言太宗神武，平祸乱，四夷宾服状，王喜，曰："我当东面朝之。"贞观十五年，自称摩伽陀王，遣使者上书，帝命云骑尉梁怀璥持节慰抚，尸罗逸多惊问国人："自古亦有摩诃震旦使者至吾国乎？"皆曰："无有。"戎言中国为摩诃震旦。乃出迎，膜拜受诏书，戴之顶，复遣使者随入朝。诏卫尉丞李义表报之，大臣郊迎，倾都邑纵观，道上焚香，尸罗逸多率群臣东面受诏书，复献火珠、郁金、菩提树。

二十二年，遣右卫率府长史王玄策使其国，以蒋师仁为副；未至，尸罗逸多死，国人乱，其臣那伏帝阿罗那顺自立，发兵拒玄策。时从骑才数十，战不胜，皆没，遂剽诸国贡物。玄策挺身奔吐蕃西鄙，檄召邻国兵。吐蕃以兵千人来，泥婆罗以七千骑来，玄策部分进战荼镈和罗城，三日破之，斩首三千级，溺水死万人。阿罗那顺委国走，合散兵复阵，师仁擒之，俘斩千计。余众奉王妻息阻乾陀卫江，师仁击之，大溃，获其妃、王子，虏男女万二千人，杂畜二万，降城邑五百八十所。东天竺国王尸鸠摩送牛马三万馈军，及弓、刀、宝缨络。迦没路国献异物，并上地图，请老子像。玄策执阿罗那顺献阙下。有司告宗庙，擢玄策朝散大夫。

得方士那逻迩婆娑寐，自言寿二百岁，有不死术，帝改馆使治丹，命兵部尚书崔敦礼护视。使者驰天下，采怪药异石，又使者走婆罗门诸国。所谓畔荼法水者，出石臼中，有石象人守之，水有七种色，或热或冷，能销草木金铁，人手入辄烂，以橐驼髑髅转注瓠中。有树名咀赖罗，叶如梨，生穷山崖腹，前有巨虺守穴，不可到。欲取其叶者，以方镞矢射枝则落，为群鸟啣去，则又射，乃得之。其诡谲类如此。后术不验，听还，不能去，死长安。高宗时，卢伽逸多者，东天竺乌荼人，亦以术进，拜怀化大将军。

乾封三年，五天竺皆来朝。开元时，中天竺遣使者三至；南天竺一，献五色能言鸟，乞师讨大食、吐蕃，丐名其军，玄宗诏赐怀德军，使者曰："蕃夷惟以袍带为宠。"帝以锦袍、金革带、鱼袋并七事赐之；北天竺一来朝。乾元末，河、陇陷没，遂不复至。周广顺三年，西天竺僧萨满多等十六族来贡名马。

（《文献通考》卷三百三十八《天竺》，第9358～9359页。）

编者按：地域范围包括今印度、巴基斯坦、孟加拉、尼泊尔等国，又作天竺、身毒。

锡兰

锡兰（今斯里兰卡，又作师子、锡兰山）的地理位置使其负有在公元五世纪初叶即已具有重大意义的国际商业的任务。公元六世纪初科斯马斯·印第科普留斯底士在记述锡兰情况时说："因其地位适中，该岛是印度各地的船只，以及波斯和埃塞俄比亚船只集中的处所。它同样也派遣许多自己的船只前往外国港口。它从中国以及其它东方市场获得丝绸、沉香、丁香、檀香和其它物产，然后再转售给西方港口马拉巴尔、迦利阿那（孟买附近）、信德、波斯和希腊以及红海中的阿杜勒。它从这些市场购回商品后再转往东方港口。该岛同时也将本土物产输往这些地方……因此而成为一大商业中心地。"

（［锡兰］尼古拉斯，帕拉纳维纳著：《锡兰简明史》，第265～266页。）

师子，居西南海中，延袤二千余里。有棱伽山，多奇宝，以宝置洲上，商舶偿直辄取去。后邻国人稍往居之。能驯养师子，因以名国。总章三年，遣使者来朝。天宝初，王尸罗迷迦再遣使献大珠、钿金、宝璎、象齿、白氎。

（《新唐书》卷二百二十一下《西域下》，第6257～6258页。）

师子国，东晋时通焉，天竺旁国也。在西海之中，延袤二千余里。多出奇宝。其地和适，无冬夏之异。五谷随人所种，不须时节。其国旧无人，止有鬼神及龙居之。诸国商贾来共市易，鬼神不见其形，但出珍宝，明其所堪价，商人依价取之。诸国人闻其土乐，因此竞至，或有停住者，遂成大国。

（《通典》卷一百九十三《边防·师子国》，第5263页。）

波斯国

气候暑热，土地宽平，知耕种，多畜牧，有鸟形如橐驼，飞不能高，食草及肉，亦能啖犬攫羊，土人极以为患。又多白马、骏犬，或赤日行七百里者骏，金犬今所谓波斯犬也。出娄及大驴、师子、白象、珊瑚树高一二尺，琥珀、车渠、玛瑙、火珠、玻璃、琉璃、无食子、香附子、诃黎勒、胡椒、荜拨、石蜜、千年枣、甘露桃。

（《旧唐书》卷一百九十八《西戎》，第5312页。）

以六月为岁首。气候暑热，家自藏冰。其地多砂碛，引水溉灌。其五谷及禽兽与中夏略同，唯无稻及黍。土出名马及驼，富室至有数千头者。出象、师子，多良犬。有大鸟，形如橐驼，有两翼，飞而不能高，食草与肉，亦能啖火。有大鸟卵，真珠、颇梨、珊瑚、琉璃、玛瑙、水精、瑟瑟、金、银、鍮石、金刚、火齐、铜、锡、镔铁、朱砂、水银、锦、叠、细布、氍毹、氍毺、护那、越诺布、金缕织成、赤麂皮、薰陆、郁金、苏合、青木等香、胡椒、荜拨、石蜜、千年枣、香附子、诃黎勒、无食子、盐绿、雌黄。又有优钵昙花，鲜华可爱。地有咸池。

（《通典》卷一百九十三《边防·波斯》，第5270～5271页。）

编者按： 波斯，即今伊朗。

波斯国泛舶至广州易货

土地人性，受［爱］与易，常于西海泛舶入南海，向师子国取诸宝物，所以彼国云出宝物。亦向昆仑国取金，亦泛舶汉地，直至广州，取绫、绢、丝、绵之类。

（《往五天竺国传笺释》，第104页。）

大食

郛郭之内，鄽阓之中，土地所生，无物不有。四方辐凑，万货丰贱，锦绣珠贝，满于市肆。驼马驴骡，充于街巷。刻石蜜为卢舍，有似中国宝檠。每至节日，将献贵人琉璃器皿、鍮石瓶钵，盖不可算数。粳米白面，不异中华。其果有偏桃人、千年枣。其蔓菁，根大如斗而圆，味甚美。余菜亦与诸国同。蒲陶大者如鸡子。

（杜环：《经行记》，《通典》卷一百九十三《边防·大食》，第5279～5280页。）

编者按：大食，即阿拉伯帝国，世界上最强盛的国家之一。

日本

丰田是日本姓，中国没有相似的姓氏。在当时比较落后而且远在海南岛的一角，已经知道有这样一个非中国人所用的日本姓氏看来，虽不能肯定当时已有血缘关系，但至少可以认为那里已经和日本人有过往来，否则是无从知道日本人姓氏的。

（［日］真人无开《唐大和上东征传》，第67页。）

唐宣宗大中十年，日本僧人圆珍在广州委托船主秀英觉、陈大信把天竺贝多拐杖、广州斑藤拐杖和玻璃瓶子等物送回日本。

（［日］木营泰彦《日中文化交流史》，第111页。）

非洲

自拂菻西南度碛二千里，有国曰磨邻、曰老勃萨，其人黑而性悍。地瘴疠，无草木五谷，饲马以槁鱼，人食鹘莽。鹘莽，波斯枣也。不耻烝报，于夷狄最甚，号曰"寻"。其君臣七日一休，不出纳交易，饮以穷夜。

（《新唐书》卷二百二十一下《西域传》，第6260页。）

南汉国的对外贸易

（开平元年五月）是月，青州、许州、定州三镇节度使请开内宴，各赐方物。以青州节度使韩建守司徒、平章事。帝以建有文武材，且详于稼穑利害、军旅之事、筹度经费，欲尽询焉，恩泽特异于时，罕有比者；随拜为上相，赐赉甚厚。宿州刺史王儒进白兔一，濮州刺史图嘉禾瑞麦以进。广州进奇宝名药，品类甚多。河南尹张全义进开平元年已前羡余钱十万贯、绸六千匹、绵三十万两，仍请每年上供定额每岁贡绢三万匹，以为常式。荆南高季昌进瑞橘数十颗，质状百味，倍胜常贡。且橘当冬熟，今方仲夏，时人咸异其事，因称为瑞。

（《旧五代史》卷三《太祖纪》，第51～52页。）

（开平元年）十一月壬寅，帝以征讨未罢，调补为先，遂命尽赦逃亡背役髡黥之人，各许归乡里。广州进龙形通犀腰带、金托里含稜瑂瑂器百余副，香药珍巧甚多。广南管内获白鹿，并图形来献，耳有两缺。按《符瑞图》，鹿寿千岁变白，耳一缺。今验此鹿耳有二缺，其兽与色皆应金行，实表嘉瑞。

（《旧五代史》卷三《太祖纪》，第55页。）

（开平四年）年七月壬子，宴宰臣、河南尹、翰林学士、两街使于甘水亭。丙辰，宴群臣于宣威殿，赐物有差。刘知俊攻逼夏州（《通鉴》：七月，岐王与邠泾二帅各遣使告晋，请合兵攻定难节度使李仁福，晋王遣振武节度使周德威将兵会之，合五万众，围夏州）。以宣化军留后李思安为东北面行营都指挥使，陕州节度使杨师厚为西路行营招讨使。福州贡方物，献桐皮扇，广州贡犀玉，献舶上蔷薇水。时陈、许、汝、蔡、颍五州境内有蝼为灾，俄而许州上言，有野禽群飞蔽空，旬日之间，食蝼皆尽，是岁乃大有秋。

（《旧五代史》卷五《太祖纪》，第84页。）

（乾化元年）十二月，诏以时雪稍愆，命丞相及三省官各诣望祠祈祷。癸酉，腊假，诏诸王与河南尹、左右金吾、六统军等较猎于近苑。命大理卿王郜使于安南，左散骑常侍吴蔼使于朗州，皆以旌节官诰锡之也。又命将作少监姜宏道为朗州旌节官使副（《五代会要》：旧制，巡抚、黜陟、册命、吊赠、入蕃等使，选朝臣为之，其宣慰、加官、送旌节，即以中官为之，今以三品送旌节，新例也）。延州节度使高万兴奏，领军于邠州嵩子谷韦家寨，杀戮宁、庆两州贼军约二千余人，并生擒都头指挥使及夺马器甲等事。其入奏军将使宣召赴内殿赐对，以银器彩物锡之，宰臣及文武官各奉表贺。是月，魏博节度上言，于泾县北戮杀镇州王熔兵士七千余人，夺马二千余匹，戈甲未知其数，并擒都将以下四十余人。两浙进大方茶二万斤，琢画宫衣五百副。广州贡犀象奇珍及金银等，其估数千万。

（《旧五代史》卷六《太祖纪》，第99～100页。）

（大宝六年，即964年）圣上亲临宝辇，重换法衣，谓侍臣曰："朕闻金刚不坏之身，此之谓也。"于是许群寮士庶、四海番商入内廷，各得瞻礼。瑶林畔千灯接昼，宝山前百戏联宵。施利钱银，不可殚纪。

（《大汉韶州云门山大觉禅寺大慈云匡圣宏明大师碑铭并序》，陈鸿钧、黄兆辉：《南汉金石志补征》，第79页。）

鹰觜香，番禺牙侩徐审，与舶主何吉罗洽密，不忍分判，临岐出如鸟嘴尖者三枚，赠审曰："此鹰觜香也，价不可言。"当时疫，于中夜焚一颗，则举家无恙。后八年，番禺大疫，审焚香，阖门独免。馀者供事之，呼为"吉罗香"。
（《清异录》，卷下《鹰觜香》引自《全宋笔记》第一编第二册，第109页。）

编者按：唐代牙人，又称牙侩、牙郎，是商品交换买卖双方居间说合的中介人，活跃于商业各个部门。

杜佑比较汉唐间中外贸易之趋势

海南诸国，汉时通焉。大抵在交州南及西南，居大海中洲上，相去或三五千里，远者二三万里。乘舶举帆，道里不可详知。外国诸书虽言里数，又非定实也。其西与诸胡国接。元鼎中，遣伏波将军路博德开百越，置日南郡。其徼外诸国，自武帝以来皆献见。后汉桓帝时，大秦、天竺皆由此道遣使贡献。及吴孙权，遣宣化从事朱应、中郎康泰使诸国，其所经及传闻，则有百数十国，因立记传。晋代通中国者盖鲜。及宋齐，至者有十余国。自梁武、隋炀，诸国使至逾於前代。大唐贞观以后，声教远被，自古未通者重译而至，又多于梁、隋焉。其无异闻，亦不复更记。
（《通典》卷一百八十八《边防·海南序略》，第5088页。）

三、往来广州的商人

贞元中，有崔炜者，故监察向之子也。向有诗名于人间，终于南海从事。炜居南海，意豁然也，不事家产，多尚豪侠。不数年，财业殚尽，多栖止佛舍。时中元日，番禺人多陈设珍异于佛庙，集百戏于开元寺。炜因窥之，见乞食老姥，因蹶而覆人之酒瓮。当垆者殴之。计其直仅一缗耳，炜怜之，脱衣为偿其所直。姥不谢而去。异日又来告炜曰："谢子为脱吾难。吾善灸赘疣。今有越井冈艾少许奉子，每遇疣赘，只一炷耳，不独愈苦，兼获美艳。"炜笑而受之。姥倏亦不见。……女谓炜曰："中元日，须具美酒丰馔于广州蒲涧寺静室，吾辈当送田夫人往。"炜遂再拜告去，欲蹑使者之羊背。女曰："知有鲍姑艾，可留少许。"炜但留艾，即不知鲍姑是何人也，遂留之。瞬息而出穴，履于平地。遂失使者与羊所在。望星汉，时已五更矣。俄闻蒲涧寺钟声，遂抵寺。僧人以早糜见饷，遂归广州。崔子先有舍税居，至日往舍询之，曰："已三年矣。"主人谓崔炜曰："子何所适，而三秋不返？"炜不实告。开其户，尘榻俨然。颇怀凄怆。问刺史，则徐绅果死而赵昌替矣。乃抵波斯邸，潜鬻是珠。有老胡人一见，遂匍匐礼手曰："郎君的入南越王赵佗墓中来；不然者，不合得斯宝。"盖赵佗以珠为殉故也。崔子乃具实告，方知皇帝是赵佗，佗亦曾称南越武帝故耳。遂具十万缗易之。崔子请胡人曰："何以辨之？"曰："此大食国宝阳燧珠也。昔汉初，赵佗使异人梯山航海，盗归番禺，今仅千载矣。我国有能玄象者，言来岁国宝当归。故我王召我，具大舶重资，抵番禺而搜索。今日果有所获矣。"遂出玉液而洗之，光鉴一室。胡人遽泛舶归大食去。炜得金，遂具家产，然访羊城使者，竟无影响。后有事于城隍庙，忽见神像有类使者，又睹神笔上有细字，乃侍女所题也。方具酒脯而奠之，兼重粉绩，及广其宇。是知羊城即广州城，庙有五羊焉。

（《太平广记》卷三四《神仙类·崔炜传奇》，第216～219页。）

嗣恭起于郡县吏，以至大官，皆以恭恪为理著称。及平广州，商舶之徒，多因晃事诛之，嗣恭前后没其家财宝数百万贯，尽入私室，不以贡献。代宗心甚衔之，故嗣恭虽有平方面功，止转检校兵部尚书，无所酬劳。

（《旧唐书》卷一二二《路嗣恭传》，第3500页。）

（大历）四年，除广州刺史，兼岭南节度观察使。番禺贼帅冯崇道、桂州叛将朱济时等阻洞为乱，前后累岁，陷没十余州。勉至，遣将李观与容州刺史王翃并力招讨，悉斩之，五岭平。前后西域舶泛海至者岁才四五，勉性廉洁，舶来都不检阅，故末年至者四十余。在官累年，器用车服无增饰。及代归，至石门停舟，悉搜家人所贮南货犀象诸物，投之江中，耆老以为可继前朝宋璟、卢奂、李朝隐之徒。人吏诣阙请立碑，代宗许之。

（《旧唐书》卷一三一《李勉传》，第3635页。）

寻拜岭南节度使。番禺贼冯崇道、桂叛将朱济时等负险为乱，残十余州，勉遣将李观率容州刺史王翃讨斩之，五岭平。西南夷舶岁至才四五，讥视苛谨。勉既廉洁，又不暴征，明年至者乃四十余柂。

（《新唐书》卷一百三十一《李勉传》，第4507～4508页。）

李勉在广州，性廉洁，舶船米都不检阅。先是，舶船泛海至者岁才四五，勉之末年，至者四十余。在官累年，器用车服无增饰，及代归，至石门，停舟，悉搜家人所存南货犀象诸物投之江中，耆老以为可继前朝宋璟、卢奂、李朝隐之徒。

（《续世说》卷二《政事》，第21页。）

迁广州刺史、御史大夫、岭南节度使。广人与夷人杂处，地征薄而丛求于川市。锷能计居人之业而榷其利，所得与两税相埒。锷以两税钱上供时进及供奉外，余皆自入。西南大海中诸国舶至，则尽没其利，由是锷家财富于公藏。日发十余艇，重以犀象珠贝，称商贷而出诸境。周以岁时，循环不绝，凡八年，京师权门多富锷之财。

（《旧唐书》卷一五一《王锷传》，第4060页。）

迁岭南节度使。广人与蛮杂处，地征薄，多牟利于市，锷租其廛，榷所入与常赋埒，以为时进，裒其余悉自入。诸蕃舶至，尽有其税，于是财蓄不赀，日十余艘载皆犀象珠琲，与商贾杂出于境。数年，京师权家无不富锷之财。

（《新唐书》卷一七〇《王锷传》，第5169页。）

广州有海舶之利，货贝狎至。证善蓄积，务华侈，厚自奉养，童奴数百，于京城修行里起第，连亘闾巷。岭表奇货，道途不绝，京邑推为富家。

（《旧唐书》卷一六三《胡证传》，第4260页。）

端州太守迎引送至广州，卢都督率诸道俗出迎城外，恭敬承事，其事无量。引入大云寺，四事供养，登坛受戒。此寺有诃黎勒树二株，子如大枣。又开元寺有胡人造白檀华严经九会，率工匠六十人，三十年造毕，用物万贯钱，欲〔将往〕天竺；采访使刘〔巨麟〕奏状，勅留开元寺供养，七宝庄严，不可思议。又有婆罗门寺三所，并梵僧居住。池有青莲花，花、叶、〔茎〕、根并芬馥奇异。江中有婆罗门、波斯、昆仑等舶，不知其数；并载香药、珍宝，积载如山。其舶深六、七丈。师子国、大石国、骨唐国、白蛮、赤蛮等往来居〔住〕，种类极多。

（《唐大和上东征传》，第73~74页。）

开成元年（836），出为华州刺史、潼关防御、镇国军等使。其年冬，代李从易为广州刺史、御史大夫、岭南节度使。南海有蛮舶之利，珍货辐凑。旧帅作法兴利以致富，凡为南海者，靡不梱载而还。钧性仁恕，为政廉洁，请监军领市舶使，己一不干预。自贞元已来，衣冠得罪流放岭表者，因而物故，子孙贫悴，虽遇赦不能自还。凡在封境者，钧减俸钱为营槥椟。其家疾病死丧，则为之医药殡殓，孤儿稚女，为之婚嫁，凡数百家。由是山越之俗，服其德义，令不严而人化。三年将代，华蛮数千人诣阙请立生祠，铭功颂德。先是土人与蛮獠杂居，婚娶相通，吏或挠之，相诱为乱。钧至，立法，俾华蛮异处，婚娶不通，蛮人不得立田宅；由是徼外肃清，而不相犯。

（《旧唐书》卷一七七《卢钧传》，第4591～4592页。）

擢岭南节度使。海道商舶始至，异时帅府争先往，贱售其珍，钧一不取，时称絜廉。专以清静治。蕃獠与华人错居，相婚嫁，多占田营第舍，吏或挠之，则相挺为乱；钧下令蕃华不得通婚，禁名田产，阛部肃壹无敢犯。贞元后流放衣冠，其子姓穷弱不能自还者，为营棺椁还葬，有疾若丧则经给医药、殡敛，孤女稚儿，为立夫家，以奉禀资助，凡数百家。南方服其德，不惩而化。又除采金税。华、蛮数千走阙下，请为钧生立祠，刻石颂德，钧固辞。以户部侍郎召判户部。

（《新唐书》卷一八二《卢钧传》，第5367页。）

唐岭南节度使同中书门下平章事太保赠太傅谥曰元，卢钧……持节岭南。舶盈海濒，异时帅府，贱售其珍，钧一不取，洁廉其身，清静以治，宜其民人，华獠错居，相为婚嫁，多占田畴，广营弟舍，吏或挠之，因以相挺。

（［清］阮元：《广东通志》卷二三四《卢钧传》引"蒋之奇：《十贤唐像赞》"。）

（元和十二年）蕃舶之至，泊步，有下碇之税，始至有阅货之燕，犀珠磊落，贿及仆隶，公皆罢之。绝海之商，有死于吾地者，官藏其货。满三月，无妻子之请者，尽没有之。公曰："海道以年计往复，何月之拘？苟有验者，悉推与之，无算远近。"

（《全唐文》卷五六三《韩愈：唐正议大夫尚书左丞孔公墓志铭》，第5703页上下）

编者按：此墓志铭载元和十二年（817），孔戣被拜岭南节度使等使时事云，而《旧唐书》与《新唐书》皆略引此文。

会岭表护戍更改。大中四年（850），（李敬实）除广州督护兼市舶使。才及下车，得三军威畏，夷人安泰。不逾旬月，蕃商大至，宝货赢衢，贡献不怠，颇尽臣节。

（《唐代墓志汇编续集》大中〇七八《唐故军器使赠内侍李公（敬实）墓志》，第1028页。）

（波斯国）常于西海泛舶入南海，向狮子国取著宝物。所以彼国云出宝物，亦向昆仑国取金，亦泛舶汉地，直至广州取绫绢丝绵之类。

（《往五天竺传国笺释》"波斯国"条，第101页。）

送郑权尚书南海

七郡双旌贵，人皆不忆回。戍头龙脑铺，关口象牙堆。敕设薰炉出，蛮辞咒节开。市喧山贼破，金贱海船来。白氎家家织，红蕉处处栽。已将身报国，莫起望乡台。

（王建：《送郑权尚书南海》，载《全唐诗》卷二百九十九，第3393页。）

送郑尚书出镇南海

远镇承新命，王程不假催。班行争路送，恩赐并时来。牙旆从城展，兵符到府开。蛮声喧夜市，海色浸潮台。画角天边月，寒关岭上梅。共知公望重，多是隔年回。

（张籍：《送郑尚书出镇南海》，载《全唐诗》卷三百八十四，第4338页。）

第三章
文化交流

一、宗教

往来广州的外国僧人

新罗二僧

复有新罗僧二人，莫知其讳。发自长安，远之南海。泛舶至室利佛逝国西婆鲁师国，遇疾俱亡。

（《大唐西域求法高僧传校注》，第45页。）

常愍禅师

常愍禅师者，并州人也。自落发投簪，披缁释素，精勤匪懈，念诵无歇。常发大誓，愿生极乐。所作净业，称念佛名。福基既广，数难详悉。后游京洛，专崇斯业。幽诚冥兆，有所感征。遂愿写《般若经》满于万卷，冀得远诣西方，礼如来所行圣迹，以此胜福，回向愿生。遂诣阙上书，请于诸州教化抄写《般若》。且心所至也，天必从之。乃蒙授墨敕，南游江表，敬写《般若》，以报天泽。要心既满，遂至海滨，附舶南征，往诃陵国。从此附舶，往末罗瑜国。复从此国欲诣中天。然所附商舶载物既重，解缆未远，起忽沧波，不经半日，遂便沉没。当没之时，商人争上小舶，互相战斗。其舶主既有信心，高声唱言："师来上舶！"常愍曰："可载余人，我不去也！所以然者，若轻生为物，顺菩提心，亡己济人，斯大士行。"于是合掌西方，称弥陀佛。念念之顷，舶沉身没，声尽而终，春秋五十余矣。有弟子一人，不知何许人也。号啕悲泣，亦念西方，与之俱没。其得济之人具陈斯事耳。伤曰："悼矣伟人，为物流身。明同水镜，贵等和珍。涅而不黑，磨而不磷。投躯慧爓，养智芳津。在自国而弘自业，适他土而作他因。觐将沈之险难，决于己而亡亲。在物常愍，子其寡邻。秽体散鲸波以取灭，净愿诣安养而流神。道乎不昧，德也宁埋。布慈光之赫赫，竟尘劫而新新。

（《大唐西域求法高僧传校注》，第51～52页。）

明远法师

明远法师者，益州清城人也。梵名振多提婆（唐云思天）。幼履法训，长而弥修。容仪雅丽，庠序清遒。善《中》《百》，议庄周。早游七泽之间，后历三吴之表。重学经论，更习定门。于是栖隐庐峰，经于夏日。既慨圣教陵迟，遂乃振锡南游，届于交阯。鼓舶鲸波，到诃陵国。次至师子洲，为君王礼敬。乃潜形阁内，密取佛牙。望归本国，以兴供养。既得入手，翻被夺将。事不遂所怀，颇见陵辱，向南印度。传闻师子洲人云往大觉，中方寂无消息，应是在路而终，莫委年几。其师子洲防守佛牙异常牢固，置高楼上，几闭重关，锁钥泥封，五官共印。若开一户，则响彻城郭。每日供养，香华遍覆。至心祈请，则牙出华上，或现异光，众皆共睹。传云此洲若失佛牙，并被罗刹之所吞食。为防此患，非常守护。亦有传云当向支那矣。斯乃圣力遐被，有感便通，岂由人事，强申非分耳。

（《大唐西域求法高僧传校注》，第67～68页。）

慧命

慧命师者，荆州江陵人也。戒行疏通，有怀节操，学兼内外，逸志云表。仰祥河而标想，念竹苑以翘心。泛舶而行至占波，遭风而屡遘艰苦。适马援之铜柱，息匕景而归唐。

（《大唐西域求法高僧传校注》，第143页。）

玄逵律师

玄逵律师者，润州江宁人也。俗姓胡。令族高宗，兼文兼史。尚仁贵义，敬法敬僧。枝叶蝉联，嘉声靡坠。律师则童子出家，长而钦德，及其进具，卓尔不群。遍闲律部，偏务禅寂。戒行严峻，诚罕其流。听诸大经，颇究玄义。

博玩文什，草隶尤精。空有三衣，袒膊为饰。不披覆膊，衣角搭肩。入寺徒跣，行途着履。纵使时人见笑，高节曾不间然。不卧长坐，讵胁安眠之席；杜多乞食，宁过酒肆之门。善人皆爱草鞋，巧知皮亦无过；鉴者足不履地，能闲露脚是仪。嗟乎此子，闇与理谐。激扬清波，耻汩泥而从俗；独醒在旦，岂共醉而居昏。绕于丹阳一面，遂即同契南上。昆季留连，怆矣三荆之析；友于攀绝，伤哉八翼之离。以为传法在怀，无抑高节。行至广州，遂染风疾，以斯婴带，弗遂远怀。于足怅恨而归，返锡吴楚，年二十五六。后僧哲师至西国，云其人已亡，有疚于怀。嗟乎不幸，胜途多难，验非虚矣！实冀还以法资，空有郁蓝之望；复欲旋归遗锷，徒怀陇树之心。乃叹曰：淑人斯去，谁当继来？不幸短命，呜呼哀哉！九仞希岳，一篑便摧。秀而不实，呜呼哀哉！解乎易得，行也难求。嗟尔幼年，业德俱修。传灯念往，婴瘤情收。慨乎壮志，哀哉去留。庶传尔之令节，秉辉曜于长秋。于时遂师言离广府，还望桂林，去留怆然，自述赠怀云尔：标心之梵宇，运想入仙洲。婴瘤乖同好，沈情阻若抽。叶落乍难聚，情离不可收。何日乘杯至，详观演法流。

（《大唐西域求法高僧传校注》，第145～146页。）

善行师者

善行师者，晋州人也。少辞桑梓，访道东山（东山何指不详）。长习律仪，寄情明咒，温恭俭素，利物是心，则净之门人也。随至室利佛逝有怀中土，既染痼疾，返棹而归，年四十许。

（《大唐西域求法高僧传校注》，第167页。）

灵运

灵运师者，襄阳人也。梵名般若提婆。志怀耿介，情存出俗。追寻圣迹，与僧哲同游。越南溟，达西国。极闲梵语，利物存怀。所在至处，君王礼敬。遂于那烂陀画慈氏真容、菩提树像，一同尺量，妙简工人。赍以归唐广兴佛事，翻译圣教，实有堪能矣。

（《大唐西域求法高僧传校注》，第168页。）

法振禅师

法振禅师者，荆州人也。景行高尚，唯福是修。濯足禅波，栖心戒海。法侣钦肃，为导为归。讽诵律经，居山居水。而思礼圣迹，有意西遄。遂共同州僧乘悟禅师、梁州乘如律师，学穷内外，智思钩深，其德不孤，结契由践。于是携二友，出三江，整帆上景之前，鼓浪河陵之北，巡历诸岛，渐至羯荼。未久之间，法振遇疾而殒，年可三十五六。既而一人斯委，彼二情疑，遂附舶东归，有望交阯。覆至瞻波（即林邑国也），乘悟又卒。瞻波人至，传说如此，而未之委。独有乘如言归故里。虽不结实，仍嘉令秀尔，独何为三无一就耳！

(《大唐西域求法高僧传校注》，第206页。)

大津

大津师者，澧州人也。幼染法门，长敦节俭，有怀省欲，以乞食为务。希礼圣迹，启望王城，每叹曰："释迦悲父既其不遇，天宫慈氏宜勖我心。自非睹觉树之真容，谒祥河之胜躅，岂能收情六境，致想三祇者哉？"遂以永淳二年振锡南海。爰初结旅，颇有多人，及其角立，唯斯一进。乃赍经像，与唐使相逐，泛舶月余，达尸利佛逝洲。停斯多载，解昆仑语，颇习梵书，洁行齐心，更受圆具。净于此见，遂遣归唐，望请天恩于西方造寺。既睹利益之弘广，乃轻命而复沧溟。遂以天授二年五月十五日附舶而向长安矣。今附新译杂经论十卷、《南海寄归内法传》四卷、《西域求法高僧传》两卷。赞曰：嘉尔幼年，慕法情坚；既虔诚于东夏，复请益于西天。重指神州，为物淹流；传十法之弘法，竟千秋而不秋！右揔五十六人。

(《大唐西域求法高僧传校注》，第207～208页。)

苾刍贞固律师

苾刍贞固律师者，梵名娑罗笈多（译为贞固），即郑地荥川人也。俗姓孟，粤以驱乌之岁，早蕴慈门，总角之秋，栖心慧苑。年甫十四，遂丁荼蓼。眷流俗之难保，知法门之可尚，爰兴正念，企步胜场。遂于汜水等慈寺远法师处申侍席之业。意存教纲，便诵大经。经三两岁，师遂沦化。后往相州林虑诸寺，寻师访道，欲致想禅扃。自念教检未窥，难辩真伪，即往东魏，听览《唯识》。复往安州大猷禅师处习学方等。数旬未隔，即妙相现前。复往荆州，历诸山水，求善知识，希觅未闻。复往襄州，遇善导禅师，受弥陀胜行。当尒之时，交望弃索诃之秽土，即欲趣安养之芳林。覆思独善伤大士行，唯识所变，何非净方。遂往岘山恢觉寺澄禅师处，创蒙半字之训，渐通完器之言。禅师则沉研律典，荷世尊五德之重寄；辔轹经论，当末代四依之住持。定澈波深，濯八解而流派；慧峰岳峻，耸六度而疏岩。五尘无杂，九恼非惊。外跨四流，内澄三定。法俗钦望，推为导首。特蒙纶旨召入神都，在魏国东寺，居多闻之数。固师年余二十，即于禅师足下而进圆具。才经一载，总涉律纲。覆向安州秀律师处，三载端心，读宣律师文抄。可谓问绝邬波离，贯五篇之表里；受谐毗舍女，洞七聚之幽关。律云五岁得游方，未至岁而早契；十年离依止，不届年而预合。其秀律师即蜀郡兴律师之上足，既进圆具，仍居蜀川，于和尚处学律四载。后往长安宣律师处为依止之客。投心乳器，若饮鹅之善识精粗；竭智水瓶，等欢喜之妙持先后。经十六年，不离函丈。研究诸部，淘炼数家，将首律师疏以为宗本。然后去三阳，之八水，复向黄州报所生地。次往安州，大兴律教。诸王刺史，咸共遵承。故律云："若有律师处，与我身不殊。"居十力寺，年七十余，方始寂化，戒行清素，耳目详知。嗟乎！代有其人，栋梁佛日，蝉联靡绝，继踵相承。实谓汉珠荆玉，虽别川而俱媚；桂枝兰叶，纵异节而同芳。固师既得律典斯通，更披经论。又复诵《法华》《维摩》，向一千遍。心心常续，念念恒持，三业相驱，四仪无废。覆往襄州，在和上处，重听苏呾罗，披寻对法藏。颇通蕴处，薄捡衣珠，化城是息，终期宝渚。遂乃濯足襄水，顾步庐山。仰上德之清尘，住东林而散志。有意欲向师子洲，顶礼佛牙，观诸圣迹。以垂拱之岁，移锡桂林，适化游方，渐之清远峡谷。同缘赴感，后届番禺，广府法徒请开律典。时属大唐圣主天下普置三师，欲令佛日再明，法舟长泛。既而威仪者律也，固亦众所钦情，三藏道场，讲毗柰耶教。经乎九夏，爰竟七篇。善教法徒，泛诱时俗。于时制旨寺恭阇梨每于讲席亲自提奖，可谓恂恂善诱，弘济忘倦。阇梨则童真出家，高行贞节，年余七十而恒敬五篇。有福之人，可逢上智。实乃禅池森漫，引法海而通波；思岭崔嵬，耸慧岳而腾峭。深明幻本，巧悟心源。虽闲诸法体空，而利物之用盛集。构有为之福业，作无上之津梁。而屡写藏经，常营众食，实亦众所知识。应物感生，劝悟诸人，共敦律教。固师既法侣言散，还向峡山。冀托松林之下，用毕幽栖之志。蒙谦寺主等特见宾迎。寺主乃道冠生知，体含仁恕，供承四海，靡倦三朝，屈己申他，卑辞是务。固师意欲息想山门，有怀营构。倾廊通直道，脱阶正邪基。曲制山池，希流八解之清润；傍开坛界，冀阐七聚之芳规。复欲于戒坛后面造一禅龛，立方等道场，修法华三昧。功虽未就，而情已决然。布萨轨仪，已绍纲目。又每叹曰："前不遭释父，后未遇慈尊。末代时中，如何起行！"既沉吟于空有之际，复踯躅于多师之门矣。

（《大唐西域求法高僧传校注》，第211~214页。）

释义净

　　释义净,字文明,姓张氏,范阳人也。髫龀之时,辞亲落发,遍询名匠,广探群籍,内外闲习,今古博通。年十有五,便萌其志,欲游西域,仰法显之雅操,慕玄奘之高风。加以勤无弃时,手不释卷,弱冠登具,愈坚贞志。咸亨二年,年三十有七,方遂发足。初至番禺,得同志数十人,及将登舶,余皆退罢。净奋励孤行,备历艰险。所至之境,皆洞言音。凡遇酋长,俱加礼重。鹫峰、鸡足,咸遂周游;鹿苑、祇林,并皆瞻瞩。诸有圣迹,毕得追寻。经二十五年,历三十余国,以天后证圣元年乙未仲夏,还至河洛,得梵本经律论近四百部,合五十万颂,金刚座真容一铺、舍利三百粒。天后亲迎于上东门外,诸寺缁伍具幡盖歌乐前导,敕于佛授记寺安置焉。

　　初与于阗三藏实叉难陀翻《华严经》。久视之后,乃自专译。起庚子岁至长安癸卯,于福先寺及雍京西明寺译《金光明最胜王》《能断金刚般若》《弥勒成佛》《一字咒王》《庄严王陀罗尼》《长爪梵志》等经,《根本一切有部毗奈耶》《尼陀那目得迦》《百一羯磨摄》等,《掌中》《取因假设》《六门教授》等论,及《龙树劝诫颂》,凡二十部。北印度沙门阿你真那证梵文义,沙门波仑、复礼、慧表、智积等笔受证文,沙门法宝、法藏、德感、胜庄、神英、仁亮、大仪、慈训等证义,成均太学助教许观监护,缮写进呈。天后制《圣教序》,令标经首。暨和帝神龙元年乙巳,于东洛内道场译《孔雀王经》,又于大福先寺出《胜光天子》《香王菩萨咒》《一切庄严王经》四部,沙门盘度读梵文,沙门玄伞笔受,沙门大仪证文,沙门胜庄、利贞证义,兵部侍郎崔湜、给事中卢粲润文正字,秘书监驸马都尉杨慎交监护。帝深崇释典,特抽睿思,制《大唐龙兴三藏圣教序》。又御洛阳西门,宣示群官新翻之经。二年,净随驾归雍京,置翻经院于大荐福寺,居之。三年,诏入内与同翻经沙门九旬坐夏。帝以昔居房部,幽厄无归,祈念药师,遂蒙降祉,荷兹往泽,重阐鸿猷。因命法徒更重传译于大佛光殿,二卷成文,曰《药师琉璃光佛本愿功德经》。帝御法筵,手自笔受。睿宗永隆元年庚戌,于大荐福寺出《浴像功德经》《毗奈耶杂事二众戒经》《唯识宝生》《所缘释》等二十部,吐火罗沙门达磨末磨、中印度沙门拔弩证梵义,罽宾沙门达磨难陀证梵文,居士东印度首领伊舍罗证梵本,沙门慧积、居士中印度李释迦度颇多语梵本,沙门文纲、慧沼、利贞、胜庄、爱同、思恒证义,玄伞、智积笔受,居士东印度瞿昙金刚、迦湿弥罗国王子阿顺证译,修文馆大学士李峤、兵部尚书韦嗣立、中书侍郎赵彦昭、吏部侍郎卢藏用、兵部侍郎张说、中书舍人李又二十余人次文润色,左仆射韦巨源、右仆射苏瑰监护,秘书大监嗣虢王邕同监护。景云二年辛亥,复于大荐福寺译《称赞如来功德神咒》等经，太常卿薛崇嗣监护。自天后久视迄睿宗景云，都翻出五十六部，二百三十卷。又别撰《大唐西域求法高僧传》《南海寄归内法传》。别说《罪要行法》《受用三法》《水要法》《护命放生轨仪》，凡五部，九卷。又出《说一切有部跋窣堵》，即诸律中犍度跋渠之类，盖梵音有楚夏耳，约七十八卷。净虽遍翻三藏，而偏攻律部，译缀之暇，曲授学徒。凡所行事皆尚急护。漉囊涤秽，特异常伦。学侣传行，遍于京洛，美哉，亦遗法之盛事也。先天二年卒，春秋七十九，法腊五十九，葬事官供所出。《跋窣堵》唯存真本，未暇覆疏，而逼泥曰，然其传度经律，与奘师抗衡。比其著述，净多文。性传密咒，最尽其妙，二三合声，尔时方晓矣。今塔在洛京龙门北之高冈焉。

系曰：译之言易也，谓以所有易所无也。譬诸枳橘焉，由易土而殖，橘化为枳。枳橘之呼虽殊，而辛芳干叶无异。又如西域尼拘律陀树，即东夏之杨柳，名虽不同，树体是一。自汉至今皇宋，翻译之人多矣。晋魏之际，唯西竺人来，止称尼拘耳。此方参译之士，因西僧指杨柳，始体言意。其后东僧往彼，识尼拘是东夏之柳。两土方言，一时洞了焉。唯西唯东，二类之人未为尽善。东僧往西，学尽梵书，解尽佛意，始可称善传译者。宋齐已还，不无去彼回者，若入境观风必闻其政者，奘师、净师为得其实。此二师者两全通达，其犹见玺文知是天子之书，可信也。《周礼》象胥氏通夷狄之言，净之才智，可谓释门之象胥也欤！

（《宋高僧传》卷一《唐京兆大荐福寺义净传》，第1~4页。）

（义）净于佛逝江口，升舶附书，凭信广州，见求墨纸，抄写梵经，并雇手直。于时商人风便，举帆高张，遂被载来，求住无路，是知业能装饰，非人所图。遂以永昌元年七月二十日，达于广府，与诸法俗，重得相见。于时在制旨寺处众，嗟曰："本行西国，有望流通，回住海南，经本尚阙。所将三藏五十余万颂，并在佛逝，终须覆往。既而年余五十，重越沧波，隙驷不留，身城难保。朝露溘至，何所嘱焉？经典既是要门，谁能共往收取？随译随受，须得其人。"众佥告曰："去斯不远，有僧贞固，久探律教，早蕴精诚，傥得其人，斯为善伴。"亦既才闻此告，髣髴雅合求心。于是裁封山扃，薄陈行李。固乃启封暂观，即有同行之念。譬乎聊城一发，下三将之雄心；雪山小偈，牵大隐之深志。遂乃喜辞幽涧，欢去松林，攘臂石门之前，褰衣制旨之内。始倾一盖，合襟情于抚尘；既投五体，契虚怀于曩日。虽则平生未面，而实冥符宿心。共在良宵，颇论行事。固乃答曰："道欲合，不介而自亲；时将至，求抑而不可。谨即共弘三藏、助烛千灯者欤？"于是重往峡山，与谦寺主等言别。

寺主乃照机而作，曾不留连；见述所怀，咸助随喜；己阙无念，他济是心；并为资装，令无少乏。及广府法俗，悉赠资粮。即以其年十一月一日，附商舶，去番禺，望占波而陵帆，指佛逝以长驱。作含生之梯橙，为欲海之舟舻；庆有怀于从志，庶无废于长途。

(《大唐西域求法高僧传校注》，第214~215页。)

净以咸亨元年（670）在西京寻听，于时与并部处一法师、莱州弘祎论师，更有二三诸德，同契鹫峰，标心觉树。然而一公属母亲之年老，遂怀恋于并川；祎师遇玄瞻于江宁，乃敦情于安养。玄逵既到广府，复阻先心。唯与晋州小僧善行同去。神州故友，索尔分飞，印度新知，冥焉未会。此时踯躅，难以为怀，戏拟《四愁》，聊题两绝而已。五言：我行之数万，愁绪百重思；那教六尺影，独步五天陲。五言（重自解忧曰）：上将可凌师，匹士志难移。如论惜短命，何得满长祇！

于时咸亨二年，坐夏杨府。初秋，忽遇龚州使君冯孝诠，随至广府，与波斯舶主期会南行。复蒙使君命往岗州，重为檀主。及弟孝诞使君、孝轸使君、郡君宁氏郡、郡君彭氏等合门眷属，咸见资赠，争抽上贿，各舍奇餐。庶无乏于海途，恐有劳于险地。笃如亲之惠，顺给孤之心。共作归依，同缘胜境。所以得成礼谒者，盖冯家之力也。又岭南法俗，共鲠去留之心；北土英儒，俱怀生别之恨。至十一月，遂乃面翼轸，背番禺，指鹿园而遐想，望鸡峰而太息。于时广莫初飙，向朱方而百丈双挂；离箕创节，弃玄朔而五两单飞。长截洪溟，似山之涛横海；斜通巨壑，如云之浪滔天。未隔两旬，果之佛逝。经停六月，渐学声明。王赠支持，送往末罗瑜国（今改为室利佛逝也）。复停两月，转向羯荼。至十二月，举帆还乘王舶，渐向东天矣。从羯荼北行十日余，至裸人国。向东望岸，可一二里许，但见椰子树、槟榔林森然可爱。彼见舶至，争乘小艇，有盈百数，皆将椰子、芭蕉及藤竹器来求市易。其所爱者，但唯铁焉，大如两指，得椰子或五或十。丈夫悉皆露体，妇女以片叶遮形。商人戏授其衣，即便摇手不用。传闻斯国当蜀川西南界矣。此国既不出铁，亦寡金银，但食椰子薯根，无多稻谷，是以卢呵最为珍贵（此国名铁为卢呵）。其人容色不黑，量等中形，巧织团藤箱，余处莫能及。若不共交易，便放毒箭，一中之者无复再生。从兹更半月许，望西北行，遂达耽摩立底国，即东印度之南界也，去莫诃菩提及那烂陀可六十余驿。于此创与大乘灯师相见，留住一载，学梵语，习《声论》，遂与灯师同行，取正西路，商人数百，诣中天矣。去莫诃菩提有十日在，过大山泽，路险难通，要藉多人，必无孤进。于时净染时患，身体疲羸，求趁商徒，旋困不能及，虽可励己求进，五里终须百息。其时有那烂陀寺二十许僧，并灯上人并皆前去，唯余单己，孤步险隘。日晚晡时，山贼便至，援弓大唤，来见相陵。先掳上衣，次抽下服，空有绦带，亦并夺将。当是时也，实谓长辞人代，无谐礼谒之心，体散锋端，不遂本求之望。又彼国相传，若得白色之人，杀充天祭。既思此说，更轸于怀，乃入泥坑，遍涂形体，以叶遮蔽。扶杖徐行，日云暮矣，营处尚远。至夜两更，方及徒侣，闻灯上人村外长叫。既其相见，令授一衣，池内洗身，方入村矣。从此北行数日，先到那烂陀，敬根本塔。次上耆阇崛，见叠衣处。后往大觉寺，礼真容像。山东道俗所赠绰绢，持作如来等量袈裟，亲奉披服。濮州玄律师附罗盖数万，为持奉上。曹州安道禅师寄拜礼菩提像，亦为礼讫。于时五体布地，一想虔诚。先为东夏四恩，普及法界含识。愿龙花揔会，遇慈氏尊，并契真宗，获无生智。次乃遍礼圣迹，过方丈而届拘尸；所在钦诚，入鹿园而跨鸡岭。住那烂陀寺，十载求经，方始旋踵，言归还耽摩立底。未至之间，遭大劫贼，仅免剸刃之祸，得存朝夕之命。于此升舶，过羯荼国。所将梵本三藏五十万余颂，唐译可成千卷，攉居佛逝矣。

（《大唐西域求法高僧传校注》，第151~156页。）

僧伽提婆

又贞固弟子一人，俗姓孟，名怀业，梵号僧伽提婆。祖父本是北人，因官遂居岭外。家属权停广府，慕法遣奉师门。虽可年在弱冠，而实志逾强仕。见师主怀弘法之念，即有随行之心。割爱抽悲，投命溟澥，至佛逝国。解骨仑语，颇学梵书，诵《俱舍论》偈。虽事凭于一猎，冀有望于千途。傥策勤于熟思，希比迹于生刍。且为侍者，现供翻译，年十七耳。

（《大唐西域求法高僧传校注》，第238页。）

苾刍道宏

苾刍道宏者，梵名佛陀提婆（唐云觉天），汴州雍丘人也。俗姓靳。其父早因商侣，移步南游，远历三江，遐登五岭。遂过韶部，后届峡山。睹岩谷之清虚，玩川源之澄寂。逢善知识，披缁释素。于时道宏其年尚小，任业风而萍转，随父师而游涉。入桂林以翘想，步幽泉而叠息。父名大感禅师。遂于寂禅师处学秘心关，颇经年载。薄知要义，还之峡谷。道宏随父亦复出家，年满二十，此焉进具。往来广府，出入山门，虽可年望未高，而颇怀节概。既闻净至，走赴庄严，询访所居，云停制旨。一申礼事，即有契于行心；再想生津，实无论于性命。闻说滔天之浪，蔑若小池；观横海之鲸，意同鲻鳝。寻即重之清远，言别山庭，与贞固师同归府下。于是乎毕志南海，共赴金洲，拟写三藏，德被千秋。识悟聪敏，叶性温柔，颇功草隶，复玩庄周。体《齐物》之篇虚诞，知指马之说悠悠。不凭河而徒涉，能临惧而善筹。虽功未厕于移照，终有庆于英猷。英猷何陈？求法轻身，不计乐而为乐，不将亲而作亲。欲希等生灵于己体，岂若媲乌狗而行仁。既至佛逝，敦心律藏；随译随写，传灯是望。重莹戒珠，极所钦尚。求寂灭之圆成，弃迷津之重障。毕我大业，由斯小匠。庆尔拔擢于有流，庶福资于无量。年二十二矣。

（《大唐西域求法高僧传校注》，第239～240页。）

苾刍法朗

苾刍法朗者，梵名达摩提婆（唐云法天），襄州襄阳人也。住灵集寺。俗姓安，实乃家传礼义，门袭冠缨。童年出家，钦修是务。遂离桑梓，游涉岭南。净至番禺，报知行李。虽复学悟非远，而实希尚情深。意喜相随，同越沧海。未经一月，届乎佛逝。亦既至此，业行是修。晓夜端心，习因明之秘典；晨昏励想，听《俱舍》之幽宗。既而一篑已倾，庶冈陨于九仞；三藏虔念，拟克成乎五篇。弗惮劬劳，性有聪识。复能志托弘益，抄写忘疲。乞食自济，但有三衣。袒膊涂跣，遵修上仪。虽未成于角立，终有慕于囊锥。凡百徒侣，咸希自乐，尔独标心利生是恪。恪勤何始？专思至理。若能弘广愿于悲生，冀大明于慈氏。年二十四矣。

（《大唐西域求法高僧传校注》，第242页。）

僧贞固等四人

其僧贞固等四人，既而附舶俱至佛逝，学经三载，梵汉渐通。法朗须往诃陵国，在彼经夏，遇疾而卒。怀业恋居佛逝，不返番禺。唯有贞固、道宏相随。俱还广府，各并淹留且住，更待后追。贞固遂于三藏道场敷扬律教，未终三载，染患身亡。道宏独在岭南，尔来迥绝消息。虽每顾问，音信不通。嗟乎四子，俱泛沧海，竭力尽诚，思然法炬。谁知业有长短，各阻去留。每一念来，伤叹无及。是知麟喻难就，危命易亏。所有福田，共相资济。龙华初会，俱出尘劳耳！

（《大唐西域求法高僧传校注》，第244页。）

那提三藏

那提三藏,唐曰"福生",具依梵言,则云"布如乌代邪",以言烦多故,此但讹略而云"那提"也。本中印度人,少出家,名师开悟。志气雄远,弘道为怀,历游诸国,务在开物。而善达声明,通诸诂训,大夏召为文士,拟此土兰台著作者。性泛爱,好奇尚,闻有涉悟,不惮远夷。曾往执师子国,又东南上楞伽山,南海诸国,随缘达化。善解书语,至即敷演。度人立寺,所在扬扇。承脂那东国盛转大乘,佛法崇盛,赡洲称最,乃搜集大小乘经律论五百余甲,合一千五百余部,以永徽六年创达京师。有敕令于慈恩安置,所司供给。

时玄奘法师,当途翻译,声华腾蔚,无有克彰。掩抑萧条,般若是难。既不蒙引,返充给使。显庆元年,敕往昆仑诸国,采取异药。既至南海,诸王归敬,为别立寺,度人授法。弘化之广,又倍于前。以昔被敕往,理须返命,慈恩梵本,拟重寻研。龙朔三年,还返旧寺。所赍诸经,并为奘将北出,意欲翻度,莫有依凭。惟译《八曼荼罗》《礼佛法》《阿吒那智》等三经。要约精最,可常行学。

其年南海真腊国,为那提素所化者,奉敬无已,思见其人。合国宗师,假途远请。乃云:"国有好药唯提识之。请自采取。"下敕听往,返迹未由。余自博访,大夏行人云:"那提三藏,乃龙树之门人也。所解无相,与奘颇返【反】。"西梵僧云:"大师隐后,斯人第一。"深解实相,善达方便,小乘五部,毗尼外道,四韦陀论,莫不洞达源底,通明言义。词出珠联,理畅霞举。所著《大乘集义论》,可有四十余卷,将事译之,被遣遂阙。夫以抱麟之叹,代有斯踪,知人难哉,千龄罕遇!那提挟道远至,投俾北冥,既无所待,乃三被毒,载充南役。崎岖数万,频历瘴气。委命斯在,呜呼惜哉!

(《大正藏》五十册,第458页下、459页上)

智慧

法师梵名般若剌(唐言智慧),北天竺境迦毕试国人也,姓乔答摩氏。颖悟天假,七岁发心,违侍二亲,归依三宝。时依大德明调伏军,诵《四阿经》,满十万颂,《阿毗达摩》二万颂。余又乃随师诣迦湿蜜,至年二十,具足律仪,诵《萨婆多》近四万颂,及《俱舍论》诵【颂】二万八千,并《大婆沙》,兼受其义七年。此国学习小乘。至二十三,诣中天竺那烂陀寺,受学大乘,《唯识》《瑜伽》《中边》等论,及《声明论》与《金刚经》、因明、医明、工律论等,并依智护、进友、智友三大论师,时乃游从,双林八塔,往来瞻礼，一十八年。时闻南天尚《持明藏》，遂便往诣，谘禀未闻。有灌顶师厥名法称，授瑜伽教入曼荼罗三密护身五部契印。如是承奉，住经一年，诵满三千五百余颂。……泛海东迈，驾险乘航，垂至广州，风飘却至执狮子国之东隅。又集资粮，坚修航舶，备历南海，路次国中，二十二年。垂至广府，风吹舶破，平没数船。始从五更，洎平日出，或漂或溺，赖遇顺风。所持资财梵夹经论，遭此厄难，不知所之。及至海壖，已在岸上，于白沙内大竹筒中。宛若有神，叹未曾有。是知《大乘理趣六波罗蜜经》，与大唐国中根缘熟矣。东行半月，方达广州。洎建中三年，届于上国矣。至贞元二祀，访见乡亲，袖【神】策十【正】将罗好心，即般若三藏舅氏之子也。悲喜相慰，将至家中，用展亲亲，遂留供养。

（大正藏55册，第755页下～756页上。）

释极量

释极量，中印度人也，梵名般剌蜜帝，此言极量……乃于广州制止道场驻锡。众知博达，祈请颇多。量以利乐为心，因敷秘赜。

神龙元年（705）乙巳五月二十三日，于《灌顶部》中诵出一品，名《大佛顶如来密因修证了义诸菩萨万行首楞严经》，译成一部十卷。乌苌国沙门弥伽释迦（释迦稍讹，正云铄佉。此曰云峰）译语，菩萨戒弟子前正议大夫同中书门下平章事清河房融笔受，循州罗浮山南楼寺沙门怀迪证译。量翻传事毕，会本国王怒其擅出经本，遣人追摄，泛舶西归。后因南使入京，经遂流布。有惟悫法师资中沇公，各着疏解之。

（《宋高僧传》卷二《唐广州制止寺极量传》，第31页。）

释怀迪

释怀迪，循州人也。先入法于南楼寺，其山半在海涯，半连陆岸，乃仙圣游居之灵府也。迪久探经论，多所该通，七略九流，粗加寻究。以海隅之地，津济之前，数有梵僧寓止于此，迪学其书语，自兹通利。菩提流志初译《宝积》，召迪至京证义，事毕南归。后于广府遇一梵僧，赍多罗叶经一夹，请共翻传，勒成十卷，名大《佛顶万行首楞严经》是也。迪笔受经旨，缉缀文理，后因南使附经入京，即开元中也。

又乾元元年有罽宾三藏般若力、中天竺婆罗门三藏善部末摩、个失密三藏舍那并慕化入朝，诏以力为太常少卿，末摩为鸿胪少卿，并员外置，放还本土。或云："各赍经至，属燕赵阻兵，不遑宣译，故以官品荣之。"

（《宋高僧传》卷二《唐广州制止寺极量传》，第44页。）

释莲华

释莲华，本中印度人也。以兴元元年，杖锡谒德宗，乞钟一口归天竺声击。敕广州节度使李复，修鼓铸毕，令送于南天竺金堆寺。华乃将此钟，于宝军国毗卢遮那塔所安置。后以《华严》后分梵夹附舶来，为信者般若三藏于崇福寺翻成四十卷焉。

一云：梵夹本是南天竺乌荼国王书献支那天子，书云："手自书写华严经百千偈中所说善财童子五十五圣者，善知识入不思议解脱境界普贤行愿品，谨奉进上，愿于龙华会中奉觐云"，即贞元十一年也。至十二年六月，诏于崇福寺翻译，罽宾沙门般若宣梵文，洛京天宫寺广济译语，西明寺圆照笔受，智柔、智通缀文，成都府正觉寺道恒、鉴虚润文，千福寺大通证义，澄观、灵邃详定，神策军护军中尉霍仙鸣、左街功德使窦文场写进，十四年二月解座。

（《宋高僧传》卷三《唐莲华传》，第47页。）

三祖僧璨与岭南禅宗

璨定惠齐泯，深学日至。缘化既已，顾谓弟子道信曰："自达摩祖传法至我，我欲南迈，留汝弘护。"因更重明旨极，遂与定公南隐，后竟不知其所终矣……璨往罗浮，信求随去。璨曰："汝往，当大弘益。"

如明月宝珠出于大海。璨大师与宝月禅师及定公同往罗浮山。于时信大师亦欲随璨大师，璨大师言曰："汝不须去，后当大有弘益。" 璨大师至罗浮山，三年却归至岘山。

（《神会和尚禅话录》，第106页。）

有人云此大师不还者，悮也。何以，今于韶州清远县禅居寺，现有三祖大师堂。隋甲子年末而届于此。住得一年，便往罗浮，游诸名圣。至隋大业二年（606），却归山谷，而示迁奄。

（蓝吉福主编：《禅宗全书101册·史传部一》，北京：北京图书馆出版社，2004年12月，第327页。）

僧璨的门人毗尼多流支

龙编古州乡法云寺毗尼多流支禅师，南天竺国人，婆罗门种也。少负迈俗之志，遍游西竺，求佛心印。法缘未契，携锡而东南。陈朝大建六年壬【甲】午初至长安，会周武帝堕灭佛法，欲往于邺，时三祖僧璨，以避难敌，挈其衣钵，隐司空山。师与之遇，见其举止非凡，心中起敬，乃向前叉手立者三反【番】，祖皆瞑坐无语。师于伫思次，豁然若有所得，展拜三下，祖三点头而已。师退三步，云："弟子向来也是不著便，和尚大慈悲，故愿乞奉侍左右。"祖曰："汝速南行交接【趾】，不宜久住于此。"师辞去，卓锡广州制旨寺，大抵六年，译得《象头精舍经》《报业差别经》等，迨周大祥【象】二年庚子三月，来于我土此寺居焉，复译出《揔持经》一卷。

常【尝】一日召入室弟子法贤，谓曰："夫诸佛心印，必不相赚，圆同太虚，无欠无余，无去无来，无得无失，非一非异，非常非尔，所以三世诸佛亦以如是，历代祖师亦以如是得，我亦以如是得，汝亦以如是得，以至有情无情，皆以如是得。且吾祖璨公，印吾此心时，谓吾速南行交接【趾】，不宜久住，旷历于兹。今与汝遇，果符悬记，汝善持之，吾去时至矣。"言讫，合掌而逝，法贤阇维收五色舍利起塔，时隋开皇十四年甲寅也。李太宗常【尝】有偈追赞云："创自南来国，闻君久习禅。应开诸佛信，远【原】合一心源。浩浩楞伽月，芬芬般若莲。何时幸不【拜】见，相与话重玄。"赠封云法云。

（黎孟挞：《越南佛教文学总集》第三集，胡志明市出版社，2002年版，第824～826页。）

《隋大业报差别经》一卷（开皇二年三月译，是第二出。与《罪业报应经》大同小异）

右一部一卷，元魏世婆罗门优婆塞瞿昙般若流支长子达摩般若，隋言法智，门世已来相传翻译。高齐之季为昭玄都，齐国既平佛法同毁，智因僧职转作俗官，册授洋州洋川郡守。大隋受禅，梵牒即来，显佛日之重兴，彰国化之冥应。降敕召智，还使译经。即于大兴善寺翻出。智既妙善隋梵二言，执本自翻，无劳传译。大兴善寺沙门成都释智铉笔受文辞，诠序义理。日严寺沙门赵郡释彦琮制序。

《象头精舍经》一卷（开皇二年二月译。第二出，与《伽耶山顶经》体同名异）

《大乘方广总持经》一卷（开皇二年七月译）

右二部二卷，北天竺乌场国三藏法师毗尼多流支，隋言灭喜。既闻我皇兴复三宝，故能不远五百由延，振锡巡方，来观盛化，至止，便召入令翻经，即于大兴善寺译出。给事李道宝、般若流支次子昙皮二人传译，大兴善寺沙门长安释法纂笔受为隋言，并整比文义。沙门彦琮并皆制序。

（《历代三宝纪》卷十二，大正藏49册，第102页中下）

如是我闻，一时婆伽婆住伽耶城象头精舍。尔时如来，成佛未久，与大比丘众满足千人，皆是过去往昔螺髻仙人。所作已办弃舍重担，久离生死尽诸烦恼，平等空慧正受智心，一切觉知到于彼岸皆阿罗汉。复与无量大菩萨摩诃萨众俱，尔时世尊独坐思惟，入诸三昧遍观法界，自觉成道具一切智。所作已讫弃诸重担，度生死流舍离悭贪，拔三毒刺尽诸渴爱，集大法船击大法鼓，吹大法象建大法幢，已断生死演说正法。闭诸恶趣开善道门，永离恶土游诸净国。我观彼法，谁修菩提谁得菩提谁欲得者，过去现在及以未来谁之所证。为是身得为心得乎，若以身得。是身无知犹如草木沙砾墙壁无所觉知，四大和合父母所生。常须饮食衣服澡浴摩拭，终归败坏是磨灭法。是菩提者，但有空名，而无实相。无声无色、无成无见、无入无知、无去无来，如是等法，亦无系缚。能过诸法，超出三界，无见无闻、无我我所、无作者、无处所、无窟宅、无取无着、无出无入、无愿无住、无相无貌、无彼无此、无示，犹如幻化以十二因缘生，无处所、不可见、离相，如虚空现，寂静、无声无响、无文无字、亦无言说。如是知者，是名菩提。若以心得，是心无定，犹如幻化。皆因过去，妄想业生。无形无执，犹如虚空。菩提者，无有处所，非过去、非未来、非现在一切法空。虽复言说，有名无实。是无为法空，无相无作。非有非无，非可示现，无说无闻。夫菩提者，非过去，得非未来，得非现在，得亦不离三世得。无相非作，非不作若能如是。觉了，三世法者，即是菩提。

（《佛说象头精舍经》，大正藏14册，第487页上。）

金刚智、不空开创密教

释跋日罗菩提，华言金刚智，南印度摩赖耶国人也，华言光明。其国境近观音宫殿，补陀落伽山。父婆罗门，善五明论，为建支王师。智生数岁，日诵万言，目览心传，终身无忘。年十六，开悟佛理，不乐习尼揵子诸论，乃削染出家，盖宿植之力也。后随师往中印度那烂陀寺，学修多罗、阿毗达摩等。洎登戒法，遍听十八部律。又诣西印度学小乘诸论及《瑜伽三密陀罗尼门》，十余年全通三藏。次复游师子国，登楞伽山。东行佛誓、躶（裸）人等二十余国。闻脂那佛法崇盛，泛舶而来，以多难故，累岁方至。

开元己未岁,达于广府。敕迎就慈恩寺,寻徙荐福寺。所住之刹,必建大曼拏罗灌顶道场,度于四众。大智、大慧二禅师,不空三藏。皆行弟子之礼焉。后随驾洛阳,其年自正月。不雨迨于五月。岳渎灵祠,祷之无应。乃诏智结坛祈请。于是用不空钩、依菩萨法,在所住处起坛,深四肘,躬绘七俱胝菩萨像,立期以开光,明日定随雨焉。帝使一行禅师谨密候之。至第七日,炎气爥爥,天无浮翳。午后,方开眉眼,即时西北风生,飞瓦拔树,崩云泄雨,远近惊骇。而结坛之地,穿穴其屋,洪注道场。质明,京城士庶皆云:"智获一龙,穿屋飞去。"求观其处,日千万人,斯乃坛法之神验也。于时帝留心玄牝,未重空门,所司希旨,奏外国蕃僧遣令归国,行有日矣。侍者闻智,智曰:"吾是梵僧,且非蕃胡,不干明敕,吾终不去。"数日,忽乘传将之雁门,奉辞,帝大惊,下手诏留住。

初,帝之第二十五公主甚钟其爱,久疾不救,移卧于咸宜外馆,闭目不语,已经旬朔。有敕令智授之戒法,此乃料其必终,故有是命。智诣彼,择取宫中七岁二女子,以绯缯缠其面目,卧于地,使牛仙童写敕一纸,焚于他所,智以密语咒之。二女冥然诵得,不遗一字。智入三摩地,以不思议力令二女持敕诣琰摩王。食顷间,王令公主亡保母刘氏护送公主魂随二女至,于是公主起坐,开目言语如常。帝闻之,不俟仗卫,驰骑往于外馆。公主奏曰:"冥数难移,今王遣回,略觐圣颜而已。"可半日间,然后长逝。自尔帝方加归仰焉。武贵妃宠异六宫,荐施宝玩,智劝贵妃急造人刚寿命菩萨像,又劝河东郡王于毗卢遮那塔中纻像;谓门人曰:"此二人者寿非久矣。"经数月,皆如其言,凡先觉多此类也。智理无不通,事无不验,经论戒律秘咒余书,随问剖陈,如钟虚受。有登其门者,智一觌其面,永不忘焉。至于语默兴居,凝然不改,喜怒逆顺,无有异容,瞻礼者莫知津涯,自然率服矣。

自开元七年(719),始届番禺,渐来神甸,广敷密藏,建曼拏罗,依法制成,皆感灵瑞。沙门一行钦尚斯教,数就咨询,智一一指授曾无遗隐。一行自立坛灌顶,遵受斯法,既知利物,请译流通。十一年,奉敕于资圣寺翻出《瑜伽念诵法》二卷、《七俱胝陀罗尼》二卷,东印度婆罗门大首领直中书伊舍罗译语,嵩岳沙门温古笔受。十八年,于大荐福寺又出《曼殊室利五字心陀罗尼》《观自在瑜伽法要》各一卷,沙门智藏译语,一行笔受,删缀成文。复观旧随求本中有阙章句,加之满足。智所译总持印契,凡至皆验,秘密流行,为其最也。两京禀学,济度殊多,在家出家,传之相继。二十年壬申八月既望,于洛阳广福寺命门人曰:"白月圆时,吾当去矣。"遂礼毗卢遮那佛,旋绕七匝,退归本院,焚香发愿,顶戴梵夹并新译教法,付嘱讫,寂然而化。寿七十一,腊五十一。其年十一月七日葬于龙门南伊川之右,建塔旌表。传教弟子不空奏举，敕谥国师之号。灌顶弟子中书侍郎杜鸿渐，素所归奉，述碑纪德焉。

系曰：五部曼拏罗法，摄取鬼物，必附丽童男处女，去疾除祅也绝易。近世之人，用是图身口之利，乃寡徵验，率为时所慢。吁，正法醨薄，一至于此！

（《宋高僧传》卷一《唐洛阳广福寺金刚智传》，第4~6页。）

大唐故大德赠司空大辨正广智不空三藏行状

皇帝灌顶大师，法号不空，以普贤行愿，传大菩提心金刚智印，奉佛教，令，拔济群品；持大法宝，为时而来，翼赞三朝，近三十载。大师本西良府，北天竺之波罗门族也。先门早逝，育于舅氏，便随母姓。初母康氏之未娠也，有善相者言曰："尔后毕生菩提萨埵，言讫不见，大奇之。遂沐浴换衣，断语持念，未经三日，坐而假寐，梦佛微笑，双目光流，入母人顶。忽而惊寤，遍体流汗，因觉有身，香灯已后，夜室如昼，十二月而生，生而能言，风神出凡，精气殊众，六波罗密，四无量心，宛若生知，非关师授，唯佛与佛，乃能究焉，昔者婆伽梵毗卢遮那，以《金刚顶瑜伽秘密教王》真言法印，付属金刚手菩萨，垂近千载，传龙猛菩萨。数百年后，龙猛传龙智阿遮梨耶。后数百年，龙智传金刚智阿遮利耶，金刚智传今之大师。虽源一流派分，盖数十人而已。家嫡相继，我师承其六焉，初大师随外氏观风大国。生年十岁，周游巡历武威太原，十三事大弘教，祖师道悉谈章波罗门语论，辄背文而讽诵，克日而洞悟，祖师大奇，他日与授菩提心戒，引入金刚界大曼茶罗，验之掷花，知有后矣，十五初落发，二十进具戒。善一切有部律，晓诸国语，识异国书，先翻经，常使译语，对唐梵之轻重，酌文义之精华。讨习《声论》，十二年功六月而毕。诵文殊愿，一载之限，再夕而终，后于祖师处，哀祈瑜伽五部、三密，求之三载，未遂夙心，为法之故，欲归天竺，是日宿于新丰逆旅，祖师此夜偶然而梦，京城诸寺佛菩萨像，悉皆东行，忽而惊悟，令疾命还，及闻回至，祖师大喜："我之法藏，尽将付汝。"次于他晨，为与传授五部之法，灌顶护摩阿阇梨教，《大日经悉地仪轨》。诸佛顶部、众真言行，一一传持，皆尽其妙，后数年，祖师奉诏归国，大师随侍，至河南府，祖师示疾而终。是时开元二十九年仲秋矣。影塔既成，以先奉先师遗言，令往师子国。至天实初，到南海郡，信舶未至，采访刘巨鳞，三请大师，哀求灌顶，我师许之，权于法性寺，建立道场，因刘公也，四众咸赖，度人亿千。大师之未往也，入曼荼罗，对本尊像，金刚三密，以加持，念诵经行，未逾旬日，文殊师利现身，诚大愿不孤，夙心已遂，便率门人含光、惠辩僧俗三七，杖锡登舟，采访已下，举州士庶大会，陈设杳花，遍于海浦，蠡梵栝于天涯，奉送大师，凡数百里。初至诃陵国界，遇大黑风，众商惶怖，作本天法，禳之无效。稽首膜拜，哀求大师，惠辩小师，亦随恸叫，大师告曰："今吾有法，尔等勿忧"。遂右执五智菩提心杵，左持《般若佛母经》，申作法加持，诵大随求，才经一遍，惠辩亦怪之，风优海澄，师之力也，后又遇疾风，大鲸出海，喷浪若山，有甚前患，商人之辈甘心输命，大师哀愍，如旧念持，亦令惠辩诵《娑竭罗龙王经》。未移时克，众难俱弭，次达海口城，师子国王，遣使迎之，大师见王，王大悦，便请大师住宫，七日供养，每日常以真金浴斛，满贮香水，王为大师，躬自澡浴，次及太子、后妃、辅相，如王礼大师，他日寻普贤阿阇梨等，奉献金宝、锦绣之属，请开十八会金刚顶瑜伽法门，毗卢遮那大悲胎藏，建立坛法，并许门人含光、惠辩，同授五部灌顶，大师自尔，觉无常师，遍更讨寻诸真言教，并诸经论五百余部，本三昧诸尊密印、仪形色像、坛法标帜、文义性相，无不尽源，他日，王作调象戏，以示国人，登高望之，无敢近目，大师密诵佛眼真言，并结大印，住于慈定，当衢而立，狂象十余，数步之内。顿倒忙走。举国奇之。又游五天。巡历诸国。事迹数繁。阙而不记。天宝五载。还归上京。进师子国王尸罗迷伽表。及金璎珞。《般若》梵甲。诸宝白叠毛等。奉敕令权住鸿胪寺。他日有诏。请大师入内。建立曼荼罗。为玄宗皇帝。五部灌顶。是年移住净影寺。是岁也终夏愆阳。帝请大师入内祈雨。制曰时不得赊。雨不得暴。大师奏《大孔雀明王经》坛法。未尽三日。膏泽弥洽。皇帝大悦。自持宝箱。赐大师紫袈裟。帝为披擐。并赐绢二百匹。后有大风卒起。敕令大师止风。大师请一银瓶。作加持法。须臾风止。帝殊器重。后有池鹅。误触瓶倒。风击如前。敕令再止。随止随效。帝倍加敬。恩命号为智藏。八载恩旨。许归本国。垂驿骑之五匹。到南海郡。后敕令且住。十二载。敕令赴河陇节度御史大夫哥舒翰所请。十三载。到武威。住开元寺。节度已下。至于一命。皆授灌顶。士庶之类。数千人众。咸登道场。与僧弟子含光。授五部法。次与今之功德使开府李元琮。授五部灌顶。并授金刚界大曼荼罗。是日也道场地大动。大师感而谓曰。此即汝心之诚所致也。十五载夏。奉诏还京。住大兴善寺。至德中。銮驾在灵武凤翔。大师常密使人问道。奉表起居。又频论克复之策。肃宗皇帝。亦频密谍使者。到大师处。求秘密法。并定收京之日。果如所料。乾元中。帝请大师。于内建立道场。及护摩法。帝授转轮王七宝灌顶。上元末。皇帝圣躬不康。请大师。以《大随求真言》。拂除七遍。圣躬万福。帝特加殊礼。大师表请入山。李辅国敕令终南山智矩寺修功德。念诵之夕。大乐萨埵。舒毫发光。以相验之。位邻悉地。大师又曰。众生未度。吾安自度之。遂已先圣登遐。今皇御宇。渥恩日甚。锡赉便繁。今略述而已。《仁王》《密严》二经。皇帝特制经序。敕命颁行之日。庆云大现。举朝表贺。编之国史。永泰元年十一月一日。制授大师特进试鸿胪卿。号大广智三藏。大历三年。大师于兴善寺立道场。赐瑞锦褥十二领。绣罗幡三十二口。价值千万。又赐二七日入道场大众斋粮。近侍大臣诸禁军使。敕令入灌顶道场。道俗之流。别有五千余众。四年冬。大师奏。天下寺食堂中。特置文殊师利为上座。恩制许之。须宣宇内。五年夏五月。诏请大师。往太原台山修功德。是岁也有彗出焉。法事告终。妖星自伏。季秋届于京师。皇上以所乘师子。听并御鞍辔。遣中使出城迎大师。大师固辞。恩命不许。乃乘之入对。皇上大悦。并僧俗弟子。咸赐内殿斋饭。锡赉束帛甚厚。六年春玉二月。敕赐大师道场绣罗幡二十四口。绣缦天一。并绣额一。十月圣诞日。大师进前后所译经。有敕宣示中外。编入一切经目箓。并僧俗弟子等。都赐物五百一十匹。七年春。敕赐绢一百匹。是岁春夏旱。有诏。请大师祈雨。中使李宪诚。奉宣恩旨。若三日内雨足。是和上功。非过三日关和尚事。大师受制。建立道场。一日已终。及依法祈请。亦不过限。大雨丰足。皇帝大悦。设千僧斋。并僧弟子衣七副。以报功也。冬大师奏。造文殊阁。圣上自为阁主。贵妃韩王。华阳公主赞之。凡出正库财。约三千万数。特为修崇。八年春。赐大师绢二百匹。充乳药。五月奉敕。译萨路荼王经一卷。赐绢二百二十匹。冬十二月十四日。上文殊阁梁。一切费用。皆是恩旨。别有锡赉。相望道路。九年春正月。赐彩六十匹。夏四月。赐绢三百匹。充衣钵。六月十一日。有诏。就加开府仪同三司。封肃国公。食邑三千户。余如故。累让不许。诸弟子相次驰贺。大师不悦曰。圣众俨如。舒手相慰。白月圆满。吾之去时。奈何临终。更窃名位。附令恳让。大师自去。冬腊中夜。命弟子赵迁。持笔砚。吾欲略一《涅槃荼毗仪轨》。使尔后代。准此送终。迁稽首三请。伏乞慈悲。且久住世。大师笑而不许。自春及夏。停飱辍寝。宣扬妙法。诫勖门人。每语乃《普贤行愿》《出生无边门经》。劝令诵持。再三叹息。其先受法者。偏使属意观菩提心本尊大印真诠阿字。了法不生证大觉身。若指诸掌。慰诲勤勤悲喜交集。汝等于法。宜逾身命。是所闻者斯不易焉。吾思往日。涉险冒危。为法委身。穷历拜国。周游往返。十余万里。尔等当思此意。速此修行。无殉利以辱身。勿为名而丧道奉我临终之诫。成尔书绅之勖。以大历九年六月十五日午时。浴香水。换新服。端居正容。命草辞表。北面瞻望。东首倚卧。住大印身定中便去。神虽往而容貌如旧。气将尽而色泽逾鲜。斯法力之加。岂死相而能坏。行年七十。僧腊五十。僧弟子惠朗。次承灌顶之位。余知法者。盖数十人而已。圣上哀悼。辍朝三日。念师资之启沃。观遗迹而恻怆。绢三百匹布二百端。米面四百石。油七石。柴十五车。炭三车。赐钱四十万。又赐造塔钱二百余万。斋七供养。仍别支给。日日中使予慰存问。敕功德使李元琮知丧事。初大师之将终。众相先现。诸僧梦千仞宝幢。无故摧倒。文殊新阁。忽然崩坏。大振院宇。比至惊悟。声犹在耳。金刚智杵飞空上。大兴善寺后。池水尽枯涸。林竹生实。庭花变色。诸事异相。近数十条今略序之。余皆不录。昔者如来灭度。双林改白。文宣殁世。泗水逆流。虽古今之有殊。验征应之不异也。七月六日。就塔所。具茶毗之礼。随喜者亿千万数。是日有诏。使高品仙鹤就致祭。并赠司空谥曰大辨正广智不空三藏和上。尊其德也。茶毗火灭。于余烬中。凡得舍利数百粒。八十粒进入内。又于顶骨中。有一粒。半隐半现。后有敕。令于大兴善寺旧住院中。起舍利塔。特赐造塔钱万余贯。承后诸弟子在院者。圣恩爱及如大师在日。皇上据四海之图籍。十有三年矣。所赐大师手诏数十首。皆圣人密旨。并却进奉。远自先朝。至今圣代。所有墨制卷轴盈箧。锡赍束帛。不知其数。累年系月。积若岳。未尝言贮畜。辄不谋于生计。今并不书。每在中禁。建立道场。颇积年岁。传授法印。加持护摩。珍除灾异。增益吉祥。秘密之事。大师未曾辄有宣尔。今并不列于行状。诸类事迹。其徒寔繁。盖存于别传。付法弟子。输诚国家。则在于遗书进奉。陈博情盖题于辞表。大师自开元。至今大历。翻译经法。凡一百二十余卷。诸佛示权。摧魔护国。非臣下堪闻者。缄在于天宫。普贤行门。菩提般若。是瑜伽修行者。须宣于人代。大师据灌顶师位。四十余年。入坛弟子。授法门人。三朝宰臣。五京大德。缁素士流。方牧岳主。农商庶类。盖亿万计。其登戒坛。二千弟子。一切有部。独为宗师。呜呼大师。训人之道。其徒不一。泯合二谛。适于众因。先观性以示方。非妄投而虚力。以大海之法宝。随所受而适心。以雪山之妙药。故应病而令服。是以有苏悉地毗卢遮那《金刚顶经》诸真言部。若戒定慧。顿渐半满。大师之教也。如是大师。其存也三朝帝师。其殁也万人哀痛。教法悬于日月。生死沾于雨露。二七僧人。常入天宫之会。三千门士。犹承圣上之恩。且佛教东来。向近二千载。传胜法。沐光荣。实未有与大师同年而语者也。诸弟子等所痛。夜室光沈。释门丧宝。天柱中折。济舟忽覆。氾氾苦海。将何所依。泪尽继血。心摧魄丧。小子迁执巾棒锡九载于兹。握笔持砚八年而已。叨居翻译之次。窃承秘奥之躅。大师所有行化之由。会亲禀受。平生之日。命令序述。在于侍奉。未暇修纂。况乃奉临终遗言。固辞不获。临之气尽。悲泪难裁。乩诸故事。十无在一。谨状。

（《大唐故大德赠司空大辨正广智不空三藏行状》，大正藏50册，第292页中下～294页下。）

大唐特进、试鸿胪卿、加开府仪同三司、封肃国公、赠司空、谥大辩正大广智不空三藏和上者，南天竺执师子国人也。法讳智藏，号不空金刚。不闻氏族，故不书之。计当大唐神龙元年乙巳之岁而诞迹焉，天假聪明，幼而慕道，违离父母，落发坏衣。至开元六年岁在戊午，年甫十四，于阇婆国，见弘教三藏金刚智而师事之。随侍南溟，乘航架险，惊波鼓浪，如影随形。开元八年，方至东洛。十二年甲子，年方弱冠，于广福寺依一切有部石戒坛所而受近圆。

（《贞元新定释教目录》卷十五，大正藏55册，第881页上。）

开元二十九年，金刚智等被遣送回国

洎乎明岁，刘志成狂贼潜构凶谋，卜日问于宝花三藏。天不长恶，逆党平除。凡是蕃僧，诏归本国。法月三藏恩尚延留。后忽思乡，请还本国。二十九年（741）七月二十六日，远辞丹阙。

（《贞元新定释教目录》卷十四，大正藏55册，第878页下。）

不空到达南海

至二十九年辛巳，天恩下降，弘教三藏及弟子等放弟子等放还本乡。出自西京，至于东洛，大师遘疾，遂至薨焉，即其年八月十五日也。卜择吉日，安葬龙门，饮血茹荼，衔衷啜泣，如犊失母，斯其喻焉。制命有限，难以久停。拜辞坟茔，即赴前所。年始三十，遭此险艰。渐届广州，附舶前进。遇好风便，更不停留，未逾一年，到师子国。王闻唐使，礼接殊常，便令安置于佛牙寺。因兹重学，秘密总持，三密护身，五部契印，曼荼罗法，三十七尊，瑜伽护摩，备皆精炼。经余三岁，寝食无安。时彼国王稽首来请，凭献方物，往至大唐，所谓七宝、灯树、花继、药草、沈檀、龙脑等，并自所获《金刚顶瑜伽经》及大小乘论梵夹，与一小使弥陀。天宝五年，岁在庚戌，还至阙。

（《贞元新定释教目录》卷十五，大正藏55册，第881页上中。）

后数十年，祖师奉诏归于本国，不空侍奉，至河南府，祖师示疾而终。大师承事，凡经二十四年，是时开元二十九年仲秋月矣。影塔既成，而奉先师遗言，令往天竺及南天师子国等。后至南海郡，采访使刘巨邻三请大师，哀祈道场灌顶，大师许之。权住法性寺，由刘公所请，四众咸赖，度人百千万亿。采访使遂追集蕃客大首领、舶主等设会，谓诸蕃曰："大唐帝师不空三藏和尚，奉勅往南天师子国，汝等好将和尚及弟子含光等三七人并国信物到师子国。"

刘公已下，举州仕庶，大会陈设，及香华等，送数百里。是岁开元二十九年岁次辛巳十二月五日，于岭南广州上昆仑舶，入于南海。任风飘舶，经于诸国。后至师子国，住经三年。师子国正西行十五日兼夜，得于好风，便达西岸，至东天竺国界。此国西北，陆行三月，至大菩提树佛成道处。遍历五天，后至天宝五载，还归西京，奉勅权住鸿胪寺。

（《仁王经疏法衡钞》卷一，卍新纂续藏经26册，第430页上中。）

编者按： 此记可补《大唐故大德赠司空大辨正广智不空三藏行状》之不足。

天宝八年，不空又被勒令归国

九【八】载己丑，复有恩旨，放令劫［却］归。发自京都，路次染疾，不能前进。寄止韶州，日夜精勤，卷不释手，扶疾翻译，为国为家。至癸巳天宝十二载，河西节度使御史大夫西平郡王哥舒翰奏：不空三藏行次染患，养疾韶州，令河西边陲，请福疆场。上依所请，勅下韶州，追赴长安，止保寿寺。制使劳问，锡赉重重。四事祗供，悉皆天赐。憩息踰月，令赴河西。止武威城，住开元寺。

（《贞元新定释教目录》卷十五，大正藏55册，第881页中。）

鉴真第五次东渡日本曾到过广州

大和上留住一年。时南海郡太都督、五府经略采访大使、摄御史中丞、广州太守卢焕牒下诸州，迎大和上向广府。时凭都督来，亲送大和上，自扶上船，口云："古璞与大和上，终至弥勒天宫相见。"而悲泣别去。下桂江，七日至梧州。次至端州龙兴寺，荣叡师奄然迁化。大和上哀恸悲切，送丧而去。端州太守迎，引送至广州。卢都督率诸道俗，出迎城外，恭敬承事，其事无量。引入大云寺，四事供养，登坛受戒。此寺有呵梨勒树二株，子如大枣。又开元寺有胡人，造白檀《华严经》九会，率工匠六十人，三十年造毕，用物三十万贯钱。欲将往天竺，采访使刘臣邻奏状，勅留开元寺供养，七宝庄严，不可思议。又有婆罗门寺三所，并梵僧居住。池有青莲华，华叶根茎，并芬馥奇异。江中有波斯、昆仑等舶，不知其数，并载香药珍宝，积载如山，舶深六七丈。师子国、大石国、骨唐国、白蛮、赤蛮等，往来居住，种类极多。州城三重，都督执六纛，一纛一军，威严不异天子。紫绯满城，邑居逼侧。大和上住此一春，发向韶州。

（《大正藏》51册，第991页中下。）

《楞严经》在广州的传译

释怀迪，循州人也。先入法于南楼寺，其山半在海涯，半连陆岸，乃仙圣游居之灵府也。迪久探经论，多所该通，七略九流，粗加寻究。以海隅之地，津济之前，数有梵僧寓止于此，迪学其书语，自兹通利。菩提流志初译《宝积》，召迪至京义证，事毕南归。后于广府遇一梵僧，多罗叶经一夹，请共翻传，勒成十卷，名《大佛顶万行首楞严经》是也。迪笔受经旨，辑缀文理，后因南使附经入京，即开元中也。

（《宋高僧传》卷三《释怀迪传》，第44页。）

沙门释怀迪，循州人也。住本州罗浮山南楼寺。其山乃仙圣游居之处。迪久习经论，多所该博，九流弋略，粗亦讨寻。但以居近海隅，数有梵僧游止，迪就学书语，复皆通悉。往者三藏菩提流志译《宝积经》，远招迪来，以充证义。所为事毕，还归故乡。后因游广府，遇一梵僧，赍梵经一夹，请共译之，勒成十卷，即《大佛顶万行首楞严经》是也。迪笔受经旨，缉缀文理。其梵僧传经事毕，莫知所之。有因南使，流经至此。

（《开元释教录》卷九，大正藏55册，第571页下。）

沙门般剌蜜帝，唐云极量，中印度人也。……乃于广州制旨道场居止。众知博达，祈请亦多。利物为心，敷斯秘。以神龙元年龙集乙巳五月己卯朔二十三日辛丑，遂於灌顶部诵出一品《大佛顶如来密因修证了义诸菩萨万行首楞严经》一部（十卷）。乌苌国沙门弥迦释迦译语，菩萨戒弟子、前正谏大夫、同中书门下平章事、清河房融笔受，循州罗浮山南楼寺沙门怀迪证译。其僧传经事毕，泛舶西归。有因南使，流通于此。

（《续古今译经图纪》卷一，大正藏55册，第371页下、372页上。）

释惟慤，俗姓连氏，齐大夫称之后。本冯翊人，官居上党，为潞人也。九岁割爱，冠年纳戒。母氏昆弟归于法门，故慤从其受教。澜漪内湛，葳蕤外发，嗜学服勤，必无倦色。乃辞渭阳，寻师隶业，或经筵首席，或论集前驱，或参问禅宗，或附丽律匠。其志渊旷，欲皆吞纳之。年临不惑，尚住神都。因受旧相房公融宅请。未饭之前，宅中出经函云：相公在南海知南铨，预其翻经。躬亲笔受《首楞严经》一部，留家供养。今筵中有正有十僧，每人可开题一卷。慤坐居第四，舒经见富楼那问生起义，觉其文婉，其理玄，发愿撰疏，疏通经义。及归院，矢誓写文殊菩萨像，别诵名号计一十年。厥志坚强，遂有冥感，忽梦妙吉祥乘狻猊自憨之口入。由兹下笔，若大觉之被善现谈般若焉。起大历元年丙午也，及将彻简，于卧寐中见由口而出。在乎华严宗中文殊智也。勒成三卷，自谓从浅智中衍出矣。于今盛行。一说《楞严经》，初是荆州度门寺神秀禅师在内时得本，后因馆陶沙门慧震于度门寺传出，憨遇之，着疏解之。后有弘沇法师者，蜀人也，作义章开释此经，号资中疏。其中亦引震法师义例，似有今古之说。此岷蜀行之，近亦流江表焉。

（《宋高僧传》卷六《唐京师崇福寺释惟憨传》，第112页。）

罗浮山怀迪法师问："一切众生本来自性清净，何故更染生死法，而不能出离三界？"

答曰："为不觉自体来空寂，即随妄念而结业，受生造恶之徒，盖不可说。今此修道之辈，于此不迷，唯只种人天因缘，不在究竟解脱。又若不遇诸佛菩萨、真正善知识者，何由免得轮回等苦？"

问曰："心心取寂灭、念念入法流者，岂非动念否？"

答："菩萨向菩提道，其心念念不住，犹如灯焰焰相续，自然不断，亦非灯造焰。何以故？谓诸菩萨趣向菩提，念念相续，不间断故。"

（《南阳和尚问答杂征义》，《神会和尚禅话录》，第84～85页。）

自等觉已前作观，皆罪福双遣。乃至妙觉，则成清净福耳。如是分分见，分分观，从十信十行，乃至十地，阶降不同，则烦恼分分消除，智慧渐渐增进。分见分思等者，立谓随分见其法性，分分思量，犹如菩萨念念入法流、心心趣寂灭是也。

（《四分律行事钞批》卷十二，续藏经42册，第960页下。）

六祖慧能与禅宗南宗

惠能慈父，本官范阳，左降流于岭南，作新州百姓。惠能幼小，父又早亡，老母孤遗，移来南海（即广州南海），艰辛贫乏，于市卖柴。忽有一客买柴，遂令惠能送至于官店，客将柴去，惠能得钱，却向门前，忽见一客读《金刚经》。惠能一闻，心明便悟。乃问客曰："从何处来，持此经典？"客答曰："我于蕲州黄梅县东冯墓山，礼拜五祖弘忍和尚。现今在彼门人有千余众。我于彼听见大师劝道俗，但持《金刚经》一卷，即得见性，直了成佛。"

惠能闻说，宿业有缘，便即辞亲，往黄梅冯墓山，礼拜五祖弘忍和尚。

（《坛经校释》卷一《自序品》，第4~5页。）

六祖慧能大师者，俗姓卢氏，其先范阳人。父行瑫，武德中左官于南海之新州，遂占籍焉。三岁丧父，其母守志。鞠养及长，家尤贫窭，师樵采以给。一日负薪至市中，闻客读金刚经，至"应无所住而生其心"，有所感悟，而问客曰："此何法也？得于何人？"客曰："此名金刚经，得于黄梅忍大师。"祖遽告其母以为法寻师之意。直抵韶州，遇高行士刘志略，结为交友。尼无尽藏者，即志略之姑也。常读涅槃经，师暂听之，即为解说其义，尼遂执卷问字。祖曰："字即不识，义即请问。"尼曰："字尚不识，曷能会义？"祖曰："诸佛妙理，非关文字。"尼惊异之，告乡里耆艾曰："能是有道之人，宜请供养。"于是居人竞来瞻礼。近有宝林古寺旧地，众议营缉，俾祖居之。四众雾集，俄成宝坊。祖一日忽自念曰："我求大法，岂可中道而止。"明日遂行，至乐昌县西山石室间遇智远禅师。祖遂请益。远曰："观子神姿爽拔，殆非常人。吾闻西域菩提达磨传心印於黄梅，汝当往彼参决。"祖辞去，直造黄梅之东山，即唐咸亨二年也。

（《五灯会元》卷一《六祖慧能大鉴禅师》，第53~54页。）

一日思惟，时当弘法，不可终遁，遂出至广州法性寺。值印宗法师讲《涅盘经》。时有风吹幡动，一僧曰风动，一僧曰幡动，议论不已。慧能进曰："不是风动，不是幡动，仁者心动。"一众骇然。印宗延至上席，徵诘奥义。见慧能言简理当，不由文字，宗云："行者定非常人，久闻黄梅衣法南来，莫是行者么？"慧能曰："不敢。"宗于是作礼，告请传来衣钵，出示大众。宗复问曰："黄梅付嘱，如何指授？"慧能曰："指授即无，惟论见性，不论禅定解脱。"宗曰："何不论禅定解脱？"慧能曰："是为二法，不是佛法，佛法是不二之法。"宗又问："如何是不二之法？"慧能曰："法师讲《涅盘经》，明佛性是佛法不二之法。如高贵德王菩萨白佛言：犯四重禁，作五逆罪，及一阐提等，当断善根佛性否？佛言：善根有二：一者常，二者无常，佛性非常非无常，是故不断，名为不二；一者善，二者不善，佛性非善非不善，是名不二；蕴之与界，凡夫见二，智者了达，其性无二；无二之性，即是佛性。"印宗闻说，欢喜合掌，言："某甲讲经，犹如瓦砾；仁者论义，犹如真金。"于是为慧能剃发，愿事为师。慧能遂于菩提树下开东山法门。

（《坛经的智慧》，第148页。）

南归隐遁，一十六年，至仪凤元年丙子正月八日，会印宗法师诘论玄奥，印宗悟契师旨。是月十五日，普会四众，为师薙发。二月八日，集诸名德，授具足戒。西京智光律师为授戒师，苏州慧静律师为羯磨，荆州通应律师为教授，中天耆多罗律师为说戒，西国蜜多三藏为证戒。其戒坛乃宋朝求那跋陀罗三藏创建，立碑曰："后当有肉身菩萨于此受戒。"又梁天监元年，智药三藏自西竺国航海而来，将彼土菩提树一株，植此坛畔，亦预志曰："后一百七十年，有肉身菩萨，于此树下，开演上乘，度无量众，真传佛心印之法主也。"师至是祝发受戒，及与四众开示单传之法旨，一如昔谶。（梁天监元年壬午岁，至唐仪凤元年丙子，得一百七十五年。）

次年春，师辞众归宝林，印宗与缁白送者千余人，直至曹溪。时荆州通应律师，与学者数百人依师而住。

（《六祖法宝坛经略序》，《坛经的智慧》，第197～198页。）

六祖的西天门人崛多三藏

西域崛多三藏者，天竺人也。东游韶阳，见六祖，于言下契悟。后游五台，至定襄县历村，见一僧结庵而坐。三藏问曰："汝孤坐奚为？"曰："观静。"三藏曰："观者何人，静者何物？"其僧作礼问曰："此理何如？"三藏曰："汝何不自观自静？"彼僧茫然，莫知其对。三藏曰："汝出谁门耶？"曰："神秀大师。"三藏曰："我西域异道最下根者，不堕此见。兀然空坐，于道何益！"其僧却问三藏："所师何人？"三藏曰："我师六祖。汝何不速往曹溪，决其真要？"其僧即舍庵往参六祖，具陈前事。六祖垂诲，与三藏符合，其僧信入。三藏后不知所终。

（《景德传灯录》卷五，大正藏51册，第237页上。）

释掘多者，印度人也。从逾沙碛，向慕神州。不问狄鞮，旋通华语，而尚禅定。径谒曹溪能师，机教相接，犹弱丧还家焉。多游五台，路由定襄，历村见一禅者结庵独坐，问之曰："子在此奚为？"曰："吾观静。"多曰："观者何人，静者何物？得非劳子之形，役子之虑乎？"其僧茫昧，拱默而已，作礼数四，请垂启发。多曰："子出谁门邪？"曰："神秀大师。"多曰："我西域异道实繁有徒，最下劣者，不堕此见。兀然空坐，蓐烂身疲，初无深益。子莫起如是见，立如是论。"早往韶阳请决所疑。能曰："子何不自观自静邪？不观相，不观如，子游历日用，自然安乐也。"一如多所言，略无少异、伊僧抉开罗网。多后莫知攸往。

(《宋高僧传》卷十《释掘多传》，第234页。)

六祖大鉴禅师旁出法嗣西域崛多三藏，天竺人也。于六祖言下契悟。后游五台，见一僧结庵静坐。师问曰："孤坐奚为？"曰："观静。"师曰："观者何人，静者何物？"其僧作礼，问曰："此理何如？"师曰："汝何不自观自静？"彼僧茫然。师曰："汝出谁门邪？"曰："秀禅师。"师曰："我西域异道最下种者不堕此见。兀然空坐，于道何益。"其僧却问："师所师者何人？"师曰："我师六祖。汝何不速往曹溪，决其真要？"其僧即往参六祖。六祖垂诲，与师符合，僧即悟入。师后不知所终。

(《五灯会元》卷二，第126页。)

方辩

师一日欲濯所授之衣，而无美泉。因至寺后五里许，见山林郁茂，瑞气盘旋。师振锡卓地，泉应手而出，积以为池。乃跪膝浣衣石上。忽有一僧来礼拜，云："方辩是西蜀人。昨于南天竺国，见达摩大师，嘱方辩速往唐土。吾传大迦叶正法眼藏及僧伽梨，现传六代于韶州曹溪，汝去瞻礼。方辩远来，愿见我师传来衣钵。"师乃出示。次问上人攻何事业？曰："善塑。"师正色曰："汝试塑看。"辩罔措。过数日，塑就真相，可高七寸，曲尽其妙。师笑曰："汝只解塑性，不解佛性。"师舒手摩方辩顶，曰："永为人天福田。"师仍以衣酬之。辩取衣分为三：一披塑像，一自留，一用棕裹瘗地中。誓曰："后得此衣，乃吾出世，住持于此，重建殿宇。"

(《坛经的智慧》，第206页。)

僧志道

僧志道，广州南海人也。请益曰："学人自出家，览《涅槃经》十载有余，未明大意。愿和尚垂诲。"师曰："汝何处未明？"曰："诸行无常，是生灭法，生灭灭已，寂灭为乐。于此疑惑。"师曰："汝作么生疑？"曰："一切众生皆有二身，谓色身法身也。色身无常，有生有灭；法身有常，无知无觉。经云生灭灭已寂灭为乐者，不审何身寂灭，何身受乐？若色身者，色身灭时，四大分散，全然是苦，苦不可言乐。若法身寂灭，即同草木瓦石，谁当受乐？又法性是生灭之体，五蕴是生灭之用。一体五用，生灭是常。生则从体起用，灭则摄用归体。若听更生，即有情之类不断不灭；若不听更生，则永归寂灭，同于无情之物。如是则一切诸法被涅槃之所禁伏，尚不得生，何乐之有？"

师曰："汝是释子，何习外道断常邪见，而议最上乘法？据汝所说，即色身外别有法身，离生灭求于寂灭。又推涅槃常乐，言有身受用，斯乃执吝生死，耽着世乐。汝今当知，佛为一切迷人认五蕴和合为自体相，分别一切法为外尘相，好生恶死，念念迁流，不知梦幻虚假，枉受轮回，以常乐涅槃翻为苦相，终日驰求。佛愍此故，乃示涅槃真乐，刹那无有生相，刹那无有灭相，更无生灭可灭，是则寂灭现前。当现前时，亦无现前之量。乃谓常乐。此乐无有受者，亦无不受者，岂有一体五用之名！何况更言涅槃禁伏诸法，令永不生！斯乃谤佛毁法。听吾偈曰：

　　无上大涅槃，圆明常寂照；
　　凡愚谓之死，外道执为断；
　　诸求二乘人，目以为无作；
　　尽属情所计，六十二见本；
　　妄立虚假名，何为真实义？
　　惟有过量人，通达无取舍；
　　以知五蕴法，及以蕴中我；
　　外现众色象，一一音声相，
　　平等如梦幻；不起凡圣见，
　　不作涅槃解，二边三际断；
　　常应诸根用，而不起用想；
　　分别一切法，不起分别想。
　　劫火烧海底，风鼓山相击；
　　真常寂灭乐，涅槃相如是。
　　吾今强言说，令汝舍邪见；
　　汝勿随言解，许汝知少分。

志道闻偈大悟，踊跃作礼而退。

（徐文明：《坛经的智慧》，第174～175页。）

希迁禅师

释希迁，姓陈氏，端州高要人也。母方怀孕，不喜荤血。及生岐嶷，虽在孩提，不烦保母。既冠，然诺自许，未尝以气色忤人。其乡洞獠，民畏鬼神，多淫祀，率以牛酒祚作圣望。迁辄往毁丛祠夺牛而归，岁盈数千，乡老不能禁其理焉。

闻大鉴禅师南来，学心相踵，迁乃直往，大鉴衎然，持其手且戏之曰："苟为我弟子，当肖。"迁卤尔而笑曰："诺。"既而灵机一发，廓若初霁。自是上下罗浮，往来三峡间。开元十六年，罗浮受具戒。是年归就山，梦与大鉴同乘一龟泳于深池。觉而占曰："龟是灵智也，池是性海也。吾与师乘灵智游性海久矣，又何梦邪？"后闻庐陵清凉山思禅师为曹溪补处，又摄衣从之。当时思公之门学者麇至，及迁之来，乃曰："角虽多，一麟足矣。"

天宝初，始造衡山南寺。寺之东有石状如台，乃结庵其上，杼载绝岳，众仰之，号曰石头和尚焉。初岳中有固、瓒、让三禅师，皆曹溪门下，佥谓其徒曰："彼石头真师子吼，必能使汝眼清凉。"由是门人归慕焉。或问解脱，曰谁能缚汝；问净土，曰谁能垢汝，其答对简速，皆此类也。广德二年，门人请下于梁端。自江西主大寂，湖南主石头，往来憧憧，不见二大士为无知矣。贞元六年庚午岁十二月二十五日顺化，春秋九十一，僧腊六十三。门人慧朗、振朗、波利、道悟、道铣、智舟，相与建塔于东岭。塔成三十载，国子博士刘轲，素明玄理，钦尚祖风，与道铣相遇，盛述先师之道。轲追仰前烈，为碑纪德，长庆中也。敕谥无际大师，塔曰见相焉。

（《宋高僧传》卷九《唐南岳石头希迁传》，第208~209页。）

石头希迁大师，端州高要人也，姓陈氏。母初怀妊，不喜荤茹。师虽在孩提，不烦保母。既冠，然诺自许。乡洞獠民，畏鬼神，多淫祀。杀牛酾酒，习以为常。师辄往，毁丛祠，夺牛而归，岁盈数十，乡老不能禁。后直造曹溪，六祖大师度为弟子，未具戒，属祖师圆寂，禀遗命谒于庐陵青原山思禅师，乃摄衣从之（缘会语句如思禅师章叙之）。

一日思问师曰："有人道岭南有消息。"师曰："有人不云云。"曰："若恁么大藏小藏从何而来？"师曰："尽从遮里去，终不少他事。"思甚然之。师于唐天宝初，荐之衡山南寺。寺之东有石，状如台，乃结庵其上，时号石头和尚。

师一日上堂曰："吾之法门，先佛传授。不论禅定精进，唯达佛之知见，即心即佛。心佛众生菩提烦恼名异体一，汝等当知。自己心灵体，离断常性非垢净。湛然圆满凡圣齐同，应用无方离心意识。三界六道，唯自心现。水月镜像，岂有生灭。汝能知之，无所不备。"时门人道悟问，曹溪意旨谁人得。师曰："会佛法人得。"曰："师还得否？"师曰："我不会佛法。"僧问："如何是解脱？"师曰："谁缚汝？"又问："如何是净土？"师曰："谁垢汝？"问："如何是涅槃？"师曰："谁将生死与汝？"师问新到僧："从什么处来？"僧曰："江西来。"师曰："见马大师否？"僧曰："见。"师乃指一橛柴曰："马师何似遮个？"僧无对，却回举，似马大师。马曰："汝见橛柴大小。"僧曰："勿量大。"马曰："汝甚有力。"僧曰："何也？"马曰："汝从南岳负一橛柴来，岂不是有力。"问："如何是西来意？"师曰："问取露柱。"曰："学人不会。"师曰："我更不会。"

大颠问师："古人云，道有道无是二谤。请师除。"师曰："一物亦无除个什么。"师却问："并却咽喉唇吻道将来。"颠曰："无遮个。"师曰："若恁么即汝得入门。"道悟问："如何是佛法大意？"师曰："不得不知。"悟曰："向上更有转处也无。"师曰："长空不碍白云飞。"问："如何是禅？"师曰："碌砖。"又问："如何是道？"师曰："木头。"

自余门属，领旨所有，问答各于本章出焉。师著《参同契》一篇。辞旨幽浚，颇有注解，大行于世。南岳鬼神，多显迹听法，师皆与授戒。广德二年，门人请下于梁端，广阐玄化。江西主大寂，湖南主石头，往来憧憧并凑二大士之门矣。贞元六年庚午十二月二十五日顺世，寿九十一。腊六十三，门人建塔于东岭。长庆中，谥无际大师。塔曰：见相。

（《景德传灯录》卷十四，大正藏51册，第309页中。）

石头和尚庵于南台有年，偶见负米登山者，问之，曰："送供米也。"明日，即移庵下梁端，遂终于梁端，有塔存焉。

（《林间录》卷一，续藏经87册，第255页中。）

慧朗

招提和尚，嗣石头。师讳惠明，姓欧阳，韶州曲江人也。年十三，于邓林寺摸禅师处出家。十七游衡岳，二十受戒，乃往虔州龚公山谒大寂。大寂云，"你来何求？"对曰："求佛知见。"大寂曰："佛无知见，知见乃魔界耳。你从南岳来，似未见石头曹溪心要耳。汝应却归石头。"师遂依言而返，造石头，果应大寂之言，契缘悟达。不出招提三十余年，因号招提朗矣。至元和十五年庚子岁正月二十二日迁化，春秋八十三，僧夏六十四矣。

（《祖堂集校注》卷四《招提和尚》，第129页。）

石头之入室者，有大小朗，招提为大朗。以其不出招提三十年，故号招提朗然。其门人刘轲为之碑甚详云。朗，曲江人，俗姓欧阳氏。年十三于州邓林寺出家，二十于岳寺受戒。既而曰："戒岂律我哉！"乃往龚公谒大寂，得佛无知见之说，遂归于岳。昼操井臼之役，夜与其徒发坼齿键。石头即世，终丧乃去。正元十一年，将游罗浮，途次曲江之都渚，乃曰："兹地清气盘郁，亦足以栖神矣。"遂驻锡居之。四方学者寻声而至，无虚日矣。招提既没，众散，而寺亦榛废。

其后百余岁，当刘氏称汉於南海也，有实智禅僧清裔者，自范金铜罗汉像十八躯，进献刘主中宗，因得延见。引问之际，器识高远。刘主乃于碧玉殿备浮图氏威仪，俾裔升正座说法，其主自处西向聼之。仍俾奉罗汉像自铨胜地，以图熏修。乃即招提故基置寺，以国命赐名。龛其像至今存焉。实以癸亥年来，至壬申为乱兵所害。其徒光政继主其院三十年。

真宗皇帝即位改元之岁，赐寺额曰"花界"。四年，光政因众命，以院让道，寻再为什方居。传八世至今长老琳公，景祐元年以州命而尸之。自正元十一年至是岁，凡二百四十三年。自招提至琳公，凡十二代。以其属自相传，不敢处师座者五，余则以国命、州命、众命，凡有所宗者七世焉。然而学徒或来或不来，所谓去就之分，视德之轻重也。琳生曲江都渚，邓姓。祥符初，寺为外火所延，一瓦无完。琳公时在徒弟中，与知事辈戮力营竖。既而叹曰："识心达本，是谓沙门，何泥于有为耶？"乃优游江淮，徧糸师席。初，博通内外典，攻诗属文，所至推为文章僧。寻复悔曰："多闻亦病耳！遂讳作词章。洞山自宝禅师见之曰："此大乘器也。"既印其心，又欲以院譲之，再让皆不受。还曲江，於方山结庵而居，今所谓白莲庵也。漕使郑公载疏名以请之，再辞不免，升座而学人四至，完旧创新，无物不具。植茶树果，给众皆余。此又余力于有为也。因书其始末云。

（余靖：《武溪集》卷九《韶州月华山花界寺传法住持记》，《景印文渊阁四库全书 第一〇八九册》，台湾商务印书馆，1983年，第83页。）

大颠禅师

师名宝通，号大颠，俗姓陈（或曰扬姓），先世为颖川人，高祖随官于潮，开元二十年壬申（732）十月十四日诞师于郡。幼即心远尘俗，志慕云林。大历间（766-779），与惟俨同依西山（今潮阳县西岩）惠照禅师（潮阳人，得法于曹溪。精持戒律，博通词翰，为时所重。）出家，后参南岳石头希迁禅师得法。

（达亮：《潮州大颠禅师的道迹》。）

又一日，师曰："老僧往年见石头，石头问：'阿那个是汝心？'对曰：

'即祇对和尚言语者是。'石头便喝之。经旬日却问：'和尚前日岂不是？除此之外何者是心？'石头云：'除却扬眉动目一切之事外直将心来。'对曰：'无心可将来。'石头曰：'先来有心，何得言无心？有心无心，尽同谩我。'於此时言下大悟此境。却问：'既今某甲除却扬眉目一切之事外，和尚亦须除之。'石头云：'我除竟。'对曰：'将示和尚了也。'石头云：'汝既将示我心如何？'对曰：'不异和尚。'石头曰；'不关汝事。'对曰：'本无物。'石头曰：'汝亦无物。'对曰：'无物则真物。'石头云：'真物不可得。汝心见量意旨如此，也须护持。'"僧问："其中人相见时如何？"师曰："早不其中。"进曰："其中者如何？"师曰："渠不作这个问。"

（《祖堂集校注》卷五《大颠和尚》，第141页。）

大颠问师："古人云道有道无是二谤，请师除。"师曰："一物亦无，除个什么？"师却问："并却咽喉唇吻道将来。"颠曰："无遮个。"师曰："若怎么即汝得入门。"

（《景德传灯录》卷十四，大正藏51册，第309页中下。）

师后辞往潮州灵山隐居，学者四集。师上堂示众曰："夫学道人须识自家本心，将心相示，方可见道。多见时辈，只认扬眉动目、一语一默，蓦头印可，以为心要。此实未了。吾今为汝诸人分明说出，各须听受。但除却一切妄运想念见量，即汝真心。此心与尘境及守认静默时全无交涉，即心是佛，不待修治。何以故？应机随照，泠泠自用，穷其用处，了不可得，唤作妙用，乃是本心，大须护持，不可容易。"僧问："其中人相见时如何？"师曰："早不其中也。"僧曰："其中者如何？"师曰："不作个问。"问："苦海波深以何为船筏？"师曰："以木为船筏。"曰："怎么即得度也。"师曰："盲者依前盲，痖者依前痖。"

（《景德传灯录》卷十四，大正藏51册，第313页上。）

愈白：行官自南回，过吉州，得吾兄二十四日手书数番，忻悚兼至，未审入秋来眠食何似，伏惟万福！

来示云：有人传愈近少信奉释氏者（一作传愈心近少奉释氏者），此传之者妄也（一无此传者之四字）。潮州时（补注元和十四年正月公谪潮州刺史），有一老僧号大颠，颇聪明，识道理，远地无可与语者，故自山召至州郭，留十数日（十数，一作数十）。实能外形骸，以理自胜，不为事物侵乱

・隋唐五代时期・

（孙曰：司马温公《书心经后》曰：世称韩文公不喜佛，尝排之，予观其与孟尚书，论大颠云，能以理自胜，不为事物侵乱，乃知公于书无所不观，盖尝徧观佛书，取其精粹而排其糟粕耳。不然，何以知不为事物侵乱为学佛者所先耶？）与之语，虽不尽解，要自胸中无滞碍，以为难得，因与来往。及祭神至海上，遂造其庐。及来袁州，留衣服为别。乃人之情，非崇信其法，求福田利益也。

孔子云："某之祷久矣。"凡君子行己立身，自有法度，圣贤事业，具在方策，可效可师。仰不愧天，俯不愧人，内不愧心，积善积恶，殃庆自各以其类至。何有去圣人之道，舍先王之法，而从夷狄之教，以求福利也？《诗》不云乎："恺悌君子，求福不回。"《传》又曰："不为威惕，不为利疚。"假如释氏能与人为祸祟，非守道君子之所惧也，况万万无此理。且彼佛者果何人哉？其行事类君子耶？小人耶？若君子也，必不妄加祸于守道之人；如小人也，其身已死，其鬼不灵。天地神祇，昭布森列，非可诬也，又肯令其鬼行胸臆作威福于其间哉？进退无所据，而信奉之，亦且惑矣。

且愈不助释氏而排之者，其亦有说。孟子云："今天下不之杨则之墨，杨墨交乱，而圣贤之道不明，则三纲沦而九法斁，礼乐崩而夷狄横，几何其不为禽兽也！"故曰："能言距杨墨者，皆圣人之徒也。"扬子云云："古者杨墨塞路，孟子辞而辟之，廓如也。"夫杨墨行，正道废，且将数百年，以至于秦，卒灭先王之法，烧除其经，坑杀学士，天下遂大乱。及秦灭，汉兴且百年，尚未知修明先王之道；其后始除挟书之律，稍求亡书，招学士，经虽少得，尚皆残缺，十亡二三。故学士多老死，新者不见全经，不能尽知先王之事，各以所见为守，分离乖隔，不合不公，二帝三王群圣人之道，于是大坏。后之学者，无所寻逐，以至于今泯泯也，其祸出于杨墨肆行而莫之禁故也。孟子虽贤圣，不得位，空言无施，虽切何补？然赖其言，而今学者尚知宗孔氏，崇仁义，贵王贱霸而已。其大经大法，皆亡灭而不救，坏烂而不收，所谓存十一于千百，安在其能廓如也？然向无孟氏，则皆服左衽而言侏离矣。故愈尝推尊孟氏，以为功不在禹下者，为此也。汉氏以来，群儒区区修补，百孔千疮，随乱随失，其危如一发引千钧，绵绵延延，浸以微灭。于是时也，而倡释老于其间，鼓天下之众而从之。呜呼！其亦不仁甚矣！释老之害过于杨墨，韩愈之贤不及孟子，孟子不能救之于未亡之前，而韩愈乃欲全之于已坏之后。呜呼！其亦不量其力，且见其身之危，莫之救以死也。虽然，使其道由愈而粗传，虽灭死万万无恨！天地鬼神，临之在上，质之在旁，又安得因一摧折，自毁其道，以从于邪也！

籍、湜辈虽屡指教，不知果能不叛去否？辱吾兄眷厚而不获承命，惟增惭惧，死罪死罪！愈再拜。

（韩愈：《与孟简尚书书》，［宋］魏仲举编：《五百家注昌黎文集》卷十八。）

与大颠师书

此书诸本皆无，唯嘉祐小杭本有之，其篇次在此。与作召，颠作巅，师作和尚。方本列于石刻之首，今从杭本附此而名篇从方氏。杭本又注云：唐元和十四年，刻石在潮阳灵山禅院。宋庆历丁亥，江西袁陟世弼得此书，疑之，因之滁州谒欧阳永叔，永叔览之曰：实退之语，它意不及也。方本略载其语，又录欧公《集古录》跋尾云："文公与颠师书，世所罕传，予以集录古文，其求之博，盖久而后获。其以《系辞》为《大传》，谓著山林与著城郭无异等语，宜为退之之言。其后书吏部侍郎潮州刺史则非也。盖退之自刑部侍郎贬谪潮州，后移袁州，召为国子祭酒，迁兵部侍郎，久之始迁吏部，而流俗相传，但知为韩吏部尔。《颠师遗记》，虽云长庆中立，盖并韩书皆国初重刻，谬为附益尔。"方又注云：今石刻乃元祐七年重立。

（《景印文渊阁四库全书·第一〇七三册》，台湾商务印书馆，1983年，第240页。）

编者按：此两段史料描述大颠和尚与韩愈的交往。

唐大颠禅师壁记

大颠名宝通，壁记历叙其所居并退之请大颠三书，皆国初重刻，无书人名氏。集古录目。

（［宋］陈思《宝刻丛编》，中国东方文化研究会历史文化分会编：《历代碑志（全25册）·第一册》，江苏古籍出版社，1998年，第649页。）

本空禅师

马颊山本空禅师（嗣大颠）因僧问："去却即今言句，请师直指本来性。"师曰："你迷源来得多少时？"曰："即今蒙和尚指示。"师曰："若指示你，我即迷源。"曰："如何即是？"师示颂曰："心是性体，性是心用；心性一如，谁别谁共？妄外迷源，祗者难洞。古今凡圣，如幻如梦。"佛鉴云：问不徒然，答无虚设。才随语转，觌面千山。后偈中虽有收有放，其奈错下名言。山僧重为别过，乃有偈曰：

心本非心，性本非性。心性两亡，谁少谁剩？老倒本空，灼艾求病。妄外迷源，孤负凡圣。

心性从来体一同，有无空处透真空。古今妄外迷源者，春入园林处处红。（涂毒策）

本空上堂："祇这施为动转，还合得本来祖翁么？若合得，十二时中无虚弃的道理；若合不得，吃茶说话往往唤作茶话在？"僧便问："如何免得不成茶话去？"师曰："你识得口也未？"曰："如何是口？"师曰："两片皮也不识。"

曰："如何是本来祖翁？"师曰："大众前不要牵爷恃娘。"曰："大众欣然去也。"

师曰："你试点大众性看。"僧作礼。师曰："伊往往道一性一切性在。"僧欲进语，师曰："辜负平生行脚眼。"颂曰：

参禅学道莫匆匆，动转无非触祖翁。口在面门犹不见，喫茶清话故难通。水中盐味如相似，色里胶清信不空。欲得不招无间业，莫将情解谤宗风。

（《禅宗颂古联珠通集》卷十七，续藏经，第580页下。）

本生和尚

拈拄杖，示众云："我若拈起，汝便向未拈起时作道理；我若不拈起，你便向拈起时作主宰。且道老僧为人，在甚么处？"

有僧出云："不敢妄生节目。"曰："也知阇梨不分外。"僧云："低低处平之有余，高高处观之不足。"曰："节目上更生节目。"僧无语。生曰："掩鼻偷香，空遭罪犯。"

雪窦云："这僧善能切瑳，争奈弓折箭尽。虽然如是，且本生是作家宗师，拈起也天回地转，应须拱手归降；放下也草偃风行，必合全身远害。还见本生为人处也无？"复拈起拄杖云："太平本是将军致，不许将军见太平。"

师问僧："甚处来？"云："太原来。"师云："那边风景如何？"云："与此间不别。"师云："且道此间风景如何？"云："和尚与某甲不同。"师云："踏破施主草鞋，当为何事？"僧无对。师云："即古即今，出个问处且难，乃至老僧，亦出不得。"

（《联灯会要》卷二十，续藏经79册，第171页上中。）

三平义忠大师

　　得菩提一乘，嗣达摩正统，志其修证，俾人知方，法名义忠，俗姓杨氏，为高陵人，因父仕闽，生于福唐县。年十四，宋州律师玄用剃发，二十七具戒，先修三摩钵提，后修奢摩他禅那。大师幻悟法印，不汨幻机，日损薰结，玄超冥观。先依百岩怀晖大师，历奉西堂、百丈、石鞏，后依大颠大师。

　　宝历初，到漳州。州有三平山，因芟薙住持，敞为招提。学人不远荒服请法者，常有三百余人。示以俗谛，勉其如幻解脱。示以真空，显非秘密度门。虚往实归，皆悦义味。知性无量，于无量中以习气所拘，推为性分。知智无异，于无异中以随生所系。推为业智，以此演教，证可知也。

　　大师一日疾背疽，闭户七日不通问。洎出，疽已溃矣。无何，门人以母丧闻，又闭户七日不食饮。武宗皇帝简并佛刹，冠带僧徒，大师止于三平深岩，至宣宗皇帝稍复佛法。有巡礼僧常肇惟建等二十人，刺史故太子郑少师薰俾葳其事。旬岁内，寺宇一新，因旧额标曰开元。于戏！知物不终完，成之以禅教。知像不尽法，约之以表征。晦其用而不知其方，本乎迹而不知其常。咸通十三年十一月六日，宴坐示灭，享年九十一，僧腊六十五。

　　讽自吏部侍郎以旁累谪守漳浦，至止二日访之，但和容瞪目，久而无言。征其意，备得行止事实，相见无间然也。问曰：周易经历三圣，皆合天旨神道。注之者以至虚而善应，则以道为称。以不思而玄览，则以神为名，达理者也。经云："隐而显，不言而喻，不疾而速，不行而至。后之通儒，有何疑也。"异日又访之，适有刑狱，因语及，师曰："孝之至也，无所不善，有其迹乃匹夫之令节。法之至也，莫得而私，一其政则国之彝典。"其于适道适权又如此。言讫颔之，不复更言。今亡矣夫。强拟诸形容，因为铭曰：

　　观迹知证，语默明焉。
　　观证知教，权实形焉。
　　体用如一，曷以言宣。
　　太素浩然，吾师亦然。
　　观其定容，见其正性。
　　不阅外尘，朗然内净。
　　智圆则神，理通则圣。
　　师能得之，随顺无竞。
　　吾之行止，师何以知。
　　得性之分，识时之机。

达心大师,邈不可追。

(《唐文粹》卷六十四《漳州三平大师碑铭并序》,《景印文渊阁四库全书·第一〇七三册》,第240页。)

漳州三平义忠禅师,福州人也,姓杨氏。初参石巩,巩常张弓架箭接机。师诣法席,巩曰:"看箭!"师乃拨开胸曰:"此是杀人箭。活人箭又作么生?"巩弹弓弦三下,师乃礼拜。巩曰:"三十年张弓架箭,祇射得半个圣人。"遂拗折弓箭。后参大颠,举前话。颠曰:"既是活人箭,为甚么向弓弦上辨?"平无对。颠曰:"三十年后,要人举此话也难得。"

师问大颠:"不用指东划西,便请直指。"颠曰:"幽州江口石人蹲。"师曰:"犹是指东划西。"颠曰:"若是凤凰儿,不向那边讨。"师作礼。颠曰:"若不得后句,前话也难圆。"师住三平,上堂曰:"今时人出来尽学驰求走作,将当自己眼目。有甚么相当!阿汝欲学么?不要诸余,汝等各有本分事,何不体取?作么心愦愦、口悱悱,有甚么利益,分明向汝说。若要修行路及诸圣建立化门,自有大藏教文在。若是宗门中事宜,汝切不得错用心。"僧问:"宗门中还有学路也无?"师曰:"有一路滑如苔。"曰:"学人还蹑得否?"师曰:"不拟心,汝自看。"问:"黑豆未生芽时如何?"师曰:"佛亦不知。"讲僧问:"三乘十二分教,某甲不疑,如何是祖师西来意?"师曰:"龟毛拂子,兔角拄杖。大德藏向甚么处?"曰:"龟毛兔角岂是有邪?"师曰:"肉重千斤,智无铢两。"上堂:"诸人若未曾见知识即不可,若曾见作者来,便合体取些子意度,向岩谷间木食草衣恁么去,方有少分相应。若驰求知解义句,即万里望乡关去也。珍重!"问侍者:"姓甚么?"者曰:"与和尚同姓。"师曰:"你道三平姓甚么?"者曰:"问头何在?"师曰:"几时问汝?"者曰:"问姓者谁?"师曰:"念汝初机,放汝三十棒。"师有偈曰:"即此见闻非见闻,无余声色可呈君。个中若了全无事,体用何妨分不分。"升座次,有道士出众从东过西,一僧从西过东。师曰:"适来道士却有见处,师僧未在。"士出作体曰:"谢师接引。"师便打。僧出作礼曰:"乞师指示。"师亦打。复谓众曰:"此两件公案作么生断?还有人断得么?"如是三问,众无对。师曰:"既无人断得,老僧为断去。"乃掷下拄杖,归方丈。

(《景德传灯录》卷十四,大正藏51册,第316页中。)

三平和尚嗣大颠,在漳州。师讳义忠,福州福唐县人也。姓杨。自入大颠之室,而获深契。值武宗澄汰,隐避三平山。后虽值宣宗再扬佛日,而彼海嵒竟绝玄侣。后至西院大沩兴世，众中好事者十数人，往彼请而方转玄关。因有一僧时称黄大口，师问曰："久响大口是公不？"对曰："不敢。"师曰："口大小？"

曰："通身是口。"师曰："向什摩处屙？"当时生对。自是法道声扬寰海，玄徒不避瘴疠之奔而远凑。

师示众曰："今时出来尽学个驰求走作，将当自己眼目，有什摩相应时？阿你欲学，不要诸余，各自有本分事在，何不体取？作什摩心愤愤、口悱悱？有什摩利益分明说，若要修行路及诸圣建立化门，自有大藏教在；若是宗门中事，宜你不得错用心！"有人问："还有学路也无？"师云："有一路滑如苔。"僧云："还许人蹑不？"师云："不拟心，你自看。"问："三乘十二分教，学人不疑，乞和尚指西来意！"师云："大德龟毛拂子、兔角柱杖藏著何处？"僧对曰："龟毛兔角岂是有耶？"师云："肉重千斤，智无铢两。"荷玉颂曰：

龟毛拂，兔角杖，拈将来，随处放。

古人事，言不当，非但有，无亦丧。

王侍郎问："黑豆未生芽时作摩生？"师云："诸佛亦不知。"师颂曰：

菩提慧日朝朝照，般若凉风夜夜吹。

此处不生杂树，满山明月是禅枝。

师云："诸人若未曾见知识，则不可。若曾见作者来，便合体取些子意度。向幽嵒雅墒独宿孤峰，木食草衣。任摩去，方有小分相应。若也驰求知解义句，则万里望乡关。珍重！"

师有偈三首：

即此见闻非见闻，无余声色可呈君。

个中若了全无事，体用无妨分不分。

又曰：

见闻觉知本非尘，识海波生自昧身。

状似碧潭水【冰】沫覆，灵王翻作客中宾。

又曰：

见闻觉知本非因，当处虚玄绝妄真。

见性不生痴爱业，洞然明日自家珍。

师咸通十三年壬辰岁十一月六日迁化，春秋九十二。吏部侍郎王讽制塔铭矣。

（张美兰编著：《祖堂集校注》卷五《三平和尚》，第158～159页。）

慧寂与沩仰宗

释慧寂，俗姓叶，韶州须昌人也。登年十五，恳请出家，父母都不听允。止十七，再求堂亲，犹豫未决。其夜有白光二道从曹溪发来，直贯其舍。时父母乃悟是子至诚之所感也。寂乃断左无名指及小指，器藉跪致堂阶曰："答谢劬劳！"如此，父母其不可留，舍之。依南华寺通禅师下削染，年及十八，尚为息慈。营持道具，行寻知识。先见耽源。数年，良有所得。后参大沩山禅师，提诱哀之。栖泊十四五载，而足跛，时号跛脚驱乌。凡于商攉，多示其相。时韦胄就寂请伽陁，乃将纸画规圆相，圆围下注云："思而知之，落第二头。云不思而知，落第三首。"乃封呈达。自尔有若干势以示学人，谓之仰山门风也。海众抠衣得道者，不可胜计，往往有神异之者，倏来忽去，人皆不测。后敕追谥大师，曰智通，塔号妙光矣。今传仰山法示成图相，行于代也。

（《宋高僧传》卷十二《唐袁州仰山慧寂传》，第290～291页。）

仰山和尚嗣沩山，在怀化。师讳慧寂，俗姓叶，韶州怀化人也。年十五，求出家，父母不许。年至十七，又再求去，父母犹吝。其夜有白光二道，从曹溪发来，直贯其舍。父母则知是子出家之志，感而许之。师乃断左手无名指及小指，置父母前，答谢养育之恩。初于南花寺通禅师下剃发，年十八，为沙弥，行脚先参宗禅师；次礼原，在左右数年，学境智明暗一相，一闻而不再问。

后捨之而造大沩，初到自参沩山。沩山曰："者沙弥，是有主沙弥，无主沙弥？"师云："有主沙弥。"沩山云："主在什摩处？"师在西边立，却向东边立。沩山察其异器，与言引接。

师问："如何是佛？"沩山云："以思无恩之妙，返灵燄之无穷。思尽还源，性相常住。理事不二，真佛如如。"师于语下顿悟，礼谢指要。

在沩山盘泊十四五年间。凡在众中，祇对沩山，谈扬玄袐，可谓鸷子之利辨，光大雄之化哉！

年三十五，领众出世，住前后诸州府，节察剌使，相继一十一人礼师。师三处转法轮，勅锡澄虚大师，并紫衣矣。

每日上堂，谓众云："汝等诸人，各自回光返顾，莫记吾语。吾憋汝无始旷劫来，背明投暗，逐妄根深，卒难顿拔，所以假设方便，夺汝诸人尘劫来粗识，如将黄叶止啼，亦如人将百种货设方便，杂浑金宝，一铺货卖，祇拟轻重来机，所以道，石头是真金铺，我者裏是杂货铺。有人来觅杂货铺，则我亦拈他与；来觅真金，我亦与他。"

时有人问："杂货铺则不问，请和尚真金。"师云："齧镞拟开口，驴年亦不会。"僧无对。又云："索唤则有，交易则无。所以我若说禅宗旨，身边觅一人相伴亦无，说什摩五百七百？我若东说西说，则竞头向前采拾，如将空拳诱诳小儿，都无实处。我今分明向汝说圣边事，且莫将心凑泊，但向身前义海，如实而修。不要三明六通。此是圣末边事。如今且要识心达本。但得其本，不愁其末。他时后日，自具足去在。若未得其本，纵饶将情学他亦不得。汝何不见沩山和尚云：'凡圣情尽，体露真心常住，理事不二，即是如如佛矣？'珍重！"

（《祖堂集校注》卷十八《仰山和尚》，第802页。）

袁州仰山慧寂通智禅师，韶州怀化叶氏子。年九岁，于广州和安寺投通禅师出家。十四岁，父母取归，欲与婚媾。师不从，遂断手二指，跪致父母前，誓求正法，以答劬劳。父母乃许。再诣通处，而得披剃。未登具，即游方。初谒耽源，已悟玄旨。后参沩山，遂升堂奥。耽源谓师曰："国师当时传得六代祖师圆相，共九十七个，授与老僧。乃曰：'吾灭后三十年，南方有一沙弥到来，大兴此教，次第传受，无令断绝。'我今付汝，汝当奉持。"遂将其本过与师。师接得一览，便将火烧却。耽源一日问："前来诸相，甚宜秘惜。"师曰："当时看了便烧却也。"源曰："吾此法门无人能会，唯先师及诸祖师、诸大圣人方可委悉，子何得焚之？"师曰："慧寂一览，已知其意。但用得不可执本也。"源曰："然虽如此，於子即得，后人信之不及。"师曰："和尚若要重录不难，即重集一本呈上，更无遗失。"源曰："然。"耽源上堂，师出众，作此〇相以手拓呈了，却叉手立。源以两手相交，作拳示之。师进前三步，作女人拜。源点头，师便礼拜。

（《五灯会元》卷九《仰山慧寂禅师》，第526～527页。）

顺之禅师

五冠山瑞雪寺和尚嗣仰山寂禅师，师讳顺之。俗姓朴氏，浿江人也。祖考并家业雄豪，世为边将，忠勤之誉，遗庆在乡。母昭氏，柔范母仪，芬芳闾里。怀娠之日，频梦吉祥。免腹之时，即多异瑞。昔贤知此，今又徵焉。及乎竹马之期，渐有牛车之量。凡为嬉戏，必表殊常，已至十岁，精勤好学；属词咏志，即见凌云；剖义谈玄，如同照镜。既登弱冠，道牙早熟。厌处喧华之地，长游静默之中，遂乃恳告二亲，将随缁侣。志不可夺，所天容许，便投五冠山剃发，乃适俗离山，受具足戒，行同结草，心比护鹅。因游公岳，忽遇神人邀请，化成宫阙，若兜率天，说法应缘，倏焉殄灭。若非德至行圆，孰能致感如此也？

泊乎大中十二年，私发誓愿，拟游上国。随入朝使利涉云溟，乘一只之舩，过万重之浪，曾无惧念，不动安禅，迳到仰山慧寂和尚处，虔诚礼足，愿为弟子，和尚宽尔笑曰："来何迟？缘何晚？既有所志，任汝住留。"禅师不离左右，谘禀玄宗，若颜回于夫子之下，如迦叶于释尊之前。彼中禅侣，皆增叹伏。

乾符初，松岳郡女檀越元昌王后，及子威武大王，施五冠山龙严寺，便往居焉，今改瑞云寺也。

（《祖堂集校注》卷二十《五冠山瑞云寺和尚》，第493~494页。）

圆明禅师

广州文殊院圆明禅师，福州人，姓陈氏。本参大沩得旨，后造雪峰请益，法无异味。又尝游五台山，睹文殊化现，乃随方建院以文殊为额。开宝中，前枢密使李崇矩巡护南方，因入师院，睹地藏菩萨像。问僧曰："地藏何以展手？"僧曰："手中珠被贼偷却也。"李却问师："既是地藏，为什么遭贼？"师曰："今日捉下也。"李乃谢之。淳化元年（990）示灭，寿一百三十有六。

（《景德传灯录》卷十一，大正藏51册，第287页上）

无言通禅派传入安南

年十五，求出家，父母不许。年至十七，又再求去，父母犹悋。其夜有白光二道，从曹溪发来，直贯其舍。父母则知是子出家之志，感而许之。师乃断左手无名指及小指，置父母前，答谢养育之恩。

初于南花寺通禅师下剃发，年十八为沙弥，行脚。

（《祖堂集校注》卷十八《仰山和尚》，第455页。）

编者按：此乃最早有关不语通的记载。

广州和安寺通禅师者，婺州双林寺受业。自幼寡言，时人谓之不语通也。因礼佛，有禅者问云："座主礼底是什么？"师云："是佛。"禅者乃指像云："这个是何物？"师无对。至夜具威仪礼问禅者云："今日所问，某甲未知意旨如何？"禅者云："座主几夏耶？"师云："十夏。"禅者云："还曾出家也未？"师转茫然。禅者云："若也不会，百夏奚为！"禅者乃命师同参马祖，行至江西，马祖已圆寂，乃谒百丈，顿释疑情。有人问："师是禅师否？"师云："贫道不曾学禅。"师良久，却召其人，其人应诺，师指棕榈树子（其人无对）。

师一日令仰山将床子来，仰山将到，师云："却送本处。"仰山从之。师云："床子那边是什么物？"仰山云："无物。"师云"遮边是什么物？"仰山云："无物。"师召云："慧寂。"仰山云："诺。"师云："去！"

（《景德传灯录》卷九，大正藏51册，第268页上中。）

仙游扶童乡建初寺无言通禅师，本广州人也，姓郑氏。少慕空学，不治家产，婺州双林寺受业。处性沉厚，寡言默识，了达事体，故时人号无言通，《传灯》曰不语通。尝一日礼佛次，有禅者问："座主礼甚么？"师云："礼佛。"禅者指佛像云："祇这个是甚么？"师无对，至夜具威仪就禅者礼拜问曰："向之所问，未审意旨如何？"禅者云："座主出家以来经遇几夏？"师曰："十夏。"禅者云："还曾出家也未？"师转茫然。禅者云："若也不会，百夏何益！"乃引师同参马祖，及抵江西，而祖已示寂，遂往谒百丈怀海禅师。时有僧问："如何是大乘顿悟法门？"丈云："心地若空，慧日自照。"师于言下有得，乃还广州和安寺住持。有人问师："是禅师否？"师云："贫道不曾学禅。"良久便唤，其人应诺，师指棕榈树，其人无对。

（黎孟挞：《禅苑集英研究》，胡志明市出版社，1999年，第833～834页。）

仰山禅师作沙弥时，师尝唤云："寂子，为我将床子来。"仰将床子到，师云："送还本处。"仰从之。又问："寂子，那边有甚么？"曰："无物。""这边？"曰："无物。"师又问："寂子。"仰应诺。师云："去！"

唐元和十五年庚子秋九月，师来至此寺，卓锡食粥之外，禅悦为乐，凡坐面壁，未尝言说。累年，莫有识者，独寺僧感诚尤加礼敬，奉侍左右，密扣玄机，尽得其要。一日无疾，沐浴易服，召感诚曰："昔吾祖南岳让禅师归寂时有云：一切诸法，皆从心生。心无所生，法无所往。若达心地，所作无碍。非遇上根，慎勿轻许。"言讫，合掌而逝。感荼毗收舍利，塔于仙游山，时唐宝历二年丙午正月十二日。二十八年又至开祐丁丑二十四年。我越禅学，自师之始。

（黎孟挞：《禅苑集英研究》，胡志明市出版社，1999年，第832～833页。）

感诚禅师

建初寺第二世感诚禅师,仙游人也,姓氏。初出家,道号立德,居本郡仙游山,持诵为业。乡豪阮氏高其德行,欲舍宅为寺,延至居之。往以情扣,师弗许,夜梦神人告曰:"苟从阮志,不数年间得大吉祥。"师乃应其请。今扶董建初寺是也。未几通禅师适至,师知其非常人,旦夕服事,未尝辄怠。通感其诚恳,遂以名焉。一日谓师曰:"昔世尊为一大事因缘出现于世,化缘周毕,示入涅槃。如此妙心,名正法眼藏,实相无相,三昧法门,亲付弟子摩诃迦叶尊者为初祖。世世相传,至达摩大师,自西而来,跋涉险危,为传此法。递至六祖曹溪,得于五祖所。'于达摩初至,人未知信,故以传衣,以明得法,今信已熟,衣乃争端,止于汝身,不复传也。'于是以心传心,不受衣钵。时南岳让首得其传,让授马祖一,一授百丈海。吾于百丈,得其心法,又响北方慕大乘者众,是以南来,求善知识。今与汝遇,盖宿缘也。听吾偈云:

诸方浩浩,妄自喧传。
谓吾始祖,亲自西天。
传法眼藏,目谓之禅。
一花五叶,种子绵绵。
潜符密语,千万有缘。
咸谓心宗,清净本然。
西天此土,此土西天。
古今日月,古今山川。
触途成滞,佛祖成冤。
差之毫厘,失之百千。
汝善观察,莫赚儿孙。
直饶问我,我本无言。"

师于言下领悟。尝有僧问:"如何是佛?"师云:"遍一切处。"进云:"如何是佛心?"云:"不曾覆藏。"进云:"学人不会。"师云:"磋过了也。"后无疾而逝,时咸通元年庚辰。

(黎孟挞:《禅苑集英研究》,胡志明市出版社,1999年,第829~830页。)

新罗僧人在岭南曹溪等地求法

雪岳陈田寺元寂禅师嗣西堂,在溟州。师讳道义,俗姓王氏,北汉郡人。

未妊之前，其父见白虹入室，又母梦中见僧同床而寝，觉闻香气芬馥。父母愕然，共相谓曰："据斯嘉瑞，必得圣子。"经于半月知有身，因在胎三十九月，方始产生。分兔之旦，忽有异僧杖锡到门，曰："今日所产儿胎，可置临河之畔。"言毕，忽然不见。遂从僧言，将胎埋之。大鹿来守，终年不去。经人见，不起害心。因瑞出家，法号明寂。

以建中五年岁次甲子，随使韩粲，号金让恭，过海入唐，直往台山，而感文殊，空闻圣钟之响，山见神鸟之翔，遂届广府宝坛寺，始受具戒。后到曹溪，欲礼祖师之堂，门扇忽然自开，瞻礼三遍而出，门閤如故。次诣江西洪州开元寺，就于西堂智藏大师处，顶谒为师，决疑释滞。大师犹若摭石间之美玉，拾蚌中之真珠，谓曰："诚可以传法，非斯人而谁！"改名道义。于是头陀而诣百丈山怀海和尚处，一似西堂和尚，曰："江西禅脉总属东国之僧欤？"

（《祖堂集校注》卷十七《雪岳陈田寺元寂禅师》，第749～750页。）

溟州崛山故通晓大师嗣盐官。法讳梵日，鸠林冠族金氏。祖讳述元，官至溟州都督，廉平察俗，宽猛临人，清风尚在于民谣，余列备于传乎。其母支氏，累叶豪门，世称妇范。及其怀娠之际，梦征捧日之祥，爰以元和五年庚寅正月之辰，在胎十三月而诞生。螺髻殊姿，顶珠异相。年至一五，誓愿出家。咨于父母，二亲共相谓曰："宿缘善果，不可夺志。汝须先度吾未度也。"于是落采辞亲，寻山入道。年至二十，到于京师，受具足戒，净行圆备，精勤更励，为锱流之龟镜，作法侣之楷模。洎乎大和年中，私发誓愿，往游中华，遂投入朝王子金公义琮，披露所怀。公以重善志，许以同行。假其舟楫，达于唐国。既谐宿愿，便发巡游，遍寻知识。

参彼盐官济【齐】安大师。大师问曰："什摩处来？"答曰："东国来。"大师进曰："水路来，陆路来？"对云："不踏两路来。"对云："既不踏两路，阇梨争得到这里？"对曰："日月东西，有什摩障碍？"大师曰："实是东方菩萨。"

梵日问曰："如何即成佛？"大师答曰："道不用修，但莫污染。莫作佛见菩萨见，平常心是道。"梵日言下大悟，殷勤六年。后师到药山，药山问："近离什摩处？"师对曰："近离江西。"药山问："作什摩来？"师对曰："寻和尚来。"药山问："此间无路，阇梨作摩生寻？"师对曰："和尚更进一步即得，学人亦不见和尚。"药山曰："大奇大奇，外来青风冻杀人。"

欲恣游方，远投帝里。值会昌四年沙汰僧流，毁坏佛宇。东奔西走，窜身无所。感河伯之引道，遇山神之送迎。遂隐高山，独居禅定。拾坠果以充斋，掬流泉而止渴。形容枯槁，气力疲羸，未敢出行。直逾半载，忽梦异人云：

"今可行矣。"于是强谋前行,力未可丈。须臾,山兽口衔饼食,放于座侧,虑其故与,收而喰焉。

后以誓向韶州,礼祖师塔,不遥千里,得诣曹溪。香云忽起,盘旋于塔庙之前。灵鹤倏来,嘹唳于楼台之上。寺众愕然,共相谓曰:"如此瑞祥,实未曾有。应是禅师来仪之兆也。"于是思归故思,弘宣佛法。却以会昌六年丁卯八月,还涉鲸浪,返于鹤林。亭亭戒月,光流玄兔之城;皎皎意珠,照彻青丘之境。暨大中五年正月,于白达山宴坐,溟州都督金公仍请住窟山寺。一坐林中,四十余载。列松为行道之廊,平石作安禅之座。

(《祖堂集校注》卷十七《溟州窟山通晓大师》,第756~757页。)

乾宁三年,忽过入浙。后崔艺熙大夫方将西泛,迹而西,所以高悬云帆,遽超雪浪。不销数日,得抵鄞江。於时企闻云居道膺大师,禅门之法胤也,不远千里,直诣元关。大师谓曰:"曾别匪遥,再逢何早?"师对云:"未曾亲侍,宁导复来?"大师默而许之,潜惬元契。所以服勤六载,寒苦弥坚。大师谓曰:"道不远人,人能宏道,东山之旨,不在他人,法之中兴,唯我与汝。吾道东矣,念兹在兹。"师不劳圯上之期,潜受法王之印,以后岭南河北,巡礼其六窣堵波,湖外江西,遍参其诸善知识。遂乃北游恒岱,无处不游;南抵衡庐,无山不抵。谒诸侯而献刺,投列国以观风,四远参寻,遍于吴汉。遒于天祐八年,乘查巨,达于罗州之会津。

(《唐文拾遗》卷六十九,《全唐文》(十一),第1139页下。)

编者按:利严为朝鲜禅宗九山之一须弥山广照寺的开创者,曾到过岭南,参礼曹溪六祖之塔。

云门文偃与云门宗

文偃禅师辛未届于曹溪,礼六祖塔,旋谒韶州灵树如敏禅师。先是,敏不请第一座,有劝请者,敏曰:"吾首座已出家久之。"又请,敏曰:"吾首座已行脚,悟道久之。"又请,敏曰:"吾首座已度岭矣,姑待之。"少日偃至,敏迎笑曰:"奉迟甚久,何来暮耶。"即命之。偃不辞而就职。

(《禅林僧宝传》,卍续藏79册。)

尔后大师心唯恬默,奏乞移庵,敕允。癸未领学者开云门山,五载功成。
(《大汉韶州云门山光泰禅院故匡真大师实性碑并序》。)

竟钦最迟此年参访云门，并为云门募修《大藏》。僧竟钦，姓王氏，蜀之益州人。初，投峨眉洞溪山黑水寺为释子。年二十一，具戒巡礼。居数年，闻高祖称号，崇重西教，来游岭表。时文偃领众开云门山，参学岁千人。竟钦入谒与语，尽得其指。归，尝为云门募修《大藏》，函帙完具。喜韶州双峰山清胜。创兴福寺，迁焉。营置，皆出己囊。寺旁植松阴，数十里广置田庄。与灵树之知圣、光运之证誓、灵鹫之景泰及云门文偃并受高祖宠遇。

(《南汉书》卷十七，第96～97页。)

僧文偃，嘉兴人。姓张氏，幼依空王寺志澄律师出家。敏质生知，慧辨天纵，最后抵灵树，参如敏禅师。初如敏住山，二十年不立首座，一日令击钟三门外，速延首座。及众僧出迓，则文偃来也。后继如敏开堂。高祖亲临请益，文偃曰："目前无异路。"高祖大加欣赏。文偃倡道灵树、云门凡三十年，机缘语句，实立云门宗之始。以中宗乾和七年四月十日卒，塔全身于方丈。后十七载，示梦阮绍庄曰："与吾寄语秀华宫使特进李讬，奏请开塔。"于是后主敕迎内庭供养，逾月方还，因改寺曰大觉，谥大慈云匡真宏明禅师。

(《十国春秋》，第927页。)

韶州云门山光奉院文偃禅师，嘉兴人也。姓张氏，幼依空王寺志澄律师出家。敏质生知，慧辩天纵。及长，落发禀具於毗陵坛，侍澄数年，探穷律部。以己事未明，往参睦州。州才见来，便闭却门。师乃扣门，州曰："谁？"师曰："某甲。"州曰："作甚么？"师曰："己事未明，乞师指示。"州开门一见便闭却。师如是连三日扣门，至第三日，州开门，师乃拶入，州便擒住曰："道！道！"师拟议，州便推出曰："秦时𨍏轹钻。"遂掩门，损师一足。师从此悟入。州指见雪峰，师到雪峰庄，见一僧乃问："上座今日上山去那！"僧曰："是。"师曰："寄一则因缘，问堂头和尚，祇是不得道是别人语。"僧曰："得。"师曰："上座到山中见和尚上堂，众才集便出，握腕立地曰：'这老汉项上铁枷，何不脱却？'"其僧一依师教。雪峰见这僧与么道，便下座拦胸把住曰："速道！速道！"僧无对。峰拓开曰："不是汝语。"僧曰："是某甲语。"峰曰："侍者将绳棒来。"僧曰："不是某语，是庄上一浙中上座教某甲来道。"峰曰："大众去庄上迎取五百人善知识来。"师次日上雪峰，峰才见便曰："因甚么得到与么地！"师乃低头，从兹契合。温研积稔，密以宗印授焉。

(《五灯会元》卷十五《云门文偃禅师》，第922～923页。)

达岸禅师与云门宗

僧达岸,名志清,姓梁氏,新州人。幼聪慧,九岁从师受《孝经》,过日成诵。归,语其母曰:"《孝经》何如《佛经》,《孝经》不过显亲扬名,《佛经》可超生死,能令九世生天,胜显、扬多矣。"遂怀出家志。

十二拜慧涛座下为弟子,披剃后,发愿参方,先向云门受文偃戒。寻,至曹溪谒惠能像,最后抵兴王府,住法性寺。后主偶游幸,见之。召与语,赐玉环、银钵、金栏袈裟。

一日,渡城河西,阻风,登南岸,爱其地僻,奏请移居。后主为发帑藏,建宝光寺,使驻锡焉。于是,大阐宗乘,参学至者,舍不能容,多就田间结庐居。

死时,灵光烛一室,久之乃散。

(《南汉书》卷十七,第98~99页。)

伊斯兰教传入广州

有默德那国二人葬焉,回回之祖也。回回家言:默德那国有吗喊叭德圣人,生隋开皇元年,圣真显美,其国王聘之,御位二十年,降示经典,好善恶恶,奉天传教,日不晒曝,雨不湿衣,入火不死,入水不渐,呼树而至,法回而行。门徒有大贤四人,唐武德中来朝,遂传教中国。一贤传广州,二贤传扬州,三贤、四贤传教泉州,卒葬此山。

(《闽书》卷七《方域·灵山》,第165~166页。)

大人道号旺各师,天方人也,西方至圣之母舅也。奉使护送天经而来,于唐贞观六年,行抵长安。唐太宗见其为人耿介,讲经论道,有实学也,再三留驻长安。因敕建大清真寺,迎使率随从居之。大人著各讲章经典,劝化各国。嗣后生齿日繁。太宗后敕江宁、广州亦建清真寺分驻。厥后大人期颐之年,由粤海乘海船,放洋西去。既抵青石,伏思奉圣命而往,未曾奉命而还,何可还厥梓里,是以复旋粤海(青石在大西洋之西。西洋海岸,乃大镇。相去克尔白大道,十八站。)大人在船中复命归真,真体大发真香。墓于广州城外。

([清]兰煦《天方正学》卷七《旺各师大人墓志》,辑自张星烺《中西交通史料汇编(第二册)》。)

编者按:旺各师,即阿布·宛葛思。

商人苏莱曼（Solaiman）提到，在商人云集之地广州，中国官长委任一个穆斯林，授权他解决这个地区各穆斯林之间的纠纷；这是照中国君主的特殊旨意办的。每逢节日，总是他带领全体穆斯林作祷告，宣讲教义，并为穆斯林的苏丹祈祷。此人行使职权，做出的一切判决是合乎正义的，是合乎尊严无上的真主的经典的，是符合伊斯兰法度的。

（《中国印度见闻录》，第7页。）

摩尼教传入岭南

回鹘常与摩尼议政，故京师为之立寺，其大摩尼教数年一易，往来中国；小摩尼年转，江、岭、西市商胡彙，其源生于回鹘有功也。

（《唐国史补》卷下。）

编者按：波斯人在江南、岭南、两京等地相当活跃，广州波斯人很多，摩尼教当有流传。

（向达：《唐代长安与西域文明》，第37页。）

二、书籍

（道希法师）涉流沙之广荡，观化中天；陟云岭之嶔岑，轻生殉法。行至吐蕃，中途危厄，恐戒检难护，遂便暂舍。行至西方，更复重受。周游诸国，遂达莫诃菩提。翘仰圣踪，经于数载。既住那烂陀，亦在俱尸国。蒙庵摩罗跋国王甚相敬待。在那烂陀寺，频学大乘；住输婆伴娜，（义净自注：在涅槃处寺名也）专功律藏。复习声明，颇尽纲目。有文情，善草隶。在大觉寺造唐碑一首。所将唐国新旧经论四百余卷，并在那烂陀矣。净在西国，未及相见。住庵摩罗跋国，遭疾而终，春秋五十余矣。

（《大唐西域求法高僧传校注》，第36页。）

慧业法师者，新罗人也。在贞观年中往游西域。住菩提寺，观礼圣踪。于那烂陀，久而听读。净因检唐本，忽见《梁论》。下记云："在佛齿木树下新罗僧慧业写记。"访问寺僧，云终于此，年将六十余矣。所写梵本并在那烂陀寺。

（《大唐西域求法高僧传校注》，第42页。）

（大乘灯禅师）遂持佛像，携经论，既越南溟，到师子国观礼佛牙，备尽灵异。过南印度，覆届东天，往耽摩立底国。既入江口，遭贼破舶，唯身得存。淹停斯国，十有二岁。颇闲梵语，诵《缘生》等经，兼循修福业。因遇商侣，与净相随诣中印度。先到那烂陀，次向金刚座，旋过薜舍离，后到俱尸国。与无行禅师同游此地，灯师每叹曰："本意弘法，重之东夏，宁知志不成遂，奄尔衰年，今日虽不契怀，来生愿毕斯志。"然常为睹史多天业，冀会慈氏，日画龙华一两枝，用标心至。灯公因道行之次，过道希师所住旧房。当于时也，其人已亡。汉本尚存，梵夹犹列，睹之潜然流涕而叹："昔在长安，同游法席，今于他国，但遇空筵。"伤曰：嗟矣死王，其力弥强。传灯之士，奄尔云亡。神州望断，圣境魂扬。眷余怅而流涕，慨布素而情伤。禅师在俱尸城般涅槃寺而归寂灭，于时年余耳顺矣。

（《大唐西域求法高僧传校注》，第88~89页。）

彼岸法师、智岸法师，并是高昌人也。少长京师，传灯在念。既而归心胜理，遂乃观化中天。与使人王玄廓相随。泛舶海中，遇疾俱卒。所将汉本《瑜伽》及余经论，咸在室利佛逝国矣。

（《大唐西域求法高僧传校注》，第95~96页。）

大津法师者，澧州人也。幼染法门，长敦节俭，有怀省欲，以乞食为务。希礼圣迹，启望王城。每叹曰："释迦悲父既其不遇，天宫慈氏宜勖我心。自非睹觉树之真容，谒祥河之胜躅，岂能收情六境，致想三祇者哉？"遂以永淳二年振锡南海。爰初结旅，颇有多人，及其角立，唯斯一进。乃赍经像，与唐使相逐，泛舶月余，达尸利佛逝洲。停斯多载，解昆仑语，颇习梵书，洁行斋心，更受圆具。净于此见，遂遣归唐，望请天恩于西方造寺。既睹利益之弘广，乃轻命而复沧溟。遂以天授二年（691）五月十五日附舶而向长安矣。今附新译杂经论十卷、《南海寄归内法传》四卷、《西域求法高僧》两卷。

（《大唐西域求法高僧传校注》，第207~208页。）

无竭虽屡经危棘。而系念所赍观世音经未尝暂废。将至舍卫国。野中逢山象一群。无竭称名归命。即有师子从林中出。象惊惶奔走。后渡恒河。复值野牛一群鸣吼而来。将欲害人。无竭归命如初。寻有大鹫飞来野牛惊散。遂得免之。其诚心所感在险剋济。皆此类也。

（《高僧传》卷三《昙无竭传》，第93~94页。）

（玄奘）兼以归禀正教，师承戒贤，理遂言扬，义非再授，广开异论，包藏胸臆，致使梵侣倾心，不遗其法。又以起信一论，文出马鸣，彼土诸僧思承其本，奘乃译唐为梵，通布五天，斯则法化之缘，东西互举。

（《续高僧传》卷五《唐京大慈恩寺释玄奘传》，第131页。）

（不空、含光、惠辩等27人所乘商船）初至诃陵国界，遇大黑风，众商惶怖，作本天法，禳之无効，稽首膜拜，哀求大师。惠辩小师，亦随恸叫。大师告曰："今吾有法，尔等勿忧。"遂右执五智菩提心杵，左持《般若佛母经》，申作法加持，诵《大随求》。才经一遍，惠辩亦怪之，风优海澄，师之力也。后又遇疾风，大鲸出海，喷浪若山。有甚前患，商人之辈，甘心输命，大师哀愍，如旧念持，亦令惠辩诵《娑竭罗龙王经》。未移时克。众难俱弭。

（《大唐故大德赠司空大辨正广智不空三藏行状》，吕建福《中国密教史》，第678页。）

乾德二年，诏沙门三百人，入天竺求舍利及贝多叶书，业预遣中。至开宝九年，始归寺。所藏《涅盘经》一函，四十二卷。业于每卷后，分记西域行程，虽不甚详，然地里大略可考，世所罕见，录于此，以备国史之阙。

（范成大：《范成大笔记六种》，第204～206页。）

三、民俗

诸化外人同类自相犯者，各依本俗法；异类相犯者，以法律论。【疏】议曰：化外人，谓蕃夷之国别立君长，各有风俗，制法不同。其同类自相犯者，须问本国之制，依其俗法断之。异类相犯者，若高丽之与百济相犯之类，皆以国家法律论定刑名。

（《唐律疏议》卷六《名例六·化外人相犯》，第115页。）

顷年，在广州蕃坊时，献食多用糖蜜、脑麝，有鱼俎，虽甘香而腥臭自若也。

（《投荒杂录》，房千里于大和中（832）任高州刺史。）

波斯枣，广州郭内见其树，树身无闲枝，直耸三四十尺，及树顶，四向共生十余枝，叶如海棕。广州所种者，或三五年一番结子，亦似北中青枣，但小耳。自青及黄叶已尽，朵朵着子，每朵约三二十棵。刘恂曾于番酋家食本国将来者，色类沙糖，皮肉软烂，饵之，乃火烁水蒸之味也。其核与北中枣殊异，两头不尖，双卷而圆，如小块紫矿，恂亦收而种之，久无萌牙。

（《岭表录异》卷中《波斯枣》，第11页）

在商人云集之广州，中国官长委任一个穆斯林，授权他解决这个地区穆斯林之间的纠纷；这是照中国君主的特殊旨意办的。每逢节日，总是由他带领全体穆斯林作祷告，宣讲教义，并为穆斯林的苏丹祈祷。此人行使职权，做出的一切判定，并未引起伊拉克商人的任何异议。因为他的判决是合乎正义的，是合乎尊严无上的真主的经典的，是符合伊斯兰教法度的。

（《中国印度闻见录》，第7页。）

一曰光塔，在怀圣寺，唐时蕃人所建。高十六丈五尺，其形圆，轮囷直上，至肩膊而小，四周无楯栏无层级。顶上旧有金鸡，随风南北。每岁五月，番人望海舶至，以五鼓登顶呼号，以祈风信。洪武间，金鸡为风所堕，乃易以风磨铜蒲卢。上有榕一株，白鹤栖之。

（《广东新语》卷十九《坟语》，第501～502页。）

番塔，始于唐时，曰怀圣塔。轮囷直上，凡六百五十丈，绝无等级，其颖标一金鸡，随风南北。每岁五六月，夷人率以五鼓登其绝顶，叫佛号，以祈风信，下有礼拜堂。……《历代沿革》载怀圣将军所建，故今称怀圣塔。

（《南海百咏》"番塔"条，第20页。）

今广东怀圣寺前有光塔，创自唐时。

（《殊域周咨录》卷十一。）

光塔寺在怀圣寺，唐时番人所建，高十六丈五尺，其形圆，轮囷直上，至肩膊而小，四周无楯栏、无层级。顶上有金鸡，随风南北。每岁五月，番人望海舶至，以五鼓登顶呼号，以祈风信。

（《羊城古钞》卷七《光塔》，第599～600页。）

怀圣寺，在府城内西二里，唐时蕃夷所创。内建番塔，轮囷直上，凡十六丈五尺。

（《广东通志》卷六十五《外情传·蕃夷》。）

怀圣寺，在府城内西二里，唐时蕃夷所创。内建番塔，轮囷凡十六丈五尺，广人呼为"光塔"。

(《羊城古钞》卷三《怀圣寺》，第256页。)

回回坟，旧志：唐开海舶，西域回教默德那国王谟罕蓦德遣其母舅番僧苏哈白赛来中土贸易，建光塔及怀圣寺。寺塔告成，寻殁，遂葬于此。

(《羊城古钞》卷三《怀圣寺》，第300页。)

怀圣寺，在西域光塔街，唐时回回国人入礼拜堂也。回教之祖名贵圣穆罕默德，彼教之人称之为"贵圣"。寺号"怀圣"者，谓彼教之人怀念祖师贵圣也。而《沿革志》谓"寺创于唐怀圣将军，故名"。然考《唐六典》，当时有"怀化"将军，别无"怀圣"之号，志书盖误也。况寺内现有元时郭嘉碑文，其赞云："寺曰'怀圣'，西教之宗。"固明指所怀为贵圣矣。望海须登最上层，金鸡昼转夜晓灯。谁将"怀化"讹"怀圣"，壁有丰碑信可凭。
寺有番塔，高十六丈有奇。轮囷直上，绝无等级，形如酒瓶，唐时回人之望海表也。塔顶有金鸡，随见可转，以验飓风消息。夜则燃火，以导归帆。拜殿之式有类穹庐，当中悬素帛，绘一剑形，谓是贵圣喜容。回民七日膜拜一次，男女环跪，啀诵师号，盖回纥旧俗也。顺治庚寅，大城底定，两王以内垣为蕃城，文武廨署悉移新垣，回众无所栖止，总督李率泰择南门外一带给居住，本庙仍留为礼拜寺。其后，南胜里、濠泮街添东、西、南寺暨小东营，省城共有四礼拜寺矣。

(《南海百咏续编》卷二，第110~111页。)

四、异域文献中的广府

伊本·考尔大贝的记述

根据贾耽的记述，唐时由中国到大食阿拉伯帝国的海上航行，大约需时九十天左右。当时唐和大食之间的通商活动很为繁盛，大食国人来中国的很多。比贾耽的著书约迟半个多世纪，即公元第九世纪中叶时，有一个阿拉伯地理学者伊本·考尔大贝（IbuKhor-dadbeh）著"道里及郡国志"一书，述及由大食航海到中国，也说大约要九十天（皆以顺风为准）。

伊本·考尔大贝书中，关于中国贸易港的记载，谓由占婆（即以前的林邑国或环王国，今越南的东南部一带）向北航行，所到的第一个中国贸易港是龙编（唐的县名，属交州，唐的交州在今越南河内，龙编在今河内略东），该地有上等的铁、瓷器及米。由龙编向北，海行四日，可到广州，其地出产各种果实、野菜、小麦、大麦、米、甘蔗等。由广州航行八日可到泉州，该地物产和广州没有大的差别。又由泉州航行六日可到扬州，该地物产和广州、泉州类同，且多鹅、鸭及其它鸟类。以上几处贸易港，都位置于能航行的大河口。至于整个中国的海岸线，从最南端到最北端，全部航程的时间大约需时两个月。

这是阿拉伯地理学者伊本·考尔大贝对于唐代海上交通情况的一段宝贵的记载。他所说到的唐代南方的主要海港，有交州、广州、泉州、扬州四处。其中的泉州，并且是唐时对流求（台湾）的主要交通港口。此外，还有潮州（今广东潮州市）、福州（今福建福州市）、温州（今浙江温州市）、明州（今浙江宁波市）及苏州的松江（今江苏松江县），也都是当时沿海的贸易港和海上航行的港口。

（章巽：《我国古代的海上交通》，上海：新知识出版社，1956年版，第24~25页。）

在cinkelan的问题上，拉施特在其著《拉施特史集》（Dlamiel-tevarikh，布洛赛（Blochei）版本，第2卷，1911年伦敦版，8开本，第493页。）中称，第九省（seng）便是奈勒奇（Gnlgi），大食人称cinkelan。这是位于海滨的一座很大的城市，地处刺桐以下，同时也是一个重要的港口。

（［法］费瑯 编，耿昇、穆根来 译：《阿拉伯波斯突厥人东方文献辑注》上册，北京：中华书局，1989年2月第1版，第14~15页。）

编者按：波斯文中的cinkelan，意为大中国，伊本·巴图塔在其游记中即用此词来指代广州。

从四世纪末到七世纪初，中国历代王朝的史料把交趾半岛、锡兰、印度、大食以及非洲东海岸等地的产品统统称为"波斯货"，说明这些物品是从波斯运到中国的。

（《阿拉伯波斯突厥人东方文献辑注》上册，第16页。）

出身于阿拔斯哈里发家族的雅库比完稿于872年的一部《阿巴斯人史》

（这是一个什叶派人所撰写的一部最早的历史著作，而且作者得到并使用了最好最原始的材料）记载："第七个海叫涨海或作Kangli。这是中国海，只有在刮南风时，方可在海上航行，直抵达一条大江的喇叭形河口，从河口到广府城，该江横跨一个居民区，两岸有军事哨所。……艾哈迈德·伊本·阿比·雅库布说，最好的麝香是吐蕃麝香，其次是粟特麝香，再其次是中国麝香。中国最好的麝香来自广府，广府乃一很大的城市，伊斯兰教徒的船只在那里停泊，是前往中国的必由之地。"

（《阿拉伯波斯突厥人东方文献辑注》上册，第67页。）

伊本·法基赫的书写于902年，但我们只拥有阿里·本·贾法尔写于1022年所作的节录："从昆仑岛到中国，要一月之行程，但（从昆仑岛）船只在大山间行驶需七日。穿过（中国）门，便抵达广府，有淡水，而且昼夜两次涨落潮。"

（《阿拉伯波斯突厥人东方文献辑注》上册，第75页。）

《黄金草原》（写于943年）记载："广府河在距广府下游六日行或七日行的地方入中国海。从巴士拉、锡拉夫、阿曼、印度各城、阇婆格诸岛、占婆以及其他王国的商船，满载着各自的商货逆流而上。然后，商人通过（阿曼）海前往个罗国，个罗国位于前往中国的半途。目前，该城是锡拉夫和阿曼等国伊斯兰大商船的总汇集点。在这里与中国商船相遇，过去的情况则不同：中国船只直接驶往阿曼、锡拉夫、波斯沿岸、巴林沿岸、奥博拉和巴士拉等国，同时，这些国家的船只也直接驶向中国。后来，各总督的裁决失去信任，他们的企图丧失了公正性，中国的情况已发生变化，……从那时起，各国商船便选择了这个中转地点进行接触。故这个商人登上一只中国商船从个罗出发前往广府港。"

（《阿拉伯波斯突厥人东方文献辑注》上册，第114页。）

尽管商品稀少，而他们却掌握着一切。商品之所以稀少是在广府经常遇到火灾，广府是船舶的商埠，是阿拉伯货物和中国货物的集散地。一遇火灾，货物就被烧毁了。因为，那里的房屋都用木料和芦苇修造的。商品稀少的另一个原因是，去中国或来自中国的船只经常遇难，或者船上的人被抢劫，或者船只被迫作长期停留，因此他们不得不把货物在别处销售，而运不到阿拉伯地区。有时还会出现这种情况：即风使船只偏离航向去到也门或其他地区，货物便在那里出售。有时他们不得不长期停留，以便修理船只。

（《中国印度闻见录》卷一，第7页。）

随后，船只航行了十天，到达一个叫占婆的地方，该地科取得淡水。沉香木正是从这里来的，叫做"占婆木"。该国有一国王，居民皮肤棕色，男女都披两块布。得到淡水以后，我们便向一个叫占不牢山的地方前进，这山是海中一个小岛；十天之后，到达这一小岛，又补足了淡水。然后，穿过"中国之门"，向着涨海前进，这里，暗礁林立，中间被一通道隔开，船只可以由此通过。当上帝保佑我们平安地到达占不牢山之后，船只就扬帆去中国；需要一个月的时间。但由于要按七天一段，分期穿过层层暗礁，船只通过中国之门后，便进入一个江口，在中国地方登岸取水，并在该地抛锚，此处即中国城市（广州）。在中国，无论在江河、山谷、军事哨所、市场等处都可找到淡水。

（《中国印度闻见录》卷一，第9页。）

据说，中国有二百个府城：每个府城有王侯和宦官，并有其他城市隶属于它。广府就是其中一例，广府是个港口，船只在那里停泊，另有其他近二十个城市归于广府管辖。

（《中国印度闻见录》卷一，第15页。）

没有土地税，但有人头税，根据表面的财富，每个男性必须交纳一定数量的税收。在中国的阿拉伯人或其他外国人，要按其动产交纳税收，以便能保全自己的财产。当生活费用上涨时，政府从库中取出一部分食物，用低于市场的价格出售，因此百物昂贵的情况不会太长久。因此，国库的收入只靠税收。广府尽管不是中国最大的城市，但我估计，纳入国库的钱每天可达五万迪纳尔。

（《中国印度闻见录》卷一，第17页。）

在中国，出了一个名叫黄巢的人物，他不是皇族出身，而是从民间崛起的，此人初时以狡诈多谋、仗义疏财闻名于世，后来便抢夺兵器，打家劫舍。歹徒们追随如流，集结在他的周围。他的势力终于壮大，人马日益增多。于是，他的野心膨胀起来了。在众多的中国城市中，他开始向广府（Khanfu，广州）进发。这是阿拉伯商人荟萃的城市，从海边走去，还有几天的路程。广府位于一条大河之畔，河水是淡水。

广府居民起来抵抗黄巢，他便把他们困在城内，攻打了好些时日。这个时间发生在回历264年。最后，他终于得胜，攻破城池，屠杀居民。据熟悉中国情形的人说，不计罹难的中国人在内，仅寄居城中经商的伊斯兰教徒、犹太教徒、基督教徒、拜火教徒，就总共有十二万人被他杀害了。这四种宗教徒的死亡人数所以能知道得这样确凿,那是因为中国人按他们的人(头)数课税的缘故。

(《中国印度闻见录》卷二,第96页。)

同时,来中国通商的(外国)客商也遭到迫害。当暴行在中国人中间发生的时候,虐待和侵害也公然落到阿拉伯的船主和船长的头上了。他们强迫阿拉伯商人承担不合理的义务,没收他们的财产,甚至往日规章所不容许的行为,也都受到纵容。为了这个缘故,真主——让我们赞美圣名的崇高——完全收回了对他们(中国人)的庇佑,连航行中国的海路也阻塞不通了。这样,万物的主宰者(真主)——愿圣名备受称颂——在给予这应有的惩罚时,灾难也殃及尸罗夫和阿曼等地的船长和领航人。

(《中国印度闻见录》卷二,第98页。)

关于宦官,前卷约略谈到。他们掌管着田赋及各种捐税的征收,宦官当中,有些是从边境俘虏过来后被阉割的(外国人);有些是中国人,是做父亲的把他们阉了,作为取悦皇帝的礼物献上去的。这些宦官,倘若能为皇上效命,那么,不论皇室私物,或是国库财宝,全都握在他们手中。派去广府——阿拉伯商人荟萃之地——的官吏,正是这些宦官。

(《中国印度闻见录》卷二,第100页。)

显宦高官穿的都是豪华的丝绸衣料。这种丝绸,因为没有取得中国人的许可,还不能运到阿拉伯各国去,而且要价高得没个谱。有一位富商对我谈起过一件事,他的话是可以信赖的。某日,这个富商去拜会宦官。那宦官是皇帝派遣来广府的(官吏)。他的使命,是要在阿拉伯的舶来品中,首先挑选皇上所需的东西。(会面时)商人注意到宦官胸口上长着一粒黑痣,这是透过穿在身上的丝绸衣服看见的。据他推测,那宦官至少穿着两件衣服,里外重叠在一起。宦官对他投来的目光感到诧异,便问他说:"你好像老盯住我的胸口,这是怎么回事?"于是,商人回答说:"透过这件衣服,能看到一粒黑痣,我感到十分惊奇!"宦官听了失声大笑,接着就伸过手去,把长长的衣袖露了出来,说道:"请数一数吧!看我穿了几件衣服?"商人数过以后才知道,他竟然穿了五件之多,可是黑痣仍能透过这些衣服显现出来。这类最好的丝绸,是未经漂白的生丝。总督穿的丝绸,比这还更精美,更出色。

(《中国印度闻见录》卷二,第101页。)

从前,在巴士拉城,有个名叫伊本·瓦哈卜的库拉伊斯族人。他是哈巴尔·比因·阿斯瓦德的子孙,当巴士拉遭到洗劫时,他离开了这个城市,来到尸罗夫。正好在这个时候,有一只船要开往中国。他在好奇心的驱使下,搭乘这只船,漂洋过海,去中国了。(到中国)以后,他起了一个念头:这次可要去见一见中国的大王(皇帝)了。于是,他从广府启程,历时两个月,来到胡姆丹。他在皇宫门前等候多日,迭次上书求见,声称他是阿拉伯先知的亲族。过了不久,皇帝吩咐给他安顿住房,满足他得出的必需用品。同时,皇帝又给派驻广府理事的地方长官,下了一道诏书,叫他到外商中去查访,以弄清这个自称是阿拉伯先知亲族的人的来历。广府的地方长官回禀说,他的血统是可靠的。因此,皇帝准他(谒见),还钦赐了许多金钱。后来他带着这些钱财返回了伊拉克。

(《中国印度闻见录》卷二,第103页。)

我的这一席话很合皇帝的心意。皇帝传谕送给我一份豪华的赏赐,并用驿馆的马送我到广府;而且还写了一个手诏,给广府的总督,命他殷勤相待,务必使我受到优于地方官吏的礼遇,在我离开中国以前,提供一切必需的用品。这样,从中国出发之前,我就过着什么也不短缺的安乐生活。

(《中国印度闻见录》卷二,第107页。)

从前,中国人处事十分慎密,所以在发生大变乱以前,社会秩序之好,是别国所罕见的。有一个原籍是呼罗珊的人,来伊拉克采购了大批货物,运到中国去卖。此人是一个吝啬而又贪婪的商人,因此他和皇帝的宦官发生了一场纠纷。这宦官是派去广府——阿拉伯商人荟萃之地——为皇帝选购舶来品的(官吏)。而且,他又是皇帝臣仆中最有权势的一个人。皇帝的珍宝财物都由他管理。有一次,在象牙和另外一些货品的交易上,他跟那个商人发生了争执。商人拒不出卖,因而双方的冲突愈演愈烈,宦官竟至采取强制手段,把商人带来的好货拿走了。在他看来,他和商人之间发生的这桩事,是微不足道的,所以根本就不把它放在心上。可是,那商人并不罢休。为了澄清这个问题,他悄悄地从广府起程,花了两个多月光景,来到了皇帝的京城胡姆丹。

(《中国印度闻见录》卷二,第115页。)

这个商人上京告御状的消息,很快就传遍广府,闹到满城风雨了。皇帝下令把这个呼罗珊商人押进监狱,满足他饮食上的一切要求。同时,又授命宰相写信给皇帝派驻广府的地方官,责令查明这个呼罗珊商人所控告的实情。此外，对右翼部队首长、左翼部队首长，中央部队首长，也下了同样的命令。这三人的地位仅次于宰相，握有指挥军队的大权，而且都是深得皇帝信任的人物。皇帝出征，或因事外出，他们都是同皇帝一道骑马，各人在自己的位置上随从保驾。这三军首长也给部下写了信，（叫他们调查）。据他们获得的情报，已经可以说明呼罗珊商人的上诉是合理的。同时，回禀皇帝的奏疏，也陆续从各方面送来。于是，皇帝召问了那个宦官。他一回到宫内，皇帝就把他的财产没收了，把他管理宝物的职务也革去了。然后，皇帝说道："你简直该当死罪。你教我落到去召见一个（吝啬的）商人的地步。他从我国（西部）边境的呼罗珊，到阿拉伯，然后从那里经过印度各国，来到中国。他是来我国寻求恩惠的。可是，你却希望他回去的时候，向各地的人说：'我在中国遭到无情的虐待，财产也给强占去了。'"

(《中国印度闻见录》卷二，第116~117页。)

中国磁器。磁仅产于刺桐（即泉州）、兴克兰（即广州）二城，乃诸地山上之上燔烧所成者。详细制法，顾请得而述之。磁土稍加该地所产矿物，烧三天，取出，倾水于其上。全体如洗，使之发酵。最佳之磁，须发酵满月，但不可过久。若短期发酵，至十日者，其品质甚似吾国之陶器，亦有较佳者。中国人将磁转运出口至印度诸国，以达吾故乡摩洛哥。此种陶器，真世界最佳者也。

(张星烺：《中西交通史料汇编（第二册）》引《拔都他游历中国记》，第69页。)

关吏闻吾言致书大汗，言吾来自印度朝廷。大汗乃君主之谓也。吾求关吏，派人送余至兴阿兴城，以待大汗回音。兴阿兴吾人又称曰秦克兰（即广州）。秦克兰城久已慕名，故必须亲历其境，方足饱吾所望。关吏许之，遣人送余至兴阿兴。余由河道乘船而往。船之外观，大似吾国战舰，但持橹之人，立在船之中间，客人居船之前后两段。为欲避太阳之热，故用盖覆之。盖乃本土所产植物制成者。此种植物，与麻相似，然细察之，并非麻也。其质料较苎为油焉。共在河上行二十七天。而每日中午时，船则停于沿岸村前。搭客上岸购饮食要品，而吾辈则上岸举行礼拜。天将晚时，吾辈游至他村。每日皆然，直达秦克兰即兴阿兴也。

(张星烺注：此处甚不可解。考今图，由广州至泉州并无直达之河道。其间虽有梅江及东江可以行船，亦并不相接也。)

此处亦如刺桐，磁业甚盛。海口为阿比哈叶河（生命水）入海之处。秦克兰城者，世界大城中之一也。市场优美，为世界各大城所不能及。其间最大者，莫过于陶器场。由此，商人转运磁器至中国各省及印度、夜门。城之中央，有大庙一座，伟壮华丽。庙有九门，每门内，有大厅、石凳，游者可坐以休息。二门三门之间，有房舍数间，瞽者跛者居之。凡此皆无所依靠，借庙内恩施，给与衣食。类此建设，每门内皆有之。其外又有医院，专援萎弱有疾病者。有厨房以备作饭调味之用。又有医士及厮仆之居。有人告曰，年老无力以自赡养者，亦可由此庙内取衣食。孤儿寡妇，无依靠者，亦可来此取衣食。余思此制，可谓仁深德厚，乃中国古代某圣主所创建。其庙内经费，依帝命，由城内、村庄、树园各种收入充之。该圣主之御容，至今犹绘于庙墙上。居民施敬礼焉。

（张星烺注：玉尔谓或即今广州西北角之光孝寺。张星烺：《中西交通史料汇编（第二册）》引《拔都他游历中国记》，第78~79页。）

广州乃商人之重要贸易场，中国皇帝特派回教徒一人，驻扎该处，凡各国回教商人，前往该处经商者，如有诉讼，即由此人公判。阿剌伯商人，对于其所判断，绝对服从。……其人初为商人代表，断而乃变为回人之法官耳。

（白寿彝：《中国交通史》引刘复译本《东莱曼游记》。）

七八世纪唐朝（618-907）的史书记载了中国船只自广州到幼发拉底河的航程，说明了从中国到锡兰经过的路程和需要的时间，此后提到，船只须经没来国（科斯马斯记载中的Male，即马拉巴尔沿岸），此后沿岸西北行经十余小国，西北行二日渡海（坎贝湾）至提飓国（可能是Diu）。又行十日，过五小国至另一个提飓国，其国有弥兰大河，一曰新头河。自提飓国行二十日，至另一国境，其国人于海中立华表；再行一日至锡拉夫，自锡拉夫河可至幼发拉底河口。

（［英］H·裕尔《东城纪程录丛》之第四章《中国与阿拉伯的交流》，云南人民出版社，2002年，第67页。）

阿拉伯人在伊斯兰时代早期——如果不是更早已在广州建立一座工场；8世纪中叶广州已有大量阿拉伯人集居，758年他们已有足够强大的力量洗劫广州，纵火后撤逃到船上。阿拉伯人的活动也不限于广州。

（［英］H·裕尔《东城纪程录丛》之第四章《中国与阿拉伯的交流》，云南人民出版社，2002年，第68页。）

从占婆到中国的第一港口阿尔瓦金，经水路或陆路，均为一百法尔桑，在阿尔瓦金可以看到中国的良铁、瓷器和大米。从这一大港到广府，由海路行4天，由陆路行20天。广府出产各种水果和蔬菜、小麦、大麦、大米和甘蔗。从广府行8日可至建府——如广府。从此处行6日可至康都，康都的出产亦如广府。在中国所有的港口上都可以看到一条受潮汐影响的交通河道。

（［英］H·裕尔《东域纪程录丛》之第七章《蒙古时代以前有关中国的文献资料》，引伊本·胡尔达兹巴赫《道里邦国志》，云南人民出版社，2002年，第106页。）

巴格布治下有300座繁荣城市和许多良港。这些港口一般位于河口，船只可由海沿河上行一段路程进入港口。港口上生机盎然、生意兴隆，财产十分安全。最大港口是广府，乃西方贸易的终点。广府位于中国的大河库姆丹河畔，库姆丹是中国的大河，也是世界上最重要、最著名的河流之一，据说恒河乃其支流。

（［英］H·裕尔《东域纪程录丛》之第七章《蒙古时代以前有关中国的文献资料》，引伊本·胡尔达兹巴赫《道里邦国志》，云南人民出版社，2002年，第109页。）

诃陵国商人赠予郑絪补骨脂方药

补骨脂，生广南诸州及波斯国，今岭外山间多有之，不及蕃舶者佳。茎高三、四尺，叶似薄荷，花微紫色，实如麻子圆扁而黑。九月采，或云胡韭子也。胡人呼若婆固脂，故别名破故纸。今人多以胡桃合服。此法出于唐·郑相国自叙云：予为南海节度，年七十有五，越地卑湿，伤于内外，众疾俱作，阳气衰绝，服乳石补益之药，百端不应。元和七年，有诃陵国舶主，李摩诃，知予病状，遂传此方并药。予初疑而未服，摩诃稽颡固请，遂服之，经七、八日而觉应验，自尔常服，其功神验。十年二月，罢郡归京，录方传之。破故纸十两，净择去皮洗过，捣筛令细，用胡桃瓤二十两，汤浸去皮，细研如泥，即入前末，更以好蜜和搅令匀如饴糖，盛于瓷器中，旦日以暖酒二合，调药一匙服之，便以饭压。如不饮人，以暖熟水调亦可服。弥久则延年益气，悦心明目，补添筋骨。但禁食芸台、羊血，余无忌。此物本自外蕃随海舶而来，非中华所有，蕃人呼为补骨鸱，语讹为破故纸为。《续传信方》载其事，其义颇详，故并录之。

（苏颂著，尚志钧辑校：《本草图经·草部中品》卷下，第238页。）

第四章
港口航线

一、南海航线

贾耽记述的"广州通海夷道"

广州东南海行,二百里至屯门山,乃帆风西行,二日至九州石。又南二日至象石。又西南三日行,至占不劳山,山在环王国东二百里海中。又南二日行至陵山。又一日行,至门毒国。又一日行,至古笪国。又半日行,至奔陀浪洲。又两日行,到军突弄山。

又五日行至海硖,蕃人谓之"质",南北百里,北岸则罗越国,南岸则佛逝国。佛逝国东水行四五日,至诃陵国,南中洲之最大者。又西出硖,三日至葛葛僧祇国,在佛逝西北隅之别岛,国人多钞暴,乘舶者畏惮之。其北岸则个罗国。个罗西则哥谷罗国。又从葛葛僧只四五日行,至胜邓洲。又西五日行,至婆露国。又六日行,至婆国伽蓝洲。又北四日行,至师子国,其北海岸距南天竺大岸百里。又西四日行,经没来国,南天竺之最南境。

又西北经十余小国,至婆罗门西境。又西北二日行,至拔䫻国。又十日行,经天竺西境小国五,至提䫻国,其国有弥兰太河,一曰新头河,自北渤昆国来,西流至提䫻国北,入于海。

又自提䫻国西二十日行,经小国二十余,至提罗卢和国,一曰罗和异国,国人于海中立华表,夜则置炬其上,使舶人夜行不迷。又西一日行,至乌剌国,乃大食国之弗利剌河,南入于海。小舟溯流二日至末罗国,大食重镇也。又西北陆行千里,至茂门王所都缚达城。自婆罗门南境,从没来国至乌剌国,皆缘海东岸行;其西岸之西,皆大食国,其西最南谓之三兰国。自三兰国正北二十日行,经小国十余,至设国。又十日行,经小国六七,至萨伊瞿和竭国,当海西岸。又西六七日行,经小国六七,至没巽国。又西北十日行,经小国十余,至拔离謌(歌)磨难国。又一日行,至乌剌国,与东岸路合。

(《新唐书》卷四十三下《地理志下》,第1153~1154页。)

伊本·胡尔达兹比赫《道里邦国志》的记载

从巴士拉至哈莱克岛为50法尔萨赫,其面积为1法尔萨赫的平方,岛上产谷物、葡萄、椰枣。从哈莱克岛至拉旺岛为80法尔萨赫,其面积为2法尔萨赫的平方,岛上产谷物和椰枣。再至艾布隆岛为7法尔萨赫,其面积为一平方法尔萨赫,岛上产谷物和椰枣。再至海音岛为7法尔萨赫,其面积为0.5密勒的平方,岛上无人居住。再至钦斯岛为7法尔萨赫,其面积为4法尔萨赫的平方,岛上有椰枣、谷物、牲畜及优质珍珠的采珠场。再至伊本·卡旺岛至乌尔木兹为7法尔萨赫,再至沙拉为7日程,沙拉是波斯和信德的分界。从沙拉至代义布勒为8日程。从代义布勒至米赫朗的入海口,须行海路2法尔萨赫。米赫朗即信德河。……从米赫朗至乌特金须行4日……从乌特金至库利为2法尔萨赫。从库利至信丹为18法尔萨赫。……从穆拉至布林须行2日程。从布林至大汪洋为2日程。海路从布林一分为二,谁若沿着海岸走,那就要从布林至巴拜坛为2日程……从巴拜坛至信吉利和凯步什坎为1日程。凯步什坎产稻米,从这里到库达凡利德的入海口为3法尔萨赫。从库达凡利德至凯乐康、利瓦、坎加为2日程,这些地方生长小麦、稻米。从坎加至塞曼德尔为10法尔萨赫,此地产稻米。于淡水中航行15日和20日,便可从喀姆隆和其它地方将沉香运抵塞曼德尔。从塞曼德尔至乌尔尼申为12法尔萨赫……从乌尔尼申至艾比奈赫为4日程。……谁若从布林前往:则须行1日程。……过了塞兰迪布就是拉米岛……谁想往中国去,就需从布林转弯,经塞兰迪布的左侧至艾兰凯巴鲁斯,其间有10日至15日程。……从艾兰凯巴鲁斯岛复前行6日,即抵凯莱赫岛。……再向凯莱赫的左方前行2日即达巴陆斯岛。……从此岛至加巴岛、舍拉黑脱、海尔赖赫均为2法尔萨赫。……从玛仪特出发,向左行至梯优麦赫岛。……从此岛至垓玛尔有5日程。……从垓玛尔至海岸上的栓府为3日程。……从栓府至中国的第一个港口鲁金(即唐代的龙编,今越南河内一带),陆路、海路皆为100法尔萨赫。……从鲁金至汉府(即广州),海路为4日程,陆路为20日程。汉府是中国最大的港口。

(《道里邦国志》,第64~72页。)

编者按:此条航线可与贾耽记述的"广州通海夷道"相互印证。

族子（杜）环随镇西节度使高仙芝西征。天宝十载（751），至西海。宝应初，因贾商船舶，自广州而回。著《经行记》。

（《通典》卷一百九十一《西戎总序》，第5198页。）

（咸通三年五月）天子召见，磻石因奏："臣弟听思曾任雷州刺史，家人随海船至福建，往来大船一只，可致千石，自福建装船，不一月至广州。得船数十艘，便可致三万石至广府矣。"

（《旧唐书》卷十九上《懿宗本纪》，第652页。）

海鳅鱼（即今鲸鱼），即海上最伟者也。其小者亦千余尺。吞舟之说，固非谬矣。每岁广州常发铜船，过安南贸易。北人偶求此行，往复一年，便成斑白云。路经调黎，深阔处，或见十余山，或出或没。篙工曰：非山岛，鳅鱼背也。果见双目闪烁，髻鬣若簇朱旗。危沮之际，日中忽雨霏霏。舟子曰：此鳅鱼喷气，水散于空，风势吹来若雨耳。及近鱼，即鼓船而噪，倏尔而没去。交趾回人，多舍舟，取雷州缘岸而归，不惮苦辛，盖避海鳅之难也。

（［唐］刘恂：《岭表录异》卷下"海鳅鱼"条，第28～29页。）

臣以正月十四日，蒙恩除潮州刺史，即日奔驰上道，经涉岭海，水陆万里，以今月二十五日，到州上讫。与官吏百姓等相见，具言朝廷治平，天子神圣，威武慈仁，子养亿兆人庶，无有亲疏远迩，虽在万里之外，岭海之陬，待之一如畿甸之间，辇毂之下。有善必闻，有恶必见，早朝晚罢，兢兢业业，惟恐四海之内，天地之中，一物不得其所，故遣刺史面问百姓疾苦，苟有不便，得以上陈。国家宪章完具，为治日久，守令承奉诏条，违犯者鲜，虽在蛮荒，无不安泰。闻臣所称圣德，惟知鼓舞谨欢呼，不劳施为，坐以无事。臣某诚惶诚恐，顿首顿首。臣所领州，在广府极东界上，去广府虽云才二千里，然往来动皆经月。过海口，下恶水。涛泷壮猛，难计程期；飓风鳄鱼，患祸不测。州南近界，涨海连天；毒雾瘴氛，日夕发作。

（《全唐文》卷五百四十八《潮州刺史谢上表》，第2459页。）

贞观中，平其地为西州，南方十有五：一曰交趾，本南越之地，唐交州总管也。其二曰渤泥，在京都之西南大海中。其三曰拂菻，一名大秦，在西海之北。其四曰住辇，在广州之南，水行约四十万里，方至广州。

（［宋］庞元英：《文昌杂录》，北京：中华书局，1958年版，第3页。）

然南海诸洲有十余国，纯唯根本有部，正量时钦，近日已来，少兼余二。（从西数之，有婆鲁师洲；末罗游州，即今尸利佛逝国是；莫诃信洲；诃陵洲；咀咀洲；盆盆洲；婆利洲；掘伦洲；佛逝补罗洲；阿善洲；末迦漫洲；又有小洲，不能具录也。）斯乃咸遵佛法，多是小乘，唯末罗游少有大乘耳。诸国周围，或可百里，或数百里，或可百驿。大海虽难计里，商舶串者准知。良为掘伦初至交广，遂使总唤昆仑国焉。唯此昆仑，头卷体黑，自余诸国，与神州不殊。

（[唐]义净著，王邦维校注：《南海寄归内法传》卷一"序"，第12~17页。）

复有新罗僧二人，莫知其讳。发自长安，远之南海。泛舶至室利佛逝国西婆鲁师国，遇疾俱亡。

（[唐]义净著，王邦维校注：《大唐西域求法高僧传校注》，第45页。）

运期师者，交州人也。与昙润同游，仗智贤受具。旋回南海，十有余年。善昆仑音，颇知梵语。后便归俗，住室利佛逝国。于今现在。既而往复宏波，传经帝里，布未曾教，斯人之力。年可四十矣。

（[唐]义净著，王邦维校注：《大唐西域求法高僧传校注》，第81页。）

彼岸法师、智岸法师，并是高昌人也。少长京师，传灯在念。既而归心胜理，遂乃观化中天。与使人王玄廓相随。泛舶海中，遇疾俱卒。所将汉本《瑜伽》及余经论，咸在室利佛逝国矣。

（[唐]义净著，王邦维校注：《大唐西域求法高僧传校注》，第95页。）

智弘律师者，洛阳人也，即聘西域大使王玄策之侄也。年才弱岁，早狎冲虚，志蔑轻肥，情怀栖遁。遂往少林山，飡和服饵。乐诵经典，颇工文笔。既而悟朝市之喧哗，尚法门之澄寂，遂背八水而去三吴，舍素褆而攒缁服。事瑳禅师为师，禀承思惠。而未经多载，即仿佛玄关。复往蕲州忍禅师处，重修定澍。而芳根虽植，崇条未耸。遂济湘川，跨衡岭，入桂林而诧想，遁幽泉以息心，颇经年载，仗寂禅师为依止。睹山水之秀丽，玩林薄之清虚，挥翰写衷，掣《幽泉山赋》，申远游之怀。既览三吴之法匠，颇尽芳筵；历九江之胜友，几闲妙理。然而宿植善根，匪由人奖，出自中府，欲观礼西天。幸遇无行禅师，与之同契。至合浦升舶，长泛沧溟。风便不通，漂居匕景。覆向交州，住经一夏。既至冬末，复往海滨神湾，随舶南游，到室利佛逝国。自余经历，具在行禅师传内。到大觉寺，住经二载。瞻仰尊容，倾诚励想。讽诵梵本，月故日新。闲《声论》，能梵书。学律仪，习《对法》。既解《俱舍》，复善因明。于那烂陀寺，则披览大乘；在信者道场，乃专功小教。复就名德，重洗律仪。恳恳勤勤，无忘片影。习德光律师所制《律经》，随听随译，实有功夫。善护浮囊，无亏片检。常坐不卧，知足清廉。奉上谦下，久而弥敬。至于王城、鹫岭、仙苑、鹿林、祇树、天阶、庵园、山穴，备申翘想，东契幽心。每掇衣钵之余，常怀供益之念。于那烂陀寺，则上飡普设；在王舍城中，乃器供常住。在中印度，近有八年。后向北天羯湿弥罗，拟之乡国矣。闻与琳公为伴，不知今在何所。然而翻译之功，其人已就矣

（［唐］义净著，王邦维校注：《大唐西域求法高僧传校注》，第174页。）

无行禅师者，荆州江陵人也。梵名般若提婆（唐云慧天）。叶性虚融，禀质温雅，意存仁德，志重烟霞。而竹马之年，投足石渠之署；暨乎弱冠，有怀金马之门。颇已渔猎百氏，流睇三经。州望推奇，乡曲排俊。于时则绚彩霞开，镜三江而挺秀；芳思泉涌，灌七泽而流津。然宿因感会，今果现前，希慕法门，有窥玄苑。幸遇五人之度，爰居等界道场。既而创染谛门，初沾法侣，事大福田寺慧英法师为邬波驮耶（唐云亲教师和上者讹也）。斯乃吉藏法师之上足，可谓蝉联硕德，固乃世不乏贤。于是标心《般若》，栖志禅居，屏弃人间，往来山水。每因谈玄讲肆，击阐微言，虽年在后生，望逾先进。及乎受具，同坛乃二十余人。诵戒契心，再辰便了，咸称上首，余莫能加。次隐幽岩，诵《法华》妙典，不盈一月，七轴言终。乃叹曰："夫寻筌者意在得鱼，求言者本希趣理，宜可访名匠，镜心神，启定门，断烦惑。"遂乃杖锡九江，移步三越，游衡岳，处金陵，逸想嵩、华。长吟少室，濯足八水，举袂三川，求善知识，即其志也。或携定门而北上，猎智者禅匠之精微；麾戒蠍而东归，究道宣律师之淳粹。听新旧经论，讨古今仪则。洋洋焉波澜万顷，巍巍也崖岸千寻。与智弘为伴，东风泛舶，一月到室利佛逝国。国王厚礼，特异常伦，布金华，散金粟，四事供养，五对呈心，见从大唐天子处来，倍加钦上。后乘王舶，经十五日，达末罗瑜洲。又十五日到羯荼国。至冬末转舶西行，经三十日，到那伽钵亶那。从此泛海二日，到师子洲，观礼佛牙。

（［唐］义净著，王邦维校注：《大唐西域求法高僧传校注》，第181页。）

大津师者，澧州人也。幼染法门，长敦节俭，有怀省欲，以乞食为务。希礼圣迹，启望王城，每叹曰："释迦悲父既其不遇，天宫慈氏宜勖我心。自非

覩（睹）觉树之真容，谒祥河之胜躅，岂能收情六境，致想三祇者哉？"遂以永淳二年振锡南海。爰初结旅，颇有多人，及其角立，唯斯一进。乃赍经像，与唐使相逐，泛舶月余，达尸利佛逝洲。停斯多载，解昆仑语，颇习梵书，洁行齐心，更受圆具。净于此见，遂遣归唐，望请天恩于西方造寺。既覩（睹）利益之弘广，乃轻命而复沧溟。遂以天授二年五月十五日附舶而向长安矣。今附新译杂经论十卷、《南海寄归内法传》四卷、《西域求法高僧传》两卷。

（［唐］义净著，王邦维校注：《大唐西域求法高僧传校注》，第207页。）

婆鲁师

（唐初）复有新罗僧二人，莫知其讳。发自长安，远之南海。泛舶至室利佛逝国西婆鲁师国（今印度尼西亚苏门达腊西部的巴鲁斯，又称婆鲁师洲、婆罗娑洲、婆律等，乃南海进入印度洋航路必经之地），遇疾俱亡。

（［唐］义净著，王邦维校注：《大唐西域求法高僧传校注》，第45页。）

羯荼

（义净）于时广莫初飙，向朱方而百丈双挂；离箕创节，弃玄朔而五两单飞。长截洪溟，似山之涛横海；斜通巨壑，如云之浪滔天。未隔两旬，果之佛逝。经停六月，渐学声明。王赠支持，送往末罗瑜国（今改为室利佛逝也）。复停两月，转向羯荼（今马来西亚吉打一带，为马来半岛西部重要贸易港口）。至十二月，举帆还乘王舶，渐向东天矣。从羯荼北行十日余，至裸人国。

（［唐］义净著，王邦维校注：《大唐西域求法高僧传校注》，第152页。）

（无行禅师）与智弘为伴，东风泛舶，一月到室利佛逝国。国王厚礼，特异常伦，布金华，散金粟，四事供养，五对呈心，见从大唐天子处来，倍加钦上。后乘王舶，经十五日，达末罗瑜洲。又十五日到羯荼国。至冬末转舶西行，经三十日，到那伽钵亶那。从此泛海二日，到师子洲，观礼佛牙。

（《大唐西域求法高僧传校注》，第182页。）

（法振禅师）于是携二友，出三江，整帆上景之前，鼓浪诃陵之北，巡历诸岛，渐至羯荼。

（［唐］义净著，王邦维校注：《大唐西域求法高僧传校注》，第206页。）

第五章
造船与航海技术

一、船舶制造

唐高祖时,岭南道大使李靖率兵平辅公祏之叛

诏襄州道行台仆射赵郡王孝恭以舟师趣江州(江州,南朝之寻阳郡,隋改为九江郡。趣,七喻翻,又逡须翻。考异曰:实录,八月乙丑巳云遣孝恭率兵趣江州,至九月戊子又云。盖因徐绍宗等侵边而言之也),岭南道大使李靖以交、广、泉、桂之众趣宣州(宣州,宣城郡),怀州总管黄君汉出谯、亳,齐州总管李世绩出淮、泗(自泗水入淮也)以讨辅公祏。孝恭将发,与诸将宴集,命取水,忽变为血,在坐者皆失色(坐,徂卧翻)考恭举止自若,曰:"此乃公祏授首之征也!"饮而尽之,众皆悦服。

(《资治通鉴》卷一百九十,第5971页。)

编者按: 唐军征讨辅公祏时,水军是主力。

武德七年,河间王孝恭征辅公祏,宴群帅于舟中,孝恭以金碗酌江水,将饮之,则化为血。孝恭曰:"碗中之血,公祏授首之祥。"

(《新唐书》卷三十四《五行一》,第893页。)

唐文宗开成元年,李石奏言

十二月,庚戌,以华州刺史卢钧为岭南节度使、李石言于上曰:"卢钧除岭南,朝士皆相贺。以为岭南富饶之地,近岁皆厚赂北司而得之;今北司不挠

朝权（挠，奴巧翻，又奴教翻），陛下亦宜有以褒之。庶几内外奉法，此致理之本也。"上从之。钧至镇，以清惠著名。

（《资治通鉴》卷二百四十五，第7928页。）

陈磻石奏文

五月，敕："岭南分为五管，诚已多年。居常之时，同资御捍，有事之际，要别改张。邕州西接南蛮，深据黄洞，控两江之犷俗，居数道之游民。比以委人太轻，军威不振，境连内地，不并海南。宜分岭南为东、西道节度观察处置等使，以广州为岭南东道，邕州为岭南西道，别择良吏，付以节旄。其所管八州，俗无耕桑，地极边远，近罹盗扰，尤甚凋残。将盛藩垣，宜添州县。宜割桂州管内龚州、象州，容州管内藤州、岩州，并隶岭南西道收管。"宰臣杜悰兼司空，毕諴兼兵部尚书。驾部郎中、知制诰王铎为中书舍人。以邕管经略使郑愚为广州刺史，充岭南东道节度、观察处置等使；将军宋戎为岭南西道节度使。夏，淮南、河南蝗旱，民饥。南蛮陷交阯，征诸道兵赴岭南。诏湖南水运，自湘江入澪渠，江西造切麨粥以馈行营。湘、漓溯运，功役艰难，军屯广州乏食。润州人陈磻石诣阙上书，言："江西、湖南，溯流运粮，不济军师，士卒食尽则散，此宜深虑。臣有奇计，以馈南军。天子召见，磻石因奏："臣弟听思曾任雷州刺史，家人随海船至福建，往来大船一只，可致千石，自福建装船，不一月至广州。得船数十艘，便可致三万石至广府矣。"又引刘裕海路进军破卢循故事。执政是之，以磻石为盐铁巡官，往杨（扬）子院专督海运。于是康承训之军皆不阙供。

（《旧唐书》卷十九上《懿宗本纪》，第652～653页。）

高骈任安南都护时来往于广州、安南间船只众多

咸通中，帝将复安南，拜骈为都护，召还京师，见灵台殿。于是容管经略使张茵不讨贼，更以茵兵授骈。骈过江，约监军李维周继进。维周拥众壁海门，骈次峰州，大破南诏蛮，收所获赡军。维周忌之，匿捷书不奏。朝廷不知骈问百余日，诏问状。维周劾骈玩敌不进，更命右武卫将军王晏权往代骈。俄而骈拔安南，斩蛮帅段酋迁，降附诸洞二万计。晏权方挟维周发海门，檄骈北归。而骈遣王惠赞传酋迁首京师，见艟舻甚盛，乃晏权等，惠赞惧夺其书，匿岛中，间关至京师。天子览书，御宣政殿，群臣皆贺，大赦天下。进骈检校刑部尚书，仍镇安南，以都护府为静海军，授骈节度，兼诸道行营招讨使。始筑

安南城。由安南至广州，江漕梗险，多巨石，骈募工劚治，由是舟济安行，储饷毕给。又使者岁至，乃凿道五所，置兵护送。其径青石者，或传马援所不能治。既攻之，有震碎其石，乃得通，因名道曰"天威"云。加检校尚书右仆射。

（《新唐书》卷二百二十四下《高骈传》，第6392页。）

刘恂《岭表录异》的有关记载

南海秋夏间，或云物惨然，则见其晕如虹，长六七尺，比候则飓风必发，故呼为飓母。忽见有震雷，则飓风不作矣。舟人常以为候，预为备之。

（《岭表录异》，第3页。）

编者按： 舟人见到"飓母"出现便知飓风将来，这种经验的形成说明岭南有极多以舟船为生的人。

广州去大海不远二百里。每年八月，潮水最大。秋中复多飓风。当潮水未尽退之间，飓风作而潮又至，遂至波涛溢岸，淹没人庐舍，荡失苗稼，沉溺舟船，南中谓之沓潮。或十数年一有之，亦系时数之失耳。俗呼为"海翻"，为"漫天"。

（《岭表录异》，第4页。）

编者按： 船只与庐舍、苗稼并成为广州普通家庭财产的重要组成部分。

跳鲢，乃海味之小鱼鲢也，以盐藏鲻鱼儿一斤，不啻千个，生擘点醋下酒，甚有美味。余遂问名"跳"之义，则曰：捕鱼者，仲春于高处卓望鱼犊却，如阵云，阔二三百步，厚亦相似者。既见报，渔师遂将船争前而迎之。船冲鱼阵，不施罟网，但鱼儿自惊跳入船，逡巡而满。以此为鲢故名之"跳"。又云：船去之时，不可当鱼阵之中，恐鱼多压沉故也。即可以知其多矣。

（《岭表录异》，第25页。）

鳄鱼，其身土黄色。有四足，修尾。形状如龟，而举止矫急，口森锯齿，往往害人。南中鹿多，最惧此物。鹿走崖岸之上，群鳄噂叫其下，鹿必怖惧落崖，多为鳄鱼所得，亦物之相摄伏也。故李太尉德裕贬官潮州，经鳄鱼滩，损坏舟船，平生宝玩、古书图画，一时沉失，遂召舶上昆仑取之。但见鳄鱼极多,不敢辄近,乃是鳄鱼之窟宅也。

(《岭表录异》,第27页。)

《旧唐书·崔融传》的记载

孟轲又云:"古之为关也,将以御暴;今之为关也,将以为暴。"今行者皆税,本末同流。且如天下诸津,舟航所聚,旁通巴、汉,前指闽、越,七泽十薮,三江五湖,控引河洛,兼包淮海。弘舸巨舰,千轴万艘,交贸往还,昧旦永日。

(《旧唐书》卷四十四《崔融传》,第2995页。)

唐太宗的敕令

丁丑,敕越州都督府及婺、洪等州造海船及双舫千一百艘。

(《资治通鉴》卷一九九,第6255页。)

唐高宗诏令

朕以寡昧,纂承鸿烈。肃宬岩廊之上,凝襟华裔之表。驭奔深于日慎,储祉存于勿休,勉己励精,详求大化。往为奉成先志,雪耻黎元,是以数年之间,称兵辽海。虽除凶戢暴,义匪诸身,疲人竭财,役兴于下。泛沧流而遏济,践危途而远袭。风涛竞骇,或取沦亡;锋镝交挥,非无捐仆。顾惟匪德,事有乖于七旬;在躬延责,情致慙於四海。汤年罪己,鉴寐斯在;汉载富人,周旋切念。日者翘车联映,贲帛相辉,庖鼎之前,犹潜秀异;关柝之下,未尽英奇。传逸翰于西雍,牣殊宝于东序。比王师荐发,戎务实繁,州县官僚,缘兹生过,力役无度,贿赂公行,蠹政伤风,莫斯为甚。前令三十六州造船,已备东行者,即宜并停。凡百在位,宜极言得失,悉陈无隐,以救不逮。仍分遣按察大使,问人疾苦,黜陟官吏,兼司元太常伯窦德元往河南道,并持节分往。其内外官五品以上,各举岩薮幽素之士,广加询访,旁求谣俗,式企英材,充毗阙政。必使八纮之内,咸得朕心,万宇之中,同夫亲览,宜速颁赐率土,知此意焉。

(《唐大诏令集》卷一百一十一《罢诸州造船安抚百姓诏》。)

凡东南郡邑无不通水，故天下货利，舟楫居多。

（［唐］李肇：《唐国史补》卷下。）

杜佑在岭南督造的六种战船

其船，阔狭、长短随用大小；胜人多少，皆以米为率，一人重米二石。其橪棹、篙橹、帆席、䋲索、沉石、调度，与常船不殊。

楼船：船上建楼三重，列女墙战格，树幡帜，开弩窗、矛穴，置抛车、礧石、铁汁，状如城垒。忽遇暴风，人力不能制，此亦非便于事；然为水军，不可不设，以成形势。

蒙冲：以生牛皮蒙船覆背，两厢开掣棹孔，前后左右有弩窗、矛穴，敌不得近，矢石不能败。此不用大船，务于疾速，乘人之不及，非战之船也。

斗舰：船上设女墙，可高三尺，墙下开掣棹孔；船内五尺，又建棚，与女墙齐；棚上又建女墙，重列战敌，上无覆背，前后左右树牙旗、幡帜、金鼓。此战船也。

走舸：舷上立女墙，置棹夫多，战卒少，皆选勇力精锐者，往返如飞鸥，乘人之不及，金鼓、旗帜列之于上。此战船也。

游艇：无女墙，舷上置桨床，左右随大小长短，四尺一床。计会进止，回军转阵，其疾如风，虞候居之，非战船也。

海鹘：头低尾高，前大后小，如鹘之状，舷下左右置浮版，形如鹘翅翼，以助其船，虽风涛涨天，兔有倾侧。覆背上，左右张生牛皮为城，牙旗、金鼓如常法，此江海之中战船也。

（《通典》卷一百六十《水平及水战具》，第4123页。）

岭南的民间船舶

桄榔、橄榄的妙用

贾人船不用铁钉，只使桄榔须系缚，以橄榄糖泥之，糖干甚坚，入水如漆也。

（《岭表录异》，第8页。）

桄榔树生广南山谷，枝叶并蕃茂，与枣、槟榔等小异。然叶下有须，如粗马尾。广人采之，以织巾子。其须尤宜咸水浸渍，即粗胀而韧。故人以此缚舶，不用钉线。木性如竹，紫黑色，有文理而坚，工人解之，以制博奕局。其木刚，作锄，利如铁，中石更利，惟中蕉方（鲁迅按："蕉方"，《北户录（二）》注引《临海志》作"蕉根"）致败耳。此树皮中有屑如面，可为饼食之。

（［唐］刘恂：《岭表录异》，第17页。）

橄榄，树身耸枝，皆高数尺，其子深秋方熟。闽中尤重此味，云咀之香口，胜含鸡舌香。生吃及煮饮悉解酒多。有野生者，子繁树峻，不可梯缘，则但刻其根下方寸许，内盐于其中，一夕，子皆自落。树枝节上生脂膏如桃胶，南人采之，和其皮叶煎之，调如黑汤，谓之橄榄糖。用泥船损，干后坚于胶漆，著水益坚耳。

（［唐］刘恂：《岭表录异》，第19页。）

木兰舟

浮南海而南，舟如巨室，帆若垂天之云，柂长数丈，一舟数百人，中积一年粮，豢豕酿酒其中，置死生于度外。径入阻碧，非复人世，人在其中，日击牲酗饮，迭为宾主，以忘其危。舟师以海上隐隐有山，辨诸蕃国皆在空端。若曰往某国，顺风几日望某山，舟当转行某方。或遇急风，虽未足日，已见某山，亦当改方。苟舟行太过，无方可返，飘至浅处而遇暗石，则当瓦解矣。盖其舟大载重，不忧巨浪而忧浅水也。又大食国更越西海，至木兰皮国，则其舟又加大矣。一舟容千人，舟上有机杼市井，或不遇便风，则数年而后达，非甚巨舟，不可至也。今世所谓木兰舟，未必不以至大言也。

（［宋］周去非著，杨武泉校注：《岭外代答校注》，第216～217页。）

藤舟

深广沿海州军，难得铁钉桐油，造船皆空板穿藤约束而成。于藤缝中，以海上所生茜草，干而窒之，遇水则涨，舟为之不漏矣。其舟甚大，越大海商贩皆用之。而或谓要过磁石山而然，未之详尔。今蜀舟底以柘木为钉，盖其江多石，不可用铁钉，而亦谓蜀江有磁石山，得非传闻之误？

（［宋］周去非著，杨武泉校注：《岭外代答校注》，第218页。）

刳木舟

广西江行小舟,皆刳木为之,有面阔六七尺者。虽全成无罅,免繻衳之劳,钉灰之费,然质厚迟钝。忽遇大风浪,则不能翔,多至溺。要不若板船,虽善不能为矣。钦州竞渡兽舟,亦刳全木为之,则其地之所产可知矣。海外蕃船,亦有刳木者,则其为木,何止合抱而已哉!

([宋]周去非著,杨武泉校注:《岭外代答校注》,第219页。)

柂

钦州海山,有奇材二种:一曰紫荆木,坚类铁石,色比燕脂,易直,合抱。以为栋梁,可数百年。一曰乌婪木,用以为大船之柂,极天下之妙也。蕃舶大如广厦,深涉南海,径数万里,千百人之命,直寄于一柂。他产之柂,长不过三丈,以之持万斛之舟,犹可胜其任,以之持数万斛之蕃舶,卒遇大风于深海,未有不中折者。唯钦产缜理坚密,长几五丈。虽有恶风怒涛,截然不动,如以一丝引千钧于山岳震颓之地,真凌波之至宝也。此柂一双,在钦直钱数百缗,至番禺、温陵,价十倍矣。然得至其地者,亦十之一二,以材长,甚难海运故耳。

([宋]周去非著,杨武泉校注:《岭外代答校注》,第219~220页。)

唐代来华的各种海船

其年冬,代李从易为广州刺史、御史大夫、岭南节度使。南海有蛮舶之利,珍货辐凑。旧帅作法兴利以致富,凡为南海者,靡不梱载而还。钧性仁恕,为政廉洁,请监军领市舶使,己一不干预。

(《旧唐书》卷一百八十一《卢钧传》。)

四年,除广州刺史,兼岭南节度观察使。番禺贼帅冯崇道、桂州叛将朱济时等阻洞为乱,前后累岁,陷没十余州。勉至,遣将李观与容州刺史王翃并力招讨,悉斩之,五岭平。前后西域舶泛海至者岁才四五,勉性廉洁,舶来都不检阅,故末年至者四十余。

(《旧唐书》卷一百三十五《李勉传》。)

寻拜岭南节度使。番禺贼冯崇道、桂叛将朱济时等负险为乱,残十余州,勉遣将李观率容州刺史王翃讨斩之，五岭平。西南夷舶岁至才四五，讥视苛谨。勉既廉洁，又不暴征，明年至者乃四十余柁。居官久，未尝挍饰器用车服。后召归，至石门，尽搜家人所蓄犀珍投江中。时人谓可继宋璟、卢奂、李朝隐；部人叩阙请立碑颂德，代宗许之。进工部尚书，封汧国公。

（《新唐书》卷一百四十四《李勉传》）

方庆起家越王府参军，受司马迁、班固二史于记室任希古，希古他迁，就卒其业。武后时，累迁广州都督。南海岁有昆仑舶市外区琛琲，前都督路元睿冒取其货，舶酋不胜忿，杀之。方庆至，秋毫无所索。始，部中首领沓墨，民诣府诉，府曹素相饷谢，未尝治。

（《新唐书》卷一百二十九《王琳传》）

于时咸亨二年（671），坐夏扬府。初秋，忽遇龚州使君冯孝诠，随至广府，与波斯舶主期会南行。复蒙使君命往岗州，重为檀主。及弟孝诞使君、孝轸使君、郡君宁氏、郡君彭氏等合门眷属，咸见资赠，争抽上贿，各舍奇餐。庶无乏于海途，恐有劳于险地。笃如亲之惠，顺给孤之心。共作归依，同缘胜境。

（［唐］义净：《大唐西域求法高僧传》，第152页。）

南海舶，外国船也。每岁至安南、广州。师子国舶最大，梯而上下数丈，皆积宝货。至则本道奏报，郡邑为之喧阗。在蕃长为主领，市舶使籍其名物，纳船脚，禁珍异，蕃商有以欺诈入牢狱者。舶发之后，海路必养白鸽为信。舶没，则鸽虽千里亦能归也。

（［唐］李肇：《唐国史补》卷下，第49页。）

二、航海技术

王维《送秘书晁监还日本国》

积水不可极，安知沧海东！
九州何处远？万里若乘空。
向国惟看日，归帆但信风。

鳌身映天黑，鱼眼射波红。
乡树扶桑外，主人孤岛中。
别离方异域，音信若为通！

（《王维集校注》卷四《送秘书晁监还日本国》，第317～319页。）

编者按：这种天文导航术，只能使海船沿岸航行，或做惯常的较短距离的横渡航行。

沈佺期《度安海人龙编》

我来交趾郡，南与贯胸连。
四气分寒少，三光置日偏。
尉佗曾驭国，翁仲久游泉。
邑屋遗甿在，鱼盐旧产传。
越人遥捧翟，汉将下看鸢。
北斗崇山挂，南风涨海牵。
别离频破月，容鬓骤催年。
昆弟推由命，妻孥割付缘。
梦来魂尚扰，愁委疾空缠。
虚道崩城泪，明心不应天。

（《沈佺期宋之问集校注》卷二《度安海人龙编》，第91页。）

编者按：这首诗说明了航行中观察天体，利用信风和季风的情况。

天文学家僧一行发明"复矩"

今以句股校阳城中晷，夏至尺四寸七分八厘，冬至丈二尺七寸一分半，定春秋分五尺四寸三分，以复矩斜视，极出地三十四度十分度之四。自滑台表视之，极高三十五度三分，冬至丈三尺，定春秋分五尺五寸六分。自浚仪表视之，极高三十四度八分，冬至丈二尺八寸五分，定春秋分五尺五寸。知扶沟表视之，极高三十四度三分，冬至丈二尺五寸五分，定春秋分五尺三寸七分。上蔡武津表视之，极高三十三度八分，冬至丈二尺三寸八分，定春秋分五尺二寸八分。其北极去地,虽秒分微有盈缩,难以目校,大率三百五十一里八十步(约129.22公里),而桶差一度。极之远近异,则黄道轨景固随而变矣。自此为率推之,比岁武陵晷,夏至七寸七分,冬至丈五寸三分,春秋分四尺三寸七分半,以图测之,定气四尺四寸七分,按图斜视,极高二十九度半,差阳城五度三分。蔚州横野军夏至二尺二寸九分,冬至丈五尺八寸九分,春秋分六尺四寸四分半,以图测之,定气六尺六寸二分半。按图斜视,极高四十度,差阳城五度三分。凡南北之差十度半,其径三千六百八十里九十步。自阳城至武陵,千八百二十六里七十六步;自阳城至横野,千八百六十一里二百十四步。夏至晷差尺五寸三分;自阳城至武陵,差七寸三分;自阳城至横野,差八寸。冬至晷差五尺三寸六分,自阳城至武陵差二尺一寸八分;自阳城至横野,差三尺一寸八分。率夏至与南方差少,冬至与北方差多。

(《新唐书》卷三十五《天文一》,第813~814页。)

江淮船溯流而上,待东北风,谓之信风,七八月有上信,三月有鸟信,五月有麦信。

([唐]李肇:《唐国史补》卷下。)

编者按:说明唐代对季风的认识有了很大的提高,并应用到航海实践中。

海舶,外国船也,每岁至广州、安邑。师子国船最大,梯上下数丈,皆积百货。至则本道辐辏,都邑为喧阗。有番长为主人,市舶使籍其名物,纳船脚,禁珍异,商有以欺诈入牢狱者。船发海路,必养白鸽为信,船没则鸽归。

([宋]王谠撰,周勋初校注:《唐语林校证》卷八,第683页。)

编者按:可见自唐代始,已以鸽为海舶传递信息的工具。

参考文献

［汉］司马迁，［唐］司马贞 索隐. 史记. 北京：中华书局，1959.

［汉］班固，［唐］颜师古. 汉书. 北京：中华书局，1962.

［汉］袁康，吴平. 越绝书. 上海：上海古籍出版社，1985.

［吴］沈莹，张崇根. 临海水土异物志辑校（修订本）. 北京：农业出版社，1988.

［晋］陈寿，［宋］裴松之. 三国志. 北京：中华书局，1959.

［晋］袁宏，张烈. 后汉经. 北京：中华书局，2002.

［晋］稽含. 南方草木状. 见［清］梁廷枏、［汉］杨孚 等，杨伟群. 南越五主传及其它七种. 广州：广东人民出版社，1982.

［晋］葛洪，杨明照. 抱朴子外篇校笺. 北京：中华书局，1991.

［晋］葛洪. 抱朴子·内篇. 北京：中华书局，1980.

［晋］葛洪. 太清金液神丹经. 《道藏》册18.

［晋］张华，范宁. 博物志校证. 北京：中华书局，1980.

［晋］崔豹，牟华林. 古今注，校笺. 北京：线装书局，2015.

［晋］干宝. 汪绍楹. 搜神记. 北京：中华书局，1979.

［晋］法显. 章巽. 法显传校注. 北京：中华书局，2008.

［南朝宋］范晔，［唐］李贤等. 后汉书. 北京：中华书局，1965.

［南朝宋］刘义庆，余嘉锡，周祖谟，余淑宜. 世说新语笺疏. 北京：中华书局，1983.

［南朝宋］刘敬叔. 异苑. 北京：中华书局，1991.

［梁］沈约. 宋书. 北京：中华书局，1974.

［梁］萧子显. 南齐书. 北京：中华书局，1972.

［梁］释慧皎，汤用彤. 汤一玄 整理. 高僧传. 北京：中华书局，1992.

［梁］释慧皎 等．高僧传合集．上海：上海古籍出版社，1991．

［梁］萧统，［唐］李善．文选．上海：上海古籍出版社，1986．

［梁］释僧祐．弘明集．上海：上海古籍出版社，1991．

［梁］释宝唱，王孺童．比丘尼传校注．北京：中华书局，2006．

［梁］释僧祐，苏晋仁，萧錬子．出三藏记集．北京：中华书局，1995．

［陈］真谛译．大乘唯识论．大正藏册31．

［北魏］杨衒之，周祖谟．洛阳伽蓝记．北京：中华书局，2010．

［北魏］郦道元，陈桥驿．水经注校证．北京：中华书局，2007．

［北齐］魏收．魏书．北京：中华书局，1974．

［隋］费长房．历代三宝记．大正藏册49．

［唐］房玄龄 等．晋书．北京：中华书局，1974．

［唐］姚思廉．梁书．北京：中华书局，1973．

［唐］姚思廉．陈书．北京：中华书局，1972．

［唐］李百药．北齐书．北京：中华书局，1972．

［唐］令狐德棻 等．周书．北京：中华书局，1971．

［唐］魏征等．隋书．北京：中华书局，1973．

［唐］李延寿．南史．北京：中华书局，1975．

［唐］李延寿．北史．北京：中华书局，1974．

［唐］李吉甫，贺次君．元和郡县志．中华书局，1983．

［唐］杜佑．通典．北京：中华书局，1984．

［唐］虞世南．北堂书钞．北京：中国书店，1989．

［唐］许嵩，张忱石．建康实录．北京：中华书局，1986．

［唐］刘恂，鲁迅．岭表录异．南宁：广西人民出版社，1983．

［唐］道宣，郭绍林．续高僧传．北京：中华书局，2014．

［唐］道宣，范祥雍．释迦方志．北京：中华书局，2000．

［唐］道宣．广弘明集．上海：上海古籍出版社，1991．

［唐］僧祥．法华传记．大正藏册51．

［唐］释道世．法苑珠林．大正藏册53．

［唐］智升．开元释教录．大正藏册55．

［唐］释靖迈．古今译经图记．大正藏册55．

［唐］圆照．贞元新定释教目录．大正藏册55．

［唐］欧阳询，汪绍楹．艺文类聚．上海：上海古籍出版社，1982．

［唐］徐坚等. 初学记. 北京：中华书局，1962.

［唐］段公路. 北户录（附校勘记）. 北京：中华书局，1985.

［唐］长孙无忌等，刘俊文. 唐律疏议. 北京：中华书局，1983.

［唐］王维，陈铁民. 王维集校注. 北京：中华书局，1997.

［唐］沈佺期，宋之问，陶敏，易淑琼. 沈佺期宋之问集校注. 北京：中华书局，2001.

［唐］柳宗元. 柳河东集. 上海：上海人民出版社，1974.

［唐］陆贽. 陆宣公全集. 上海：世界书局，1936.

［唐］慧超，张毅. 往五天竺国传笺释. 北京：中华书局，1994.

［唐］李肇. 唐国史补. 上海：古典文学出版社，1957.

［唐］慧能，郭朋. 坛经校释. 北京：中华书局，1982.

［唐］义净，王邦维. 南海寄归内法传校注. 北京：中华书局，1995.

［唐］义净，王邦维. 大唐西域求法高僧传校注. 北京：中华书局，1988.

［五代］刘昫等. 旧唐书. 北京：中华书局，1975.

［五代］王仁裕，曾贻芬. 开元天宝遗事. 北京：中华书局，2006.

［五代］静筠二禅师. 祖堂集. 北京：中华书局，2007.

［宋］欧阳修，宋祁. 新唐书. 北京：中华书局，1975.

［宋］薛居正等. 旧五代史. 北京：中华书局，1976.

［宋］欧阳修. 新五代史. 北京：中华书局，1974.

［宋］司马光等. 资治通鉴. 北京：中华书局，1956.

［宋］周去非，杨武泉. 岭外代答校注. 北京：中华书局，1999.

［宋］李昉. 太平御览. 北京：中华书局，1960.

［宋］李昉等. 太平广记. 北京：中华书局，1961.

［宋］王钦若等. 册府元龟. 北京：中华书局，1988.

［宋］乐史，王文楚. 太平寰宇记. 北京：中华书局，2007.

［宋］宋敏求. 唐大诏令集. 商务印书馆，1959.

［宋］王象之. 舆地纪胜. 北京：中华书局，1992.

［宋］王谠，周勋初. 唐语林校证. 北京：中华书局，1987.

［宋］王溥. 五代会要. 上海：上海古籍出版社，1978.

［宋］王溥. 唐会要. 上海：上海古籍出版社，1991.

［宋］志磐. 佛祖统纪. 大正藏册49.

［宋］苏颂，尚志钧. 本草图经·草部中品. 合肥：安徽科学技术出版

社，1994.

［宋］范成大，孔凡礼. 范成大笔记六种. 北京：中华书局，2002.

［宋］魏仲举. 五百家注昌黎文集. 线装书局，2014.

［宋］陈思《宝刻丛编. 中国东方文化研究会历史文化分会编. 历代碑志（全25册）·第一册. 江苏古籍出版社，1998.

［宋］陶毂. 清异录. 文渊阁四库全书本.

［宋］普济，苏渊雷. 五灯会元. 1992.

［宋］道原. 景德传灯录. 大正藏5册.

［宋］庞元英. 文昌杂录. 北京：中华书局，1958.

［宋］赞宁，范祥雍. 宋高僧传. 北京：中华书局，1987.

［元］马端临，上海师范大学古籍研究所，华东师范大学古籍研究所. 文献通考 等，北京：中华书局，2011.

［明］陶宗仪. 说郛三种. 上海：上海古籍出版社，2012.

［明］张燮，谢方. 东西洋考. 北京：中华书局，1981.

［明］黄佐. 广东通志. 明嘉靖四十年刻本.

［明］何乔远. 闽书. 福州：福建人民出版社，1994.

［明］顾炎武. 天下郡国利病书. 四部丛刊影印本.

［清］张英，王士祯等. 渊鉴类函. 上海：上海古籍出版社，1992.

［清］梁廷枏，［汉］杨孚等，杨伟群. 南越五主传及其它七种. 广州：广东人民出版社，1982.

［清］阮元，梁中民. 广东通志·金石略. 广州：广东人民出版社，1994.

［清］阮元，李默. 广东通志·前事略. 广州：广东人民出版社，1981.

［清］严可均. 全上古三代秦汉三国六朝文. 北京：商务印书馆，1999.

［清］彭定求 等，中华书局编辑部. 全唐诗. 北京：中华书局，1960.

［清］董诰 等. 全唐文. 北京：中华书局，1983.

［清］吴任臣，徐敏霞，周莹. 十国春秋. 北京：中华书局，1983.

［清］梁廷楠. 南汉书. 广州：广东人民出版社，1981.

［清］仇巨川，陈宪猷. 羊城古钞. 广州：广东人民出版社，1993.

［清］吴兰修，陈鸿钧，黄兆辉. 南汉金石志补征. 广州：广东人民出版社，2010.

历代法宝纪记. 敦煌本，大正藏51册.

道藏. 北京：文物出版社；上海：上海书店；天津：天津古籍出版社，

1988.

蓝吉福. 禅宗全书（101册）·史传部一. 北京：北京图书馆出版社，2004.

大唐故大德赠司空大辨正广智不空三藏行状. 大正藏50册.

仁王经疏法衡钞. 卷一，卍新纂续藏经26册.

杨曾文. 神会和尚禅话录. 北京：中华书局，1996.

四分律行事钞批. 续藏经42册.

林间录. 续藏经87册.

禅宗颂古联珠通集. 续藏经79册.

联灯会要. 续藏经79册.

陈建华，曹淳亮. 广州大典. 广州：广州出版社，2015. 刘纬毅. 汉唐方志辑佚. 北京：北京图书馆出版社，1997.

骆伟，骆廷. 岭南古代方志辑佚. 广州：广东人民出版社，2002.

吴永章. 中国南方民族史志要籍题解. 北京：北京民族出版社，1991.

王华权，刘景云，徐时仪. 一切经音义三种校本合刊索引. 上海：上海古籍出版社，2010.

广东省地方志办公室辑. 广东历代方志集成. 广州：岭南美术出版社，2006.

北京图书馆古籍出版编辑组. 北京图书馆古籍珍本丛刊. 北京：书目文献出版社，1997.

张星烺，朱杰勤. 中西交通史料汇编. 北京：中华书局，2003.

陈尚君. 旧五代史新辑会证. 上海：复旦大学出版社，2005.

周叔迦. 牟子残丛新编. 北京：中国书店，2001.

周绍良. 唐代墓志汇编. 上海：上海古籍出版社，1992.

周绍良，赵超. 唐代墓志汇编续集. 上海：上海古籍出版社，2001.

穆根来. 中国印度见闻录. 北京：中华书局，1983.

徐文明. 六祖坛经. 郑州：中州古籍出版社，2008.

［法］费琅. 阿拉伯波斯突厥人东方文献辑注. 北京：中华书局，1989.

［阿拉伯］伊本·胡尔达兹比赫，宋岘. 道里邦国志. 北京：中华书局，1991.

［日］真人元开，汪向荣. 唐大和上东征传. 北京：中华书局，1979.

［日］圆仁，白化文. 入唐求法巡礼行记校注. 石家庄：花山文艺出版

社，1992.

［越南］黎孟挞．禅苑集英研究．胡志明市出版社，1999.

［越南］黎孟挞．越南佛教文学总集，第三集，胡志明市出版社，2002.

2. 今人论著：

费琅，冯承钧．昆仑及南海古代航行考．北京：商务印书馆，1930.

冯承钧．中国南洋交通史．北京：商务印书馆，1937.

冯承钧．西域南海史地考证译丛．北京：商务印书馆，1962.

章巽．我国古代的海上交通．上海：新知识出版社，1956.

向达．唐代长安与西域文明．上海：三联书店，1957.

白寿彝．中国交通史．上海：上海出版社，1984.

方豪．中西交通史．上海：上海人民出版社，2008.

岑仲勉．中外史地考证．北京：中华书局，1962.

朱杰勤．中外关系史论文集．郑州：河南人民出版社，1984.

沈光耀．中国古代对外贸易史．广州：广东人民出版社，1985.

常任侠．海上丝路与文化交流．北京：海洋出版社，1985.

邓端本．广州港史．北京：海洋出版社，1986.

张俊彦．古代中国与西亚、非洲的海上交通．北京：海洋出版社，1986.

陈佳荣．中外交通史．香港：学津书店，1987.

中国东南亚研究会．东南亚史论文集．郑州：河南人民出版社，1987.

韩振华．我国南海诸岛史料汇编．北京：东方出版社，1988.

彭德清．中国航海史—古代航海史．北京：人民交通出版社，1988.

孙光圻．中国古代航海史．北京：海洋出版社，1989.

汶江．古代中国与亚非地区的海上交通．四川：四川省社会科学院，1989.

陈柏坚．广州外贸两千．广州：广州文化出版社，1989.

苏继廎．南海钩沉录．台湾：台湾商务印书馆，1989.

顾海．东南亚古史中文文献提要．厦门：厦门大学出版社，1990.

姚楠、陈佳荣、丘进．七海扬帆．香港：中华书局（香港）有限公司，1990.

章巽．中国航海科技史．北京：海洋出版社，1991.

陈高华 等．海上丝绸之路．北京：海洋出版社，1991.

广东省人民政府外事办公室，广东省社会科学院．广州与海上丝绸之路．广州：广东社会科学院，1991．

陈瑞德 等．海上丝绸之路的友好使者（西洋篇）．北京：海洋出版社，1991．

韩振华．中国与东南亚关系史研究．南宁：广西人民出版社，1992．

广州市国家历史文化名城发展中心 等．论广州与海上丝绸之路．广州：中山大学出版，1993．

张维华．中国古代对外关系史．北京：高等教育出版社，1993．

孙光圻．海洋交通与文明．北京：海洋出版社，1993．

北京大学东南亚所．中国载籍中南亚史料汇编（上、下册）．上海：上海古籍出版社，1994．

徐德志 等．广东对外经济贸易史．广州：广东人民出版社，1994．

刘迎胜．丝路文化·海上卷．杭州：浙江人民出版社，1995．

广州博物馆，广东省博物馆，香港市政局，丁新豹．南海海上交通贸易二千．香港：香港市政局，1996．

杨万秀，钟卓安．广州简史．广州：广东人民出版社，1996．

陈炎．海上丝绸之路与中外文化交流．北京：北京大学出版社，1996．

张国刚，吴莉苇．中西文化关系史．北京：高等教育出版社，2006．

沈福伟．中西文化交流史（第2版）．上海：上海人民出版社，2006．

林梅村．丝绸之路考古十五讲．北京：北京大学出版社，2006．

张静芬．中国古代的造船与航海．北京：商务印书馆，1997．

广东炎黄文化研究会．岭峤春秋 海洋文化论集．广州：广东人民出版社，1997．

广州市文化局，广州市地方志办公室，广州市文物考古研究所．广州文物志．广州：岭南美术出版社，2000．

顾涧清，黄淼章．中国广州：海上丝绸之路的文化遗址．广州：广州出版社，2001．

净海．南传佛教史．北京：宗教文化出版社，2002．

江滢河．广州口岸与南海航路．广州：广东人民出版社，2002．

黄启臣．广东海上丝绸之路史．广州：广东经济出版社，2003．

黄启臣．海上丝路与广东古港．香港：中国评论学术出版社，2006．

慈怡主编．佛光大辞典．北京：北京图书馆出版社，2004．

蓝吉富．禅宗全书．北京：北京图书馆出版社，2004．

王介南．中外文化交流史．上海：书海出版社，2004．

袁钟仁．海上丝绸之路．广州：广东人民出版社，2004．

李庆新．海上丝绸之路．北京：五洲传播出版社，2006．

李庆新．海洋史研究，第4辑．北京：社会科学文献出版社，2012．

李云泉．朝贡制度史论——中国古代对外关系体制研究．北京：新华出版社，2004．

季羡林．中印文化交流史．北京：中国社会科学出版社，2006．

冼庆彬．广州—海上丝绸之路发祥地．香港：中国评论学术出版社，2007．

中共广州市委宣传部，广州市文化局．海上丝绸之路——广州文化遗产文献辑要卷．北京：文物出版社，2008．

顾涧清．广东海上丝绸之路研究．广州：广东人民出版社，2008．

广州市文化局．海上丝绸之路——广州文化遗产．北京：文物出版社，2009．

程爱勤．古代中印交往与东南亚文化．郑州：大象出版社，2009．

司徒尚纪．中国南海海洋文化史．广州：广东经济出版社，2013．

戴胜德．中国南海海洋文化传．广州：广东经济出版社，2013．

朱建君，修斌．中国海洋文化史长编（魏晋南北朝隋唐卷）．青岛：中国海洋大学出版社，2013．

黄伟宗．海上丝绸之路与海洋文化纵横论．广州：广东经济出版社，2014．

石云涛．文明的互动——汉唐间丝绸之路与中外交流论稿．兰州：兰州大学出版社，2014．

周义．海上丝绸之路的研究开发．广州：广东经济出版社，2014．

王元林．海陆古道——海陆丝绸之路对接通道．广州：广东经济出版社，2015．

刘正刚，乔素玲．徐闻古港——海上丝绸之路第一港．广州：广东经济出版社，2015．

孙光圻，刘义杰．海上丝绸之路．大连：大连海事大学出版社，2015．

周鑫，王潞．南海港群——广东海上丝绸之路古港．广州：广东经济出版社，2015．

郑佩瑗．沧海航灯——岭南宗教信仰文化传播之路．广州：广东经济出版社，2015．

周运中．中国南洋古代交通史．厦门：厦门大学出版社，2015．

徐文明．广东佛教与海上丝绸之路．广州：羊城晚报出版社，2015．

何方耀．晋唐南海丝路弘法高僧群体研究．广州：羊城晚报出版社，2015年版．

张荣芳，黄淼章．南越国史（增订本）．广州：广东人民出版社，2008．

张荣芳，周永卫，吴凌云．西汉南越王墓多元文化研究．广州：中山大学出版社，2015．

周永卫．两汉交趾与益州对外关系研究——以若干物质文化交流为主．汕头：汕头大学出版社，2009．

周永卫，邓珍，万智欣，温淑萍．秦汉岭南的对外文化交流．广州：暨南大学出版社，2014．

［日］长泽和俊．丝绸之路史研究．天津：天津古籍出版社，1990．

［锡兰］尼古拉斯·帕拉纳维达纳，李荣熙．锡兰简明史．商务印书馆，1964．

3. 期刊论文：

章巽．秦、汉、三国时代的海上交通（公元前第三世纪至公元后第三世纪时）．地理知识．1955年12期．

章巽．《水经注》与《法显传》．中国文史论丛．1984（11）．

于豪亮．我国古代海上交通中几个地名的考释．文物，1978（11）．

李东华．汉隋间中国南海交通之演变．中国历史学会史学集刊．1979（11）．

徐俊鸣．我国古代海外交通和贸易对于广州城市发展的影响．中山大学学报（哲学社会科学版），1979（4）．

陈可馨．我国古代的航海．天津航海，1980（1）．

许道勋，赵克尧，范邦瑾．汉唐时期中国与狮子国的关系．复旦学报（哲学社会科学版），1980（6）．

辛土成．试论三国时代吴国的海上交通．福建省社联历史学厦门分会编．史论（第1辑），1981．

周中坚．扶南——古代东西方的海上桥梁．学术论坛．，1982（3）．

周中坚．古代南海交通中心的变迁．海交史研究，1982（4）．

邓端本．两晋南北朝时期广州外贸考略．广州研究，1985（2）．

邓端本．唐代广州市舶管理的几个问题．岭南文史，1987（1）．

邓端本．唐代广州的海外交通．广州研究，1982（2）．

曾德珪．浅谈桂林历史文化名城的古籍整理．社会科学家，1987（1）．

马志冰．魏晋南北朝时期南洋贸易的变迁与高涨．许昌师专学报，1988（3）．

陈炎．略论海上"丝绸之路"．历史研究，1982（3）．

陈炎．东海丝绸之路和中外文化交流．史学月刊，1991（1）．

陈炎．海上丝绸之路．文明，2004（11）．

宇青．六朝时期的南北互市与海外贸易．江海学刊，1989（6）．

杨诚辑．广东佛教史略．岭南文史，1989（2）．

曹旅宁．佛教与岭南．学术研究，1990（5）．

李金明．魏晋南北朝时期的海外贸易．南洋问题研究，1993（4）．

晓石．法显西行求法寻踪．南京政治学院学报，1993（5）．

纪宗安．试论南方丝绸之路与海上丝绸之路的关系．岭南文史，1993（1）．

赵庆伟．六朝时期广州海外贸易的崛起与港市的繁荣．中南民族学院学报，1994（2）．

廖大珂．略论扶南的海上贸易．南洋问题研究，1994（4）．

范家伟．六朝时期佛教在岭南地区的传播．佛学研究，1995年合订本．

徐金龙．越南佛教与广东高僧的殊胜因缘．广东佛教，1997（6）．

盛利，于澎．佛教海上传入述评．海交史研究，1997（1）．

黄栢权．岭南佛教传播的轨迹．学术研究，1997（8）．

唐嘉弘，张建华．海上丝绸之路疏证．，南方文物．1997（2）．

金秋鹏，杨丽凡．中国与东南亚的交通和交流．海交史研究，1998（1）．

司徒尚纪．海上丝绸之路与我国在南海传统疆域的形成．云南社会科学，2001（6）．

司徒尚纪，许桂灵．中国海上丝绸之路的历史演变．热带地理，2015（5）．

吴小玲．"海上丝绸之路"与钦州的发展．钦州师范高等专科学校学报，

2002（4）.

朱子彦．三国时期的航海和造船业．历史教学问题，2003（6）.

许永璋．朱应、康泰南海诸国之行考论．史学月刊，2004（12）.

石云涛．3—6世纪中西间海上航线的变化．海交史研究，2004（2）.

石云涛．六朝时经海路往来的僧人及其佛经译介．许昌学院学报，2012（6）.

石云涛．魏晋南北朝时期海上丝路的利用．国家航海，2013（3）.

谭书龙．魏晋南北朝舟船发展述论．内江师范学院学报，2005年（3）.

黄菊艳．六朝时期的海上丝绸之路．广东档案，2006（5）.

李庆新．从考古发现看秦汉六朝时期的岭南与南海交通．史学月刊，2006（1）.

李庆新．唐代市舶使若干问题的再思考．海交史研究，1998（2）.

李庆新．唐代南海交通与佛教交流．广东社会科学，2010（1）.

李庆新．略论南汉时期的岭南经济．广东社会科学，1992（6）.

李庆新．历史视野下的广东与海上丝绸之路．新经济．2014（16）.

卢苇．南海丝绸之路与东南亚．海交史研究．2008（2）.

张嫦艳，颜浩．魏晋南北朝的海上丝绸之路及对外贸易的发展．，沧桑．2008（5）.

王元林．泛北"海上丝绸之路"与移民文化．广西师范大学学报（哲学社会科学版），2013（1）.

吴小玲．历史上广西北部湾地区与东南亚地区的海上交往．学术论坛，2015（7）.

丛小荷．南海道：一条连接中华文明与世界文明的通途．文史月刊，2015（2）.

张一平．海上丝绸之路上的海南岛．新东方，2015（2）.

曹瑞锋．云门文偃禅师年谱．重庆与世界，2010（12）.

徐文明．云门文偃参禅游方经历．中国文化，2013（38）.

李杰、刘强．仰山慧寂禅师生平考．宜春学院学报（社会科学），2006（1）.

易西兵．五代南汉国遗存概述．岭南文史，2013（3）.

冯汉镛．唐宋时代的造船业．历史教学，1957（10）.

王仲荦．唐和南海各国的经济文化交流．唐史论丛．，1987（1）.

宁志新．唐代市舶制度若干问题研究．中国经济史研究，1997（1）．

宁志新．唐代市舶使设置地区考辨．海交史研究，1996（2）．

申友良．唐代雷州半岛的经济发展研究．社科纵横，2016（1）．

武伯纶．唐代广州至波斯湾的海上交通．文物，1972（6）．

林家劲．唐代广州与南海的交通．学术研究，1979（6）．

黎虎．唐代的市舶使与市舶管理．历史研究，1998（3）．

熊义民．唐初海军初探．史学月刊，2002（11）．

鲁西奇．隋唐五代沿海港口与近海航路（下）．魏晋南北朝隋唐史资料．2014（30）．

乌廷玉．隋唐时期的国际贸易．历史教学，1957（2）．

朱立智．浅谈隋唐时期岭南的对外丝绸贸易．岭南文史，2001（4）．

陈欣，张其凡．南汉与安南交往考．，东南亚研究，2009（1）．

张金铣．近二十年南汉史研究概述．中国史研究动态，2011（2）．

周加胜．南汉时期的海外贸易管理制度研究．求索，2008（3）．

刘希为．略论唐代海外交通发展的新态势．中国唐史学会论文集，1993．

何国卫．论中国古代"海上丝绸之路"的技术基础．南海学刊，2015（3）．

王赛时．论唐代的造船业．中国史研究，1998（2）．

唐任伍．论隋唐对外贸易的发展．史学月刊，1993（6）．

王川．论市舶太监在唐代岭南之产生．中山大学学报（哲学社会科学版），2000（2）．

王承文．六祖惠能早年与唐初岭南文化考论．中山大学学报（哲学社会科学版），1998（3）．

徐文明．六祖惠能的思想与影响力．文史知识，2015（12）．

陈淑霞．慧超行纪所见丝路沿线宗教状况考析．石河子大学学报（哲学社会科学版），2015（3）．

陆芸．海上丝绸之路在宗教文化传播中的作用和影响．西北民族大学学报（哲学社会科学版），2006（5）．

张难生，叶显恩．海上丝绸之路与广州．，中国社会科学，1992（1）．

曾庆成，吴凯，滕藤．海上丝绸之路港口的空间分布特征研究．大连理工大学学报（社会科学版），2016（1）．

杨久炎，林涛，陈少华，李启华．广东在海上丝绸之路形成和发展中地位与作用. 广东造船, 2015（3）.

袁钟仁. 古代广州地区是东西方经济文化交流的重要枢纽. 暨南学报（哲学社会科学）. 1994（2）.

袁钟仁. 古代广州的对外开放述略. 暨南学报（哲学社会科学）, 1995（2）.

司聘. 佛教外交对重建海上丝绸之路政策的影响——以中国与斯里兰卡关系为中心. 丝绸之路, 2015（16）.

吴廷璆, 郑彭. 佛教海上传入中国之研究. 历史研究, 1995（2）.

陈延杭. 从鉴真渡日航船看唐代造船水平. 海交史研究, 1996（2）.

4. 学位论文

张晓曦. 唐代广州蕃坊与地方经贸关系之研究. 中央民族大学硕士学位论文, 2005.

程晓. 我国古代造船技术的兴衰及其启示. 武汉科技大学硕士学位论文, 2007.

周敬阳. 论秦汉时期岭南海上丝绸之路的三大始发港. 华南师范大学硕士学位论文, 2007.

周加胜. 南汉国研究. 陕西师范大学硕士学位论文, 2008.

徐强. 魏晋南北朝广东佛教的传播与分布. 暨南大学硕士学位论文, 2009.

谢建伟. 浅析唐代海上丝绸之路的佛僧求法热潮. 湖南科技大学硕士学位论文, 2009.

陈欣. 南汉国史. 暨南大学博士学位论文, 2009.

姜浩. 隋唐造船业研究. 上海师范大学硕士学位论文, 2010.

贺茹. 唐代丝绸之路中外文化交流研究. 西北农林科技大学硕士学位论文, 2014.